리스크 프레임

위기를 보는 관점을 바꿔라

YOU ARE WHAT YOU RISK

리스크 프레임

미셸 부커Michele Wucker 지음 · 신현승 옮김

위기를 보는 관점을 바꿔라

미래의창

서문

나의 외할머니는 누가 봐도 분명히 건강에 문제가 있었지만 오랫동안 그 위험에 대처하지 않고 버텼다. 의사들은 할머니의 복부 대동맥류가 언제 터질지 모른다며 경고했다. 보통 복부 대동맥류 지름이 5센티미터 정도가 되면 수술하는 것이 더 안전한데, 할머니는 그 이상으로 커질 때까지 수술을 받지 않으셨다. 나중에 자식들이 수술에 동의해달라고 간청한 후에야 수술을 받았다.

할머니는 건강 리스크에 관해서는 형편없이 대처했지만, 굶주림과 같은 다른 리스크에 대한 대비책은 지나칠 정도로 잘 세워두었다. 2010년 할머니가 세상을 떠난 후 우리는 냉동실에서 버터 10킬로그램을, 주방 캐비닛에서는 설탕 10킬로그램을 발견했다. 그녀의 입장에서 이것은 지극히 합리적인 행동이었다. 할머니가 이처럼 생필품을 비축하게 된 것은 제2차 세계대전 당시 벨기에에서 식량난을 겪었기 때문이다.

전쟁 당시 10대였던 할머니는 독일의 벨기에 점령을 막으려고 싸우는 저항군을 돕기 위해 자전거를 타고 메시지를 전달했다고 한다. 할머니는 그렇게 목숨을 걸고 자전거로 왔다 갔다 할 때 무슨 생각을 하셨을까? 나치에 맞서 싸우는 사람들을 돕는 일은 그녀가 주체 의식을 느끼는 방법이었고, 대혼란과 불확실성의 시대에 감수할 만한 가치가 있는 리스크였을 것이다.

나는 그런 할머니가 건강 리스크에는 제대로 대처하지 않았다는 사실을 이해하기 어려웠다. 할머니는 할아버지처럼 오랫동안 담배를 피웠고 알코올 중독자가 됐다. 남편이 그런 습관으로 매우 젊은 나이에 뇌졸중으로 사망했는데도 할머니는 그 위험성을 무시했다. 아마도 그녀에게 질환은 자신을 무력하게 만드는 위험이었던 것 같다. 그렇기 때문에 비뚤어진 방식이긴 하지만, 상황을 통제하려고 치료를 받지 않기로 선택한 것이다. 복부 대동맥류 수술을 하려면 마취를 하고 완전히 무력한 상태가 돼 의사에게 전적으로 의존할 수밖에 없다. 실제로 대부분 사람들이 가장 흔하게 접하는 리스크는 이와 같은 '수동적 리스크'다. 이미 문제를 알고 있으면서도 선천적 편견, 개인적 약점, 외부 영향 등 갖가지 요인들 때문에 해결을 미루는 것이다.

할머니는 결국 동맥류 수술을 받고 오래 살다가 평온하게 돌아가

셨다. 그 후 10년간 나는 그녀의 삶에서 발견한 이런 모순에 의문을 품었다. 어떻게 리스크를 대할 때 어떤 측면에서는 실용적이고 진취적이며 용기 있게 행동하면서, 다른 측면에서는 완고하고 자기 파괴적으로 행동할 수 있는 것일까? 그 이유가 그녀의 타고난 성격, 경험, 리스크 자체의 특징과 얼마나 관련이 있을지도 궁금했다. 나는 할머니가 건강 리스크를 제대로 대처하지 못한 것이 우리 가족, 특히 어머니에게 어떤 영향을 끼쳤는지 잘 알고 있었다. 할머니가 마음대로 의사 면담을 취소해버려서 어머니는 자신의 일정을 갑자기 변경해야만 했고, 피할 수 있었던 건강 문제를 악화시키는 바람에 하던 일을 다 팽개치곤 했다.

하지만 나의 친조부모는 외할머니와 정반대였다. 그들이 은퇴한 후에 살았던 집과 아파트는 항상 완벽하게 정돈되어 있었다. 두 분은 90대 후반에 몇 달 간격으로 돌아가셨는데, 그들은 묘비에 사망 일자를 제외한 나머지 문구를 새기는 것부터 장례식 음식 메뉴를 정하는 것까지 돌아가시기 전 모든 것을 완벽하게 준비해두었다. 재정 상태도 외할머니와는 달리 잘 정리되어 있었다.

어머니와 아버지는 리스크와 불확실성, 변화에 대해 각자 부모의 태도를 많이 물려받았다. 나중에 알게 된 사실이지만, 이런 차이점들은 일상적인 문제부터 더 심각한 문제에 이르기까지 다양한 상황에서 결정을 내리는 방식, 갈등이 일어나는 원인이 무엇인지 설명해준다.

리스크를 대하는 내 태도는 친가와 외가의 성향이 적절히 합쳐진 것이다. 하지만 살아가면서 새로운 것을 경험하고 도전하며 그리고 리스크 관리 기술을 배우면서 리스크와 삶의 관계는 점차 발전했다. 많은 이들의 기준으로 볼 때, 나는 모험을 즐기는 '리스크 감수형'에 가깝다. 하지만 한마디로 정의하긴 어렵다. 나는 새로운 음식을 좋아하지만 일단 좋아하는 음식을 발견하면 그것을 고수한다. 좋아하는 식당에서 거의 항상 같은 음식을 주문한다. 그리고 나는 무단횡단을 하지 않는다. 담배를 피우지 않고 정확한 시간에 정기적으로 운동하며 매년 건강검진을 받는다. 나의 행동과 기호는 수년간 리스크 관계에 따라 변화했다.

나는 우리 정체성의 핵심에 리스크가 깊이 자리 잡고 있다는 사실을 깨달았다. 하지만 동시에 대부분의 사람들이 얼마나 리스크를 고려하지 않는지, 반면 리스크라는 렌즈를 통해 생각과 행동을 관찰하면 얼마나 큰 성공의 기회를 잡을 수 있는지를 알게 됐다. 사람들이 위험을 감수하는(혹은 감수하지 않는) 방식을 곰곰이 생각해보자. 위험을 대하는 태도는 의사 결정을 할 때 특정한 방식으로 영향을 미친다. 당신에게 감수할 만한 가치가 있는 위험은 어떤 것인가? 당신은 번지 점프나 주식 거래 같은 능동적인 리스크 감수 행동과 진료 예약이나 세금 신고를 미루는 등의 수동적인 리스크 감수 행동을 다르게 취급하는가?

왜 어떤 사람들은 실패할 가능성에 미리 겁먹고 포기해 주저앉는 반면, 또 다른 사람들은 리스크를 줄이는 데 집중하는 것일까? 왜 어떤 이들은 큰 충격을 겪은 후 리스크를 회피하는 반면, 어떤 이들은 이를 직시하고 정복해 리스크 관리 능력을 향상시키고 더 많은 위험을 감수하는 것일까? 리스크 감수와 관련된 성격 특성 중 선천적인 것과 후천적인 것의 비중은 어떻게 되는가? 어느 정도가 타고난 것이며, 어느 정도가 교육과 경험을 통해 배운 것인가? 건전한 리스크 관계를 형성하기 위해 극복해야 할 장애물은 무엇인가? 나는 이 같은 질문에 대한 답을 찾기 위해 이 책을 썼다. 이제 각자가 어떤 리스크를 감수할 준비가 되어 있는지, 또 그것이 우리 존재의 핵심인 목적, 열정, 우선순위, 가치를 어떻게 정의하고 반영하는지에 관한 질문들을 함께 탐구하고자 한다.

당신은 자신과 주변 사람들의 리스크 관계를 살펴봄으로써 무엇이 현재 당신의 모습을 만들었는지 더 많이 알게 될 것이다. 또한 당신이 속한 조직의 리스크, 혁신, 전략과 관련된 가치관과 문화, 장점 및 약점을 더 잘 이해하게 될 것이다. 더 나아가 지역사회, 국가, 세계의 리스크 역학 관계가 어떻게 당신의 선택에 영향을 미치는지 예전과 다른 관점으로 보게 될 것이다.

정책에서 개인의 문제까지, 다양한 회색 코뿔소들

지금까지 나는 꽤 명백히 예상할 수 있는 문제임에도 제대로 인식하지 못했던 리스크들의 역학 관계를 조사했다. 또한 많은 이들이 이미 문제를 해결했으며 자신은 안전하다고 착각하고 있지만, 실상은 놀라울 만큼 위험에 취약하다는 점을 알려왔다. 이 일은 개발도상국의 국가 부채와 신용 리스크를 알리는 글을 쓰면서부터 시작됐다. 이후 2007년 뉴욕 세계정책연구소World Policy Institute의 대표가 됐고, 조직의 리스크와 지배 구조를 연구했다. 또 다른 싱크탱크인 시카고 국제문제협의회를 거쳐 '그레이 라이노 앤드 컴퍼니Gray Rhino & Company'를 설립했다.

지금은 정부와 기업을 도와 지도자들과 팀이 리스크를 인식하고 대응할 때 차이점을 만드는 요소가 무엇인지 그리고 리스크에 더 잘 대응할 수 있는 법이 무엇인지 연구하는 데 전념하고 있다. 또한 이제는 대규모 정책 리스크뿐만 아니라, 각 개인들의 리스크 태도가 정부 및 기업의 결정과 어떻게 상호작용하는지에 대해서도 관심을 갖게 됐다.

2016년에는 정책과 사업 리스크에 관한 책인 《회색 코뿔소가 온다》를 썼다. 나는 2012년 엄청난 디폴트(채무불이행) 위기에 빠졌던 그리스가 채권단과 극적인 합의에 도달한 직후 '회색 코뿔소Gray Rhino'라는 용어를 만들었다. 회색 코뿔소는 어떤 사람은 위기에 꼼짝없이 당하는 한편 어떤 사람은 위기 방지를 위해 적극적으로 앞으로 나서는 이유가 무엇인지 깨닫게 하는 도구다. 나는 2톤이 넘는 무시무시한 동물이 커다란 뿔을 휘두르며 달려오는 장면을 연상시킴으로써 우리가 생각만큼 큰 위험을 잘 피하지 못한다는 사실을 상기하고 싶었다. 인간적인 실패를 인정하는 것은 부끄러운 일이 아니다. 우리가 얼마나 취약한지를 알아야만 강력한 힘의 원천을 활용할 수 있다. 코뿔소에 짓밟히는 대신 코뿔소의 위력을 이용해 앞으로 나아가야 한다.

나는 글로벌 금융과 정책을 연구하면서 한 가지 사실을 발견했다. 어떤 정부와 기업 지도자들은 예견된 리스크를 경시하고 방치하거나 무시했지만, 또 다른 의사 결정권자들은 적시에 행동에 나서 경제 및 안보의 위협을 최소화했다. 이와 관련된 유명한 비유 '블랙 스완Black Swan'은 2008년 금융위기처럼 우리가 예측할 수 없는 위험을 의미한다. 블랙 스완은 상상조차 못 할 사건과 불시에 덮치는 위기에 주목하게 했지만, 예측 불가능한 것을 추측하는 데 몰두하는 바람에 쉽게 피할 수 있는 당면한 문제들을 놓쳐버리게 하기도 했다. 이런 수동적이고 운명론적인 사고방식은 금융 전문가들과 정책 입안자들에게 손쉬운 변명 거리를 마련해주었으며, 오히려 역설적으로 리스크를 증가시켰다. 그들은 이렇게 변명했다. "오, 블랙 스완이네요. 아무도 그 위협이 다가오는 것을 보지 못했답니다."

2017년 7월, 중국 정부는 경제 정책을 결정하기 위해 5년마다 열리는 전국금융공작회의에서 회색 코뿔소라는 용어를 사용했다. 중국 고위 관료들은 발생 가능성이 높은 회색 코뿔소 리스크를 피해가겠다는 의지를 피력했다. 이는 정책 입안자들에게 명백한 리스크에 신속하게 대처해야 할 필요성을 알리고자 했던 나의 의도와도 일치했다. 중국 관영지 《인민일보》에서도 금융 리스크가 다가오고 있다는 신호로 회색 코뿔소 비유를 사용했고 이로써 위험에 대비하고자 하는 사람들의 의지가 더욱 강화됐다. 주식 거래자들은 이 경고를 심각하게 받아들였고 위험성이 큰 회사들의 주가가 하루만에 약 5퍼센트 하락했다. 회색 코뿔소는 이후 한국, 말레이시아, 카타르, 터키, 베트남, 벨기에, 프랑스, 독일, 룩셈부르크, 이탈리아, 스페인, 포르투갈, 영국, 브라질, 라틴 아메리카와 아프리카 전역에서 뉴스 헤드라인을 장식하며 전 세계로 빠르게 퍼져나갔다. 당초 의도대로 이 비유는 명백하지만 피할 수 있는 금융 리스크에 사람들의 관심과 정치적인 의지를 집중시켰다.

중국이 금융위기라는 회색 코뿔소와 씨름하고 있을 때, 미국은 금융시장 거품에 바람을 더 불어넣어 기업 부채와 재정 적자를 사상 최고 수준으로 끌어올리고 있었다. 또한 미국은 경제적 불평등과 기업의 부정행위에 대한 대중들의 분노에 오히려 부자들을 더 부유하게 만드는 정책으로 대응했다. 바로 그 순간에도 월가와 정책 입안자들은 코앞에 닥친 위험을 과소평가했다. 투자자와 정책 입안자들은 불과 10여 년 전에 명백한 리스크를 정확하게 평가하거나 대응하지 못해 글로벌 금융위기를 초래하고도 아무런 교훈을 얻지 못한 것 같았다. 중국은 더 적극적으로 회색 코뿔소를 인정하고 그에 대한 조치를 취하려 했으나, 미국의 의사 결정권자들은 명확하게 존재하는 리스크를 부인했다. 무엇이 이 차이점을 설명할 수 있을까?

이 질문과 할머니의 이야기를 연결하는 데는 시간이 좀 걸렸다. 결국 그것은 나와 당신의 이야기이기도 하다. 나는 출판 행사 투어에서 독자들과 나누었던 대화 속에서 뜻밖의 답을 찾았다. 행사에 참가한 청중 가운데 누군가가 회색 코뿔소 이론을 일상생활에 어떻게 적용할 수 있는지를 질문했다. 상하이에서 폭풍우가 몰아치던 어느 여름날 저녁, 한 중국 청년이 내게 사인을 요청하면서 자신의 인생에 도움을 많이 줘서 고맙다고 말했다. 나는 그가 이 메시지를 개인적인 차원에서 받아들여준 것이 놀랍기도 하고 기쁘기도 했다. 하지만 그 사람뿐만이 아니었다. 어느 여성은 내게 이렇게 말했다. "제 결혼 생활의 종말이 회색 코뿔소였어요! 친구들은 모두 그런 일이 일어날 것을 알고 있었지만 저는 인정하고 싶지 않았어요." 인도의 어느 학생은 전자 기기 중독을 치료하기 위한 전국적인 '디지털 디톡스' 캠페인에 이 개념을 도입하기도 했다.

그런데 정작 내 친구들과 가족들은 해결하지 못한 경제적 문제, 혹은 아직 진료 예약도 하지 않은 만성적인 건강 문제, 누가 봐도 정리해야 하는 관계 문제 등을 직면하지 않고 망설이고 있었다. 나는 짐짓 화가 난 척을 하며 이렇게 나무랐다. "아니, 내 책 안 읽었어요?" 그 말이 효과가 있었다. 물론 그렇다고 해서 그들의 문제가 하룻밤 사이에 해결된 것은 아니었다. 그들은 종종 가다가 서기를 반복하고, 두 걸음 전진하다가 한 걸음 후퇴했지만 그래도 의사를 만나고 회계사를 찾아가는 등 위험을 대하는 태도를 조금씩 바꾸고 있었다.

나는 독자들이 회색 코뿔소 개념을 개인적인 문제에 적용하는 것을 보고 감탄했다. 그래서 인생에서 리스크와 위기에 직면했을 때 이를 극복하려고 노력하는 사람들과 겁에 질려 아무 일도 하지 못하는 사람의 차이를 만드는 요소가 무엇인지 연구하고 싶었다. 왜 어떤 사람들은 문제를 해결하기보다 문제가 곪아 터질 때까지 내버려 두는 것일까? 그러나 수십 년 동안 금융, 비즈니스, 세계 경제와 정책 문제를 연구해왔기에 이런 의문들이 내가 잘 아는 분야와 너무나 동떨어진 것이 아닌가 하는 생각이 들었고, 새로운 연구 방향을 따라가는 것이 다소 위험하게 느껴졌다.

친한 친구들을 찾아가 이 고민을 나눴다. 선구적인 환경 분야 사모 펀드의 CEO인 친구는 '사업 전략과 개인적 문제는 절대 상호 배타적이지 않다'는 점을 이해하도록 도와줬다. 그는 얼마 전 포트폴리오에 있는 몇몇 회사가 기대에 미치지 못해 그 원인을 파악하려고 투자 팀을 만났다. 그런데 놀랍게도 실사를 하면서 이 회사들을 망친 원인이 비즈니스 모델이나 기술, 시장 상황이 아니라, 가정 폭력과 음주 운전 등 회사 지도부의 개인적인 문제였다는 사실이 밝혀졌다.

한 친구는 외국 학회에서 만난 사람에게 성폭행을 당한 후 여러 어려움에 직면했다는 이야기를 내게 해줬다. 그녀는 해외 출장에서 돌아와 자신의 트라우마를 감추고 200여 명의 청중 앞에서 회의 참석 내용을 발표하다가 자신의 감정을 치유하려면 당분간 일을 쉬어야 한다는 것을 깨달았다고 한다. 개인의 위기와 트라우마를 해결하지 못하면 직장 생활까지 영향을 받게 된다.

나는 이런 대화들을 통해 개인과 기업 그리고 세계의 회색 코뿔소들이 어떻게 서로 연결되어 있는지 알게 됐다. 그 이후로도 사람들의 리스크 경험을 더 잘 이해하기 위해서 리스크 감수형과 리스크 회피형 사람들을 찾아 대화를 나눴다. 그런데 대화 도중에 내가 던진 질문을 통해 무척 많은 것을 배웠다고 말하는 사람들이 대부분이었다. 질문에 답을 하면서 자신이 누구인지, 그들에게 무엇이 중요한지, 인생에서 소중한 것을 보호하기 위해 어떤 리스크를 감수해야 하는지 이해하게 된 것이다. 그 답이 바로 각 개인의 정체성을 이루는 핵심이다.

개인적 리스크와 직업적 리스크가 만날 때

독자들이 《회색 코뿔소가 온다》에서 나오는 아이디어를 어떻게 자신의 삶에 적용했는지를 들으면 감동이 된다. 하지만 정작 인터뷰 진행자들이 내 개인적인 문제를 회색 코뿔소의 예로 들어 달라고 하면 마음이 불편했다. 개인적인 약점을 공유하는 것은 내 기준에서 너무 위험한 일처럼 느껴졌기 때문이다!

하지만 이 책을 쓰기 위해 여러 사람들을 인터뷰해보니, 내가 씨름하거나 무시했던 문제들이 시간이 지남에 따라 어떻게 변화하는지, 개인적인 회색 코뿔소와 직업적인 회색 코뿔소가 어떻게 교차하는지 등 나의 리스크 관계를 더 깊이 파헤쳐야겠다는 생각이 들었다. 내게 있는 가장 큰 리스크는 언제나 일과 건강의 균형에 관한 것이었다. 이 관계를 잘 조절하는 방법을 배우기 전까지는 일벌레 기질 때문에 건강을 해쳤고, 결국 업무에도 큰 차질이 생겼다.

컬럼비아대학교 대학원에서 석사 코스를 밟는 동안에는 수업을 들으면서 스페인어 신문사에서도 주 35시간을 일했다. 1991년 가을 학기 방학 직전에는 수업 시간표를 갖고 학과장실을 찾아가기도 했다. 대통령에 반대하는 쿠데타를 취재하기 위해 아이티로 가는데 귀국할 무렵에 공항이 아직 열려 있을지 확실치 않으니 만일 그런 사태가 발생하면 담당 교수에게 내가 어디에 있는지 알려달라고 하기 위해서였다. 그다음 학기 방학은 엘살바도르의 전쟁 종식과 도미니카공화국의 시위를 취재하는 데 썼다.

그러나 이런 리스크를 감수한 것도 사생활과 건강을 등한시하지 말라는 친구들의 경고를 무시한 것에 비하면 별것 아니었다. 할머니의 일화를 떠올려보면 건강에 대해서는 내가 할머니의 태도를 물려받았다는 사실을 인정하게 된다. 대학원을 졸업한 다음에도 금융 전문 기자로서 고된 일을 하면서 주말에는 첫 번째 저서를 썼다. 그렇게 묘기부리듯이 일들을 해나갔다. 친구는 내게 좀 더 쉬고 일을 줄이라는 말을 여러 번 했다. 하지만 나는 너무 오랫동안 그런 말들을 듣지 않았다. 그러던 어느 날 갑자기 이유 없이 울음이 터져 나왔다. 나중에 생각해보니 정신없이 바쁜 생활에서 받았던 스트레스가 너무 컸던 게 분명했다.

결국 나는 만성피로증후군 진단을 받고 의사의 충고에 따라 병가를 냈다. 주변에서 나를 지켜본 모든 이들에게는 당연한 결과였다. 나는 그들이 말했던 대로 쉬면서 삶의 속도를 조절하는 방법을 배울 수밖에 없었다. 친구들과 시간을 보내면서 나를 돌아보고 기력을 되

찾았다. 그리고 내가 진정으로 하고 싶은 일은 책을 쓰는 일임을 깨달았다. 물론 여러 주제들을 다루고 기사를 쓰는 것은 재미있었다. 게다가 내가 쓴 기사들이 금융시장에 영향을 줄 정도로 의미 있는 일이었지만 성공한 언론인이었던 친구의 말이 귓가에 맴돌았다. "너는 지금보다 훨씬 더 나은 일을 할 수 있어." 나는 정기적인 급여와 회사라는 보호막에 의지하는 전통적 방법이 아니라, 가장 잘하는 일을 하면서 스스로를 보호함으로써 안정성을 찾는 법을 배워갔다. 완전히 새로운 리스크 관계가 시작되고 있었다.

직장에 복귀할 정도로 건강을 회복했을 때, 내가 가장 먼저 한 일은 사직서를 제출하는 것이었다. 그 후 몇 달 동안 나는 도미니카 공화국과 아이티를 오가며 프리랜서로 일했고 파트 타임으로 금융 전문 뉴스레터를 편집하는 한편 출판 계약을 맺었다. 하지만 우리는 어떤 문제를 해결하고 난 다음 그 문제의 재발을 막기 위해서는 노력이 필요하다는 사실을 종종 잊곤 한다. 그때 집필을 시작해서 1999년 출간된 《수탉들은 왜 싸우는가Why the Cocks Fight》는 호평을 받았다. 그러나 나는 프리랜서의 불안정한 삶에 싫증이 났고 이듬해 중남미 자본시장을 전문적으로 다루는 잡지사의 편집장으로 취직했다. 처음 1년 정도는 잡지 디자인과 분위기를 바꾸고 영향력을 넓히는 일들이 즐거웠지만, 내 마음은 뭔가를 더 원하고 있었다.

나는 새로운 도전에 대한 욕구를 무시했고 곧 그 대가를 치렀다. 6년 전 병가를 냈을 때와 비슷한 증상인 불면증, 피부병, 편두통에 시달렸고, 일에 집중력과 흥미를 잃어버리게 됐다. 당시에는 그렇게 생각하지 않았지만, 운 좋게도 나는 직업을 다시 바꿀 필요가 없어졌다. 테크 버블 붕괴에 이어 아르헨티나 부채위기가 닥치자 다니던 잡지사가 망한 것이었다. 기분이 나쁘거나 스트레스를 받을 때 내 몸이 그걸 느낀다면 어떤 면에서는 행운이라고 해야 할 것이다. 훌륭한 경고 신호가 되기 때문이다.

내가 기를 쓰고 무시했던 그 리스크를 다시 직면하게 된 계기는 무엇일까? 건강 위기를 겪고 난 뒤 충격을 받고 행동에 옮긴 것은 이상적인 방법은 아니었지만 나름대로 도움이 됐다. 나는 새로운 습관을 만들기 시작했다. 내 스트레스나 열망에 관심을 기울여서 나를 즐겁게 하고 '좋은' 스트레스를 만들어내는 일에 에너지를 쏟았다. 그리고 도움과 통찰력이 필요할 때 친구들에게 의지하는 것이 훨씬 편안해졌다.

이 발전이 마법처럼 순식간에 일어난 것은 아니다. 과거의 경험, 친구와 가족의 지지, 의료 서비스 그리고 내게 도움이 되는 지식, 기술, 자기 각성과 변화하고자 하는 의지 등 모든 요소들이 결합된 결과였다. 나는 뒤늦게라도 변화할 것인가, 아니면 타성에 굴복할 것인가 둘 사이에서 어떤 게 더 큰 리스크인지 가려야 했다. 야심찬 20대라면(아니면 누구라도) 알고 있듯이 속도를 늦추는 것은 큰 리스크였다. 하지만 그것은 올바른 결정이었다.

리스크를 인식하는 다양한 렌즈

이 책을 쓰면서 여러 면에서 큰 리스크를 감수해야 했다. 출판사들은 자기계발, 경제경영, 정치, 심리 등 특정한 범주에 쉽게 짜 맞출 수 있는 책을 좋아했다. 하지만 이 책은 여러 분야와 관련이 있지만 하나의 분야로 쉽게 분류할 수는 없다. 나는 동그란 구멍에 네모난 막대를 집어넣기보다는 전통적인 경계를 뛰어넘을 때 따라오는 장점을 받아들이기로 했다. 리스크를 감수하는 것은 각도에 따라 다르게 보이므로 그것을 이해하려면 전체 그림을 볼 수 있는 다양한 렌즈가 필요하다.

코로나19 팬데믹이 분명히 보여주었듯이, 리스크는 서로 다른 집단 간의 상호작용에 따라 증가할 수도 있고 축소될 수도 있다. 가령 어떤 마트에서 장을 본다고 하자. 마트에 간 개인의 마스크 착용 여부, 사람들을 보호하기 위한 마트의 예방 조치, 정부의 권고 사항 등 개인과 기업, 정부 모두가 우리를 안전하게 지켜주거나 위험에 빠뜨리는 데 특정한 역할을 한다. 개인과 기업 및 정부가 리스크를 어떻게 인식하며 이를 기초로 어떤 행동을 하느냐에 따라 나라마다 다른 결과를 맞이했다.

개인, 정책, 경력, 경제, 조직, 글로벌 리스크들이 서로 교차하면서 우리의 삶과 일, 세계의 형태를 결정한다. 궁극적으로 이것이 개인과 기업 그리고 정부가 각 리스크에 대해 무엇을 할 수 있는지도 결정하게 된다. 이 역동적인 피드백 고리를 이해하면, 위험한 리스크를 최소화하고 긍정적인 리스크를 받아들이는 법을 알 수 있다. 또한 안주하지 않으며 비생산적인 습관을 버리고 잠재력을 펼치기 위해 할 수 있는 일들을 구체화하게 된다.

이 책은 《회색 코뿔소가 온다》의 거울과도 같다. 《회색 코뿔소가 온다》는 정책가와 기업가들을 염두에 두고 썼으나 많은 이들이 개인 차원에서 적용하고 감명을 받았다. 반대로 이 책은 자신의 리스크 관계를 이해하고 개선하려는 개인들을 위한 책이지만, 정책 입안자와 기업가들에게도 적용된다. 기업 지도자들이 고객, 파트너, 조직원들을 새로운 방식으로 이해하는 데 큰 도움이 될 것이다. 정부를 위해 일하거나 정책을 결정하는 자리에 있는 이들은 리스크 렌즈를 배움으로써 유권자의 요구와 우선순위를 보는 새로운 시각을 얻게 될 것이다.

당신이 CEO, 직원, 정책 입안자, 시민, 부모, 형제, 친구 등 어떤 위치에 있든지 이 책을 읽고 나면 다음 질문에 답을 찾을 수 있을 것이다. 당신의 리스크 관계는 건전한가? 당신과 주변 사람들은 리스크의 결과를 변화시킬 힘을 얼마나 갖고 있는가? 리스크 인식 방식이 전혀 다른 사람들과의 갈등을 어떻게 하면 더 잘 조절할 수 있을까? 당신의 리스크 지문은 자신에 대해, 사회와 맺고 있는 관계에 대해 무엇을 말해주는가?

차례

2부 왜 사람마다 리스크를 대하는 태도가 다른가

3부 위기를 이기는 조직과 사회의 행동 전략

01

You Are What You Risk

내가 선택한 리스크가 나를 만든다

1901년 애니 에드슨 테일러Annie Edson Taylor는 하루아침에 벼락부자가 되고 싶은 마음에 특수 제작한 피클 나무통에 몸을 싣고 나이아가라 폭포 한가운데로 떨어졌다. 대체 무엇이 이 63세의 여성으로 하여금 세계 최초로 나이아가라 폭포를 타고 내려가도록 만들었을까? 테일러는 전국 각지에서 교사로 일을 했지만 매번 생활비가 모자라 물려받은 유산에서 이를 충당해야 했다. 그녀는 12살 되던 해 아버지를 잃었고, 후에 남편이 남북전쟁에서 목숨을 잃는 바람에 미망인이 됐다.

뒤늦게 댄스를 배워 댄스 교습소를 열었지만 실패했고, 그다음에는 캐나다 국경 쪽 지역에서 음악을 가르치려고 했다. 하지만 안정적인 직장을 찾기란 쉬운 일이 아니었다. 테일러는 정직하지만 빠르게 돈을 벌 수 있는 새로운 탈출구를 찾고 있었다. 나이아가라 폭포를 타야겠다고 생각할 때는 받은 유산을 거의 다 쓴 시점이었다.

이 계획을 떠올렸을 때 그녀는 사는 곳과 멀지 않은 도시에서 박람회가 열릴 것이라는 소식을 접했다. 그녀는 후에 "박람회를 구경한 사람들이 나이아가라 폭포를 방문할 것이라는 신문 기사를 읽고, 폭포 타기를 해야겠다는 생각이 번개처럼 떠올랐다"고 썼다. 그녀는 어차피 수중에 돈이 별로 없어 더 이상 잃을 것도 없다고 생각했다. 성공하기만 하면 큰돈을 벌 수 있다고 확신했기 때문에 위험을 과소평가한 것이다. 그리고 상상할 수 있는 모든 상황에 대비함으로써 위험을 최소화하려고 했다.

기자들은 테일러에게 자살하는 것이나 다름없는 이런 생각을 하게 된 이유가 무엇인지를 물었다. 그녀는 이렇게 대답했다. "저는 자살할 생각이 꿈에도 없어요. 하나도 다치지 않고 폭포 타기에 성공할 거라는 확신이 있어요. 나무통이 아주 탄탄한 데다 안에 쿠션을 넣어 통이 회전하더라도 안전하도록 만들었답니다. 게다가 꽉 붙잡을 수 있는 가죽 손잡이도 있어요. 통 아래쪽에는 무게추를 달아 머리가 있는 쪽이 위로 올라가게 만들고 밸브를 설치해 공기가 들어올 수 있게 했어요."

테일러는 나무통 안에 보호용 가죽 벨트와 매트리스 쿠션을 설치했으며, 코르크 마개와 고무 튜브로 공기 배출구를 만들었다. 또한 폭포에서 떨어질 때 나무통의 밑 부분부터 떨어지게 하려고 나무통 아래쪽에 90킬로그램이나 되는 철침을 부착했다. 통이 안전한지 실험하기 위해 자신이 기르던 고양이를 통 안에 넣어 폭포 위에서 아래로 떨어뜨렸다. 고양이는 살아남았다.

▲ 나이아가라 폭포 타기에 성공한 애니 에드슨 테일러와 나무통 실험에 투입했던 고양이.

테일러는 64번째 생일인 1901년 10월 24일 나무통 안으로 들어갔다. 선원들은 배에 나무통을 매달아 말굽 폭포에서 그라스 아일랜드 근처로 끌고 나갔다. 그리고 자전거 펌프로 나무통에 공기를 주입한 뒤 통을 강물에 흘려보냈다. 테일러가 세간의 관심을 불러일으키기 위해 고용한 홍보 매니저는 캐나다와 미국 정부 관리들이 행사가 실패하면 그를 살인 혐의로 고발하겠다고 공개적으로 으름장을 놓는 바람에 누구보다 초조하게 이 모습을 지켜봤다. 테일러를 실은 나무통은 사납게 굽이치는 은빛 급류를 따라 내려가더니 23분 후 폭포가 시작되는 지점에 이르러 아래로 곤두박질쳤다. 1분 정도 지난 다음 절벽 아래 물안개 사이에서 나무통이 다시 모습을 드러냈다. 수많은 사람들이 급류 주변과 폭포 아래에서 이 광경을 지켜보는 가운데 선원들은 소용돌이 사이에서 나무통을 끄집어내 강가로 끌고 나왔다.

테일러는 대략 50미터 높이에서 절벽 아래로 떨어졌지만 오른쪽 귀 뒤가 조금 찢어진 것을 제외하고는 다친 곳이 없었다. 그러나 온갖 계획에도 불구하고 결국 그녀는 매니저의 배신이라는 예상하지 못했던 리스크에 허를 찔렸다. 심지어 그녀에게는 나무통조차도 남아 있지 않았다. 소문에 의하면 매니저는 나무통을 훔친 뒤 젊은 여자와 함께 전국을 돌아다니며 그녀가 나이아가라 폭포 타기에 성공한 여자라고 사기 행각을 벌였다고 한다.

테일러는 몇 번 연설을 한 것을 제외하고는 기대했던 명성과 재산을 얻지 못했다. 그녀는 생계를 위해 미니 통나무 모형, 사진, 폭포 타기를 묘사한 책자 등 자신의 업적을 알리는 기념품을 나이아가라 거리에서 팔았으며, 팁을 받고 여행객들과 사진을 찍었다. 그리고 20년 뒤 뉴욕에서 가난하게 생을 마감했다.

테일러의 삶과 족적은 모두 리스크에 대한 것이었다. 고전적인 위험 감수자들의 특징을 보이는 그녀의 이야기에서 우리는 어떤 경험과 태도가 그녀의 선택에 영향을 미쳤는지 실마리를 찾을 수 있다. 두 번씩이나 사랑하는 사람이 갑작스레 세상을 떠난 사건은 그녀에게 삶이 얼마나 덧없는지를 보여줬다. 그녀는 젊은 시절에는 재정적인 안정을 누리고 꽤 안락하게 살았다. 하지만 폭포 타기 모험을 계획했을 즈음에는 수중에 동전조차 없었다. 우리는 어떤 일을 할 때 이득이 더 많다고 생각하면 할수록 그것을 덜 위험하다고 인식하는 경향이 있다. 테일러는 폭포 타기 모험이 재정적인 성공을 가져다줄 거라는 생각 때문에 그 위험성을 간과했다. 치밀한 준비로 위험에 대한 통제력을 높인 것도 또 하나의 이유다.

테일러의 선택은 개인적인 생각과 경험의 결과이기도 하지만 시대의 산물이기도 했다. 도금시대The Gilded Age(1870~1895년 미국에서 산업화 영향으로 경제 확장과 금권 정치가 횡행했던 시대 - 옮긴이 주)에 만끽했던 풍요가 끝나고 결핍의 시대로 접어들면서 그녀는 수입을 얻기가 힘들어졌다. 그녀가 폭포 타기를 시도하기 몇 달 전인 1901년 5월 주식시장이 대폭락했다. 불안정한 시기에 더 이상 잃을 게 없다고 생각한 사람들은 더 큰 리스크를 감수하기 시작했다. 여성 참정권 운동에 탄력이 붙었고, 테일러가 모험을 하기 몇 주 전에는 윌리엄 매킨리 대통령이 암살되고 모험심이 강한 시어도어 루스벨트가 42세 나이에 최연소 대통령으로 막 취임한 상태였다.

테일러가 사망한 후 100년 동안 나이아가라 폭포 타기를 시도했던 사람들 중 5명은 목숨을 잃었고 11명은 살아남았다. 그들이 선택한 리스크는 감수할 만한 가치가 있었을까? 이 질문에는 본인들만이 대답할 수 있다. 하지만 아직 살아 있는 우리는 이미 감수했던 리스크와 앞으로 닥칠 리스크에 대해 스스로 이 질문을 던짐으로써 교훈을 얻을 수 있다. 그 답이 우리가 누구이며 우리가 사는 세상이 어떤 곳인지를 말해줄 것이다.

정체성을 보여주는 창, 리스크 지문

테일러의 리스크 결정이 그녀의 삶과 발자취를 보여줬듯이, 우리가 감수하는 리스크 하나하나가 우리가 누구인지를 말해준다. 리스크는 가정, 직장, 사회생활에서 매일 하는 일상적인 선택에서부터 세계적 지도자들의 영향력 있는 행동에 이르기까지 다양한 행동의 의미를 설명해준다. 아침 식사를 할까, 아니면 거를까? 헬스클럽에 들러 운동을 할까, 아니면 소파에 앉아 피자나 먹을까? 비행기를 타려면 얼마나 여유있게 공항에 가는 게 좋을까? 무단횡단을 할까, 아니면 길을 건너기 전에 조심하며 살필까? 차에서 안전벨트를 맬까, 아니면 매지 말까?

늦장을 부릴까, 아니면 마감일을 지킬까? 중요한 회의에서 상사가 문제가 있는 방침을 제안하면 이의를 제기해야 할까? 지금 직장에 만족할 것인가, 아니면 더 좋은 직장을 찾아 나설 것인가? 현재 고객들에게 거래를 늘려달라고 밀어붙일 것인가, 아니면 시간 낭비인 고객들을 과감히 정리하고 더 큰 고객 유치에 집중할 것인가? 오류를 확실히 해결하지 못한 신제품을 그대로 출시할 것인가, 아니면 기다리다가 경쟁업체가 먼저 출시하도록 놔둘 것인가? 평생 저축한 돈을 친척이 대단한 정보가 있다고 귀띔해준 투기성 저가주에 투자할 것인가?

과연 무엇이 우리가 리스크를 감수하도록 만드는가? 왜 어떤 사람은 성공하기 위한 준비를 하는 반면 다른 사람들은 계산 착오로 치명적인 실패에 빠지는가? 왜 어떤 사람들은 남들이 기회라고 생각하는 것을 위험하다고 볼까? 이 질문에 대한 답은 인간관계, 건강, 재정, 안전, 직업, 지역사회와 관련된 일상적인 것에서부터 실존적인 것에 이르기까지 개인과 국가가 매일 결정을 내리는 데 중요한 역할을 한다. 리스크 결정에 영향을 미치는 요소들은 기업 및 투자자들과 관련이 있다. 이들이 어떤 리스크를 선택하느냐에 따라 재산, 생계 수단, 직업, 평판이 생겨나기도 하고 또 파괴되기도 하기 때문이다.

우리가 눈앞에 닥친 위험과 기회를 직면하거나 외면하는 이유를 보면 새롭고 놀라운 사실을 발견할 수 있다. 사람들이 위험을 인식하고 그 순위를 매기는 요인은 다양하다. 소속 집단, 가정교육, 직업 선택, 종교, 지리적 여건, 문화, 과거 경험, 세대, 미디어, 의사 결정 과정, 조직 설계 등 나열하자면 끝이 없다. 그런데 생각보다 키, 외모, 오늘 먹은 음식, 언어, 음악 등 예상치 못한 요인들이 크게 작용할 때도 있다. 스스로 매우 이성적이라고 생각하는 사람들조차 인지적 편견, 감정, 호르몬에 영향을 받고 시달리고 있으니 이를 무시하는 것은 위험하다.

때로는 이런 무의식적인 요소들이 우리가 얼마나 위험을 민감하게 인식하는지, 어느 정도의 위험을 감내할 수 있는지 결정한다. 또한 새로운 직장에 들어가거나 무언가를 처음으로 시도해보는 것처럼 우리에게 기회가 되는 '좋은 리스크'와 타인의 돈으로 베팅을 하거나 범죄를 저지르는 것처럼 '나쁜 리스크'가 무엇인지 구별하는 데 영향을 끼친다. 그리고 우리가 위험에 직면했을 때 취하는 행동과도 관련이 있다. 온갖 방법으로 리스크를 회피하고 극단적인 안전지대에만 머무르는 것은 위험할 수 있다.

리스크 지문: 정체성의 핵심 요소인 성격, 경험, 사회적 맥락의 조합

사람마다 지문이 다른 것처럼 우리는 모두 각자 고유의 리스크 성격을 지니고 있다. 리스크 지문은 우리의 근본적인 성격의 특성에서 비롯되는데, 칼로 베면 상처가 남듯이 경험에 따라 변화하기도 한다. 과학 수사를 할 때 지문이 범인에 대한 단서를 제공하는 것처럼, 리스크 지문은 우리가 누구인지를 들여다볼 수 있는 창의 역할을 한다. 이를 통해 우리가 관계를 맺는 방식, 리스크에 대한 사회의 반응에 문화 차이가 끼치는 영향 등을 이해할 수 있다. 또한 리스크 지문은 사람들이 바라고 두려워하는 대상이 무엇인지, 그 이유와 영향력까지 밝혀준다.

리스크 생태계: 개인과 조직의 리스크 결정에 영향을 미치는 문화, 사회, 정책, 경제 환경

우리가 일하고 살아가는 생태계, 즉 문화, 사회, 정책, 경제 환경 등은 한 개인의 성격을 약화시킬 수도 있고, 강화시킬 수도 있다. 리스크와 성격 관계의 전문가인 영국의 심리학자 제프 트리키Geoff Trickey는 리스크가 전적으로 생존과 관련이 있다고 주장하며 이렇게 말했다. "리스크와 기회 사이에서 균형을 잡는 것은 마치 삶과 죽음의 경계선에 있는 것과도 같다." 리스크에 대한 믿음과 그로 인한 각종 선택에 따라 인생이 달라진다는 말이다.

우리 앞에 놓인 위협과 기회를 어떻게 인식하고 저울질하며 어떤 것을 수용하고 거부할지가 개인, 근로자, 공동체, 국가의 미래를 결정한다. 리스크는 우리의 성격, 직업, 여가 생활, 사회 기능 등 거의 모든 면에서 결정적 역할을 한다. 그러므로 리스크 관계를 더 잘 이해하고 발전시킬수록 성공할 가능성이 더 높아질 것이다.

움직이지 않는 것이 가장 큰 리스크다

메간과 마티 부부는 20대 때 벌써 여러 부동산 개발 사업체를 운영하고 시카고에 멋진 집을 소유하고 있었다. 그러나 2008년 금융위기로 부동산 가격이 폭락했고 거의 100만 달러에 달하는 빚을 지고 말았다. 마티의 부동산 업계 멘토였던 사람은 스스로 목숨을 끊기까지 했다. 그러던 어느 날 부부는 길을 걷다가, 괴로워하는 한 남자를 만났다. 그는 자신이 운영하던 레스토랑을 날리고 10만 달러를 잃었다고 말했다. 빚 액수로 치면 그들보다 훨씬 적은 돈이었지만, 남자는 자살 충동을 느낄 만큼 힘들어하고 있었다. 그와의 대화는 부부에게 강렬한 인상을 남겼다. 메간은 "마티와 저는 서로 위로해주는 가족이 있었기 때문에 정신적으로나 감정적으로 훨씬 더 나은 처지에 있었다는 사실을 깨달았어요"라며 회상했다.

부부는 가족들의 도움으로 어려운 상황을 헤쳐나갔다. 재협상을 통해 채무액을 줄였고, 할 수 있는 일들에 집중해갔다. 경기가 살아나자 그들의 사업도 회복됐다. 그런데도 시간이 흐르자 그들은 무언가에 갇혀 있다는 기분이 들기 시작했다. 주택 유지 비용은 점점 부담이 됐고 불황이 다시 올지도 모른다는 근심이 몰려왔다.

마침내 2018년 말, 그들은 집과 물건들을 모두 팔고 쌍둥이 자녀들과 함께 1년 동안 세계 여행을 떠나기로 했다. 부부는 옛날 같으면 집이 없다는 생각에 엄청난 스트레스를 받았겠지만, 오히려 이제는 집이 있다는 생각이 스트레스를 준다고 말했다. 세계 여행을 시작한 후 1년 반 동안 그들은 브라질, 칠레, 영국, 벨기에, 스페인, 포르투갈, 네덜란드, 프랑스, 하와이, 호주에서 살았다. 뉴질랜드에 머물 때 팬데믹 때문에 발이 묶였는데, 아이러니한 사실은 대부분의 사람들이 정말 위험한 시도라고 말했던 그 결정 덕분에 그들은 전 세계에서 가장 안전한 장소에 안착했다는 것이다.

어떻게 보면 그들의 뉴질랜드 생활은 꽤 위험한 선택일 수 있다. 하지만 달리 보면 그곳에서는 미국에서 겪었던 학교 총격 사건과 같은 위험한 일을 걱정할 필요가 없었다. 처음 세계 여행을 시작했을 때 아이들의 학교와 건강 문제에 대해 걱정했지만, 그들은 아이들이 빠르게 적응하는 모습을 보고 마음을 놓았다고 말했다. 여러 불확실성에도 이 가족은 정서적으로나 육체적으로나 가장 안전한 장소에서 함께하며 자녀들에게 인생의 기초를 다져주고 있었다. "우리가 거부해야 하는 것은 두려움입니다. 두려움은 무언가를 일깨워주기 때문에 필요하기는 하지만, 그것이 당신의 삶을 지배하게 내버려두어서는 안 됩니다"라고 마티가 말했다. 메간은 같은 장소에서 같은 일정에 따라 생활하는 사람과 비교했을 때 자신들은 인생을 스스로 만들어가고 있다며 창의적 활동의 중요성을 강조했다.

메간과 마티는 리스크를 감수한 덕분에 불확실한 환경을 더 편하게 받아들일 수 있었지만, 사실 자세히 들여다보면 그들은 불확실성을 줄이는 리스크 안전망을 미리 구축하고 있었다. 세계 어디서나 인터넷 기술을 활용해 경제적 활동을 할 수 있었고, 인생의 문제들을 결정할 때 그들이 설정한 목표에 초점을 뒀다. 부부는 전혀 안전혀 보이지 않는 결정을 안전하게 만들었다. 그들은 이처럼 미래에 대한 통제력을 키우는 한편, 불확실한 상황이 발생할 여지도 충분히 남겨뒀다. 아이들에게 불확실성과 변화 속에서 성공하는 법과 리스크를 현명하게 감수하는 법을 가르치기 위해서다.

리스크를 기피하는 성향의 사람들도 이들의 이야기에서 배울 점이 있다. 이들은 성공한 경험이든 실패한 경험이든 교훈을 얻었으며, 서로 추구하는 방향을 맞추려고 소통했다. 처음에는 마티가 메간이 감내할 수 있는 수준보다 더 큰 위험을 추구할 때, 두 사람은 그것을 각자 다른 각도에서 해석했다고 한다. 둘은 리스크를 다루는 관점이 완전히 다른 가정에서 성장했기 때문이다. 하지만 그들은 '인생의 목적이 무엇인가'라는 기준으로 관점의 차이를 서서히 좁혀갔다. 메간은 같은 장소에 가만히 머물러 있는 것이 가장 위험한 일이라며 미래에는 융통성 없는 사람들이 큰 어려움을 겪게 될 거라고 밝혔다. 이 원리는 개인뿐만 아니라 리스크를 통제하는 기업과 사회에도 적용된다.

리스크 관계가 중요한 이유

가까운 사람들이 리스크에 관해 서로 다른 태도를 갖고 있다면, 그들의 관계는 발전할 수도 있고 무너질 수도 있다. 당신은 음주 운전을 하거나 교통법규를 무시하고 과속하는 사람의 차를 타겠는가? 당신이 위험하다고 생각하는 일을 하라고 우기는 사람과 계속 함께 지낼 수 있는가? 흡연, 과음, 도박 같은 자기 파괴적인 행동을 하지 말라는 진심 어린 충고를 무시하는 친구나 동료들은 어떻게 할 것인가?

비즈니스에서 정말 중요한 것은 재능이나 기술이 아니라, 위험을 대하는 태도다. 비즈니스 파트너십이 실패하는 가장 큰 이유가 성격 갈등과 사업 비전 충돌인데, 두 가지 다 '리스크 태도' 때문에 일어난다. 직장에서 이 차이는 팀이 얼마나 잘 협력할지, 또 경영진이 안전, 법규, 주주 자본 관련 사항 등 어려운 문제에 대해 얼마나 큰 모험을 할 것인지 등에 영향을 미친다. 배출 가스 위반, 부정거래, 꼬리를 무는 스캔들 등 잘못된 리스크 결정을 내리는 기업을 주변에서 많이 찾아볼 수 있다.

뉴스와 소셜미디어 홍수 속에서 사람들은 리스크에 대한 지식이 늘었지만 그만큼 오해도 늘었다. 첨단 기술의 등장은 그것을 다룰 줄 아는 사람들에게는 큰 희망을 가져다줬지만 그렇지 못한 사람들은 뒷전으로 밀려나는 계기가 됐다. 일의 형태가 바뀌었고 더 이상 '9시 출근 6시 퇴근'하는 일자리를 안전한 직장이라고 여기는 사람들이 줄어들고 있다. 또한 기상이변은 갈수록 가정, 지역사회, 기업을 위협하고 있다.

우리가 리스크에 대응하는 방식은 천차만별이다. 어떤 리스크는 무시하면서 특정 리스크는 과잉 대응한다. 첨단 기술의 발전과 그 사회적 영향력의 확대는 갈등을 점점 더 고조시킬 것이다. 오늘날 불평등이 심화되고 포퓰리즘이 나타난 것은 리스크 관계가 깨졌기 때문이다. 정치적 혼란, 경제적 고통, 세계 질서의 붕괴 가운데 많은 이들이 자신의 운명을 통제할 수 없다는 무력감에 압도당하고 있다.

코로나19 팬데믹은 이 어려운 상황을 더 악화시켰다. 코로나 바이러스가 전 세계를 강타하자 나라들은 각자의 방식으로 대응했다. 여기에는 국가 지도자와 국민의 리스크 관계가 밀접하게 작용한다. 정부의 조치가 부실하거나 아예 없었던 경우 개인들은 리스크를 스스로 판단해야 했다. 그 결과 그들은 리스크를 증가시키기도 하고 감소시키기도 했다. 마스크 착용, 사회적 거리 두기, 자가 격리 명령 등 정책 결정자, 기업, 개인들이 내리는 모든 결정은 타인의 안전에 영향을 미친다. 많은 이들이 이번 일을 겪으면서 정부와 국민이 명백한 위험을 인식하지 못하고 피해를 방지하거나 최소화하지 못할 때 상황이 얼마나 악화될 수 있는지를 깨달았다.

한 국가의 기업과 경제는 정부와 정책가의 리스크 결정에 따라 창의적이며 혁신적으로 발전하기도 하고 반대로 침체하여 쇠퇴의 길을 가기도 한다. 사회가 권장하거나 금지하는 리스크를 선택하면 그 파급 효과는 다양한 형태로 나타난다. 세금, 교육, 법과 규제, 의료 제도, 사회 보험, 이민, 인프라, 기술 등 모든 정책은 근본적으로 리스크에 관한 결정이다. 정부는 대중들에게 위험을 너무 많이 알리거나 적게 알리곤 한다. 최적의 '리스크 골디락스Goldilocks(너무 뜨겁지도 차갑지도 않아 적당한 상태를 의미하는 비유 - 옮긴이 주)'는 찾아보기 힘들다.

직장이라는 안전망이 축소되고 글로벌 위기 가능성이 점점 개인이 통제할 수 없는 상황으로 변하면서 일반인들이 마주하는 리스크는 더욱 커졌다. 위협의 규모나 발생 가능성을 가늠하는 리스크 감지 능력이 떨어지면 자신을 보호하는 것이 더 어려워진다. 서구의 많은 부모들은 자녀가 손끝 하나 다치지 않게 하려고 훨씬 더 엄격하게 감시의 고삐를 죄고 있다. 대학생들조차도 정서적 고통이나 공격을 받지 않는 안전한 공간을 요구한다.

불확실성이 확산되자 전문가와 정부에 대한 신뢰가 곤두박질쳤다. 현실에 저항하려는 시도로 위험한 리스크 결정을 감행하는 사람들도 있지만, 어떤 이들은 자신이 통제할 수 있는 긍정적인 리스크 경험을 추구한다. 이는 익스트림 스포츠, 감금 상태를 모방한 방 탈출 게임, 폭력적인 비디오 게임, 위험을 미화한 미디어 등의 비즈니스를 양산했다. 많은 전문가들은 이처럼 지나치게 리스크를 제한하고 실제 경험을 기술로 대체하는 것을 반대한다. 그들은 사람들이 리스크를 자발적으로 선택하고 통제력을 행사하는 데 더욱더 집착하게 된 배경에는 이런 문화적 변화가 자리 잡고 있을 것이라고 추정한다.

서구 사회는 어떤 리스크는 통제하면서도 어떤 리스크는 방치함으로써 젊은 세대가 위험을 정확하게 인식하고 대응할 수 있는 능력을 빼앗았다. 어떤 일이든 어느 정도 불확실성이 존재한다는 사실을 받아들이지 못하고 리스크와 위험한 관계에 빠진 사람들이 늘어나고 있다. 이제는 특정한 리스크를 이야기하는 것만으로는 충분하지 않다. 리스크의 본질과 개인, 조직, 사회에 대한 우리의 리스크 관계를 살펴볼 때가 됐다. 우리 자신이 문화와 복잡한 순환 관계를 맺고 있듯이 리스크 관계가 우리의 모습을 만든다.

리스크 관계를 재편하라

지금은 그 어느 때보다도 리스크 관리가 결정적인 기술이 된 시기다. 이와 밀접하게 연관돼 있는 두 가지 기술이 바로 독창성과 판단력이다. 기계화가 진행되고 있는 오늘날 우리는 기계보다 더 뛰어난 기술을 연마해야 한다. 기업 경영층은 팀이 가진 리스크 관리 감각을 평가하고 육성할 수 있어야 한다.

리스크 공감: 다른 사람들의 리스크 경험 방식을 이해하고 그들의 요구에 맞춰 자신의 행동을 조정할 수 있는 능력

리스크에 대한 인식이 자신의 행동과 주위 사람들에게 어떤 영향을 미치는지 이해하면, 리스크 공감을 실천하고 남들과도 더 효과적으로 협상할 수 있다. 즉, 타인의 리스크 태도를 이해하고 거기에 맞춰 행동하면 어떤 리스크에 직면하더라도 양측 다 더 원만하게 처리할 수 있다. 리스크 관계에서 능동적으로 대처하면 성공의 기회를 더 많이 잡을 수 있고 소득 없는 모험은 덜 하게 된다. 또한 불확실

성을 대처하는 능력을 얻고, 자신의 성격과 행동의 또 다른 면을 발견할 수 있다. 자신이 그 리스크를 선택한 이유를 이해하면 주변 사람들과의 관계를 좀 더 이성적으로 바라보고, 관계에서 오는 갈등을 리스크 성격이 충돌한 결과로 이해할 수 있다.

그렇다면 어느 정도가 적절한 리스크일까? 얼마나 불확실해야 너무 불확실하다고 말할 수 있을까? 사람마다 리스크를 인식하는 정도가 다르기 때문이 이를 스스로 파악하는 것이 중요하다. 어떤 리스크든 별로 크게 여기지 않는 이들도 있다. 증권 트레이더, 자동차 경주자, 전투기 조종사, 스턴트 연기자, 무모한 모험가들은 리스크를 즐기는 천성을 타고났을까? 아니면 리스크를 대응하고 조절하는 방법을 따로 배웠을까? 타고난 성격 특성과 인생 경험이 합쳐진 것이라고 할 수 있다. 이들은 모험을 감행할 때 불확실성을 줄이기 위해 강도 높은 훈련을 한다. 남들보다 자신의 직감적 반응을 훨씬 더 신뢰하기까지 엄청난 연습을 하는 것이다.

누구나 미래에 어떤 일이 일어날지 알고 있다면 신속하게 결정할 수 있다. 그러나 어떤 일이 일어날지 모르니 잘못된 선택을 할지도 모른다고 겁을 내면 같은 상황에서도 스트레스를 더 많이 받게 된다. 이와 관련된 요인이 성격 특성이다. 물론 일반적으로 리스크를 여러 번 경험하고 그 대응법을 배우면 위험을 줄일 수 있다. 자동차 경주에서 아마추어가 프로 선수보다 충돌 사고를 낼 확률이 얼마나 더 높을지 상상해보라.

리스크 성격과 대처 능력에 영향을 미치는 요소는 정체성, 성장

환경 등 개개인의 경험과 연관되어 있다. 또 다른 요소에는 당면한 리스크의 본질, 심각성과 여파, 감정을 동요시키는 정도 등이 있다. 우리가 일하고 생활하는 조직과 지역사회의 인식이 어떠한지, 책임자가 누구이며, 얼마나 신뢰가 가는지도 영향을 미친다.

리스크 인식: 위험 정도에 대한 판단

리스크 태도: 특정 위험에 대한 반응

우리는 리스크 인식(위험성 판단 및 현실과의 관련성)과 리스크 태도(감내할 수 있는 리스크 정도와 그 대책)의 차이를 이해할 때 점점 불안해지는 세상에서 리스크를 해가 아닌 이익으로 만들 수 있다. 오늘날 많은 사람들이 느끼는 불확실성은 여러 면에서 애니 에드슨 테일러가 나이아가라 폭포 타기 모험에 나설 당시의 사회·경제·정치적 배경과 비슷하다. 그 시대에 태어난 사람들은 제1차 세계대전과 제2차 세계대전, 1918년 독감 대유행, 수많은 작은 유행병, 경제 대공황, 냉전, TV와 인터넷의 발명 등 엄청난 지각 변동을 겪었다. 오늘날에도 세상은 예측할 수 없는 방식으로 변하고 있다. 잃을 것이 많은 사람, 예상치 못한 사태에 대비책이 없는 사람들이 이를 가장 두렵게 느낄 것이다. 과연 우리 앞에 놓인 변화들이 그 시대처럼 거대하고 파괴적일까? 우리는 이 변화들을 더 잘 대처할 수 있을까?

02

The Meaning of Risk

리스크란 무엇인가

어렸을 때 극도로 불확실한 환경에서 자란 사람들은 미지의 상황에서 기회를 포착하는 자신만의 독특한 관점을 갖고 있다. 이들은 될 수 있는 한 긍정적인 측면을 보며, 스스로를 잘 알고 있다. 사실 리스크와 불확실성의 개념을 제대로 파악하고 있는 사람들은 두 개념을 구분해서 사용한다.

"사업가들은 리스크를 계산하지 않아요. 우리는 회복력, 희망, 신뢰에 의지합니다." 세네갈 태생의 사업가이자 기술 투자자인 마리엠 잼Mariéme Jamme이 말했다. 마리엠이 과학기술 전문가이자 성공한 사업가로서 이룩한 업적은 매우 인상적이다. 하지만 그녀를 더욱 돋보이게 하는 것은 세계적인 인정을 받기까지 극복했던 역경들이었다.

마리엠은 극도로 불확실한 삶을 살았다. 세네갈의 어느 귀족 집안에서 태어났지만, 11살 때 코란 교사에게 성폭행을 당한 뒤 어머니에게 버림을 받았다. 13살 때는 인신매매범들에 의해 세네갈에서 파리로 팔려 왔다. 그녀는 생드니 근처의 난민 수용소에서 인신매매로 팔려 온 다른 젊은 여성들과 르완다 대학살에서 살아남은 사람들과 함께 생활했다. 경찰이 그녀가 머물던 지하철역을 급습했을 때, 그녀는 예상하지 못했던 감정이 솟구치는 것을 느꼈다. 그것은 바로 '희망'이었다. 마리엠은 이렇게 회상했다. "충격적인 경험을 했던 사람들은 꿈 같은 것은 생각도 못해요. 그저 하루하루 희망의 끈에 매달려 살아가는 거죠." 하지만 마리엠은 꿈을 갖고 있었다.

마리엠은 16살이 되고 나서야 비로소 읽고 쓰는 법을 스스로 배웠다. 그녀는 런던에 건너가 영어를 배울 비용을 마련하기 위해 청소 일을 하며 돈을 모았다. 그리고 이후 컴퓨터 프로그래밍을 배워 기술 기업가이자 컨설턴트가 됐다. 아프리카, 중동, 아시아로 사업을 확장하려는 주요 기술 업체들을 도와주는 사업을 시작했고, 2017년 여성 코더 100만 명 양성을 목표로 하는 사회적 기업인 '아이앰더코드iamtheCODE'를 설립했다. 그녀는 과학기술, 공학, 예술, 수학, 디자인 분야에 코더의 일자리를 더 확대하도록 정부와 기업 및 투자자들을 설득했다. 자신처럼 끔찍한 일을 겪지 않도록 그들에게 기회를 제공하고 싶었던 것이다.

기업가들은 매일 여러 가지 리스크를 감수한다. 그런데 그녀의 말에서 리스크라는 단어는 찾아볼 수 없었다. 마리엠에게 리스크의 의미를 묻자 그 단어를 별로 중요하게 여기지 않았는지 선뜻 대답하지 못하고 잠시 뜸을 들였다. 마침내 그녀는 "저는 그것을 '희망'이라고 생각해요"라고 대답했다. "저는 제가 원하는 것을 이룰 거라고 확신해요." 그녀는 리스크나 불확실성이라는 단어에 집착하기보다 미래에 희망을 걸고 그것을 실현하기 위해 모든 열정을 쏟아부었다. 비록 마리엠은 리스크를 별로 고려하지 않았다고 했지만 그녀의 이야기를 들어보면 리스크의 실상이 무엇이며 그것이 개인의 삶과 조직, 정부, 사회에 어떻게 적용되는지 알 수 있다.

나는 리스크라는 단어의 어원을 조사해보았다. 어원은 리스크가 경제적 개념으로 사용되기 시작한 7세기까지 거슬러 올라간다. 작가인 친구에게 내가 발견한 것을 설명하자 친구는 이러한 질문을 던졌다. "리스크라는 단어가 존재하기 전에 리스크는 과연 무엇이었을까?" 친구는 리스크가 어쩌면 단순히 '삶'을 의미했을지도 모른다고 추측했다. 그의 추측은 마리엠이 리스크를 감수한다는 것은 단지 무언가를 얻기 위해 노력하는 일이라고 말한 것과 일치한다. 이 아이디어는 책의 핵심 내용인 '살아온 삶이 당신 자신을 드러내는 것처럼, 삶은 당신이 감수한 리스크로 결정된다'라는 진실을 설득력 있게 보여준다.

리스크의 어원

영어 단어 '리스크risk'는 페르시아어, 아랍어, 그리스어에서 유래했으며, 군사·항해 관련 의미를 내포하고 있다. 언어학자 헨리와 르네 카헤인Henry-Renée Kahane 부부는 리스크의 기원을 페르시안 아랍어의 군사 용어인 로직rogik에서 찾았다. 이는 아랍어인 리즈끄risq로 변화했다. 부부는 이렇게 기록했다. "리즈끄는 군사 정부의 표현으로, 아랍 관료와 군인들이 새로 정복한 비잔틴 이집트에서 자급자족하면서 생계를 유지했던 상황을 의미하는 말이다. 그들은 정복한 땅에서 얻을 수 있는 물자들을 취하며 살아가야 했다."

7세기 후반이 되자 이 단어는 비잔틴 그리스어 리지코rhizikó, rizikó로 바뀌었다. 단어의 의미 역시 상당히 변해 더 이상 물자를 거두는 군인들의 권리가 아닌 생계 수단을 발견하려면 운에 의지해야 한다는 뜻으로 바뀌었으며, 마침내 일반적인 의미로 '기회 혹은 운명'을 뜻하게 됐다. 카헤인 부부는 아직도 리스크에는 과거처럼 군사 및 항해와 관련된 개념, 즉 '위험'과 '기회'라는 두 가지 의미가 들어 있다고 설명했다.

페르시아-아랍어에서 시작된 이 단어는 뿌리 또는 암석을 의미하는 그리스어 리자rizha와 절벽을 의미하는 라틴어 레시쿰resicum과 합쳐졌는데 두 단어 모두 선박에 대한 잠재적 위협을 의미하는 항해 용어로 사용됐다. 리스크가 상업적 용도로 처음 사용된 분야는 해양

산업이었다. 그 뒤 17세기경 이탈리아어로 위험을 의미하는 리스코risko, 프랑스어 동사인 리스키risquer, 스페인어 리에스고riesgo, 포르투갈어 히스쿠risco, 독일어 리지코risiko로 변화했다. 우베 니야, 오이빈드 솔버그, 기어 스베르 브라우트 같은 학자들은 이런 표현들이 신항로 및 신대륙 개척 시기에 유럽 각국의 언어로 퍼져나갔다는 사실에 주목해야 한다며 이렇게 주장했다. "16세기 사람들은 리스크를 긍정적인 의미로 사용했다. 예를 들어, 1507년 즈음 중상층 독일인들은 리지고Rysigo라는 단어를 '경제적 성공을 위해 기꺼이 도전에 나서 새로운 일을 시작한다'는 긍정적인 의미를 지닌 비즈니스 전문용어로 사용했다."

피터 L. 번스타인은 저서 《위험, 기회, 미래가 공존하는 리스크》에서 서구 사회에서 리스크의 수학적·상업적 발전의 역사를 설명했다. 번스타인은 현대와 과거를 획기적으로 구분하는 기준은 리스크에 대한 통제력에 달려 있다고 주장했다.

17세기 수학자 블레즈 파스칼은 동료 수학자들과 함께 리스크를 계량화하고 이를 관리하기 위한 초기 시도로서 확률 분석 방법을 개발했다. 그들은 갈릴레오, 지롤라모 카르다노의 연구 내용은 물론 14세기 중국의 수학자 주세걸의 자료를 이용해 오늘날 리스크 이론의 중심축을 이루는 '피해에 대한 두려움(리스크)은 그 사건의 발생 확률과 심각도에 따라 결정된다'는 이론을 발전시켰다.

1738년 스위스의 수학자 다니엘 베르누이는 리스크의 효용성을 기반으로 하는 객관적 결정과 주관적 결정이라는 개념을 정립했다.

그는 리스크에 대한 비용과 편익을 인식하는 방법은 무엇이 자신에게 유용하거나 만족스러운가에 달려 있으며, 그 효용성은 자신이 이미 소유하고 있는 것에 따라 달라진다는 사실을 찾아냈다. 또한 리스크 감수자 혹은 리스크 회피자의 행동 동기를 측정하는 방법을 고안했다.

경제 사학자 조나단 레비Jonathan Levy가 주장하듯이, 리스크 개념은 미국 무역 및 상업과 세계 경제 발전에 중요한 역할을 했다. 미국을 비롯한 대부분 서구 사회는 리스크를 논의할 때 수학과 상업 용어를 함께 사용하며, 리스크를 소유하거나 권리를 주장할 수 있는 하나의 자산으로 인식한다. 레비는 저서 《행운의 변덕Freaks of Fortune》에서 리스크라는 단어가 영어에 등장한 것은 16세기였으나, 1820년대 후반까지만 해도 해상 보험 계약 상품을 의미하는 단어 리스키risque가 영어식으로 바뀌지 않은 채 그대로 사용됐다고 설명했다. 그러나 곧 리스크는 1840년대 개인 상해 보험으로, 19세기 말에는 기업 리스크 관리 분야로 확장되어 현대 경제 용어의 일부로 발전했다.

레비는 19세기에 와서야 자주권이 개인의 금융 '리스크'에 대한 통제권까지 의미하게 됐다고 지적했다. 여기서 대두되는 난제는 과거나 현재나 개인의 자유를 유지하기 위해서는 불확실성과 변화를 기초로 발전한 자본주의의 중추인 새로운 기업형 금융 시스템에 의존해야 한다는 점이다. 이런 관점에서 리스크는 현대 세계 경제의 토대라고 할 수 있다. 따라서 사람들이 리스크의 의미와 여러 분야에서 발생하는 거래와 의사 결정에 리스크가 어떤 영향을 미치는지를 공유하는 것이 더 중요해졌다. 그러나 리스크의 의미를 하나로 정의하기란 사실상 매우 어렵다.

리스크 전문가들은 확률과 불확실성은 물론이고, 리스크를 위험과 기회로 적절히 분리해 평가하는 방법을 연구하고 있다. 그들은 다른 사람들이 자신들만큼 진지하게 리스크를 고려하지 않아 실망스럽다고 하소연하지만, 사실 리스크 전문가들과 비전문가들의 인식이 너무 달라서 같은 문제라도 마치 다른 나라 말을 하는 것처럼 보일 때도 있다. 그래서 리스크를 논의하기 전 개념을 확실히 정의하는 것이 중요하다. 이를 통해 전문가들은 핵심 원리를 더 쉬운 용어로 설명할 수 있으며, 비전문가들은 새로운 관점을 얻을 수 있다.

리스크 정의를 통제하라

저명한 심리학자이자 리스크 인식 학자인 폴 슬로빅Paul Slovic은 《위험판단 심리학The Perception of Risk》에서 인류는 인생의 불확실성을 이해하고 대처하기 위해 리스크라는 개념을 발명했다고 주장하며, 리스크 정의를 통제할 수 있는 사람은 당면한 문제에 합리적인 해결책을 찾을 수 있다고 썼다.

이러한 통찰을 바탕으로 보면, 리스크 관리를 방해하는 가장 큰 장애물은 특정한 위험이 아니라, 사람들이 모두 리스크의 개념을 다르게 인식하고 있다는 사실이다. 보험계리사에게 리스크란 '50세 여성이 향후 10년 이내에 사망할 확률'과 같이 매우 구체적인 위험이다. 증권 거래자에게 리스크란 잠재적 손익을 합산한 값이다. '리스크 성향'이라는 용어를 즐겨 사용하는 자산 관리자들에게 리스크란 사람들이 금전적으로 특정한 잠재 이득을 얻는 대가로 감내할 수 있는 손실의 양을 의미한다. 리스크 성향은 흔히 주식, 고수익 채권, 상품, 기타 자산 등 수익률이 보장되지 않는 자산에서 돈을 더 많이 벌고자 하는 강박 관념으로 이어질 수 있다. 변호사들은 리스크가 있는 행동을 최소화하거나 심지어 완전히 없애려고 노력한다. 하지만 무조건 '나쁜' 리스크를 피하다 보면 역으로 '좋은' 리스크를 받아들일 기회까지 없애버릴 위험이 있다.

수학자와 과학자는 불확실성이 보통 때보다 큰 상황에서도 리스크를 계산하고 측정하려고 시도한다. 경제학자들은 리스크와 수익의 상충 관계에서 사람들이 어떤 선택을 하느냐에 관심이 있으며, 사회과학자들은 문화적 맥락을 이해하려고 노력한다. 역사학자, 휴머니스트, 소설가는 리스크와 관련된 스토리를 풀어내고, 철학자들은 리스크에서 지혜를 찾으려고 심사숙고한다. 심리학자들은 사람들이 리스크와 확률을 예상하고 처리하는 방식에 관심을 가진다. 리스크 관리자, 보험회사, 증권회사는 리스크를 계량화해 매우 정교한 데이터로 보관한다.

일반적인 대화에서 리스크는 여러 가지 개념과 중복되어 사용되는데, 보통 리스크에 대한 부정적인 정의와 긍정적인 정의가 팽팽한 대립을 이룬다. 어떤 사람들은 리스크를 위기·책임·난관·곤경에 빠뜨려 무언가 중요한 것을 잃어버리게 하는 잠재적 위험 및 회피 대상으로 생각할 수 있다. 이 경우 리스크는 종종 불확실성, 무작위성, 노출, 관리 결여와 일맥상통하는 용어가 된다. 반면 리스크를 선호하는 사람들은 리스크를 모험·대담성·스릴의 관점에서 묘사하며, 기회·가능성·전망 등 긍정적인 측면에서 해석한다. 그들의 입장에서 희망은 리스크의 낙관적인 버전이다.

그렇다면 리스크의 종류에는 무엇이 있을까? 우선 능동적 리스크와 수동적 리스크로 나눌 수 있다. 능동적 리스크란 우리가 직접 감수하기로 선택한 리스크다. 스카이다이빙을 하거나 제한 속도를 넘어 운전하는 것이 그 예다. 우리는 알게 모르게 리스크가 너무 큰지, 작은지, 적당한지를 끊임없이 계산한다. 수동적 리스크란 우리가 그것을 좋아하든 싫어하든 어쩔 수 없이 직면해야 하는 리스크다. 만약 이를 사전에 대비하지 않으면 좋지 않은 일들이 일어날 수 있다. 술을 마신 뒤 택시를 타지 않고 운전대를 잡으면 교통사고를 낼 것이고, 은퇴에 대비해 미리 저축하지 않으면 노년에 파산할 수도 있다. 치즈 버거를 너무 많이 먹는다면 심장 마비를 일으킬 수도 있고, 영업 목표를 달성하지 못하면 해고되거나 사업이 망할지도 모른다. 교육을 위한 투자, 창업, 사업 규모 확대와 같은 능동적 리스크를 감수하지 못하는 행동 또한 수동적 리스크에 포함된다. 수동적 리스크는 능동적 리스크처럼 눈에 띄지도 않고, 당장은 반응이 없는 것처럼 보이므로 과소평가될 가능성이 매우 높다.

사회학자 젠스 진은 리스크 감수의 범주를 세 가지로 나누어 설명했다. 첫 번째는 리스크 자체가 목적인 유형으로, 이는 리스크를 감수함으로써 아드레날린이 솟구치고 전율을 느끼는 사람들의 영역이다. 두 번째는 리스크가 목적을 위한 수단인 경우다. 사회적 공익과 같은 목표를 추구할 때 리스크를 알지만 목표를 위해서 그 정도는 감수할 가치가 있다고 생각하는 것이 그 예다. 세 번째는 취약성에 대응하기 위해 위험을 선택하는 것이다. 도저히 견딜 수 없는 리스크와 억지로 견딜 만한 리스크 사이에서 선택해야 하는 상황에서 이루어진다. 예를 들어, 모국을 탈출하는 난민이나 생존을 위해 범죄를 저지른 취약 계층이 여기에 속한다.

리스크와 불확실성

대부분의 사람들은 리스크와 불확실성은 불가분의 관계에 있다고 생각한다. 만약 당신이 새로운 직장에 첫 출근을 했다면, 그곳은 완벽한 곳일까, 아니면 매력을 느낄 만한 구석이 전혀 없는 곳일까? 당신이 투자한 펀드가 다른 펀드보다 더 좋은 성과를 낼 수 있을까? 새 집을 계약했는데 의외로 유지비가 많이 드는 것은 아닐까? 우리는 정해진 예산을 따르지 않고 과소비를 하면 돈이 바닥날 수 있다는 사실을 잘 알고 있다. 하지만 결과는 우리가 실제로 어떻게 행동하느냐에 달려 있다. 이 원리는 직업이나 재정 문제는 물론 친구 관계, 건강 문제에도 적용된다.

불확실성을 처리하는 능력은 결과적으로 위험과 변화를 관리하는 능력을 만든다. 의과대학 교수이자 리스크 소통 컨설턴트인 바바라 레이놀즈는 리스크 감내도를 검토할 때 사용하는 지표 중 하나가 '불확실성을 관리하는 능력'이라고 말했다. 그녀는 수년간 전 세계를 대상으로 연구한 결과 개인이나 조직, 국가가 불확실성에 내성이 클수록 리스크와 위기를 더 잘 극복한다는 사실을 발견했다.

반대로 금융 전문가들은 리스크와 불확실성을 분명히 구분한다. 금융계에서 불확실성이란 발생 가능성과 시기, 정확한 형태를 알 수 없는 측정하기 어려운 위협을 의미하는 반면, 리스크는 측정 가능한 개념이라고 가정한다. 1921년 시카고대학교 경제학자 프랭크 나이트는 저서 《위험과 불확실성 및 이윤Risk, Uncertainty and Profit》에서 리스크와 불확실성의 차이를 공식적으로 정의함으로써 리스크 관리 분야를 새롭게 정립했다. 그가 말하는 리스크는 '유효한 확실성'으로 확률을 계산할 수 있는 불확실성을 의미한다(관찰자에 따라 '유효하다'와 '확실하다'는 개념의 범위는 매우 광범위할 수 있다). 그에 반해 불확실성은 계산하거나 측정하는 것 자체가 불가능하다. 그는 "리스크란 경우에 따라서는 측정할 수 있는 숫자를 의미한다. 사실상 우리가 말하는 리스크는 측정 불가능한 불확실성과는 전혀 다른 개념이다"라고 썼다.

나이트는 기업가들의 행동을 보상하고 촉진하는 리스크와 불확실성의 역할을 폭넓게 연구했다. 이 관점에서 보면 결론적으로, 리스크는 자본주의의 핵심이다. 투자자들은 예상대로 성공한다면 상당한 보상이 올 것을 기대하며 수익이 날 것이라고 믿는 사업에 투자하지만, 결과는 그럴 수도, 그렇지 않을 수도 있다.

저명한 경제학자인 존 메이너드 케인스는 나이트의 저서와 같은 해에 《확률론A Treatise on Probability》을 발표했다. 케인스는 리스크를 정의할 수 있는 것과 정의할 수 없는 것으로 구분했다. 경제학계의 두 거장인 나이트와 케인스는 리스크와 불확실성을 각각 '확실성과 측정' 그리고 '인식과 의미'라고 제시했는데, 훗날 이들의 의견은 마치 좌익과 우익이 대립하듯 충돌을 일으켰다.

케인스는 애덤 스미스의 초기 연구를 바탕으로 고차원적인 불확실성 개념을 연구했다. 그는 불확실성을 무언가 '발생할 가능성이 있는' 광의의 의미로 받아들였다. 케인스는 1936년 《고용, 이자 및 화폐의 일반이론General Theory of Employment, Interest, and Money》에서 이렇게 강조했다. "우리가 무언가 적극적인 행동을 하기로 결정할 때, 대부분은 행동에 나서려는 본능적이고 야성적인 충동의 결과일 뿐이지, 그로 인한 이익들을 각각의 확률과 곱한 수치의 산물이 아니다."

오늘날 리스크와 확률의 절대적인 정의와 일반적인 정의 사이에서 균형을 유지하는 것은 매우 중요하다. 나이트의 이론을 따르는 사람들은 리스크를 예측하고 통제하는 능력을 과신하는 경향이 있다. 이것이 21세기 초에 많은 사람들이 서브프라임 모기지의 형편없는 신용 리스크 등급을 신뢰했던 이유이기도 하다. 지금도 많은 투자자와 분석가들은 신용 리스크 등급에 대해 과도하게 정밀한 예측을 요구한다. 시장이 폭락할 것인가? 폭락한다면 언제, 몇 퍼센트까지 폭락할까? 무엇이 폭락을 촉발시킬까? 이런 정보를 주지 못하면 예측이라고 취급하지 않을 정도다.

케인스는 확실성이 없을 때도 어느 정도 확실성이 있는 것처럼 행동하는 것이 중요하다고 강조했으며, 최근 여러 행동경제학자들이 주장한 것처럼 의사 결정에서 감정의 역할을 인정했다. 이처럼 리스크의 개념은 확실성이 없을 때 확실성이 있을 거라는 환상을 주고 리스크를 기회로 여기는 사람들에게 보상을 함으로써 인간이 불확실한 세계에서 자기 역할을 제대로 할 수 있도록 도와준다.

나이트와 케인스 모두 창의성 및 혁신을 리스크와 분리할 수 없다는 사실을 인식했을 것이다. 사회와 경제체제는 불확실성, 통제, 리스크가 서로 결합해 선순환이나 악순환을 일으키며 복잡하게 움직인다. 불확실성이 너무 크면 투자가 위축되고, 너무 작으면 혁신과 성장이 가로막힌다. 정부와 경제, 사회는 구성원들이 장려하거나 억제해야 한다고 생각하는 위험이 무엇인지 그리고 누구를 어떤 위험으로부터 어떻게 보호할 것인지 결정하는 것에 따라 움직인다.

어쩌면 사람들은 자신이 리스크를 감수하는 것을 싫어한다고 생각할지 모른다. 그러나 일반적으로 정말 문제가 되는 것은 그들을 불안하게 만드는 불확실성이다. 경제학자나 보험계리사들이 우리에게 무슨 말을 하더라도, 리스크를 감수하는 것은 불확실성을 떠맡는다는 의미다.

확률, 확실성, 영향력의 개념

우리는 흔히 리스크가 발생할 가능성과 그 잠재적인 영향력에 관해 스스로를 속이곤 한다. 그러나 이것이 문제가 되는 이유는 발생 가능성에 잠재적 영향력을 곱한 것이 바로 리스크 자체이기 때문이다. 인간의 편견 때문에 이 두 개념은 왜곡되기 쉽다. 먼저 리스크의 영향력 개념을 살펴보자. 리스크가 누구에게 영향을 미치며, 우리가 그것을 어떻게 느끼며, 거리나 시간상 얼마나 멀리 떨어져 있는지 그리고 그 효과가 얼마나 광범위하고 심각하게 나타나는지에 따라 영향력의 개념이 달라진다. 그리고 이 모든 판단은 매우 주관적이다. 멀리 떨어져 있거나 타 문화권에 있는 사람들의 이야기는 수백, 수천, 심지어 수백만 명의 이야기라 해도 별로 관심이 가지 않는데, 단 1명이라도 우리와 연결된 사람이 위협을 겪었다면 더 주의를 기울이게 된다.

다음으로 발생 가능성의 개념을 보자. 우리는 보통 몇몇 자료와 과거 사실을 토대로 어떤 일이 일어날 가능성을 계산한다. 비가 올 가능성, 응원하는 팀이 승리할 가능성, 채권 발행자가 파산할 가능성을 표시하는 신용 등급, 동전의 앞면 혹은 뒷면이 나올 확률 등 우리가 일상생활에서 가능성을 계산하는 사례는 다양하다. 그런데 대부분의 사람들은 가능성의 개념을 확률의 스펙트럼으로 이해하기보다는, 동전 던지기처럼 어떤 일이 일어나거나 일어나지 않는 두 영역만 존재한다고 생각한다. 경제계에 몸담고 있지 않는 사람들이라면 두 영역 사이에 존재하는 회색 지대를 이해하기 쉽지 않다.

사람들은 보통 자신이 가진 정보를 기반으로 어떤 행동을 하거나 하지 않거나 두 가지 중 하나를 선택한다. 일기예보에서 비가 올 확률이 30퍼센트라고 하면, 출근할 때 우산을 갖고 가거나 집에 두고 가거나 둘 중 한 가지 행동을 한다. 주식 시장이 상승 및 하락할 때도 주식에 투자하거나 하지 않거나 둘 중 하나를 선택한다. 본질적으로 우리는 일련의 복잡한 정보를 훨씬 더 간단하게 '단순화'한다. 그러나 리스크 전문가들은 확률의 스펙트럼을 이해하며 넓은 회색 지대를 기반으로 무엇을 할지 연구한다. 리스크를 이분법적으로 보는 사람과 스펙트럼으로 보는 사람 사이의 괴리를 고려하면 리스크 전문가들의 관점을 이해하는 데 도움이 된다.

위험사회

특정 위험을 대하는 태도는 어떤 정보가 주어졌는지에 따라 달라진다. 사람들이 리스크를 강조하거나 경시하고 이를 잘 처리할 수 있다고 확신하는 데는 정부 또는 미디어, 동료들이 큰 역할을 한다. 독일 사회학자 울리히 벡은 정부가 리스크에 우선순위를 매겨 소통함으로써 국민들의 인식을 교묘하게 조장해 '리스크를 연출한다'고 주장했다. 대개 정부가 위험하다고 말하는 것과 국민이 두려워하는 것 사이에는 큰 간극이 존재한다. 1980년대에

울리히 벡과 영국의 사회학자 앤서니 기든스는 '모든 사람에게 영향을 미치며, 아무도 이로부터 안전할 수 없는 위협'을 포함해 인류가 만들어낸 현대화의 부작용과 투쟁하는 세계를 '위험사회'라고 설명했다. 벡은 이 사회를 가난한 사람이나 부유한 사람이나 상관없이 모두를 위협하는 반反 유토피아 세계로 묘사했다. 그곳에서는 시장이 붕괴하고, 법률 시스템은 무능하며, 과학적 진보로 리스크가 점점 더 분명히 드러나지만 부패한 전문가들은 계속 리스크를 추구한다. 금융시장에서는 이윤을 사유화하고, 리스크는 사회에 전가한다.

벡과 그의 추종자들은 리스크를 조절하고 분배하는 시스템을 사회가 재평가하기에는 이미 늦었다고 주장했다. 그들의 주장은 정확히 맞는 말이다. 세계화가 가속화되어 서로 다른 문화와 견해를 가진 사람들이 위험할 정도로 한데 섞여 있다. 따라서 어떤 리스크가 현실적인지, 어떤 리스크를 받아들일 수 있는지 등 리스크에 대한 사람들의 태도와 인식이 충돌하는 현상이 종종 발생한다.

벡은 세계화가 진행되면서 동일한 리스크임에도 각각의 나라와 문화적 관점에 따라 다르게 '현실화'되고, 문화적 인식의 충돌 현상이 점점 두드러진다고 봤다. 벡은 리스크 문화와 현실의 충돌을 오늘날 지정학상 가장 근본적인 문제 중 하나로 꼽았다. 실제로 코로나19에 대한 각국의 대응 방식이 서로 달랐다는 사실은 이 주장에 더욱 힘을 실어준다.

이 개념은 정치적 견해 차이를 설명하는 데에도 도움이 된다. 정치인들은 유권자들이 리스크를 어떻게 생각하는지 주목한다. 그러나 때로는 유권자들이 어떤 사안을 받아들이거나 받아들이지 않게 하기 위해 두려움을 불어넣기도 하고 리스크를 축소해서 말하기도 한다. 그러므로 국민과 지도자들이 국가가 감수해야 할 리스크와 제거해야 할 리스크가 무엇인지 합의하는 것은 매우 중요하다.

'무위험'의 의미

모두가 리스크를 제거하고 싶어 하지만, 이는 리스크와 불확실성을 분리할 수 있다는 생각만큼이나 실현하기 어려운 환상이다. 미국에서 경제 대공황 이후 주택 시장의 호황기가 끝나는 시점에 시장에서 주택을 '무위험risk-free' 투자 대상이라고 대대적으로 선전하는 바람에 많은 사람들이 앞다퉈 주택을 사들였다. 그러나 얼마 지나지 않은 2007~2010년 사이에 주택 가격이 크게 폭락했다.

또 다른 예로 국채를 살펴보자. 감독 당국은 은행들이 대차대조표에 유가증권과 기타 자산의 위험 수준을 기록하고, 그것의 가치를 '시장 가격'으로 평가해 변동 상황을 정기적으로 반영하도록 요구한다. 그러나 정부는 국채 발행에 필요한 자금 조달을 은행에 의존하므로 가능한 한 저렴하게 자금을 조달하려고 은행이 국채를 대차대조표에 무위험 자산으로 표시할 수 있도록 허용했다. 이는 공공연히 알려진 해결책이지만 여기에서 문제가 발생할 수 있다. 국가도 가끔 개인이나 기업이 파산하는 것처럼 국채에 채무불이행을 선언할 수 있기 때문이다. 국가가 재정 문제에 빠지면 그들은 '리스크 제로' 채권에서 위험이 증가한 부분을 투자자들에게 보상하기 위해 이자를 더 많이 지급해야 한다. 대차대조표에 표시된 위험과 은행이 실제 안고 있는 위험의 격차가 점점 커진다는 뜻이다.

일상생활에서 리스크를 더 잘 이해하기 위해서는 새로운 용어를 쓸 필요가 있다. 우선 위험이 사실상 존재하는 상황에서 '리스크 제로'라는 용어를 사용해서는 안 된다. 또한 케인스와 나이트의 리스크와 불확실성이라는 해묵은 구분 방식 대신, 단순한 추측에 불과하지만 발생 가능성을 부여할 수 있는 '추정 확률'이라는 단어를 사용해야 한다. 더욱 정밀하게 구분하자면 추정 확률은 주관적 판단이 반영된 수치로, 보험통계표나 기상도와 같이 데이터를 이용해 가능성을 계산한 '계산 확률'과 구별할 수 있다.

추정 확률: 매우 가변적이지만 발생 가능성을 추정한 확률

계산 확률: 명확한 방법론과 측정 가능한 데이터로 밝혀낸 확률

일부 리스크 전문가는 뜻밖의 사고와 같은 부정적인 리스크만을 가리킬 때 '순수 리스크'라는 용어를 사용하고 기회와 위험을 동시에 의미할 때 '맥락 리스크'라는 용어를 사용한다. 그러나 이 같은 구분 역시 여전히 리스크에는 긍정적 측면보다 부정적 측면이 많다는 것을 시사한다.

나는 이 책에서 리스크를 좋기도 하고 나쁘기도 한 중립적인 개념으로 사용했다. 부정적 리스크란 심장 질환이 있는 사람이 계속 치즈버거를 먹거나, 번개가 치는 골프장 한가운데 서 있는 것처럼 좋은 일보다 나쁜 일이 일어날 가능성이 더 높기 때문에 사람들이 피하고 싶어 하는 리스크다. 나는 이런 경우를 '위험'이라고 부른다. 승진하거나 사업을 새로 시작하는 등 좋은 일이 일어날 가능성이 높은 경우가 긍정적 리스크며 나는 이것을 '기회'라고 부른다. 그러나 두 경우 모두 불확실성을 수반한다는 점을 기억해야 한다. 성공이나 실패는 미리 정해진 것이 아니기 때문이다.

위험과 기회

리스크를 의미하는 중국어 '웨이지危機(위기)'는 '위험'을 의미하는 문자와 '기회'를 의미하는 문자로 이루어져 있다. 실제로 이 단어가 위험과 기회를 의미하는 두 문자를 결합한 것인지는 논쟁이 계속되고 있다. 그러나 위기라는 단어에는 실제로 '기회'로 간주할 수 있는 요소가 포함되어 있다. 위기뿐만 아니라 리스크로도 번역될 수 있는 이 문제의 글자 모양을 통해 리스크의 의미에 관한 흥미로운 이야기를 살펴보자.

그림 왼쪽의 한자가 위태할 '위危'자다. 나는 사우스캐롤라이나 퍼먼대학교 철학과의 에이호 바바Eiho Baba 교수와 이 글자에 대해 대화를 나눴다. 바바는 "이 글자를 마치 어떤 사람이 절벽 꼭대기에 엉덩이를 걸치고 앉아 절벽 아래에서 무릎을 꿇고 있는 사람을 내려다보는 그림이라고 상상해보세요"라며 설명을 이어갔다. 그는 이 글자에 목표물을 겨냥하는 화살을 그려넣어 내게 보여줬다. 위험이 임박했다는 긴장감이 느껴졌다. 그는 이렇게 설명했다. "절벽 위에 있는 사람이 바위를 굴러 떨어뜨려 아래에 있는 사람을 박살 낼 힘이 있는 것처럼 보이지는 않나요? 아니면 절벽 아래에 있는 사람이 무릎을 꿇은 채 위에 있는 사람을 바라보며 위로 기어 올라갈까 망설이는 모습이라고 상상해보는 건 어떤가요?" 여기서 절벽은 행위 주체성에 관한 긍정적인 태도와 부정적인 태도를 나누어서 보여준다. 중국인과 서양인은 '절벽' 하면 같은 형상을 떠올리지만, 거기에 숨은 리스크 인식은 매우 다르다. 절벽 앞에 선 상황을 잠재적 이익의 가능성이 있는 임박한 위험으로 보는가 혹은 인간의 행위 주체성에 관한 이야기로 보는가의 차이이다. 나는 그런 언어적 뉘앙스의 차이가 중국과 서양 사회가 금융 리스크를 비롯한 다른 리스크 상황에서 보여준 행동의 차이에 어떤 영향을 끼치는지 궁금했다.

12세기 초 송나라의 철학을 연구하고 있는 바바는 미국에서 학생들을 가르치고 있지만 부모가 대만인과 일본인이기 때문에 동서양의 세계관을 모두 갖추고 있다. 그는 '위危'자 모양을 구성하는 요소를 인간과 멍에로 보고 이러한 해석을 제시했다. "수레바퀴가 위험에 빠지지 않도록 사람이 멍에를 끌어당겨 수레를 멈추는 모습 혹은 사람이 위험을 피하려고 수레를 조정하는 모습이라고도 볼 수 있습니다." 절벽에 대한 해석처럼 수레 이미지도 결과를 바꾸는 힘과 선택을 상징하는 행위 주체성을 암시한다.

그는 두 번째 문자인 '기機'에 대해서는 문자의 오른쪽 윗부분이 얇은 실을 표시하며, 아래에 있는 두 사람이 창을 상징하는 가로줄로 연결되어 있다고 말했다. 실이 얇다는 것은 상황이 '임박'하거나 '아슬아슬한' 상태를 의미한다. 그의 주장에 따르면 이 글자는 창이 상대방의 목에 거의 닿을 듯한 긴장감 넘치는 장면을 묘사한 것이다 (기機는 다른 문자와 함께 기회機會라는 단어로 쓰인다. 언어학자 게리 펑은 이 사실이 다른 비평가들의 모호한 해석에 진실의 핵심을 제공했으며, 이 문자에는 부정적인 의미보다 긍정적인 의미가 더 크다는 점도 또 다른 주요한 핵심이라고 밝혔다). 두 문자는 행위 주체성과 무력감의 상호작용이라는 중요한 개념을 나타낸다. 바바는 기회란 아직 완성되지 않았거나 불완전한 시작 단계를 의미한다고 설명했다.

당신에게 리스크는 어떤 의미인가?

리스크의 의미는 희망과 두려움, 기회와 위험, 전율과 공포 사이에서 계속 변화한다. 우리가 리스크를 보는 방식은 직업, 문화, 주변 사람들과의 대화 등이 어우러진 다양한 경험과 각자의 성격에 따라 결정된다. 어떤 사람은 불확실한 미지의 세계에서도 성공하며, 또 어떤 사람은 좁은 안전지대 밖으로 밀려나면 어쩔 줄 몰라 쩔쩔맨다.

하지만 우리의 타고난 성향과 관계없이 변하지 않는 것들이 있다. 바로 리스크와 불확실성은 불가분의 관계라는 사실이다. 우리가 리스크에 부여하는 확률도 따지고 보면 기껏해야 추정치일 뿐이다. 나이트와 케인스 이후 사람들은 오랫동안 리스크를 불확실성으로부터 분리된 개념으로 정의하려고 노력했다. 하지만 이제 이 주장이 단지 확실성을 주입하기 위한 환상일 뿐임을 인식해야 한다. 사실 나이트 학파나 케인스 학파에서 말하는 리스크란 그들이 설명하는 것보다 불확실성을 훨씬 더 많이 내포한 추측에 불과하다.

리스크는 제한적으로만 통제할 수 있을 뿐이다. 우리는 결과가 좋기를 희망하며, 결과가 나쁠까 봐 두려워한다. 리스크는 기회이자 위험이며, 야누스의 얼굴처럼 개인과 집단의 기분에 따라, 관점과 시각에 따라 달라진다. 리스크는 좋기도 하고 나쁘기도 하며 자산 혹은 부채를 의미할 수도 있다. 하지만 리스크 자체는 가치중립적이다.

리스크에는 불확실성에 둘러싸인 확실성의 요소들이 있다. 우리가 결국엔 죽는다는 것은 리스크가 아니라 확실한 사실이지만 어떻게 죽을지는 여전히 불투명한 것처럼 말이다.

리스크는 상대적이다. 난민들이 살아남기 위해 고국을 필사적으로 탈출하는 행동은 큰 리스크를 감수하는 것이지만, 고국에 남아 끔찍한 삶을 살고 생명을 잃을지도 모르는 상황과 비교한다면 오히려 리스크가 작다고 할 수 있다. 이때는 고국을 탈출하기로 한 결정이 오히려 가장 안전한 선택인 것처럼 보인다.

가장 중요한 것은 리스크가 당신에게 개인적으로 어떤 의미인지를 아는 것이다. 당신은 리스크를 좋게 인식하는가 나쁘게 인식하는가? 아니면 때에 따라 달라지는가? 당신은 불확실성을 얼마나 많이 받아들일 수 있는가? 확률이 얼마가 되어야 당신은 '예' 혹은 '아니요'라고 대답할 수 있는가? 다른 사람들과 리스크를 논의할 때 서로 같은 의미로 이해하고 말하는가?

1부

리스크 지문을 찾아라

YOU ARE WHAT YOU RISK

03

The New Science of Risk and Personality

'리스크와 성격'이라는 새로운 과학

인생에는 통제할 수 없는 선천적 혹은 후천적 요소들이 많이 있다. 하지만 우리는 위험의 역할이 무엇인지 생각함으로써 자신의 리스크 지문을 이해하고 눈앞에 닥친 도전 과제들을 보다 효과적으로 처리할 수 있다.

리스크 전문가들은 우리가 위험에 특정한 반응을 보이는 이유를 두 범주로 명확하게 구분한다. 첫 번째 원인은 리스크 민감도로, 우리가 어떤 것을 얼마나 위험하다고 판단하는지, 또한 그것이 어느 정도의 불안이나 흥분을 초래하는지가 여기 해당한다. 두 번째 원인은 우리가 기꺼이 받아들일 수 있는 위험의 정도를 의미하는 리스크 감내도다. 리스크 감내도는 사람들의 성격, 경험, 지식, 사회 문화적 환경, 훈련, 조건에 따라 차이가 난다. 이 두 가지 반응은 서로 영향을 끼치며 주변 환경과 상호작용한다.

리스크 민감도: 위험하다고 인식하는 정도와 불안이나 흥분을 유발하는 정도의 조합

리스크 감내도: 어떠한 상황에서 기꺼이 받아들일 수 있는 리스크 양

예를 하나 들어보자. 팻, 크리스, 테일러 세 친구는 스카이다이빙을 가기로 계획했다. 팻은 보통 무슨 일이든 시도하는 것 자체를 좋아하는 성격으로 이번에도 두 번 생각하지 않고 적극적으로 스카이다이빙에 참여하고 싶어 했다. 크리스는 확률을 계산하면서 좀 더 신중하게 판단하는 편이다. 알아보니 2018년 미국낙하산협회 발표에 따르면 총 330만 건의 스카이다이빙 가운데 치명적인 사고가 발생한 경우는 13건으로, 사고 발생 확률이 253,669분의 1이었다. 이는 벼락에 맞아 사망할 확률인 161,856분의 1보다 적었다. 게다가 2019년 상반기 사망 사고 절반이 콜로라도 롱몬트의 한 공항에서 발생했는데, 세 사람은 위스콘신에 있어 그 공항을 이용하지 않을 것이었다. 생존 확률이 2배 이상 높아진 것이다. 한편, 세 번째 친구 테일러는 스카이다이빙이 엄청나게 무서웠다. 하지만 자신이 다른 사람들에게 따분한 겁쟁이처럼 비치는 것은 더 두려웠다.

마침내 그들은 모두 스카이다이빙을 하러 가기로 했다. 하지만 그들의 리스크 결정은 성격이 매우 달랐다. 팻은 리스크 민감도가

매우 낮아 이 결정에 동의하는 데 필요한 감내도가 다른 이들에 비해 훨씬 더 낮았다. 도대체 팻은 어느 정도가 돼야 매우 위험하다고 생각할까? 반면 크리스는 리스크 민감도가 너무 높아서 바로 리스크에 대한 조사를 시작했지만, 일단 데이터를 분석한 뒤에는 리스크 수준이 상당히 낮다고 판단했다. 따라서 크리스의 리스크 감내도가 팻보다 높다고는 할 수 없다. 안타깝게도 테일러는 스카이다이빙을 할 생각에 몸을 떨 정도로 리스크에 극도로 민감했다. 하지만 그가 스카이다이빙에 동의한 것을 보면 리스크 감내도는 팻이나 크리스보다 훨씬 높은 것을 알 수 있다.

리스크 성격 및 지문과 관련된 또 다른 요소는 리스크가 감내할 수 있는 수준보다 높을 때 우리가 취하는 행동에 관한 것이다. 당신은 리스크를 줄이려는 행동이 더 위험하다고 생각하는가, 아니면 아무런 예방 조치를 하지 않는 것이 더 위험하다고 생각하는가? 위험을 피하려는 조치 자체를 또 다른 위험으로 간주해서 완전히 새로운 차원으로 리스크를 계산하는 이들도 많다. 마지막으로 언급할 중요한 요소는 분야에 따라 위험을 대하는 태도와 행동이 변한다는 것이다. 예를 들어 어떤 이들은 금융 리스크는 감수할 수 있지만, 건강 리스크는 감수하기 싫어할 수 있다. 또한 안전 리스크는 감수하지만 사회적 리스크는 감수하기 싫어할 수도 있다.

일단 자신이 여러 종류의 위험을 어떻게 느끼고 행동하는지를 이해하면, 모호한 상황을 통제하고 편안하게 처리하려는 요구에서부터 자신감과 충동 조절에 이르기까지 나의 또 다른 면을 들여다볼 수 있는 창이 열린다. 당신은 내향적인가, 외향적인가 혹은 두 가지 성향이 다 있는가? 사람들과 함께 있을 때와 혼자 있을 때 행동이 달라지는가? 두려움과 희망 중 어떤 것이 더욱 강한 동기가 되는가? 당신의 마음은 침착한 상태인가, 불안한 상태인가?

이 모든 요인이 직업과 인간관계를 형성하며, 가장 아끼는 것들을 지키기 위해 얼마나 큰 리스크를 감수할 수 있는지 결정한다. CEO, 조종사, 경찰, 곡예사, 연극배우, 사서, 정보기술 전문가 등 어떤 직업을 선택하든지 생각보다 그 과정에서 개인의 성격이 중요한 역할을 한다. 팻, 크리스, 테일러의 사례에서 알 수 있듯이 겉으로 드러난 행동만을 보고 그 사람이 리스크 회피형인지 추구형인지 구별할 수는 없다. 실제 무슨 일이 일어나고 있는지 이해하려면 그 사람의 동기와 감정에 대한 정보가 더 많이 필요하다.

리스크 추구형: 다른 조건이 같을 때 리스크를 선호하는 경향

리스크 회피형: 다른 조건이 같을 때 리스크를 회피하는 경향

스턴트맨처럼 소위 '위험한 모험'에 도전하는 사람들을 생각해보라. 당신은 그들이 리스크 추구형이라고 생각할지 모른다. 하지만 실상을 보면 그들은 예상되는 위험에 예방 조치를 마련함으로써 리스크를 극적으로 줄였을 수도 있다. 반대로 어떤 사람이 일부 리스크를 감수하지 않는다고 해서 그 사람을 리스크 회피형이라고 부를 수 없다. 기업 수익이 하락하고 경기 침체 지표가 사방에서 나타나

는 상황에서 지난 10년간 주가가 3배나 오른 주식 시장에 투자를 한다고 가정해보자. 만약 당신이 주식 대신 채권에 투자한다면 그것은 리스크 회피형의 행동인가, 아니면 리스크 전문가의 행동인가? 같은 리스크라 하더라도 사람에 따라 불안해하거나 침착하게 행동하는 등 반응이 매우 다를 수 있다. 잠재적 시나리오를 미리 계산해 상황이 잘못된 방향으로 흘러가면 신속하게 대응할 수 있도록 준비해 놓는 사람들도 있다.

주관적 리스크: 감정적, 경험적 요인을 바탕으로 인식한 리스크

객관적 리스크: 경험적 증거와 논리를 근거로 평가한 리스크

이를 통해 우리는 '모든 사람이 같은 리스크를 같은 방식으로 인식하지는 않는다'는 중요한 사실을 알 수 있다. 새벽 3시에 어둡고 인적이 드문 거리를 걸을 때, 작은 체구의 여자와 해병대 출신 건장한 남자가 느끼는 위험의 정도는 다를 것이다. 리스크는 때로는 노련한 조종사와 비행기를 한 번도 몰아본 적이 없는 조종사의 경우처럼 명확하게 구분된다. 이것이 주관적 리스크와 객관적 리스크의 차이다. '주관적 리스크'는 우리가 위협이나 기회를 인식하는 방식이며, '객관적 리스크'란 만약 그런 리스크가 존재한다면, 위협이나 기회가 될 가능성과 그 영향력을 논리적으로 평가하는 것을 의미한다.

빅 파이브 성격 유형과 리스크

성격 분석학에서 리스크 인식 및 대응법을 어떻게 설명하는지 이해할 필요가 있다. 외향-내향, 감각-직관, 사고-감정, 판단-인식이라는 네 가지 축을 가지고 성격을 16가지 유형으로 분류한 마이어스 브릭스 성격 유형 검사Myers Briggs Test, MBTI를 알고 있을 것이다. 각 요소는 특정한 상황과 위험 속에서 당신이 어떻게 행동할지를 보여주는 성격 특성이다. 하지만 이것은 심리학자들이 사람들의 성격을 설명하는 여러 가지 방법 중 한 가지에 불과하다.

《하버드 비즈니스 리뷰》에서는 기업들이 직원의 성격을 더 잘 이해하기 위해 성격 검사에 연간 5억 달러를 지출하고 있으며, 이 비용은 매년 10~15퍼센트씩 증가하고 있다고 밝혔다. 사실 이런 검사의 효과와 사용 윤리성에는 논란이 있지만, 성격 검사를 대략적인 지침 정도로 사용한다면 직원들의 서로 다른 관점과 요구 사항을 이해하고 원만히 일하는 법을 모색하는 데 도움이 될 수 있다. 성격 검사가 광범위하게 사용되는 이유는 우리가 사람들마다 제각각인 성격 특성, 요구 사항, 공존 가능성에 강한 흥미를 느끼기 때문이다. 성격 유형은 자신과 주위 사람들을 더 잘 이해하기 위한 유용한 도구가 될 수 있다.

지금까지 여러 성격 연구에서 리스크를 다뤘지만, 명시적으로 리스크에 초점을 맞추기 시작한 것은 최근 들어서다. 1936년 미국의 심리학자 고든 올포트와 헨리 S. 오드버트Henry S. Odbert는 인간의 행동을 묘사하는 용어를 거의 1만 8,000개나 찾아냈다. 그러고 나서 그들은 이 방대한 백과사전식 리스트를 내재적이고 지속적인 특성, 일시적인 마음의 상태, 신체적 상태, 활동·효과·역할, 특성에 대한 평가라는 5가지 범주로 분류했다. 그 후 다른 과학자들은 수십 년 동안 성격 특성을 더욱더 추려내고 분류하며 리스트를 줄여나갔다. 1980년대에 이르러 학자들은 오늘날 루이스 골드버그Lewis Goldberg의 '빅 파이브The Big Five'로 알려진 5가지 요인으로 인간의 성격 특성을 분류했다. 빅 파이브 모형이란 일련의 성격 특성의 집합으로, 모형의 각 요인을 결합하면 수없이 많은 성격 유형을 만들어낼 수 있다. 5가지 요인은 외향성, 우호성, 성실성, 정서적 안정(신경성), 문화다. 마지막 요인인 문화에 대해 다른 심리학자들은 지적 능력, 경험에 대한 개방성, 창조성, 독창성, 상상력, 반항심, 정신, 자율성으로 설명하기도 한다.

초등학생 50명을 대상으로 진행된 한 연구에서, 리스크를 감수하는 성향과 상관관계가 높은 성격 유형은 성실성이 낮으며 외향성과 경험에 대한 개방성이 높은 경우라고 드러났다. 물론 연구 대상자 수는 매우 적었으나 연구 결과가 우리의 직관적인 추측과 일치한다는 사실은 흥미롭다. 리스크 감수 성향이 외향성과 관련 있다는 다른 연구가 있기는 하지만, 모두 한결같이 결과가 일치하는 것은 아니다. 또 다른 연구에서는 대학생 178명을 대상으로 아이젱크 성격 검사Eysenck Personality Inventory test를 실시했는데 외향적인 사람들이 내향적인 사람들보다 더 큰 금융 리스크를 선호할 가능성이 높았으며, 리스크가 크면 클수록 차이가 크게 나타났다고 한다. 안드레아스 올러Andreas Oehler와 플로리안 웨들리히Florian Wedlich는 논문에서 외향적인 사람은 열정이나 기쁨과 같은 감정에 쉽게 동화되고, 일반적으로 내향적인 사람보다 낙천적이며 잘 흥분한다는 연구 결과를 언급했다. 그러나 그들은 이와 동시에 리스크 감수 성향과 외향성이 상관관계가 없다고 주장한 연구나, 외향적인 사람들이 내향적인 사람들보다 주식에 투자할 가능성은 높지만, 그들이 투자한 포트폴리오가 더 변동성이 심하고 위험한 것은 아니라고 결론 내리는 다른 연구 결과도 제시했다.

최근 일부 연구에서는 외향적인 사람들이 코로나19 팬데믹 기간 중 마스크 착용이나 사회적 거리 두기와 같은 조치를 준수하지 않을 확률이 높다고 주장하기도 했다. 개방성, 성실성, 우호성에서 낮은 점수를 받은 사람들도 마찬가지였다. 팬데믹은 현실 세계에서 빅 파이브 성격 유형과 리스크 감수 성향이 어떤 상관관계가 있는지 알아볼 수 있는 실험의 장을 제공했다.

하지만 이 문제를 깊이 파고들수록 리스크 성격을 측정하기란 아주 어렵다는 것을 알 수 있을 것이다. 정말 외향적인 사람들이 더 큰 리스크를 감수할까? 내향적인 사람은 외향적인 사람들보다 파티에 가거나 낯선 사람과 이야기하는 것을 훨씬 더 큰 리스크로 인식한다. 파티에 가는 행동 자체는 같지만 내향적인 사람이 훨씬 더 위험을 크게 느끼는 것이다. 그렇다면 두 사람 중 누가 더 리스크 회피형에 가깝다고 할 수 있을까?

성실성도 마찬가지다. 당신은 성실한 사람이 대범한 사람보다 다른 사람들의 기대와 규칙에 더 얽매여 있다고 예상할 것이다. 그러나 그들은 '올바른' 일이라고 확신하면 리스크를 더 많이 감수할 수 있다. 조직의 내부고발자를 보면 알 수 있듯이 양심에 따라 옳은 일을 한다고 해서 그것이 결코 리스크가 없는 행동은 아니다. 리스크는 가치 판단을 수반한다. 내부고발자는 리스크 계산 결과를 근거로 판단했을 때, 양심의 소리를 따라 행동해 일자리를 잃거나 따돌림당하는 리스크보다 부정한 일을 묵인해서 발생하는 리스크가 더 크다고 판단했기 때문에 그런 선택을 한 것이다.

행동은 비교적 측정하기 쉬우므로 우리가 어떤 행동을 취할지는 예상할 수 있다. 하지만 행동 이면에 있는 동기를 깊이 탐구하지 않고서는 한 사람의 성격 특성을 완전히 설명하기 어렵다. 따라서 리스크 인식 및 태도에 관한 여러 연구에서는 다양한 방법을 조합해 사용하고 있지만, 대부분은 사람들이 리스크를 다루는 복잡 미묘한 방식을 현실적인 맥락에서 설명하지 못하고 있다. 즉 우리의 리스크 결정이 '어떻게' 이루어졌는지까지는 다루지 못한 것이다.

성격 과학을 현실에 적용하다

재무 상담사들은 고객들의 연령대별 리스크 분산 방법을 바퀴 형태의 그림(일반적으로 '위험도가 낮은' 채권과 '위험도가 높은' 주식의 조합으로 구성됨)으로 간단하게 표시해 제공했다. 예전에는 이것이 당신이 알아야 할 전부였다. 물론 연령에 따라 재정적인 필요와 리스크에 대한 태도가 대략적으로 결정되는 것은 사실이지만, 이제는 구식이 된 이 리스크 바퀴는 최첨단 타이어와 자기 부상 열차에 비유할 수 있는 최근 시스템과 비교하면 현저히 유용성이 떨어진다.

2007~2009년 금융위기 이후, 리스크 태도를 측정하는 산업이 대규모로 성장했다. 리스칼라이즈Riskalyze는 재무 상담사들이 적절한 투자 포트폴리오를 구성할 수 있도록 투자자의 리스크 감내도를 숫자로 표시해주는 소프트웨어 플랫폼이다. 리스칼라이즈는 시력 검사와 비슷한 원리로 가장 알맞은 투자 포트폴리오를 찾을 때까지 비교하며 검사를 계속한다. 투자 포트폴리오는 목표 수익을 얻기 위해 감수할 수 있는 손실 리스크에 따라 결정된다.

리스칼라이즈와 비슷한 리스크 관련 소프트웨어는 무수히 많다. 고객들과 이야기할 때 이제는 특정 리스크뿐만 아니라 고객의 리스크 관계를 다루는 것이 중요하다는 사실을 금융업계에서 인식하면서부터 관련 도구들이 시장에 쏟아져 나온 것이다. 이 도구들은 재무 상담사가 고객과 그들의 포트폴리오를 더 잘 이해할 수 있도록 도와준다. 게다가 리스크 태도를 수치화함으로써 고객들이 자신이 실제로 선호하는 것이 무엇인지 알게 해주며, 어떤 리스크 수준이든 조금 더 편안하게 받아들이도록 통제 가능하다는 자신감을(비록 착각이라 할지라도) 심어준다.

스탠다드차타드 은행과 컨설팅 회사인 옥스퍼드 리스크Oxford Risk

가 개발한 또 다른 성격 측정 도구는 광범위한 성격 특성들과 함께 리스크 감내도를 측정해준다. 성격 특성에는 투기나 도박을 즐기는 정도, 침착성(차분하거나 불안한 정도), 결정에 대한 자신감, 재정적 안정, 조언과 지도에 대한 욕구, 충동성, 후세에 남길 유산에 대한 욕구, 성공이 능력이나 행운 중 어디에 달려 있는지에 대한 견해 등이 포함되어 있다. 이 도구는 투자자들의 성격 특성을 반영해 투자 성격 유형을 보수형, 안정형, 열정형 세 가지로 분류한다.

옥스퍼드 리스크의 그레그 데이비스Greg Davies는 공인재무분석사 협회의 보고서에서 금융 리스크 태도에 관한 새로운 평가 도구들의 장단점을 밝히며 이렇게 주장했다. "리스크 프로파일링을 할 때 업계가 사용하는 용어는 다소 부정확하고 모호하다. 예를 들어 '리스크 감내도', '리스크 감당 능력', '리스크 성향', '리스크 태도'와 같은 용어는 나라마다 조직마다 다른 개념으로 사용된다. 심지어 같은 조직에서 같은 고객을 두고 이야기할 때도 말하는 사람마다 다른 의미로 용어를 사용한다." 그는 재정적 여력, 연령별 금융 수요, 융통성의 수준에 따라 달라지는 투자자들의 리스크 감당 능력을 살펴볼 것을 권고했다.

데이비스는 투자자가 자신의 목표를 이해하고 명확히 설명할 수 있도록 리스크 감당 능력을 측정하는 도구 모델을 구축하는 것이 중요하다고 주장한다. 하지만 사실상 투자자들에게 자신의 목표를 정확하게 표현하라는 것은 무리한 요구다. 그는 그 대신 재무 상담사가 리스크 감내도를 더 간단하게 측정하는 방법을 발전시키고, 고객의 진정한 관심사에 집중해야 한다고 말했다. 즉, 단순히 어느 한 시점에서 평가 모델이 제공하는 정보에 집착하기보다 끊임없이 변화하는 고객의 요구를 충족할 수 있도록 투자와 조언을 동태적으로 조정해야 한다는 말이다.

재무 상담사들은 시장이 급락할 때 고객들의 마음을 진정시키고 그들의 요구를 충족하기 위해 맥박수를 재보라는 문자 메시지를 보내는 등 행동 측정 도구들을 사용한다. 여기에 새로운 바이오 피드백 도구와 신경 지도 도구를 추가로 활용하면 재무 관련 행동과 그 관리법에 대한 통찰력을 얻을 수 있다(10장에서 이 주제를 자세히 살펴보겠다).

리스크 유형 나침반

리스크 성격에 관한 심리측정학은 금융 분야를 넘어 의사 결정과 팀워크, 장점을 활용하고, 약점을 보강하는 데까지 널리 활용된다. 영국의 심리학자 제프 트리키와 그의 연구 팀은 사람들의 반응을 결정하는 성격 특성에 초점을 맞춰 리스크를 연구하는 혁신적인 접근법을 취했다. 그들은 리스크 유형과 리스크 태도를 명확하게 구분한다. 리스크 유형은 타고난 성격과 관련이 있으며 성인이 돼서도 상당히 일정하게 유지되는 성향이다. 대조적으로 리스크 태도는 재산, 환경 등 각자의 상황에 의해 달라지며, 여론은 물론 안전띠 착용, 음주 운전 방지, 코로나19 시대의 사회적 거리 두기와 같은 안전 캠페인에도 영향을 받는다. 투자자들의 행동은 시장 분위기에 반응하므로 리스크 태도는 하루아침에 확 바뀔 수도 있다.

트리키와 그의 팀은 약 100개의 설문으로 구성된 자가 진단표로 사람들에게 실생활에서 건강·안전·금융·윤리 등의 리스크에 직면했을 때 무엇을 할 것인지를 물어봤다. 그들은 빅 파이브 요인을 중점적으로 다루긴 했지만, 새로운 접근 방법을 택했다. 사람의 성격을 단순히 리스크 회피형과 추구형으로 구분하는 이분법이 아니라, 의사 결정, 감정, 인식에 관한 신경과학계 최신 견해의 두 가지 축에 주목했다. 이 두 가지 축을 이용하면 사람들이 얼마나 불안해하거나 침착한지, 얼마나 불확실성에 민감한지, 의사 결정을 충동적으로 하는지 아니면 심사숙고해서 하는지 등 리스크 인식과 감내도에 대한 개인별 차이를 분명하게 설명할 수 있다. 두 가지 축이 나침반과 비슷하다는 의미로 이 심리 측정 시스템을 '리스크 유형 나침반Risk Type Compass, RTC'이라고 부른다.

RTC는 사람들의 리스크 감내도를 측정하고 리스크 대응 방법을 결정하는 도구로 금융기관뿐만 아니라 위험과 안전에 민감한 중공업 회사와 팀의 역동성을 개선하려는 기업 임원들도 사용하고 있다.

그들은 빅 파이브 성격 요인을 기반으로 도출한 약 100개의 설문으로 사람들이 나침반 360° 중 어디에 위치하는지를 측정해 성격을 8가지 리스크 유형(홍분형, 침착형, 열정형, 차분형, 모험형, 경계형, 신중형, 태평형)으로 분류한다. 또한 결과치가 나침반의 중심축 부근인지 바깥쪽 테두리에 있는지도 고려한다.

| 리스크 유형 나침반과 해석 |

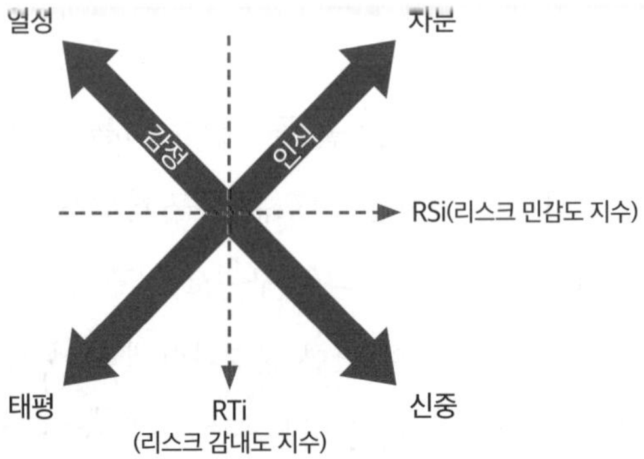

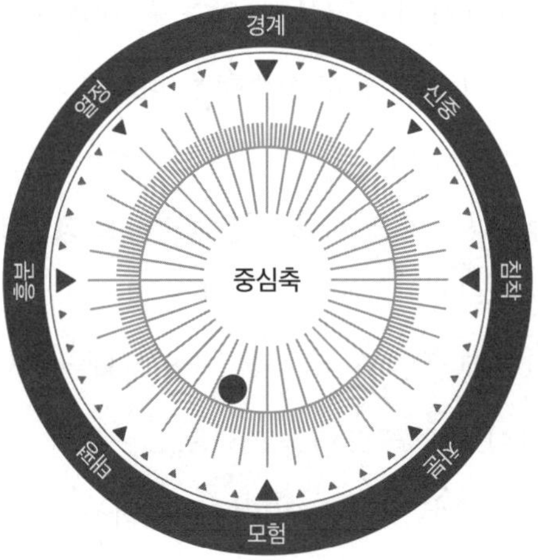

출처: 사이코로지컬 컨설턴시.

트리키와 연구 팀은 RTC 연구를 시작한 후 10년 동안 1만 7,000명 이상을 대상으로 리스크 유형을 검사했다. 그 결과 일부 성격 유형들은 자신의 유형에 맞는 직업을 선택하는 경향이 있었다. 예를 들어 항공 관제사들은 일반적으로 매우 분석적이며 원칙대로 일하는 것을 좋아한다. 그들은 차분하고, 계산적이며, 쉽게 동요하지 않는다. 그들 중 4분의 3 이상이 RTC 8가지 성격 유형 중 침착형에 해당한다. 침착형은 계획, 준비, 철저한 현장 실험, 규정된 절차 준수 등이 몸에 배어 있어 쉽게 불안해하지 않는다. 엔지니어와 은행가들도 대개 이 유형에 속한다. 항공 관제사들은 자칫해서 실수를 하면 비극적인 결과를 가져오게 되는 엄청난 정신적 스트레스 상황에도 냉정을 유지한다. 비행기 조종사들이 관제사가 너무나 감정이 메말라 있다면서 가끔 필요할 때는 사태의 위급성을 더 나타내주면 좋겠다고 하소연할 지경이다.

한편 채용 담당자들은 진취적이며 굴하지 않는 모험형인 동시에 태평형인 편이다. 주로 차분형과 침착형에 해당하는 엔지니어와는 대조적으로, 연극배우를 비롯한 공연 예술가들은 감정적이고 리스크에 극도로 민감한 편이다. 그러나 그들은 동시에 공연이 끝난 뒤 박수갈채를 받을 생각에 고무되어 어떤 식으로든 밀고 나갈 수 있는 열정형과 흥분형에 해당한다. 경찰관들과 변호사들은 방심하지 않으며 자제력이 있는 경계형 범주에 속한다. 이들은 어떤 상황에서든 리스크에 노출되어 공격받는 것에 극도로 민감하게 반응하기 때문에 불확실성을 제거해 질서를 확립하고 상황을 통제하는 일에 힘을 쏟는다. 감사관들은 차분형, 신중형, 침착형을 한데 뭉친 성격의 소유자로, 침착하고 신중하며 체계적인 원칙주의자들이다. 그들은 과정 지향적이며 모호함을 잘 못 참고 용의주도해 쉽게 흔들리지 않는다. 태평형들은 대담하고 호기심이 많으며 파격적이다. 그들은 위험보다 기회를 먼저 생각하며, 급변하는 상황이나 신속하게 변화해야 할 때 즉각 의사 결정을 내리면서 쾌감을 느낀다.

나침반의 바깥쪽 테두리 쪽에 가까울수록 해당 유형의 성격 특성이 전형적으로 나타난다. 반면 나침반의 중심축 쪽으로 오면 이 특성들이 바뀌거나 희미해지는데, 이 경우에는 여러 다른 리스크 유형의 부수적인 특성과 겹칠 수 있다. 예를 들어, 모순으로 들릴 수도 있겠지만, 나는 약간 '열정형'이다. 열정형에 속하긴 하지만, 중심축에 가까이 있어 다른 유형의 특성도 많이 공유하고 있다. 열정형들은 불같은 성격의 소유자다. 그들은 리스크를 잘 알고 있어 열정적으로 투자하지만 원금은 보전하고, 같은 실수를 두 번 다시 반복하지 않으려 한다. 나의 리스크 감내도 지수RTi는 43으로 전체 범위의 중간 정도에 해당한다.

트리키는 내게 메일로 이런 말을 전했다. "우리는 리스크와 관련된 행동이 변화한다는 사실을 알고 있습니다. 숙련도가 향상되고, 경험, 기회, 지식이 더해지면서 불확실한 것이 점차 확실한 것으로 변화하면 안전지대가 확장되기 때문입니다. 물론 리스크 유형이 우리의 일거수일투족을 결정하는 건 아닙니다. 하지만 이 유형은 계속 끈질기게 영향을 미쳐 결국 우리의 일생을 장식할 겁니다."

나를 이해하는 렌즈, 리스크 성격과 지문

당신의 리스크 지문은 타고난 성격과 경험 그리고 다양한 상황에서 당신이 행동하는 방식의 조합이다. 리스크 관계에 영향을 미치는 요소들을 이해하면 희망과 두려움, 동기와 그 속에 숨은 원인을 들여다볼 수 있다. 결과적으로 이 통찰력은 장점을 강화하고 약점을 보완하는 데 도움이 된다.

리스크 지문에는 주변 사람들의 특성도 반영돼 있다. 자신이 속한 집단이 친구들이건, 직장 동료나 동네 이웃이건 간에, 그들의 태도와 행동 뒤에 있는 원인 그리고 집단의 기대에 부응하려는 정도 등 여러 요소 모두 리스크 지문에 영향을 미친다. 또래 압력과 문화도 강한 영향력이 있다. 외부에서 받는 압력에 민감할수록 타인이 자신의 리스크 태도에 대해 추정하는 그대로 생각하고 행동할 가능성이 높아진다. 우리는 대부분 자신의 성격 특성에 맞게 리스크를 감수하고 싶어 하지만, 무리해야 할 필요가 있을 때는 종종 내 성격을 보완할 수 있는 성격을 가진 타인에게 의지하기도 한다.

개인의 리스크 지문을 이해하는 원리는 조직, 지역사회, 사회 전반으로 확대 적용할 수 있다. 이 장에서 우리는 기업들이 고객을 이해하고 팀의 역동성을 높이는 데 리스크 성격과 관련된 신기술과 과학을 어떻게 적용하는지 살펴봤다. 앞으로 국가 및 조직의 리스크 문화(리스크 성격의 확대 개념)가 국민에게 어떤 영향을 미치는지 살펴볼 것이다. 하지만 그에 앞서 몇몇 리스크 감수자들의 사례를 통해 리스크 지문이 인생의 중요한 의사 결정에 미치는 영향을 살펴보려고 한다. 그들의 이야기는 개인의 리스크 관계가 주변 사람들의 리스크 관계와 연결되어 있음을 보여준다. 이는 당신이 자신의 성격, 경험, 환경에 정확히 일치하는 리스크 결정을 하더라도, 주변에는 자신을 보완할 수 있는 리스크 태도를 가진 사람들을 둬야 한다는 주장을 뒷받침한다.

04

Risk Fingerprints Magnified

한 사람의 인생을 바꾸는 리스크 지문

분쟁 지역에서 기자로 일하는 것은 자금이 풍부하고 영향력 있는 언론사의 지원을 받고 있다고 해도 본질적으로는 위험한 일이다. 많은 젊은 기자들이 언론사에 입문하는 경로인 프리랜서의 경우 특히 더 위험하다. 뉴스 회사들은 이 제도를 이용해 경비를 대폭 절약하는 것은 물론, 전쟁 특파원 지망생들에게 강철 같은 배짱이 있는지 확인하는 일종의 신고식으로 이것을 활용하기도 한다.

이런 일들을 담당하려면 남들과는 다른 성격이 필요하다. 베테랑 기자인 프랭크 스마이스Frank Smyth가 대표적인 예다. 그는 엘살바도르, 과테말라, 콜롬비아, 르완다, 에리트레아, 에티오피아, 수단, 이라크와 같은 분쟁 지역에서 수십 년 동안 단련한 대담한 성격으로 유명하다.

1990년대 초 나는 중앙아메리카의 내전과 인권에 관한 기사를 쓰던 친구들과 참석한 한 파티에서 스마이스를 만났고, 우리는 오랜 세월 좋은 친구로 지냈다. 스마이스는 중미 취재에 몰두하기 위해 로스쿨을 그만두고 주변을 정리한 후 뉴욕의 전설적인 신문인 《빌리지 보이스The Village Voice》를 비롯한 여러 신문에 탐사 보도 기사를 쓰기 시작했다. 그는 사람을 다루는 기술, 지적 능력, 유머 감각, 열정 덕분에 종잡기 힘든 게릴라 지도자들을 포함해 여러 취재원들과 네트워크를 구축할 수 있었다.

제1차 걸프전이 시작하자 뉴스 편집자들은 중미에 대한 관심이 줄어들었고, 스마이스는 회사에 요르단행 항공료 일부와 얼마 안되는 월급만 보장해달라고 요청했다. CBS 뉴스는 예약만 해놓고 사용하지 않던 호텔 방 하나를 사용하게 해줬다. 1991년 2월 걸프전이 끝날 무렵, 스마이스와 사진 기자 갓 슈스터 그로스는 이라크 시아파와 쿠르드족의 반란에 관심을 가지게 됐다. 이 젊은 기자들은 전 세계가 알아야 할 기사를 취재하기 위해 반란군들과 함께 여행을 하기로 했다. 스마이스는 거의 30년이 지난 다음에야 그때 이야기를 내게 털어놓았다. "저는 반란군 속으로 들어가 그들과 일상생활을 함께하는 위험을 감수해야만 생생한 이야기를 쓸 수 있다는 사명감에 사로잡혔어요. 1991년 당시에는 그게 무모한 일처럼 보였겠지만 미군을 따라다니는 것도 사실 위험하긴 마찬가지입니다." 그의 취재

방식은 훗날 제2차 이라크 분쟁 때 기자들이 미군과 함께 이동하며 취재하는 방식의 모델이 됐다.

취재 계획을 세울 때 뉴욕의 CBS 뉴스 본사는 스마이스에게 다마스커스 지국에 있는 비디오카메라 한 대를 사용하게 해주겠다고 했지만, 나중에는 기사를 사주겠다는 약속은커녕 위험수당조차 주지 않았다. 그래서 그들은 멋진 전투 장면을 찍어 회사에 비싸게 팔려는 계획을 세웠다. 스마이스는 그 정도 위험은 감수해야 돈을 벌 수 있다고 생각했지만, 실수할 가능성은 전혀 고려하지 않았다.

1991년 3월, 스마이스와 그로스, 프랑스 사진 기자 알랭 부는 뗏목을 타고 티그리스강을 건너 이라크로 들어갔다. 사담 후세인의 탱크와 전투 헬기가 반군을 밀어내기 위해 격렬한 반격을 가했을 때 세 사람은 쿠르드족 게릴라들과 함께 키르쿠크에 머물고 있었다. 후세인 군이 쿠르드족이 떼지어 탈출한 도시를 탈환하는 데는 불과 7시간밖에 걸리지 않았다.

부와 스마이스는 탱크가 그들을 향해 진격하자 도랑에 뛰어들어 군인들에게 체포되기까지 거기서 밤을 새웠다. 그로스와 쿠르드 게릴라들은 근처 주택가에 숨었다. 다음 날 아침 부와 스마이스는 주택가에서 터져 나오는 고함과 비명, 끊임없이 이어지는 총소리를 들었다. 마침내 정적이 찾아왔다. 곧이어 이라크 군인들은 두 사람이 숨어 있는 곳을 발견하고 그들을 모두 체포했다.

부와 스마이스는 눈을 가린 채 심문을 받고 스파이로 몰렸다. 그들은 아부 그라이브 감옥에 18일 동안 감금된 후 풀려났다. 스마이스는 이 경험을 통해 기회비용에 대해 훨씬 더 잘 이해하게 됐다고 한다. 그는 1990년대 전 세계 이목을 집중했던 발칸 전쟁 취재를 포기하고 이라크 전쟁에서 겪은 심리적 트라우마를 회복하는 데 집중했다. 그는 자기 자신은 물론 가족들을 위해서도 단지 돈을 벌기 위한 품팔이 취재 활동을 더는 하지 않겠다고 스스로 다짐했다.

그 후 스마이스는 비록 안정적인 재정을 얻지 못하는 리스크가 있긴 해도 신체적 리스크와는 비교가 되지 않을 만큼 안전한 탐사보도를 했다. 그리고 수년 동안 외상 후 스트레스와 씨름했고 자기 성찰과 요가와 불교 등에 매달렸다.

스마이스가 키르쿠크에 있는 그 도랑까지 가게 된 동기를 곰곰이 살펴보면, 그의 리스크 성향이 유전적인 영향뿐만 아니라 문화적인 영향을 받았다는 사실을 분명히 알 수 있다. 그는 뉴저지의 중산층 가정에서 성장했다. 그의 아버지와 어머니는 '정력적인 활동가'였으며, 그들의 행동은 스마이스에게 모범이 됐다. 그들은 아들에게 마음먹은 것은 무엇이든지 할 수 있다는 강한 자신감을 불어넣었다. 이탈리아계인 어머니는 그에게 자부심과 자신감을 심어줬다. 스마이스의 아버지는 자신을 방어하는 방법을 행동으로 보여줬다. 스마이스는 아버지가 자신을 위협한 남자에게 일격을 가했던 일을 생생하게 기억한다고 말했다.

물론 스마이스는 여러 분쟁 지역에서 겪은 다양한 경험 덕분에 대부분 사람들은 꿈에도 상상하지 못하는 위험한 일들을 더 편하게 받아들일 수 있었다. 하지만 그가 이런 리스크를 감수할 수 있게 된 것은 타고난 기질과 가정교육이 큰 원인이었다. 언론사들이 프리랜서 기자들을 활용하는 방식 또한 어마어마한 리스크를 감수했던 원인 중 하나였다. 다른 대안이 없다고 느꼈으니 경제적 압박으로 더 큰 리스크를 감수할 수밖에 없었던 것이다.

스마이스는 리스크의 부정적인 면에 관해 이렇게 말했다. "리스크에는 개인적인 도전이라는 짜릿한 무언가가 있어요. 하지만 자만심이 뒤에 숨어 있다는 걸 나중에야 알게 됐습니다." 그는 1991년 쿠르드 반군과 함께 생활하기로 했던 운명적인 결정에 자만심이 얼마나 작용했을까 궁금했다. 돈이 필요했던 것도 하나의 이유였다. 하지만 세상에 전하고자 했던 이야기가 그렇게 중요했을까, 아니면 그는 무언가 증명하고 싶었던 것일까? 그는 우리가 위험한 결정을 할 때 얼마만큼이 내 자존심 때문이고, 얼마만큼이 의무감 때문인지, 만약 성공하지 못하면 어떤 결과가 올 것인지 자문하는 법을 배워야 한다고 말했다. 그는 그때 반군들과 함께 계속 남을 것인지 동료들과 이야기를 나누며 거수를 했던 것을 아직도 괴로워한다. 지나고 나서 생각하니 당시 동료들이 정말로 위험을 기꺼이 받아들이려 했는지 아니면 의구심이 있었지만 침묵했는지 알 수가 없었기 때문이다.

자신이 얻은 교훈이 남들에게 도움이 되기를 원했던 그는 언론인과 국제기구가 분쟁 상황에서 리스크를 줄일 수 있도록 돕는 글로벌 저널리스트 시큐리티Global Journalist Security를 설립했다. 그는 자신이 감시당하고 있는지 탐지하는 방법부터 사이버 보안 대책, 성폭행 방어에 이르기까지 다양한 기술을 가르친다. 하지만 이런 기술만큼이나 심리적인 기술 및 의사 결정 기술 역시 중요하다.

그는 사람들이 분쟁 지역에서 근무할 때 리스크를 줄이는 방법을 알려준다. 사전에 준비를 철저히 하면 상황이 통제 불능 상태로 악화되는 것을 방지할 수 있고, 꼭 필요한 리스크에 대해서는 심적 안정감을 높일 수 있다. 그와 동시에 통제 밖의 일이지만 받아들여야 하는 일과도 균형을 맞출 것을 권한다. 또한 그는 누구나 자신의 리스크를 스스로 짊어져야 한다는 점을 강조한다. 현장에서는 모두 자신의 행동과 안전을 스스로 책임져야 한다. 책임을 질 수 없다면 생명이 위태로워지고 아끼는 사람들에게 영향을 미치게 되기 때문이다.

스마이스에게 리스크는 정체성의 한 부분이다. 그것은 긴급 구조대원, 스턴트맨, 운동선수, 철거 작업자, 위험 작업 종사자에게도 마찬가지다. 다른 생활방식을 가진 사람들의 경우 잘 드러나 보이지 않는다 해도, 우리는 모두 리스크를 감수하고 있다. 대학 교육에 시간과 돈을 투자하는 것, 누군가와 좋든 싫든 여생을 함께하겠다고 약속하는 것, 회사 창업, 어떤 고용주나 직업에 자신의 운을 맡기는 것 등 리스크의 사례는 무궁무진하다. 그리고 당신이 선택한 리스크는 끝없는 피드백 순환 과정을 거쳐 당신의 정체성을 만들어간다. 당신이 한 선택이 성공하면 도파민이 솟구치며 모험을 더 하도록 부추길 것이다. 반대로 만약 주사위를 굴렸는데 원하는 숫자가 나오지 않았다면 당신의 반응은 리스크를 회피하거나, 실패가 세상에서 최악의 결과는 아니라는 것을 배우거나 둘 중 하나일 것이다.

목적과 포기의 힘

로잔나 피게라와 그녀의 남편 토마스 드히스트는 유명한 와플 판매업체 와플스 앤드 딩게스Wafels & Dinges의 공동 창업자다. 회사 이름은 드히스트의 모국인 벨기에의 플랑드르어로 '와플과 어떤 것'이라는 의미다. 피게라는 25살 때 고향인 베네수엘라에서 미국으로 건너가 유엔에 취직했다. 그녀를 알았던 사람들은 다 아니라고 했겠지만, 그녀 스스로 큰 리스크를 감수했다고 생각한 것은 그때가 처음이었다. "제 친구들은 항상 저를 겁 없는 사람이라고 했어요. 다른 사람들은 생각할 수조차 없는 일들이 저한테는 너무나 당연했어요. 뭔가 잃을 게 있다고 생각한 적은 한번도 없었고 대신 얻을 게 있다고만 생각했답니다." 그녀는 리스크의 부정적인 면에는 눈을 감고 기회만을 바라봤다.

부부가 처음 와플스 앤드 딩게스를 시작했을 때 아이디어만으로도 너무 신나서 리스크를 생각할 겨를조차 없었다고 한다. 아직 아이들이 없을 때였고, 두 사람 모두 사업 경험이 있었고 사업에 투자할 자산도 있었다. 외부 자금을 조달할 필요가 없었기 때문에 공식적인 사업 계획도 없었다. 게다가 사업이 어려워질 때를 대비한 '플랜 B'도 없었다.

드히스트는 은퇴 펀드에 들어 있던 돈을 찾았고, 맨해튼에 있던 아파트를 팔고 은행 계좌를 다 털었다. 그래도 그들은 안전장치를 갖고 있었다. 피게라는 채용 담당자로 돈을 잘 벌고 있었으며 자신의 은퇴 자금도 지켰다. 3년 만에 첫 아들이 태어나고 사업도 잘 돌아가던 그때, 피게라는 사업으로 버는 돈을 계산해보고는 사업에 모든 것을 바쳐야겠다고 생각했다. 그리고 결국 그녀는 직장을 그만뒀다.

그들의 리스크 성격과 태도는 보완적이었다. 피게라가 꿈꾸는 사람이라면 드히스트는 실행에 옮기는 사람이었다. 사업 초기에는 리스크 결정을 내릴 때 생각이 서로 같았지만, 사업 규모가 커지자 차이점이 하나둘씩 드러나기 시작했다. 드히스트는 새로운 지역으로 사업을 확장하려고 열심히 노력했던 반면에 피게라는 꿈꾸는 사람의 면모를 잠시 접어두고 실질적인 문제를 깊이 파고들어 리스크를 검토하는 데 집중했다. 그녀는 자신의 심정을 털어놓았다. "저는 리스크를 훨씬 더 잘 알게 됐어요. 굳이 리스크 회피형이라고 말하지는 않겠어요. 하지만 저는 이제 두 아이의 엄마이기 때문에 우리 가족에게 영향을 미칠 수 있는 모든 경우를 심각하게 생각하게 되더군요. 사업과 가정 간의 경계선이 흐려졌다는 사실을 실감했어요." 일이 잘못되면 의지할 수 있는 예비 소득도 더 이상 없었다.

사업을 시작하고 10년이 지난 후, 그들은 모든 것을 한 단계 끌어올리기 위해 매장을 전국으로 확대하기로 했다. 새 매장을 열기 위해 뉴욕을 떠나 콜로라도의 덴버로 이사하기도 했다. 그러나 코로나19 팬데믹 국가 비상사태가 선포된 2020년 3월, 와플스 앤드 딩게스는 여러 곳에 가게를 열면서 대대적인 확장 분위기에 휩싸여 있었음에도 직원들에게 해고 수당을 줄 정도의 현금만 보유하고 있었다.

그들은 채권자와 임대주들과의 협상을 매듭짓고 팬데믹 구제 대책으로 나온 정부 지원금을 신청했다. 정부 자금 덕분에 그들은 끔찍한 상황에 처한 또 다른 사람들을 도울 수 있는 정신적인 여유를 얻었다. 그리고 처음 사업을 시작할 때 영감을 줬던 사업 목적을 떠올리게 됐다. 바로 고객들에게 하루 중 가장 행복한 순간을 안겨주는 것이었다.

피게라는 이렇게 말했다. "위기 때마다 우리는 항상 문제를 해결했어요. 하지만 어느 순간 우리가 해결할 수 있는 것이 아무것도 없다는 생각이 밀려오더군요. 그때가 현실을 받아들이는 순간이었지요. 그 평화 속에서 우리는 분명한 것을 찾아냈답니다." 부부는 그때까지 등한시했던 온라인 주문으로 사업 방향을 틀었다. 온라인 주문 시 의료 종사자들에게 와플을 기부할 수 있는 옵션을 넣었는데, 고객들은 여기에 열렬히 반응했다. 덕분에 일부 직원들을 다시 회사로 데려올 수 있었다. 와플스 앤드 딩게스는 의료 종사자들에게 즐거움을 줄 뿐만 아니라 팬데믹 이후에도 지속될 온라인 사업을 더 단단하게 구축하고 있다.

팬데믹이 계속되고 여름이 되자 그들은 타임스퀘어, 센트럴파크, 허드슨 리버 파크, 철 따라 여는 상점 등 뉴욕의 지점들을 닫아야 했다. 피게라는 13년 동안 밤낮으로 열심히 일했는데 모든 것을 잃은 기분이었다며 슬픔을 토해냈지만, 이내 스스로를 위로했다. "우린 아직 강해요. 어쩐지 이 아픔이 우리를 더 강하게 만들어 줄 거라는 기분이 드네요." 이들은 여러 번의 위기 속에서 위험을 감수하며 자신들만의 사업 목적을 추구했다. 정서적으로 서로 의지하고 지지해 주었던 이 경험들은 팬데믹이 몰고 온 극심한 불확실성과 두려움을 극복하는 데 도움이 됐다. 지역 봉쇄 조치 후 6개월도 되지 않아 그들은 마침내 오랫동안 계획해온 대로 미니애폴리스에 매장을 열 수 있었다.

기업가와 리스크

지금까지 예시로 든 인물들이 모두 기업가라는 사실은 우연이 아니다. 우리는 기업가들을 리스크 감수자로 생각하기 쉽다. 성공한 사람들은 강직한 성격, 자신감, 용기 등 리스크 감수와 관련된 요소들을 많이 지니고 있기 때문이다. 게다가 그들은 인적 자원과 네트워크 구축, 비용과 편익 분석과 같이 자신의 결정을 뒷받침해줄 여러 행동을 하려 한다. 이처럼 기업가들은 전통적 직업을 가진 사람들보다 더 큰 리스크를 감수하는 것처럼 보이지만, 실상은 미묘하다. 리스크는 '주관적'이기 때문이다. 어떤 사람은 아이 낳기, 결혼하기, 책 쓰기 등의 행동을 가치가 없거나 받아들일 수 없는 커다란 리스크로 보지만, 또 다른 사람은 이를 대수롭지 않게 여길 수도 있다.

리스크의 본질은 우리가 그것을 관찰하는 순간 변한다. 우리가 위험을 인식하고 분석하며 대응법을 모색한다면, 현재 당면한 가능성들이 통제 불능 상태가 되는 것을 막아 위험을 줄일 수 있다. 9장에서 살펴보겠지만 리스크를 많이 알수록 리스크를 통제할 수 있다는 느낌이 커지고 위험 상황에서 위협을 덜 느끼게 된다. 기업가들은 다른 사람들과 다르게 리스크를 인식하고 이를 줄이기 위한 대책을 세운다.

기업가 정신과 리스크 감수의 관계에 관한 연구들은 엇갈린 결과를 내고 있다. 표본 규모가 작기 때문이기도 하지만, '리스크 회피'가 실제로 의미하는 바와 관련이 있기도 하다. 리스크 회피 성향은 측정하기가 매우 어렵다. 어떤 사람이 정확히 같은 조건에서 남보다 덜 위험한 방식을 선택해야 리스크 회피형이라고 할 수 있는데 조건이 같은 경우는 거의 없기 때문이다.

스탠퍼드대학교의 조직행동학자 홍웨이 쉬Hongwei Xu와 프린스턴대학교의 사회학자 마틴 루프Martin Ruef는 1,200명 이상의 신생 기업가들의 데이터를 일반인과 비교한 후 놀라운 사실을 발견했다. 기업가는 리스크 감수자이며 스타트업은 실패율이 높을 것이라는 일반적인 고정관념과는 반대로, 신생 기업가들은 다른 사람들보다 금전적 리스크를 훨씬 더 꺼린다는 것이다. 그 이유는 무엇일까?

홍웨이 쉬와 마틴 루프는 기업가에게 동기부여를 하는 것은 돈보다는 개인적인 성취감과 자율성 같은 다른 요소이므로 그들은 큰 리스크를 감수하는 것보다 비즈니스를 계속 영위하는 것을 우선 과제로 삼는다고 설명했다. 기업체가 살아남고 원활하게 영업을 하면 기업가는 지역사회에서 기업 소유주로서 존경을 받고 자율성을 누리며 자신의 정체성에 맞는 다양한 목표를 달성할 수 있지만, 큰 금전적 리스크를 감수하다 실패한다면 그런 비금전적인 목표를 달성하기 위해 다시 사업을 시작할 기회가 찾아오지 않을지도 모른다. 또 다른 이유로는 기업가들의 정보와 인지 편향이 일반 사람들과 다르다는 사실을 꼽았다. 일반인들은 대개 실패한 기업가보다 성공한 기업가에 관한 언론 보도를 많이 접하지만 기업가들은 다양한 기업가들을 연구하고 그들에게서 교훈을 얻는다. 따라서 그들은 실패 가능성을 더 현실적으로 생각할 수 있다.

그러나 재정적 리스크 감수 여부는 기업가의 리스크 태도를 판단하는 올바른 기준이 아닐 수 있다. 남의 밑에서 일하거나 현상 유지에만 익숙해진 사람들에게는 아무리 보수적인 리스크 결정을 한다고 해도 새로운 사업을 시작하는 것 자체가 재정적인 요소를 뛰어넘는 엄청난 리스크다. 연구 결과에 따르면, 기업가들이 신사업이라는 큰 도약을 감행하는 이유는 그들이 현실보다 혹은 다른 사람들의 생각보다 성공 확률을 더 높게 보기 때문이다. 맥스 베이저만, 대니얼 카너먼, 아모스 트버스키를 포함한 저명한 학자들은 대부분의 의사결정자들이 자신의 능력을 과대평가하고 리스크는 과소평가한다는 것을 증명했다.

뉴질랜드의 신생 기업가들을 대상으로 한 연구에서, 존 핀폴드John Pinfold는 사업을 처음 시작한 기업가들은 자기고양편향self-enhancing bias 때문에 스스로를 과신하는 경향이 있다는 증거를 제시했다. 그는 창업한 지 3개월이 안 되거나 향후 6개월 이내에 창업하려는 사람들을 대상으로 5년 후에도 사업을 계속할 확률이 얼마나 될 것으로 생각하는지를 물었다. 이들은 평균적으로 자신이 운영하는 회사는 75퍼센트, 다른 회사는 52퍼센트라고 예상했다. 실제로 뉴질랜드 기업 중에서 5년 이상 사업을 계속하는 비율은 42.5퍼센트에 불과하다. 기업가들은 남들이 보기에 리스크를 추구하는 것처럼 보이는 위험한 결정을 내릴 수 있다. 하지만 그들은 일반인들보다 리스크를 덜 위험하게 보고 의사 결정을 할 때 다른 판단 기준을 사용할 뿐이지, 그들이 리스크 추구형이라고 말할 수는 없다.

아널드 쿠퍼Arnold Cooper, 캐럴린 우Carolyn Woo, 윌리엄 던켈버그William Dunkelberg 또한 신생 기업가 약 3,000명을 대상으로 한 조사에서 기업가들이 다른 사람들보다 더 리스크를 선호하는 경향이 있는 것은 아니라고 밝혔다. 대신 기업가들은 리스크를 지나치게 낙관하고 있었다. 조사 대상자의 81퍼센트가 사업 성공 확률을 70퍼센트 이상이라고 대답했으며, 100퍼센트 성공한다고 응답한 사람도 33퍼센트나 됐다. 다른 동종 기업의 성공 확률은 훨씬 낮게 봤지만 그래도 어느 정도 양호한 수준이었다. 그런데 흥미롭게도 시장 조사나 다른 준비 상태 등 기업가의 자신감과 성공 가능성을 보여주는 다른 지표들과 성공 예상 확률 간 상관관계가 현저하게 낮았다. 사업 준비가 제대로 안 된 사람들도 준비가 잘 된 사람들 못지 않게 전망을 낙관적으로 보고 있다는 뜻이다.

로버트 H. 브록하우스Robert H. Brockhaus는 기업가에 관한 광범위한 연구를 통해 기업가가 되려는 결정이나 그들이 성공하는 것과 리스크 감수 성향은 상관관계가 없다고 밝혔다. 그 대신 기업가들은 일반인에게서 찾아보기 힘든 성취욕, 독립성, 효과적인 리더십 등의 개인적인 가치관을 공유하고 있었다. 기업가들은 이전 직장에서 좋지 않은 경험을 하기도 했지만 거기서 긍정적인 역할 모델을 찾기도 했으며, 교육 수준이 더 높은 편에 속한다. 앞서 여러 번 설명했듯 교육은 개인의 리스크 인식과 선호도에 큰 영향을 미친다. 브록하우스는 리스크 인식 차이를 고려하면 기업가들은 단지 중간 정도의 리스크 감수자에 해당한다고 결론지었다.

자신의 행운 만들기

패션 브랜드 제르미코JERMIKKO를 만든 시카고의 디자이너 제르미코 쇼샤나Jermikko Shoshanna는 비욘세가 뮤직비디오에서 착용한 스와프아웃 후드티를 발명했다. 이 후드티에는 두 개의 지퍼가 있어 옷을 반으로 나눌 수 있는데, 이는 서로 다른 색상을 조합해 자신만의 개성을 표현하거나 후드 부분의 지퍼를 열 수 있도록 만든 창의적인 디자인이었다. 그녀는 이 옷으로 미국에서 흑인으로서는 처음으로 의류 특허를 받게 됐다.

제르미코는 주변에 도움을 받을 수 있는 리스크 생태계가 전혀 없는 상태에서 사업을 시작했다. 오히려 그런 도움과는 거리가 멀었다. 그녀는 항상 디자이너의 꿈을 갖고 있었지만 고등학교 시절, 지도교사는 되려 그녀의 사기를 꺾어놓기도 했다. 그녀가 꿈을 실현하도록 도와주는 사람들을 찾는 데는 결심과 행운이 모두 필요했다. 물론 행운은 스스로 만들어야 한다. "주위에 당신을 위해 리스크를 감수하려는 사람들이 많이 있어야 합니다. 그러면 반대로 당신은 그 사람들을 책임져야 합니다. 누군가 문 앞에 나와 나를 위해 문을 열어준다면 당당하고 끈질기게 그 안으로 들어가야 합니다"라고 그녀는 내게 말했다. "그런데 누군가가 문을 열어주지 않는다면, 제가 직접 그 문을 열고 들어가야 합니다. 저는 다른 사람이 해주기를 기다리지 않아요."

제르미코에게 그녀가 감수한 첫 번째 리스크를 기억하는지 물었을 때, 그녀는 잠시 머뭇거리더니 이내 웃음을 터뜨렸다. 8살 정도였을 때 그녀는 루이지애나에서 할머니와 함께 살았는데, 할머니는 교회에 갈 때면 언제나 평범한 흰색 드레스를 입었다. 제르미코는 할머니가 그 당시 유행하는 옷차림으로 멋을 내게 하고 싶어서 허락도 없이 옷장에서 흰 드레스를 꺼내 그것을 잘라서 다시 붙여 꿰매고는 집 근처 강가의 붉은 찰흙을 가져다 빨갛게 물들였다. 할머니는 그 옷을 보더니 한마디 말도 없이 교회에 입고 갔다. 교회에서 사람들이 옷이 그게 뭐냐고 물었을 때, 할머니는 "쉿, 우리 손녀 작품이야"라고 대답했다. 집에 돌아온 후, 할머니는 제르미코에게 옷을 만지지 말라고 주의를 줬지만 그 이상 꾸짖지는 않았다.

제르미코가 또 다른 위험을 마주한 것은 10살 때였다. 친구와 함께 학교에서 집으로 돌아오는 길에 그들은 나무 타기 놀이를 하려고 나무 앞에 멈춰 섰다. 한 무리의 백인 남자아이들이 그들에게 나무에 올라가지 말라고 말했지만, 제르미코와 친구가 그 말을 들은 체도 안 하자 그들을 공격하기 시작했다. 제르미코의 친구는 얼마나 심하게 두들겨 맞았는지 목숨을 잃었고, 제르미코는 다리를 크게 다쳤다. 그녀의 할머니는 시카고 섬유 공장에서 일하던 어머니에게 전화를 걸어 이제 제르미코를 데려갈 때가 되었다고 말했다. 제르미코가 "하면 안 돼"라는 말에 복종하지 않는 한 그들이 사는 딥사우스(미국의 남동부 지역 - 옮긴이 주) 농장 지역에서는 안전할 수 없다고 판단한 것이다.

시간이 흘러 고등학생이 됐다. 제르미코는 멋진 옷을 만들고 싶다는 꿈을 가지고 있었다. 한 사람을 위한 옷이 아닌 대중을 위한 옷을 만들고 싶었기 때문에 어디서든 배우고 싶은 마음이 있었다. 하지만 학교 지도교사는 그건 불가능한 꿈이라고 지적했다. 그 업계에는 유색인종도 없고 참고할 만한 모델도 없으며, 쉽게 선택할 수 있는 진로가 아니라는 말이었다. 그래서 그녀는 다른 직업을 찾았지만 적성에 맞는 일을 찾기는 어려웠다. 하루는 삼촌이 그녀에게 어떤 일이 하고 싶은지 물었다. 그녀는 "전 옷을 만들 수 있어요. 옷을 예쁘게 디자인하고 만드는 일을 하고 싶어요"라고 대답했다. 그러자 삼촌은 "그래, 그럼 그렇게 하면 되잖아"라고 말했지만, 그녀는 자신을 도와주려는 사람이 아무도 없다고 대답했다. 하지만 삼촌은 "그렇구나, 하지만 네가 희망을 품고 있으면 언젠가는 그렇게 된단다"라고 격려했다. 제르미코는 아직도 그 말을 생생히 기억한다.

제르미코는 전화 회사에서 약 2년간 교환원으로 일했다. 전화를 연결하는 틈틈이 그녀는 호텔 청구서로 사용되는 작은 종이 뒷면에 옷을 디자인했다. 시간이 흐르고 어느 날 한 고객이 그녀에게 흑인 비하 용어를 사용하자 그녀가 전화 연결을 끊어버리는 일이 있었다. 상사는 곧바로 그녀를 사무실로 불렀다. 그런데 상사는 깜짝 놀랄 만한 말을 했고, 이 사건은 그녀의 삶을 바꾸어놓았다. "제르미코, 난 도무지 이해가 안 돼요. 왜 전화 회사에서 일합니까? 당신은 재주가 많잖아요." 제르미코는 자신이 하고 싶은 일을 할 수 없고 돈을 벌어야 하기 때문이라고 대답했다. 상사는 잠시 생각에 잠기더니 남은 근무 시간을 면제해줄 테니 디자이너와 의류 제조업자가 되는 방법을 가르쳐주는 학교를 찾아보든지, 해고당하든지 둘 중 하나를 선택하라고 했다.

제르미코는 집에 돌아와 직접 디자인한 옷을 차려입고 미시간에 있는 한 백화점으로 찾아갔다. 그녀는 자신을 백화점의 디자이너로 고용할 수 있는 사람을 만나게 해달라고 부탁했다. 그녀는 마침내 패션 코디네이터인 네나 이본을 만났다. 네나 이본은 백화점은 의류 제조업체와 함께 일하는 디자이너들로부터 옷을 구매한다고 설명하고 시카고예술대학교에 제르미코에게 필요한 교육 과정이 있다고 알려줬다. 이본은 제르미코가 꿈을 이루려면 어떻게 해야 하는지를 알려준 최초의 인물이었다.

예술대학에 입학하려면 스케치를 모아놓은 포트폴리오가 필요했다. 그녀에게 포트폴리오란 생소한 단어였다. 제르미코는 직장에 돌아가 자신이 들은 것을 상사에게 설명했다. 상사는 책상 서랍을 열고 그동안 제르미코가 쓰레기통에 버렸던 스케치 더미를 꺼냈다. "이거 하나만으로도 얼마든지 해고할 수 있었어요"라고 말했다. "하지만 가져가세요. 이게 바로 당신의 포트폴리오잖아요."

제르미코는 예술대학에 입학했고, 동시에 시카고대학교에서 심리학 학위도 취득했다. 재학 기간 두 학교 모두에서 장학금을 받았고 일도 세 군데에서 했다. 그녀는 여러 차례 상을 받았으며 고급 의류 상점인 스탠리 코삭Stanley Korshak에서 수습사원 자리를 얻었다. 그곳에서 그녀는 시카고 사교계 인사들의 옷을 디자인하기 시작했다. 1979년까지 여러 회사에서 디자이너로 일했는데, 어느 날 또 다른 기회가 찾아왔다. 한 친구가 제르미코에게 시카고 에미상 시상식에 입고 갈 드레스 디자인을 부탁하며 그녀를 시상식에 초대했다. 제르미코는 갖고 있던 금색 라메 원단으로 바지 한 벌과 재킷을 디자인하고 여기에 같이 받쳐 입을 블라우스를 사려고 당시 인기 있던 부티크를 찾아갔다.

제르미코는 그곳에서 가장 싼 블라우스조차 살 여유가 없었다. 그러나 판매직원이 그녀가 만든 라메 바지를 보고 마음에 든다며 그 자리에서 다섯 벌을 만들어달라고 주문했다. 그 주문이 그녀의 디자인 의상 제작 사업의 시작이나 마찬가지였다. 블라우스를 사려면 480달러가 필요했지만 판매직원은 친절하게도 블라우스를 외상으로 판매해주었다. 그녀는 에미상 시상식 의상 대금을 받고 블라우스 값을 치렀다. 그런 뒤 그녀는 다시 부티크를 찾아갔다. 곧 바지, 치마, 블라우스 등 주문이 들어왔고, 그녀는 즉석에서 치마와 블라우스를 디자인했다. 그때부터는 직장을 그만두고 작은 아파트에서 가정용 재봉틀로 주문받은 의상을 제작하기 시작했다.

그러나 얼마 후 인종차별 문제에 부딪혔다. 당시 고객들은 흑인 여성 디자이너에게서 의상을 잘 주문하지 않았다. 그래서 판매 대리점에 자신이 누구인지 고객들에게 말하지 말라고 부탁했다. 하지만 인디애나주에서 5,000달러(그때까지 가장 큰 주문 금액)의 주문이 들어왔을 때 판매 대리점은 그녀의 말을 무시하고 구매자에게 디자이너를 한번 만나보라고 권유했다. 다음 날, 구매자는 전화로 자신이 구매 한도를 초과했다며 주문을 취소하겠다고 통보했다.

제르미코는 살면서 겪은 다른 일들과는 달리 인종 문제를 매우 심각한 리스크로 인식했다. 제르미코의 멘토이자 1987년 의류산업 위원회의 위원이었으며 시카고 패션산업의 선구자였던 도로시 풀러는 그녀에게 왜 패션쇼에도 참가하지 않고 기사에 사진이 실리는 것을 허락하지 않는지 물었다. 제르미코는 인디애나 구매자 사건으로 교훈을 얻었으며, 자신을 공개할 알맞은 때가 되면 그때 정체를 밝힐 것이라고 말했다. 어느 날, 풀러는 패션 잡지 《우먼스 웨어 데일리Women's Wear Daily》에서 시카고 지역 판을 계획하면서 제르미코에 관한 기사를 쓰고 싶어 한다고 전했다. 그녀는 온몸이 얼어붙는 것 같았다. 그녀는 지금까지 얼굴을 공개하지 않았기 때문에 자기만의 옷을 디자인하고 가게를 얻을 수 있었다고 생각했기 때문이다. 풀러는 제르미코가 말한 알맞은 때가 지금이라고 그녀를 설득했고 마침내 그녀는 인터뷰에 동의했다.

인터뷰 이후 디자이너, 제조업자, 역사적 인물로서 그녀의 업적을 축하하는 상이 여기저기서 쏟아지기 시작했다. 의회도서관이 그녀를 '2014년 스타일 메이커'로 소개하자 어느 비영리 단체에서 젊은이들에게 기업가 정신에 관한 강연을 해달라는 특별 요청이 들어왔다. 그녀는 그곳에서 조용하고 수줍은 한 청년을 만났는데, 청년에게 자신이 개발한 스와프아웃 후드티를 보여주자 그는 놀라움을 표현하더니 수줍음을 버리고 온갖 아이디어를 쏟아내기 시작했다. 그는 제르미코에게 "저는 죽고 싶지 않아요, 그래서 당신과 일하고 싶어요"라고 털어놨다. 이 동네는 말 대신 총이 더 잘 통하고, 할 일 없는 아이들에게는 늘 문제와 말썽이 따라다니는 곳이었다. 그 말을 듣고 그녀는 마음이 무거워졌다. 그리고 그 순간 청소년들을 위해 미술, 디자인, 사업 기술 훈련을 결합한 프로그램을 만들어야겠다는 생각이 떠올랐다.

제르미코는 이 아이에게 재능이 가치 있다는 걸 말해주는 사람이 아무도 없었다는 생각이 들었다. 부모들은 하루하루 먹고 사느라 눈코 뜰 새 없이 바빴고, 사업에 대해서 아는 게 전혀 없었다. 그녀는 과거에 자기 일을 제쳐두고 그녀에게 무엇을 해야 하는지 알려줬던 사람들을 떠올렸다. 그리고 리스크를 감수하고 성공한 사람은 자신을 도와준 사람들의 은혜를 미래에 다른 사람을 통해 갚아야 한다고 생각했다. "성공한 사람들은 뒤를 돌아보고 도움이 필요한 사람들을 도와줘야 해요. 성공했건 실패했건 그 길을 밟은 사람들은 젊은이들에게 손을 내밀어 기회를 제공해야 합니다."

제르미코의 호소력 있는 이야기는 당신에게 특권이 없을 때는 스스로 특권을 만들어야 한다는 사실을 일깨워준다. 그리고 성공하고 나면 다른 사람을 위해 이전에 존재하지 않았던 그 특권을 만들어 보답해야 한다. 잠재력을 발휘하고 싶은 모든 이들이 재능을 마음껏 펼칠 수 있는 생태계 속에 있다면 얼마나 좋을지 상상해보라.

리스크 지문이 우리에게 알려주는 것

당신이 지금까지 선택한 리스크 중 가장 큰 리스크는 무엇인가? 꼭 사업을 시작하거나 전 세계를 돌아다니며 전쟁 지역에서 취재하는 것 같은 큰 일이 아니어도 된다. 결혼하고 가정을 꾸리며, 진로를 바꾸거나 집을 사고, 학위를 따는 것 등이 다 포함될 수 있다. 이 질문에 대한 답이 당신이 누구인지를 알려줄 것이다. 당신은 그것을 일종의 선택으로 생각했는가? 도약할지 말지 결정하면서 열정 혹은 두려움을 느꼈는가? 당신이 선택했던 리스크에 대해 지금은 어떻게 생각하는가? 그것을 리스크라고 생각하고 선택했는가, 아니면 직관적으로 선택했는가? 당신이 바라던 대로 됐는가? 만약 그렇지 않았다면, 그래도 그 리스크를 선택했을 것인가?

《앙트레프레너Entrepreneur》는 2018년 '가장 대담한' 기업가 중 한 명으로 대만 출신의 첨단 기술 분야 선구자 신디 친Cindy Chin을 선정했다. 그녀는 그저 자기의 길을 간 것뿐이지 스스로를 전혀 대담한 사람으로 생각하지는 않는다고 말했다. "당신이 어떤 선택에 직면했을 때, 과학자들의 관점에서 보면 모르는 것, 즉 경험해보지 못한 요소가 있을 수 있어요"라고 그녀는 말했다. "그런 순간은 당신을 어떤 길로 끌어들이죠. 그 길을 계속 따라가거나 그 길에서 떠나야 하는 시점이 오기도 하지만, 중요한 것은 일단 나와서 그 길에 들어서는 거예요."

지금까지 이 장에서 언급한 사람들의 이야기들을 살펴보면 리스크 지문이 어떻게 한 사람의 미래를 결정하는지에 대한 몇 가지 핵심 원칙을 알 수 있다. 첫째, 사람들은 어떤 리스크를 좋은 것 혹은 나쁜 것으로 판단한다. 똑같은 리스크라도 사람에 따라 완전히 정반대로 볼 수 있다. 리스크는 사실상 가치중립적이지만 우리는 자신의 경험과 성격대로 그것을 긍정적인 시각이나 부정적인 시각으로 본다. 즉, 리스크가 좋은지 나쁜지는 사람들이 각자 리스크를 어떻게 생각하느냐에 달려 있다.

둘째, 리스크 감수자들은 종종 그들의 행동을 '리스크'로 보지 않는다. 그들에게 리스크란 추구할 수밖에 없는 유일한 선택이다. 호기심, 야망, 탐욕, 두려움 등 어떤 불가사의한 힘에 끌려서 하는 선택은 그들에게 너무 당연한 것이라 진정한 의미의 선택이라고 하기조차 어렵다. 그들은 비록 그 길이 어디로 향하는지, 어떤 우여곡절이 기다리고 있을지 전혀 알지 못하더라도 그들이 가야 할 목표 지점을 확신한다.

무엇이 우리에게 동기를 부여하는가? 우리가 리스크를 감수할 가치가 있다고 생각하는 이유는 무엇인가? 어떤 리스크를 피할 것인가? 위기를 겪고 나면 우리는 좋은 리스크를 잘 받아들이고 나쁜 리스크를 피하는가? 아니면 조그만 리스크도 허용하지 않는가? 왜 어떤 사람들은 충격적인 사건 이후 움츠러들지만, 어떤 사람들은 새로운 자신감을 갖고 또 다른 리스크를 감수하는 것일까? 위기를 겪은 후에도 다시 일어설 수 있는 사람과 그렇지 못한 사람의 차이점을 만드는 것은 무엇일까?

리스크 지문은 이런 질문에 답을 해줄 것이다. 타고난 성격은 우리가 얼마나 자신감 있고, 얼마나 불안해하거나 침착하며, 얼마나 충동적이거나 조직적인지를 개략적으로 설명해준다. 그러나 선천적 성향은 경험을 통해 더욱 두드러지거나 누그러지는 등 변화한다. 주변의 리스크 생태계 또한 우리의 감정과 행동에 영향을 미친다. 야구 글러브가 우리의 손을 보호해주는 것처럼, 안전망의 유무에 따라 리스크 선택의 폭을 확장하거나 제한하기 때문이다. 우리가 몸에 익힌 습관과 선택한 직업이 리스크 지문을 구체화해주는 것이다.

05

Who Thinks What about Risk and Why

리스크를 어떻게 인식하는가

시카고에서 있었던 일이었다. 혈기 넘치는 20대 좌중에게 나는 그들이 겪었던 가장 큰 리스크가 무엇인지 물었고, 잠시 침묵이 흘렀다. 그때 한 사람이 손을 들고 이렇게 말했다. "스탠드업 코미디언이 되려고 의대를 자퇴한 일입니다." 아감 아로라는 기업가, 컨설턴트, 박애주의자 같은 리스크 감내형 사람들 가운데에서도 찾아보기 힘든 독특한 케이스다. 아로라는 '밀레니얼 세대는 리스크 회피형이다'라는 고정관념에 제동을 걸었다.

그의 리스크 태도는 펀자브 지역 출신인 힌두-시크교 이민자 부모로부터 물려받은 것이었다. 그의 아버지는 심장병 전문의, 어머니는 상담 심리학자로 로스앤젤레스에서 일하고 있었다. 그들은 자신의 커리어 선택과는 별개로, 자녀들에게 억대 연봉을 받을 수 있는 의사나 변호사가 되는 것은 돈을 훨씬 더 많이 벌지도 모를 창업에 비해 그리 좋은 리스크는 아니라고 조언했다. 그들은 자녀들이 행복해하고 성취감을 맛보는 것을 금전적인 이득보다 우선시했다. 만약 결과적으로 불행하다면 그렇게 많은 희생을 치르는 것이 무슨 의미가 있겠냐고 생각했기 때문이다. 아로라는 "아버지는 우리가 어떤 일을 하든지 반드시 최고가 되어야 한다고 강조합니다. 최고 수준의 전문가가 되면 돈은 자연스럽게 따라올 것이라고 굳게 믿고 있어요"라고 말했다.

그들의 태도는 이민 1세대의 전형적인 태도와는 대조적이었다. 이민 1세대는 종종 자녀들에게 자신이 걸어온 길보다 불확실성이 덜하고 안정적인 의사나 엔지니어 같은 직업을 선택하라고 조언한다. 주로 리스크 감수자로 인식되는 이민자 집단은 고국을 떠나 언어가 다르고 적대적인 이국 땅에서 새로운 삶을 시작한 사람들이다. 그렇기에 자신의 자녀들에게는 돈을 많이 벌 수 있는 직업보다는 안정적인 직업을 추천하는 경향이 있다. 하지만 이민 온 나라에서 태어난 그들의 손자들은 다시 리스크를 감수하고 기업가가 되려는 기질이 있다.

아로라의 이야기는 사회·경제적 지위, 공동체, 환경이 어떻게 리스크에 관한 우리의 생각과 방식을 만들어가는지 보여준다. 원래 작가가 되고 싶었던 아로라는 부모님의 지지 덕분에 시라큐스대학교에서 생물학을 공부하면서도 작가가 되기 위한 훈련을 병행했다. 그는 대학 시절 스탠드업 코미디를 몇 차례 하면서 그것이 자신의 글을 표현할 수 있는 훌륭한 수단이라는 사실을 알게 됐다. 하지만 대학을 졸업할 때쯤 금융위기가 터졌다. 작가란 직업은 경기가 좋은 시절에도 돈 벌기가 쉬운 직업이 아니었다. 그는 혼란스러운 경제 상황에 불안해졌고 "완전히 자리 잡은 가족 사업을 뿌리쳐도 되는 걸까?"라고 스스로 되물었다.

그는 고민 끝에 의대에 진학할 목적으로 UCLA의 연구직 일자리를 얻어 카리브해 도미니카연방에 있는 의대에 입학했다. 그러나 그곳에 도착하자, 그의 표현을 빌리자면, 자신이 '엉뚱한 경주에 참여한 자동차'와 같은 신세라는 것이 금세 분명하게 드러났다. 그해 말, 그는 미국 명문 대학교 의대의 입학 허가를 받게 됐지만, 마음 깊은 곳에서는 그것이 자신을 위한 길이 아니라는 생각이 들었다. 부모님의 조언에 따라 벤처캐피털 회사에 들어간 형은 아로라에게 1년 동안 의대에 투자한 비용에 대해서는 너무 걱정하지 말라고 이야기해 주었고, 그 말에 힘을 얻어 다시 LA로 돌아왔다.

그렇게 LA에서 다시 창작 활동을 시작했는데, 스탠드업 코미디 연기 수업을 받으면서도 이런저런 잡다한 일을 하며 생활비를 벌어야 했다. 대필, 칼 판매 등 갖가지 별난 일들을 하던 끝에 아로라는 직업 상담가로서 정규직 일을 시작했고, 저녁 시간에는 코미디 쇼에 출연했다. 그는 마이크 앞에서 희열을 느끼는 그 짧은 순간을 위해 오랜 시간 자기 차례를 기다려야 했다. 그러나 그에게는 일을 잘해내고 싶은 마음과 더불어 남들의 주목을 받는 것이 너무나도 싫은 마음이 공존했다.

결국 그는 자신이 한 행동에 다시 한번 책임을 져야 했다. 지인이 소개해준 한 방송사에서 일을 하던 그는 인도 농촌 학생들을 돕는 부모님의 자선사업에도 적극적으로 참여했다. 그때 한 학교에서 어린 여학생이 말라리아로 사망했다는 소식이 들려왔다. 인도에는 그 여학생처럼 제때 도움을 받지 못해 사망하는 어린 말라리아 희생자들이 많았다. 교실에 학생들이 너무 많아 선생님은 학생이 말라리아에 걸렸다는 것을 빨리 알아차리지 못했다. 말라리아에 걸린 학생이 병원에 갈 때쯤이면 이미 목숨만 겨우 붙어 있는 상태여서 진단을 위한 혈액 검사 결과를 2주 동안 기다릴 시간이 없었다. 게다가 구호 재단에서 아이들의 생명을 구할 수 있는 의약품을 학교에 제공했지만 약품을 보관하는 선반에 그대로 방치돼 있는 상태였다.

아로라는 생명공학 및 의료 분야의 경험을 살려 아이들이 제때 치료받을 수 있도록 12시간 이내에 병의 원인을 찾아낼 수 있는 신속 진단 검사를 도입하겠다는 계획을 세웠다. 그는 직장을 그만두고 인도로 건너갔다. 응급 치료가 필요한 아이들의 신속 검사를 도와주고 구호 재단이 의약품을 가장 효과적으로 보급하는 데 필요한 자료를 수집하기 위해서였다. 모든 것이 또 하나의 학습 과정이었다. 그는 팀과 함께 거의 500명이나 되는 아이들을 검사하고 나서야 그들이 구매했던 검사 장비에 결함이 있어 자료를 쓸 수 없다는 사실을 알게 됐다. 그는 이 경험을 통해 자신에게 사업 수완이 필요하다는 것을 깨달았다.

내가 아로라를 만났을 때, 아로라는 노스웨스턴대학교에서 MBA 학위를 받고 비즈니스 분석가로 활동 중이었다. 또 다른 한편으로는 노숙자들이 의료 및 다른 서비스에 접근할 수 있도록 돕는 사회적 기업에서 일하고 있었다. 비록 그가 지나온 길은 길고 구불구불하고 불확실했지만, 돌아보면 그동안 감수한 리스크들이 그가 있어야 할 곳으로 인도한 것이나 마찬가지다. 흔히 창의적인 사람들이 불확실한 상황에 내성이 있다고 얘기하는 것처럼 아로라도 그런 편이긴 하나, 좋든 나쁘든 그의 이야기를 주변 사람들과 떼어놓고 생각할 수는 없다.

아로라에게는 힘을 보태주는 가족이 있었다. 가족이라는 안전망 안에서 그는 실패할 수 있는 자유를 누렸다. 이모는 그에게 필요한 과학적 접근법을 가르쳐줬고, 부모님은 그를 재정적으로 지원했다. 형제와 사촌들은 조언과 격려로 그를 지지했다. 그는 인도인 공동체에서 자신에게 기대하는 바대로 자신의 장점을 알고 그것을 과감하게 실천하는 사람이 됐다.

아이러니하게도 그가 저지른 가장 큰 실수는 '리스크가 적은' 의과대학 프로그램에 참여한 것이었다. 이것이 우리가 리스크 결정이 주변 사람들의 판단과 얼마나 밀접하게 연결되어 있는지, 또 사고 과정 중에 어느 정도가 주변 사람들의 집단적 영향과 기대에서 비롯되었으며, 어느 정도가 자신에게서 비롯되었는지를 제대로 이해해야 하는 이유다.

소속 집단이 리스크 인식에 미치는 영향

많은 부모들이 10대 자녀가 불량한 무리들과 어울리는 것을 막으려고 애쓴다. 어느 집단의 일원이 될 때, 특히 그 집단이 그다지 신중한 편이 아니라면, 자기가 평소에 하던 것과는 매우 다른 결정을 내릴 수 있다는 사실을 알고 있기 때문이다. '자기 자신과 주변 친구에 따라 위험에 접근하는 방식이 결정된다'는 부모들의 기본 원칙은 일리가 있는 편이다.

리스크를 인식하고 대응하는 방식은 자신의 경험, 남들의 기대, 문화적 조건이 결합된 결과다. 하지만 이런 요소들이 리스크 태도 및 신념과 상호작용하면서 인식과 대응법은 계속 변화한다. 성별, 세대 또는 인종이 같은 사람들은 유사한 경험을 공유하긴 하지만, 한 개인의 경험이 바뀌면 리스크 태도를 구성하는 요소들도 바뀐다. 집단 내 모든 구성원들은 비슷한 점이 많지만 그렇다고 정확히 같은 경험을 했거나 같은 성격을 가진 것은 아니다. 그래서 당신이 속한 집단이 말해줄 수 있는 것에는 한계가 있다. 집단 간에 차이가 큰 것처럼 집단의 구성원 사이에도 큰 차이가 있다.

당신이 자신과 주변 사람들의 리스크 태도를 어떻게 생각하느냐는 생각보다 훨씬 더 중요하다. 또래 압력이 강한 영향력을 발휘하는 것과 마찬가지로 때로는 우리가 스스로 인지하지 못한 고정관념, 편견, 추정 등이 인간관계와 팀의 역학 관계에 큰 영향을 미친다. 이 요소들은 당신이 개인으로서 혹은 집단의 구성원으로서 어떤 행동을 할지 결정해주고, 기업의 결정에도 중대한 영향을 미치며, 기업의 결정은 다시 고객, 직원, 공급업체, 파트너에게 영향을 미친다. 그러므로 리스크의 집단 역학 관계에 주의를 기울이지 않으면 큰 실수를 저지를 수 있다.

모험 이행: 개별 구성원이 혼자 결정하는 것보다
집단이 함께 결정할 때 더 극단적인 결정을 하는 경향

우리는 혼자 있을 때와 집단으로 있을 때 각각 다르게 행동한다. 사회과학자들은 이 현상을 '모험 이행risky shift'이라고 부른다. 모험 이행이란 집단의 구성원이 각자 독립적으로 결정할 때보다 집단으로 결정할 때 훨씬 위험한 선택을 하거나 보수적인 선택을 하는 등 더 극단적인 결정을 내리는 현상을 뜻한다. 다른 말로 하면, 리스크는 사회적 현상이다. 우리 주변에 있는 사람들은 우리의 리스크 인식을 생각지도 못한 방식으로 바꾸어놓는다.

당신은 주변 사람들이 리스크를 어떻게 생각하는지 알고 있는가? 부자와 가난한 사람, 남자와 여자, 젊은이와 노인이 같은 위험에 놓였을 때 어떻게 반응할지 잠시 생각해보자. 연구 결과에 따르면 현실은 우리 생각보다 훨씬 복잡하다. 예를 들어, 10대 소년이 45살 중년 여성보다 리스크를 더 많이 감수할 것이라는 추측은 꽤 그럴싸하다. 하지만 이 같은 고정관념에 너무 많이 의존하는 것은 위험하다. 고정관념을 따르다 보면 사람을 고용하거나 투자를 하는 등의 상황

에서 잘못된 결정을 내릴 수 있다. 다른 사람들이 가지고 있는 고정관념, 우리 속에 어느새 자리 잡은 고정관념은 우리가 리스크를 과대평가하거나 과소평가하게 만든다.

또 다른 예로, 변호사가 고도의 리스크 회피형이라고 생각하는 사람들이 있는데, 큰 리스크를 감수하는 데 익숙한 공격적인 소송 전문 변호사는 보수적인 계약 전문 변호사와는 매우 다른 접근법을 따른다. 독립적인 로펌을 운영하는 변호사와 월급을 받는 사내 변호사의 접근법 또한 매우 다르다. 변호사는 고객이 위험하다고 생각하는 문제에 진정으로 주의를 기울여야 한다. 내가 만난 한 미국인 변호사는 사내 변호사와 유통 책임자 역할을 겸직하고 있었는데, 리스크를 매우 다른 두 가지 관점에서 바라본 것이 일을 잘할 수 있었던 비결이라고 말했다.

4장에서 살펴본 것처럼 경험과 맥락은 중요하다. 가족, 친구, 동창 네트워크의 지원을 받아 새로운 벤처사업을 시작한 기업가는 그런 지원 네트워크가 없는 사람과 현실 문제를 다루는 방식이 매우 다르다. 금세라도 부서질 것같이 보이는 보트에 몸을 싣고 위험한 항해를 하는 난민은 엄청나게 큰 리스크를 감수한 것처럼 보이지만, 그들은 아마 배에 타지 못하는 상황이 훨씬 리스크가 크다고 생각할 것이다.

공정하든 아니든, 한 사람의 리스크 태도와 타인이 그것을 바라보는 방식은 그 사람의 키, 힘, 외모, 심지어 몸무게와도 관련이 있다. 2010년 《리스크와 불확실성 저널Journal of Risk and Uncertainty》에 발표된 연구에 따르면 키가 크고 힘이 센 사람들은 그렇지 않은 사람보다 도박 대회에서 더 큰 리스크를 선호할 가능성이 높다고 한다. 흥미롭게도, 사람들이 매력적이라고 여기는 실험 대상자들 역시 큰 리스크를 감수했다. 과체중인 여성들은(과체중 남성은 해당 없음) 그렇지 않은 여성들보다 리스크를 덜 추구하는 편이었다. 연구자들은 리스크 선택에 성별 차이보다 훨씬 많은 요소들이 작용하고 있다고 결론지으면서, 남성이 더 큰 리스크를 감수할 가능성이 다소 높을 수 있지만, 성별과 힘의 상호작용, 담력 조사 방법, 성격 등을 고려하면 결과가 역전된다고 밝혔다.

서로 다른 인구통계학적·사회경제적 집단은 세대, 민족, 소득, 성별에 따라 리스크를 매우 다르게 경험한다. 우리는 이런 요소를 보며 무언가를 추정하려는 경향이 있지만, 사실 추정은 틀릴 가능성이 있다. 고정관념은 우리 생각만큼 정확하지 않으나 특정 집단에 대한 투자, 고용 등 갖가지 결정에 영향을 미친다. 이 장에서는 다양한 인구통계학적 집단에서 공통으로 나타나는 리스크 태도와 행동, 그들에게 영향을 준 요인들, 각 집단 내 차이점을 살펴보겠다.

리스크 회피와 리스크 분별력

많은 이들이 단순히 리스크 추구형 또는 리스크 회피형으로 사람들을 구분한다. 리스크 회피형은 '모든 조건이 동일하다면' 덜 위험한 선택을 하는 경향이 있다. 그 반대로 리스크 추구형은 '모든 조건이 동일하다면' 더 위험한 선택을 하는 경향이 있다. 문제는 모든 조건이 동일한 경우가 거의 없다는 것이다. 사람마다 리스크를 경험하거나 판단하거나 우선순위를 매기는 방식은 다 다르다.

주식 투자를 예로 들면, 여유 자금이 있는 사람과 빚 때문에 자금 여력이 없는 사람의 투자 리스크 태도는 다르다. 주가가 10년 동안 3배나 오른 시장과 지금 막 30퍼센트 떨어진 시장에서의 태도 역시 다르다. 리스크 선택에서 감정이 작용하는 방식은 각자 겪은 과거의 경험에 따라 크게 달라진다.

안타깝게도, 인구 통계와 리스크 태도에 관한 연구는 대부분 리스크 추구형과 리스크 회피형이라는 이분법적인 논리를 따른다. 이러한 이분법적 논리와 때로는 부정적인 의미로 사용되는 '리스크 회피형'이라는 용어는 리스크 및 젠더와 관련된 대화를 왜곡시키며, 연구 조사를 수행하고 전달할 때 여러 문제를 일으킨다.

밀레니얼 세대(1981~1996년생)와 Z세대(1997년 이후 출생)를 주제로 쓴 글의 제목을 읽어보면, 그들을 응석받이 세대 혹은 수줍은 세대라고 칭해도 될 만큼 소극적으로 묘사하고 있다. "밀레니얼 세대는 리스크 회피형이자 현금 비축형이다"(인베스토피아Investopia), "밀레니얼 세대는 '리스크 회피형 세대'다"(헤지아이Hedgeye), "밀레니얼 세대의 투자 행동을 최적화하려면 리스크 회피형 태도를 극복하라"(티 로우 프라이스T. Rowe Price). 그러나 이런 주장은 정확히 맞는 말은 아니다.

MZ세대가 리스크에 접근하는 방식은 그들의 부모나 조부모의 방식과는 다르다. 새로운 세대의 리스크 태도는 직업 선택, 업무 성과, 쇼핑 행동, 투자 방향이나 정치적 선택 등 삶의 여러 부분에 영향을 미친다. 세대 차이가 발생하는 이유는 세 가지다. 첫째, 나이가 들면서 감당할 수 있는 적절한 리스크의 종류가 변한다. 둘째, 나이가 들면서 뇌의 활동 방식이 변화한다. 셋째, 가장 중요한 것은 각 세대를 특징짓는 경험이다. 아이들이 하는 경험은 대부분 새로운 것이므로 그들은 위험의 본질이 무엇인지 잘 알지 못한다. 객관적 리스크로 판단하면 아이들은 어른보다 더 큰 리스크를 감수한다고 할 수 있지만, 주관적 리스크를 기준으로 보면 어린 사람일수록 위험을 판단하는 방법을 배울 기회가 더 적기 때문에 결과적으로 그들은 얼마나 위험한지 몰라서 처음부터 그것을 리스크로 인식하지 않았던 것일 수 있다. 이것이 리스크 인식과 행동 사이의 격차에 주의를 기울여야 하는 또 다른 이유다.

10대들은 제대로 생각하지 않고 리스크를 감수하기로 악명이 높다. 인생 경험도 부족한 데다가 두려움을 모르는 패기까지 있다 보니 잘못될 만한 일을 저지르기도 한다. 여기에는 친구들의 압력도 한몫한다. 친구들과 함께 있을 때는 보수적인 의사 결정을 하기보다는 모험 이행을 통해 더 위험한 행동을 할 가능성이 높다. 일반적으로 이 시기를 거쳐 성숙해지면 위험한 행동은 줄어드는 편이다. 그들이 성인 시기에 어떤 생활을 하는지는 10대 시절 리스크를 감수했을 때 어떤 일이 일어났는지에 의해 달라진다.

나이가 들면 몇몇 리스크에는 익숙해진다. 지식이 쌓이기 때문이기도 하며, 피할 수 없는 죽음이 다가올수록 잃을 것이나 두려워할 것이 줄어들기 때문이기도 하다. 은퇴한 사람들은 직장 생활을 할 때나 회사를 경영할 때보다 자기 시간을 통제하기가 쉽다. 통제감이 있으면 리스크에 더 익숙해진다. 그리고 일반적으로 기성세대들은 평생 번 돈을 투자한 후 잘못될 때를 대비해 훨씬 튼튼한 안전망을 구비해놓고 있다.

리스크 계산 방식은 연령별로 다르다. 은퇴를 앞둔 사람들은 주식 시장이 폭락하면 다시 회복할 때까지 기다릴 시간이 별로 없으므로 젊은 사람처럼 주식 투자를 공격적으로 할 수 없다. 재무 상담사들이 고객에게 나이가 들수록 보수적인 투자 포트폴리오의 비중을 높이도록 조언하는 것도 같은 이유에서다.

사람들은 투자 결정을 할 때 얼마나 오래 살 것이며 노후 자금이 얼마나 필요한지를 생각한다. 2012년 신경 경제학자인 스티븐 앨버트Steven Albert와 존 더피John Duffy는 연구를 통해 청년층과 노년층의 리스크 태도에 어떤 차이가 있는지 알아봤다. 그들은 기본적으로 노인이나 젊은 사람이나 도박에서 같은 결정을 할 가능성이 높게 나왔으므로 두 그룹의 리스크 회피 성향은 차이가 없으나, 장기적으로 보면 노인은 젊은 사람보다 도박할 가능성 자체가 훨씬 낮다고 말했다.

연구 결과에 따르면 노인의 의사 결정 과정은 젊은 사람과 다르다. 노인은 상황이 바뀔 경우 이미 결정한 것을 조정하는 데 더 큰 어려움을 겪으며, 최근 일어나는 일에 더 많이 흔들릴 수 있다. 그들도 젊은 사람들처럼 이익을 위해 도박을 하지만 손실에 초점을 맞춰 리스크를 최소화하는 데 주력하는 편이다. 이 연구와 더불어 최근에 나온 몇몇 다른 연구 결과는 노벨상 수상자인 대니얼 카너먼과 아모스 트버스키가 개발한 '전망 이론prospect theory'에 새로운 시각을 제공했다. 전망 이론에 따르면 사람들의 리스크 결정은 가치(특정 결과를 얼마나 중시하는지)와 확률(그 결과의 발생 가능성)의 조합으로 이루어진다. 카너먼과 트버스키는 사람들이 도박에서 이익을 추구하기보다 손실을 회피한다는 것을 증명했다.

최근 연구들은 모든 사람의 손실 회피 정도가 같지는 않다는 점을 제시함으로써 전망 이론에 새로운 맥락과 뉘앙스를 더해줬다. 이 차이는 우리가 가장 두려워하는 손실이 무엇이며 그것이 발생할 확률이 얼마나 되는지를 나타내는 '리스크 태도'와 불가분의 관계에 있다. 그런데 기꺼이 리스크나 손실을 감수하려는 이유와 이와 관련된 생각과 감정은 세대마다 매우 다르다. 왜냐하면 각 세대는 인생의 시간표에서 각기 다른 시점에 있으며, 기회도 장애물도 완전히 다른 세상을 경험하고 있기 때문이다.

같은 세대라 하더라도 처한 환경에 따라 개인의 경험은 크게 다를 수 있다. 엄청난 공포를 경험한 홀로코스트 생존자의 자녀들은 상상할 수도 없는 상실을 경험한 이전 세대에 경의를 표한다. 마케팅 회사의 부사장으로 근무하고 있는 린다는 전쟁을 겪은 부모의 자녀로 산다는 것에 대해 이렇게 말했다. "생존자 가정에서는 한 아이가 기억 저장소인 '희망의 등불'이 되는 것이 관례랍니다. 이 골칫거리 임무는 세대마다 한 사람에게 주어져요." 그녀의 아버지 가족은 전쟁 전에는 모국에서 부유한 생활을 했다. 하지만 1940년대 초 상하이를 거쳐 미국으로 이주한 뒤에는 가난하게 살았다. 빚은 없었지만 하루 벌어 하루 먹고사는 처지였다. 그녀의 가족은 항상 언제 무슨 일이 닥쳐 나락에 떨어질지 모른다는 불안감에 시달렸다. 맏이였던 그녀는 집안에서 '희망의 등불'의 역할을 하면서 지각하지 않기 위해 15분 일찍 나타나는 사람, 20년 넘게 한 직장에서 일을 하는 사람, 안전한 벽돌집에 사는 사람, 불확실성에 대처하려고 모든 것을 과도하게 준비하는 사람이 됐다. "저는 작은 일에는 과민 반응하지만 위기가 닥치면 아주 냉정해집니다." 하지만 그녀의 남동생은 정반대다. 짐을 싸거나 계획을 세우는 일에 전혀 관심이 없다.

그녀는 프리랜서 음악가와 결혼했다. 남편은 그녀와 반대로 전형적인 미국인 가정의 막내로 태어났다. 그의 가정은 미국에서 이미 오래 살았고, 그는 상대적으로 안정적이지 않다고 여겨지는 창조적인 일을 자유롭게 할 수 있었다. 두 사람은 치과에 가는 일이나 지붕 교체 작업처럼 당장은 대수롭지 않아 보이지만 결국엔 처리해야 하는 일을 할 때 각기 다른 반응을 보였다. 그녀는 "만약 기다리면 더 나빠지는 것은 아닐까?"라고 생각해 안절부절못했다. 반면 남편은 최악의 사태가 벌어지지 않을 것이라고 생각하며 일상적인 일처럼 침착하게 처리했다.

이 부부는 서로 다른 역할을 맡아 상대를 보완해주었다. 그는 계획에 신경을 더 많이 쓰는 역할을 맡았으며, 그녀는 미래를 걱정하기보다는 눈앞에 있는 문제부터 하루에 한 가지씩 해결하는 역할을 맡았다. "이제 저는 단지 두려움에서 벗어나기 위해서가 아니라 더 많은 정보를 얻어 신중하게 결정하려고 노력해요. 종종 이렇게 스스로에게 물어봐요. '내가 이걸 하면 기분이 더 나빠질까, 아니면 이걸 하지 않아 후회하게 될까?'" 지금 그녀가 가장 두려워하는 것은 일이 잘못되는 게 아니라 오히려 기회를 잃게 되는 것이다.

이 예시를 통해 우리는 세대, 가족, 집단 내에서 사람들은 각자 다른 역할을 하며, 맡은 역할 안에서 성장한다는 사실을 알 수 있다. 상대가 리스크에 대비하는 이유와 대응 방식을 이해하면 서로를 보완할 수 있다. 때로는 나와 인생을 완전히 다르게 살아온 사람의 시선으로 문제를 보는 것이 한계를 넓히고 성장하는 데 도움이 된다.

밀레니얼 세대와 리스크

인력 컨설팅 회사 레인메이커 싱킹Rainmaker Thinking의 설립자이자 비즈니스 전략서를 출간한 브루스 툴간Bruce Tulgan은 오늘날 20~30대들이 두 가지 상반된 영향력 아래에 있다고 주장한다. 그들은 한편으로는 손가락을 몇 번만 놀리면 스마트폰으로 엄청난 정보를 얻을 수 있어 리스크를 잘 알고 있으며, 적어도 몇 가지 문제 정도는 스스로 해결할 방법을 찾을 수 있다. 반면 이들 중

대부분은 자녀의 리스크를 줄이고 자신감을 북돋아주려 애쓰는 헬리콥터 부모의 손에서 자랐다.

툴간은 밀레니얼 세대가 처음 리스크를 인식했을 때를 이렇게 설명했다. "그때는 평화와 번영의 상징인 90년대였어요. 리스크 수준이 낮은 시기였죠." 그러나 그 후 2008년 금융위기가 본격적으로 터지면서 은행이 파산하고, 전 세계 주식 시장이 거의 50퍼센트나 폭락했다. 수백만 명의 미국인들이 집을 차압당했다. 무엇보다 미국인 10명 중 1명이 일자리를 잃은 최악의 상황이 벌어졌다. 이처럼 밀레니얼 세대는 리스크 수준이 매우 낮은 환경에서 시작해 리스크 수준이 높은 환경에 적응하면서 리스크 태도의 기반을 형성했다. 밀레니얼 세대와 바로 뒤를 잇는 Z세대의 리스크 태도는 부모와 형제들이 일자리를 잃고 저축한 돈이 바닥났던 금융위기와 그 여파에 영향을 받았다.

그 결과 그들은 자신이 통제할 수 있는 것에는 과도하게 몰입하지만, 아무런 영향력을 행사할 수 없는 문제라고 느껴지면 심하게 불안해하거나 아예 못 본 체하는 역설적인 행동을 하게 됐다. 툴간은 밀레니얼 세대는 통제권 밖에 있는 요소들이 자신에게 미치는 영향에 매우 민감하다고 말했다. 정보의 홍수 속에 있는 그들은 통제 불가능한 요인들을 더 잘 인식하고 무력감을 느낀다. 채용 담당자들은 MZ세대가 불안 심리 때문에 할 수 있는 것보다 할 수 없는 것에 더 집중한다고 걱정한다.

그러나 밀레니얼 세대가 불확실성과 함께 성장한 데에는 긍정적인 측면도 있다. 그들은 자신이 통제할 수 있는 도전 거리를 만나면 더욱 유연하게 대처한다. 창의성이 필요하고 자율성이 보장된 역할이 주어지면 활발히 활동할 수 있다. 그들은 목적의식 또한 중요하게 여기므로 직업 선택에 정당성을 부여할 타당한 이유를 찾기 원한다. 강한 목적의식은 올바른 리스크 결정에 도움이 되며, 강력한 리더십의 한 특성이기도 하다.

리스크에 익숙하고 자신감이 있는 밀레니얼 세대는 독립적으로 일하거나, 세상을 변화시킬 수 있는 직업을 선택할 가능성이 높다. 또 부정적인 영향을 줄이고 긍정적인 영향을 끼치려고 하는 회사의 제품을 사용할 가능성이 크다.

시대별 리스크 신호

21세기 초 젊은이들은 이전 세대보다 부채가 더 많고 전망이 불확실한 가운데 성장했다. 이제 그들은 자신들이 부모 세대보다 잘살 수 있을 거라고 확신할 수 없다. 이런 사회경제학적 차이점이 중요하다. 전미경제연구소National Bureau of Economic Research의 울리케 맬멘디어Ulrike Malmendier와 스테판 나겔Stefan Nagel은 과거 경험이 투자 선택에 어떤 영향을 미치는지를 측정했다. 그들은 연구를 통해 '불경기 시절 아이들(1930~1940년대 유년 시절을 보낸 사람)'이 실제로 과거 경험을 바탕으로 투자 결정을 내렸다는 사실을 입증했다. 맬먼디어와 나겔은 "증시가 호황인 시절만 경험한 사람들은 유동자산의 많은 부분을 주식 시장에 투자할 가능성이 높다"라고 밝혔다. 인플레이션을 겪으며 살아온 사람들은 채권에 투자할 가능성이 낮고 유동성이 높고 안정적이며 인플레이션 영향을 받지 않는 자산에 투자할 가능성이 높다. 그들은 "예를 들어 1970년대 경기 불황으로 주식 시장의 침체를 경험한 젊은 사람들은 1980년대 초 주식 시장 참여율이 상대적으로 낮았지만 1990년대 주식 시장 붐을 경험한 젊은 투자자들은 1990년대 후반에 주식 시장 참여율이 상대적으로 높았다"라고 주장했다. 다시 말해, 미래에 대한 우리의 기대는 과거 경험으로부터 나온다.

어떤 이들은 밀레니얼 세대가 금융 문제에서 리스크를 적절하게 판단함에도 리스크를 회피하는 결정을 내린다고 오해한다. 2018년에 밀레니얼 세대는 2007년에 25~39세였던 세대보다 은퇴자금 저축은 덜 하는 대신, 불황에 대비하는 펀드에 투자하거나 빚을 갚았다. 금융위기 이후 많은 사람이 엄청난 빚을 졌는데, 그중에서도 밀레니얼 세대는 2017년에 약 63퍼센트가 1만 달러 이상의 학자금 대출금을 안고 있을 정도였다. 지난 10년 동안 주식 시장이 이미 3배 이상 오른 상황에서 대출금을 먼저 갚는 것은 현명한 결정이다. 또한 가까운 미래의 불확실성에 대비하려면 은퇴자금 저축보다 불황 대비 펀드에 가입하는 것이 더 실용적이다.

플로리다에 본부를 둔 시코스트 은행Seacoast Bank의 재정 고문인 데니스 놀트Dennis Nolte는 그런 행동을 리스크 회피가 아닌 단순한 상식이라고 본다. 경기 순환의 징후와 경기 침체 가능성에도 불구하고 계속 강세였던 주식 시장에 투자하는 것보다 자신을 보호할 수 있는 기반을 다지는 것이 합리적이다. 하지만 그는 주식 투자를 하려면 가능한 한 일찍 시작하라고 조언한다. 이러한 경험을 통해 자신의 리스크 감내도를 이해할 수 있기 때문이다. “만약 당신이 2006년부터 주식 시장에 뛰어들어 지금까지 모든 것을 견디며 계속 투자를 했다면, 당신은 자신의 리스크 감내도가 어느 정도인지를 배웠을 것입니다. 만약 당신이 고통을 너무 많이 받아 견디지 못하고 주식 투자를 포기했더라도 역시 무언가를 배웠을 것입니다.”

그러나 주식에 투자할 돈이 없다면 주식 시장의 리스크도 경험할 수 없다. 놀트는 Z세대가 ‘빈털터리’나 마찬가지라며 “주변에서 전부 넌 절대 돈을 벌 수 없을 거라고 말하는데 어떻게 버틸 수 있겠어요?”라고 설명했다. 만약 그 말이 맞다면 그들은 퇴직 연금에 가입하고, 집을 사고, 학자금 대출과 빚을 갚고, 비상금을 보유하는 등의 전통적인 궤도를 따르기 어려울 것이다. 그들은 자신이 은퇴할 때가 되면 사회보장 연금이 없어질 것이며 설혹 있다 하더라도 받을 금액이 줄고 시작 시점도 늦춰질 것이라고 염려한다.

그런데 사회적 이슈에 관해서는 밀레니얼 세대나 Z세대가 이전 세대보다 보수적이라는 증거가 나오고 있다. 이는 그들이 리스크를 다르게 인식하기 때문이기도 하지만, 다른 한편으로는 소셜미디어가 그들의 평판 리스크를 과장해서 생기는 현상이다. 일부 연구에 따르면 밀레니얼 세대 중 가장 어린 세대와 바로 그 뒤를 잇는 10대들은 이전 세대들이 같은 나이였을 때보다 성관계나 음주를 경험할 가능성이 더 낮다고 한다.

샌디에이고주립대학교 심리학 교수이자 《#i세대》의 저자인 진 트웬지Jean Twenge는 1995년 이후 태어난 세대를 'i세대'라고 지칭하며 그 특징을 이렇게 설명했다. "그들은 스마트폰과 함께 자랐고, 고등학교 입학 전에 이미 인스타그램 계정을 갖고 있으며, 인터넷이 없던 시대를 기억하지 못한다." 그녀는 세대 차이에 관한 연구를 찾아보면서 2011년 혹은 2012년 무렵부터 10대들의 행동이 급격하게 변화했음을 알아냈는데, 이때가 바로 미국인 대다수가 스마트폰을 사용하게 된 시기였다. 스마트폰으로 소셜미디어를 접하면서 외로움과 우울증, 불안증을 느낄 위험이 더 높아졌다.

트웬지의 연구에 따르면 i세대인 10대의 음주율은 과거보다 줄어든 것으로 드러났다. 그녀는 그 이유를 평판 리스크와 연관 지어 설명했다. i세대는 음주로 인해 평판이 떨어지거나, 법적 책임을 질지도 모른다는 리스크를 걱정하고, 나아가 잠재적 고용주들이 소셜미디어에서 그들의 활동을 본다면 취직 기회를 잃을 수도 있다는 리스크를 인지하고 있다.

또한 i세대는 자신과 반대되는 불쾌한 아이디어를 걱정할 필요가 없는 '안전한 공간'을 요구했다. 트웬지 연구 팀이 대학생들을 대상으로 실시한 설문 조사에서 응답자의 86퍼센트가 "모든 학생이 성공할 수 있는 안전한 공간을 만드는 것은 대학의 책임이다"라는 의견에 동의했다. 인터뷰에서 학생들은 '감정적인 안전'을 중요하게 생각한다고 밝혔다. 그런 의미에서 i세대는 확실히 리스크 회피형이라고 할 수 있다. 이 사실은 오늘날 경제체제에서 필수적으로 갖추어야 할 창의력, 혁신, 기술을 발전시키는 능력에 중요한 영향을 미친다. 트웬지는 만약 학생들이 자신에게 도전이 되는 것을 무조건 배제하려고 한다면 고등교육의 핵심 아이디어에 의문을 제기하는 것이며, 어린아이처럼 세상으로부터 항상 보호받으며 살고 싶다는 것이나 마찬가지라고 경고했다.

인간관계와 리스크

인간관계 리스크의 본질은 사회적 관행, 불확실성에 대한 태도, 경제적 충격, 실패의 두려움 등에 따라 변해왔다. 미국의 밀레니얼 세대는 베이비붐 세대나 이전 세대보다 늦게 결혼한다. 1950년대 미국 여성들은 평균 20세밖에 안 되는 나이에 결혼을 했다. 이에 반해 2017년 미국의 평균 초혼 연령은 여성이 27.4세, 남성이 29.5세로, 역대 최고령을 기록했다. 이것은 세계적인 추세다. 일본에서는 50세까지 미혼인 여성이 1990년대에는 20명 중 1명이었으나, 2015년에는 7명 중 1명으로 바뀌었다. 스칸디나비아 국가에서는 평균 결혼 연령이 30세를 훨씬 넘는다.

젊은 세대가 인간관계를 조심하는 것을 리스크 회피로 해석하는 일부 연구자도 있지만, 밀레니얼 세대의 인간관계 태도는 그저 사회가 얼마나 많이 변했는지를 보여줄 뿐이다. 얼마 전만 해도 결혼하지 않는 것은 커다란 사회적 리스크였다. 그러나 자신의 부모나 친구의 부모들이 불행한 결혼 생활을 하거나 이혼하는 것을 보면서 성장한 젊은 세대들은 제대로 된 결혼 생활을 하고 싶어 한다.

밀레니얼 세대와 일부 X세대는 베이비붐 세대나 그 이전 세대보다 늦게 결혼할뿐더러 결혼할 가능성 자체가 낮다. 이들은 자신의 직업, 재정, 정체성 등이 자리 잡을 때까지 기다림으로써 결혼 생활을 오래 할 상대방을 찾을 확률을 높이고 실패할 리스크는 낮추려 한다. 그 방법은 효과가 있다. 미국의 이혼율을 보면 결혼 1,000건 중 이혼 건수가 1992년 4.8건에서 2016년에는 3.2건으로 떨어졌다. 메릴랜드대학교의 필립 N 코헨Philip N. Cohen은 2008년과 2016년 사이에 이혼율이 18퍼센트 감소했다는 연구 결과를 발표했다. 일부 분석가들은 이것이 행동의 변화 때문에 일어났다고 봤으나, 코헨은 이혼의 감소가 전반적인 결혼의 감소와 밀접한 관련이 있다고 추정한다. 결혼은 점점 더 까다로워지고 있으며, 어느 정도 경제적 안정성을 갖추지 못한 사람들은 절대로 결혼이라는 리스크를 지려고 하지 않는다는 것이다.

인간관계는 안전망을 제공하고, 주변 사람들에게 영향을 미침으로써 리스크 등식을 변화시킨다. 이제 리스크 등식에는 자신뿐만 아니라 내게 중요한 사람들, 배우자와 자녀까지도 포함해야 한다. 나의 의사 결정이 주변 사람들에게 어떤 영향을 미칠까? 사랑하는 사람이나 친구와 좋은 인간관계를 맺으면 무언가를 결정할 때 서로 든든한 발판이 되어주며, 잘못 판단한 리스크에서 벗어나 긍정적인 리스크를 감수하고 목표를 향해 달려갈 수 있다. 그러나 잘못된 인간관계는 우리를 실패의 구렁텅이로 몰아갈 수도 있다. 모든 인간관계에는 고유한 리스크가 있다. 나쁜 인간관계는 당신을 끌어내리지만, 좋은 인간관계는 당신을 위험에 빠지지 않게 도와준다.

얼마만큼 잃어야 하는가

리스크 판단은 무엇을 얼마나 잃을 것인가에 달려 있다. 잃을 게 없는 사람은 무슨 일이 일어나더라도 지금 눈앞에 닥친 것보다 더 나쁠 수는 없다는 계산하에 행동하기에 다른 사람들이 위험하다고 생각하는 선택을 할 수 있다. 그러니 "무엇에 비해 위험한가?"라고 묻는 것이 적절하다.

당신이 얼마나 많이 갖고 있느냐가 얼마나 많은 리스크를 감수할 수 있는지를 결정한다. 개발도상국의 생계형 농부들을 보면 이를 확인할 수 있다. 국제식량정책연구소International Food Policy Research Institute의 루스 바가스 힐Ruth Vargas Hill은 우간다의 가난한 농부들이 고위험·고수익 농작물에 노동시간을 얼마만큼 투자하고자 하는지를 연구했다. 농부와 그 가족들은 생산자이자 소비자였으므로 농작물 수확이 나쁠 때도 살아남으려면 소득이나 비축량이 충분히 있어야 했다. 힐은 이처럼 위험에 취약하다는 점이 가난의 특징이라고 언급했다. 개발도상국 시골 지역의 가난한 가정들은 공식적인 대출이나 보험 시장에 접근하기 매우 어렵다. 안전망이 없으면 무엇을 생산할지 결정할 때 리스크 회피를 최우선시하게 되는데, 그 대가는 막대하다. 커피는 일단 심으면 수십 년 동안 수확할 수 있으며, 얌(열대 지방의 뿌리채소)처럼 상대적으로 키우기 안전한 작물보다 비싼 값을 받을 수 있다. 하지만 커피를 수확하려면 최소 3년이 걸리기 때문에 그들은 커피 재배를 망설일 가능성이 높다. 가난한 농부들은 안전망이 없어 커피 같은 고위험·고수익 작물에 투자하지 못한다. 즉 '좋은' 리스크를 감내하지 못해 발전하지 못하고, 결국 그로 인해 빈곤의 늪에 빠지는 악순환이 계속되는 것이다. 힐은 부유한 농부들은 이 같은 난감한 상황에 놓일 확률이 더 낮다는 것을 발견했다.

사람들은 안전망이 있을 때, 사업이나 투자 포트폴리오에서 재정적 리스크를 더 많이 감내할 수 있다. 물론 성공한 사람들의 경우 분석과 관리를 통해 리스크에 세심하게 주의를 기울였기 때문에 부자가 됐을 가능성도 얼마든지 있다. 하지만 아마 그들은 처음부터 든든한 안전망을 갖고 시작했을 것이다. 통계에 따르면 백인들은 다른 인구통계학적 집단보다 부유하고 CEO나 지도자의 자리를 차지할 가능성이 높다. 여기서 우리는 이들이 튼튼한 리스크 안전망과 상황 통제력을 갖고 있다는 사실과 이 두 요소가 리스크를 감수하는 것을 상대적으로 더 안전하게 만든다는 사실을 알 수 있다. 사회과학자들은 이 현상을 두고 '백인 남성 효과'라는 용어를 만들기도 했다.

이는 여성과 비非백인 남성이 백인 남성보다 여러 가지 리스크에 훨씬 민감한 이유를 설명해준다. 한 예를 들자면 1,500명 이상의 미국인을 대상으로 한 연구에서 조사 대상자들에게 사회적 리스크를 어떻게 인식하는지를 '전혀 없음, 경미함, 보통임, 아주 높음'의 4단계로 평가하도록 요청했더니 비백인 집단과 여성들이 백인 남성 집단보다 리스크를 20퍼센트나 높게 평가했다. 평가 등급 차이가 가장 크게 나타난 분야는 간접흡연, 핵폐기물과 사고, 선탠, 화학약품과 농약 등이었다.

그러나 조사 결과를 자세히 살펴봤더니 차이를 만든 집단은 백인 남성 참가자 중 일부인 30퍼센트의 사람들이었다. 이는 조사 결과가 그저 '백인 남성' 효과라기보다는 '부유하고 고학력이며 정치적으로 보수 성향이 강한 남성' 효과일 수 있다는 점을 시사한다. 사회심리학자 폴 슬로빅은 조사 집단 중 리스크를 아주 낮게 인식한 백인 남성들은 정부와 제도를 신뢰하고 리스크 관리 시 의사 결정권을 일반인에게 주기를 꺼리며 반평등주의적 태도를 드러내는 특징이 있다고 밝혔다. 그는 많은 백인 남성이 세상을 다르게 인식하는 이유를 다음과 같이 설명했다. "아마 백인 남성들은 다수의 주요 기술과 활동을 창조, 관리, 통제하고 거기서 이익을 얻었기 때문에 일상생활에서 리스크를 덜 인식할 것이다. 여성과 비백인 남성들은 여러 면에서 취약한 환경에 있으므로 세상을 더 위험하게 보는 경향이 있다. 기술과 제도로부터 받은 혜택도 상대적으로 적고, 지역사회나 일상생활에서 벌어지는 일들을 통제하고 장악할 힘도 많이 주어지지 않았기 때문이다."

고정관념 없이 차이를 인정하기

집단의 행동과 태도를 문화적·사회적·경제적 환경과 분리해서 생각하는 것은 불가능하다. 문화, 인구통계학적 집단, 직업 전반에 걸친 리스크 태도를 이해하면서도 특정 집단에 대한 고정관념의 늪에 빠지지 않을 때 우리는 여러 문제를 잘 다룰 수 있게 된다. 흔히들 집단은 같은 경험과 특성을 공유하고 있으니 구성원들의 리스크 인식과 대응 방식이 비슷할 것이라고 생각하지만, 사실 집단 내에서도 사람마다 차이점이 있다. 그래서 문맥이 중요한 것이다.

서로 다른 리스크 문화와 성격에 주목해야 한다면서 또 한편으로는 어떤 식으로든 추정하지 말라니, 이것이 상반되는 이야기라고 생각할 수도 있다. 맞는 말이다. 하지만 이렇게 생각해보면 이해하기 쉽다. 동료가 리스크를 생각하는 방식이 당신과는 다르다는 것을 당연하게 받아들이되, 그들이 어떻게 생각하며 그렇게 생각한 이유가 무엇인지를 성급하게 결론 내리지는 말라.

당신은 키가 크고 힘이 센 사람이 키가 작고 힘이 약한 사람보다 큰 리스크를 감수할 가능성이 있다고 판단할 수 있지만 단정 지을 수는 없다. 키 작은 사람이 무술 유단자일 수도 있으며, 키 큰 사람은 정신이 산란하거나 몸이 안 좋을 수도 있다. 사람들의 능력과 경험은 분명히 다 다르다.

그런데 집단 내에서도 이렇게 차이가 많이 난다면 우리가 구태여

그 특징들을 다 이해하려고 애써야 할까? 당연히 애써야 한다. 만약 많은 사람이 'MZ세대는 리스크 회피형'이라는 연구 결과를 마음에 새겨둔다면, 그 고정관념은 세대 구성원이 내리는 결정과 사람들이 그들에게 부여하는 책임과 선택권에 영향을 미칠 수 있다. 사람들이 추정한 당신의 리스크 태도와 실제 자신의 태도가 어떠한지를 비교해보면, 스스로를 이해하는 것은 물론 다른 사람들이 당신과 동료에게 덧씌우는 고정관념을 알 수 있다. 또한 당신이 타인의 리스크 태도를 잘못 판단함으로써 결과적으로 그 사람 개인 혹은 직업상의 관계와 목표를 위태롭게 할 수도 있다는 것을 생각해볼 필요가 있다.

다른 사람이 당신을 고정관념을 가지고 바라보는지 그리고 그것이 당신의 결정에 영향을 미치는지를 알아야 한다. 만약 그렇다면 당신이 어떻게 생각하고 행동할 것이라는 사람들의 예상을 뒤집을 방법을 찾고 주체적으로 행동하라.

집단 간의 차이를 인정하는 동시에 고정관념을 피하는 것은 쉽지 않은 일이다. 하지만 구성원들의 경험이 모두 일치하는 것은 아니라도 충분히 연관성이 있다는 사실을 기억하면 건전한 균형 감각을 갖출 수 있다. 팀원이나 고객과 함께 일할 때 리스크에 대한 그들의 생각, 느낌, 감정에 영향을 미친 경험이 무엇일지 생각해보라. 다만 추측하지 말고, 그들의 이야기를 들어보자.

집단의 구성원으로서 당신의 역할은 무엇인가? 당신은 고정관념에 순응하는가, 아니면 도전하는가? 당신은 함께 있는 사람들에 따라 자신의 행동을 바꾸는가? 당신은 익숙하지 않은 리스크를 편안하게 감수할 수 있는가? 팀 동료의 관점에서 스스로를 바라보도록 노력해야 한다.

06

Gender, Risk, and Stereotype Threat

여성은 리스크 회피형, 남성은 리스크 감수형이라는 고정관념

각 경제gig economy의 선구자이자 돌봄 서비스 플랫폼 시터시티닷컴sittercity.com의 공동 창업자인 제네비브 시어즈Genevieve Thiers는 몇 년 전 시카고에서 10명의 여성 CEO들과 회의를 했던 일을 회상했다. 10명의 CEO들은 이구동성으로 자본을 유치하는 자리에는 남자가 필요했다는 말을 꺼냈다. 시어즈는 이렇게 덧붙였다. "남성의 리스크 프로필이 들어가야 벤처캐피털 회사들이 여성인 우리를 더 높게 평가한다고 하니, 우리는 자본 조달을 위한 회의에 반드시 남자를 참석시켜야 했습니다."

시어즈가 시터시티의 지분을 어린이 돌봄 서비스 체인인 브라이트 호라이즌스Bright Horizons에 매각한다고 발표한 직후에 우리는 대화를 나눌 기회가 있었다. 《앙트레프레너》는 그녀가 일리노이주의 여성 창업자 중 가장 많은 자본(4,800만 달러 이상)을 조달한 사람이라고 발표하기도 했다. 그녀는 여성들이 운영하는 기술 스타트업 15군데에 직접 자금을 투자할 정도로 적극적인 투자자였다. "저는 리스크 프로필은 물론 어떻게 해야 성공하는지 알아요"라고 그녀가 말했다.

시어즈는 여성의 리스크 태도가 시간이 지나면서 변화한다는 사실에 주목했다. 시터시티를 시작했을 때 그녀는 잃을 게 아무것도 없었다. 두 자매와 한 방을 같이 쓰고 있었고, 피자를 먹는 것도 사치였다. 그때까지 그녀의 경력은 한 소프트웨어 회사에서 일한 것이 전부였다. 대신 그녀는 MBA 스타일의 사고방식에 사로잡혀 있지 않았다. "저는 시터시티를 정원을 가꾸듯 키웠어요"라고 그녀가 말했다. 첫 번째 웹사이트 시제품을 완성한 직후 남편이자 공동 창업자인 댄 래트너를 만났다. 그녀는 지금이라면 절대 다시 그 작업을 할 수 없을 것 같다고 말했다.

팬데믹이 전 세계를 덮치자 돌봄 서비스 회사 설립자인 그녀조차도 아이 돌보미의 도움을 받기 어려운 상황이 됐다. 그녀는 8살 장애아 쌍둥이를 돌보면서 시민 운동, 뉴미디어 벤처기업 운영, 기술 분야의 여성 지원 등 다양한 활동을 하며 바쁘게 살고 있었다. "정확히 44분이 있다고 할 때 엄마로서 남들보다 10배나 많은 일을 처리해야 하니 자연스럽게 상황을 관리하는 방법을 배우게 됩니다"라고 그녀는 말했다. 우리는 보통 그렇게 생각하지 않지만 시간 관리는 본질적으로는 리스크 관리다. 무엇을 할지 관리하고 선택하는 것은 그것이 틀린 선택일지도 모를 위험성을 안고 있기 때문이다. 그녀는 "엄마들은 사업을 정말 끝내주게 잘해요! 미루적거리는 모습은 찾아볼 수 없답니다"라며 웃었다.

시어즈는 엄마들이 이미 다양한 도전을 해봤다는 점에서 20대 시절보다 리스크 선택을 훨씬 더 잘한다고 본다. 그러나 일반적으로 남자뿐만 아니라 여자조차도 그 경험들을 무시하고 여성 기업가가 40대가 되면 그들을 과소평가한다. 그녀는 여성들은 나이가 들수록 경험이 많아지지만, 사람들은 그 가치를 인정하지 않고 오히려 반대로 생각한다며 안타까워했다. 이러한 여성의 리스크 관리 기술은 경영의 모든 측면에 확대 적용될 수 있다. 그녀는 여러 회사의 이사진에 참여하면서 비즈니스 전략에서 인사 오류에 이르기까지 리스크를 인식하고 대처하기 위해 가장 적극적으로 앞장서는 사람들이 여성이라는 사실을 발견했다며 이렇게 말했다. "정원을 가꾸는 사람은 바로 여성이죠."

투자 기회를 잃다

시어즈가 경험했던 것처럼 리스크 고정관념은 투자자들이 여성 기업에 투자하는 것과 회사에서 여성이 승진하는 것을 가로막았다. 성별 리스크 고정관념의 희생양이 된 기업들은 인적 자본의 중요성을 간과하며 가장 혁신적인 인재들을 놓치고 있다.

2017년에 실시한 남성과 여성 기업가에 관한 한 연구에서 연구진은 여성들은 위험을 회피하고 큰 재정적 의무를 짊어지기 싫어한다는 벤처 투자자들의 고정관념에 도전했다. 연구진은 은행 당좌대월의 사용, 리스크 완충장치, 담보, 자본 대 부채 비율, 장기 차입금 비율 등 기업의 재무 리스크 지표를 조사했다. 그들은 《하버드 비즈니스 리뷰》에 "지표를 분석한 결과 대출 신청에 있어 여성이 운영하는 벤처기업과 남성이 운영하는 벤처기업 사이에 통계적으로 유의미한 차이가 없다"라고 발표했다. 연구진은 여성 기업가들은 사업 기회를 충분히 활용하려 들지 않는다는 투자가들의 추론은 잘못되었으며 그들이 고정관념과 편견을 따르면 큰 기회를 놓칠 수 있다고 경고했다.

2010년 오스트리아의 스타트업 약 3만 개를 대상으로 한 연구에서는 창업자가 여성인 경우가 남성인 경우보다 생존 가능성이 더 높은 것으로 드러났다. 노동경제학자 안드리아 웨버Andrea Weber와 크리스틴 줄레너Christine Zulehner는 "스타트업은 특히 비즈니스 결정에 민감하고 작고 역동적이며 위험한 기업"이라며 이와 같이 강조한다. "한 번 잘못 결정하면 곧바로 퇴출당할 수 있습니다." 그들은 여성 창업자들이 사업 초기의 실패 확률을 19퍼센트까지 낮춘다는 사실을 발견했다. 이것은 성별 리스크 고정관념에 사로잡힌 벤처 투자자들이 큰 실수를 하고 있다는 또 다른 증거다.

벤처 투자자만 이런 편견을 가지고 있는 것은 아니다. 다른 학자들은 여성의 리스크 태도에 대한 잘못된 가정 때문에 여성이 승진에서 탈락한다는 증거를 발견했다. 고정관념에 사로잡혀 판단하다 보면 여성뿐만 아니라 투자자나 회사 모두 좋은 기회를 놓치는 값비싼 대가를 치를 수 있다. 이제는 여성이 리스크를 더 잘 관리한다는 명확한 증거가 점점 늘어나고 있다는 사실에 주목해야 한다.

전형적인 리스크 행동에서 벗어나기

리스크 고정관념은 '남성과 여성은 이렇게 행동해야 한다'는 생각에 영향을 미치며, 둘 중 어느 한쪽이 성별에 따른 전형적인 행동을 하지 않을 때 갈등을 일으킨다. 그런 갈등은 여성뿐만 아니라 남성에게도 상처를 준다. 미국의 데이터과학 컨설턴트 큐 맥컬럼Q McCallum은 자신감이 넘치고 자기 일을 매우 잘하며 자신의 아이디어를 이해시키느라 허세를 부리지도 않는다. 그는 많은 남성이 실수하면 안 된다는 생각에 너무 사로잡혀 있다고 걱정한다.

남자들은 종종 허풍을 떨며 문제에서 벗어나기 위해 말을 둘러대곤 한다. "저는 문제를 지적했다가 사람들이 저를 이방인 취급하고 무시하듯이 손사래를 쳤던 경험이 있어요. 그들은 저를 신뢰하지 않더군요. 결국 저는 '팀원'으로 인정받지 못했어요." 그는 자기 방식을 늘 악착같이 고집하던 팀원과의 일화를 언급했다. "그 팀원은 아이디어를 발표한 후 우리에게 어떻게 생각하냐고 물었어요. 저는 '전반적으로 좋은 것 같은데 이러이러한 잠재적인 리스크는 생각해봤나요?'라고 솔직하게 의견을 제시했어요. 그랬더니 분을 이기지 못하고 고래고래 소리치더군요. '당연히 생각했지요. 그런 건 문제도 되지 않아요. 그런데 왜 그렇게 생각합니까? 당신은 내가 그렇게 멍청해 보여요?'"

GPS가 없던 시절에 많은 남성들이 분명히 길을 잃고도 어디로 가야 하는지 물어보지 않았던 것처럼, 남성들은 리스크를 줄이기 위해 다른 사람에게 도움을 요청하기를 꺼리는 경향이 있다. 그로 인해 쉽게 얻을 수 있는 도움도 받지 못하는 경우가 많다. 이와는 대조적으로, 여성들은 현명한 리스크 완화 전략을 수립하기 위해 자신의 전문지식을 벗어난 모든 분야에서 외부 전문가의 조언을 구할 가능성이 남성보다 높다. 맥컬럼은 이렇게 설명한다. "여성들은 자신의 업무 능력과 지식이 충분하다는 자신감이 있어서 남의 조언을 받는 것을 절대 불안해하지 않아요."

그는 효과적인 리스크 완화 조치는 리스크 평가에서 시작하므로 리스크 평가를 제대로 하면 의도하지 않았던 부정적인 결과를 피해 갈 수 있다고 말한다. "그러니 만약 당신이 무언가 잘못될 수도 있다는 것을 인정하지 않거나 다른 사람의 의견을 듣지 않는다면, 처음부터 더 큰 리스크에 노출되어 있는 겁니다. 그리고 남녀의 리스크 접근법에 대해 말하자면, 지금까지 제가 본 가장 큰 차이는 남자들은 그저 문제가 발생하지 않을 것이라고 태연한 척 행동할 가능성이 더 크다는 거죠."

맥컬럼은 리스크 역학 관계는 지역과 산업에 따라 다소 다르다고 설명했다. 예를 들어, 유럽 남성들은 누군가가 리스크에 대한 우려를 표할 때 호언장담하고 허세를 부릴 가능성이 미국 남성보다 낮았다. 또한 보험이나 주식 거래처럼 직업상 리스크를 주로 다루는 사람들은 리스크를 인식하고 논의하는 데 더 개방적이다.

성별 고정관념 타파하기

오랫동안 남성은 '리스크 감내형'이며 여성은 '리스크 회피형'이라는 생각이 지배적이었다. 우리는 이미 리스크 회피형이라는 꼬리표가 야기하는 문제에 대해 알고 있다. 물론 위험한 행동에 관해서는 성별 차이가 분명히 존재한다. 남성은 공격성 및 자기 중심주의와 연결된 호르몬이자 리스크 행동에 영향을 미치는 호르몬인 테스토스테론 수치가 여성보다 훨씬 높기 때문인다.

남성이 여성보다 위험한 행동을 할 가능성이 높다는 증거는 음주, 흡연, 위험이 수반되는 직업 선택, 익스트림 스포츠 참여, 위험한 성적 행동 등 다방면에서 광범위하게 나타난다. 통계적으로 남성이 여성보다 자동차 사고를 더 많이 내고 음주나 마약을 한 상태에서 운전하거나 과속으로 차를 몰 가능성이 높다. 운전이나 승차 시 안전벨트를 착용하는 비율은 여성이 높으며, (적어도 영국에서는) 남성이 보행자 교통사고를 일으키는 경우가 더 많다. 일반적으로 서구 남성은 여성보다 익사하거나 약물에 중독될 가능성이 높다.

물론 이런 예시는 오해의 소지가 있다. 리스크와 성별의 관계는 그렇게 간단하지 않다. 최근 연구에서는 성과 리스크에 관한 여러 고정관념을 반박하는 증거들이 속속 드러나고 있다. 저명한 학자들은 여성이 남성보다 리스크 회피적이라는 생각에 반론을 제기하고 있다.

어떤 연구든 문맥을 파악하는 것이 중요하다. 사회심리학자인 엘케 웨버Elke Weber, 앤 르네 블레어Ann-Renée Blais, 낸시 베츠Nancy Betz는 재정·건강과 안전·오락·윤리·사회적 결정 등 5개 분야에서 남녀가 리스크 수준을 어떻게 인식하는지 평가했다. 연구 결과 남자는 여자보다 5개 평가 항목 중 4개 분야에서 리스크를 더 낮게 인식함으로써 관련 활동에 참여할 가능성이 높았다. 그러나 부모 혹은 친구들의 의견에 반대하거나 수업 시간에 이의를 제기하는 것과 같은 '사회적 결정' 분야는 예외였다.

지금도 여러 곳에서 인용되고 있는 1999년 메타 분석 보고서에서는 성별과 리스크에 관한 150편의 연구 논문을 분석했는데, 그 결과 150편 중 60퍼센트는 남성이 리스크를 더 많이 감수한다고 주장하는 반면, 40퍼센트는 여성이 리스크를 더 많이 감수하거나 아니면 둘 다 비슷하게 리스크를 감수한다는 결론을 내렸다. 그러나 보스턴 매사추세츠대학교의 경제학자 줄리 넬슨Julie Nelson은 메타 분석 보고서와 성과 리스크에 관한 다른 연구에 대해서 자료 해석과 특징을 추출하는 방법에 문제가 있다고 주장했다. 그녀는 성 고정관념을 고

착화한 사례로 논문 〈여성은 여성스러울까?Will Women Be Women?〉(베크만과 멘코프, 2008)와 〈소녀는 결국 소녀일 것이다Girls Will Be Girls〉(린퀴스트와 새브 소더버그, 2011)의 제목을 지적했다. 그녀는 2018년에 발표한 저서 《성과 리스크 감수: 경제, 증거, 답이 중요한 이유Gender and Risk-Taking: Economics, Evidence, and Why the Answer Matters》에서 "그런 제목에는 '상대적으로 리스크 회피 경향이 덜한 여성이나 소녀 집단은 여성의 본성과 비교해 다소 비정상적일 것이다'라는 추정이 명백하게 담겨 있다"라고 주장했다. 넬슨은 많은 논문들이 실제로 데이터의 통계학적 의미가 아주 미미할 때도 '여성은 리스크 회피형'이라고 암시하는 제목을 붙이는 것도 원인으로 꼽았다.

넬슨은 많은 학자들이 남녀의 리스크 태도를 평가할 때 동성 집단 내에도 편차가 있다는 사실을 무시한 채 확증 편향에 빠진다고 주장한다. 넬슨이 새로운 통계 기법을 이 기초 데이터에 적용했을 때 결과는 상당히 다르게 나타났다. 그녀의 연구에 따르면 남성과 여성의 리스크 선호도는 95퍼센트 가까이 겹친다. 즉, 남녀의 리스크 태도가 크게 다르지 않다는 것이다. "평균적인 여성과 평균적인 남성의 차이보다 같은 성별인 개인들의 차이가 더 크다"라고 넬슨은 설명했다.

그녀의 사고방식 덕분에 나는 그동안 수집했던 자료들을 달리 해석하게 됐다. 예를 들어, 제럴드 허진스Gerald Hudgens와 린다 패트킨Linda Fatkin은 1985년 연구에서 여성이 남성보다 의사 결정 시간은 더 길었지만 성공 확률이 낮은 상황이든 높은 상황이든 더 위험한 결정을 내렸다는 사실을 알아냈다. 그러나 그들은 연구 결과를 요약한 후 다음과 같이 모순된 말을 덧붙였다. "조사 대상자들이 확률을 추정하는 능력이나 리스크를 감수하는 결정에 대한 종합 점수에서 성별 사이에 큰 차이는 발견되지 않았다. (중략) 연구 결과는 남자들이 다양한 상황에서 리스크를 감수하는 경향이 더 강하다는 증거를 뒷받침한다." 이 말은 넬슨이 경고했던 문제를 정확히 보여주는 사례다.

고정관념의 대가

인지심리학자인 터리스 휴스턴Therese Huston은 2016년에 발표한 《왜 여성의 결정은 의심받을까?》에서 남성과 여성이 같은 행동을 하더라도 같은 수준의 리스크를 겪는 것이 아니라는 중요한 관점을 제시했다.

남성 위주의 직장에서 남성들은 종종 여성이 목소리를 높이면 비웃고 경멸하거나, 남성이 여성의 아이디어를 마치 자기 생각인 양 말하는 것을 의미하는 신조어 '히피팅hepeating'으로 여성의 공을 가로챈다. 이것이 여성들이 직면하는 사회적 리스크다. "만약 남자들이 회의에서 리스크를 감수하려 한다면 무언가 정말 위험한 말을 해야만 한다. 그러나 여자들은 무슨 말을 하건 말을 한 그 자체만으로도 리스크를 감수하는 게 된다"라고 휴스턴은 썼다.

그렇기에 남성과 여성이 감수하는 리스크의 차이를 측정하기란 어렵다. 사실 여성들에게는 리스크를 감수하는 행위 자체가 위험이다. 따라서 특정 리스크에 남성과 여성 모두 동일하게 반응하더라도 여성의 리스크 감내도가 더 높다고 볼 수 있다. 같은 행동이라도 그에 따르는 리스크가 더 크기 때문이다. 물론 이것은 상황이나 직업에 따라서도 달라진다.

여성들은 전형적인 성역할과는 맞지 않는 리스크를 감수할 때 더욱 가혹하게 평가받는다. 예일대학교 심리학자 빅토리아 브레스콜Victoria Brescoll과 그의 동료들은 이 사실을 연구를 통해 증명했다. 이들은 연구 참가자에게 남성 경찰서장이나 여성 여대 총장과 같이 전통적으로 성에 어울리는 역할을 하는 경우와 여성 경찰서장이나 남성 여대 총장과 같이 전통적으로 성에 어울리지 않는 역할을 하는 경우를 제시했다. 그리고 이들이 일부 사례에서는 임무를 성공적으로 수행했고, 다른 사례에서는 시위 사태가 발생했을 때 경찰력을 충분히 투입하지 않는 등 임무 수행에 실패했다고 언급했다.

브레스콜은 전통적으로 성에 어울리지 않는 직업에 종사하는 사람들이 실수하면 더 가혹하게 처벌받는다는 사실을 발견했다. 예를 들어, 참가자들은 여성 경찰서장이 실수를 했을 때 같은 실수를 한 남성 경찰서장보다 높은 수위의 징계를 내릴 확률이 높았다. 연구진들은 "참가자들은 직업 역할을 맡은 사람들이 실수하자 전통적인 성 역할에 부합하는 직업을 가진 사람보다 그렇지 않은 사람들을 덜 인정하고 그들의 능력이 더 떨어진다고 평가했다"라고 기술했다.

여성들이 리스크를 판단할 때 더 많은 변수를 고려한다는 다른 연구에 따르면, 불확실성의 한 형태인 '모호성'도 살펴봐야 하는 요소다(노란색 또는 파란색 공의 개수를 모르는 상태에서 공의 추첨 결과에 베팅하는 경우가 여기 해당한다). 이 역시도 맥락에 따라 결과가 달라지기 때문이다. 한 예로 어떤 학자들은 여성들이 투자를 할 때는 남성보다 모호성을 더 회피하지만 보험을 결정할 때는 그렇지 않다고 밝혔다.

리스크 태도와 행동의 세대 간 변화 역시 남성과 여성이 직면하는 상대적인 리스크를 변화시키는 요소다. 여성의 사회적 역할이 바뀌면서 그들이 리스크를 감수하는 성격도 변화했다.

과소평가된 자산

주식시장에서 닷컴버블이 붕괴된 이후 《포춘》은 샐리 크로첵Sallie Krawcheck을 '우리 시대에 마지막 남은 정직한 분석가'라고 평가했다. 그녀는 당시 투자 자문회사인 스탠퍼드 C. 번스타인Stanford C. Bernstein의 책임자로서 많은 분석가들에게 심각한 이해 충돌 현상을 일으킨 사업으로부터 회사를 독립시켰으며, 이후 씨티그룹의 최고재무책임자로 부임해 리스크를 경고하는 메시지를 던졌다. 그러나 은행이 경고를 무시하다가 결국 서브프라임 모기지 사태가 벌어졌고, 그녀는 고객에게 돈을 돌려줘야 한다고 주장했다. 하지만 그녀는 남성의 보루인 월스트리트의 규율을 위협한 대가를 톡톡히 치렀다. 2017년 자신의 저서 《오운 잇Own It》에서 그녀는 이렇게 회상했다. "저는 그들의 의견과 다르다는 이유로, 다수의 의견에 반대한다는 이유로, 목소리를 높였다는 이유로, 감히 자신들의 비위에 거슬린다는 이유로 해고를 당했어요. 리스크를 찾아내고, 회사의 단기 이익보다는 장기 이익을 우선시하며, 고객 관계를 중시한다는 이유로 해고를 당한 겁니다."

그 일로 그녀는 한 가지 깨달음을 얻었다. 그녀를 해고로 이끈 특성이야말로 회사에 힘과 경쟁력을 보탤 수 있는 여성들의 자산인데 과소평가되고 있다는 사실이었다. "저는 각 개인이 기여하는 장점들을 인식하고 그런 강점을 발휘할 수 있게 하는 것이 모든 직원을 똑같이 행동하도록 교육하는 것보다 더 성공적인 인사 전략이라고 믿게 됐어요. (중략) 또 직장에서 여성이 있는 그대로 행동하고 장점을 한층 더 발휘할 수 있게 해주는 것이 그것을 무시하는 것보다 효과적이라는 사실도요."

크로첵은 디지털 투자 플랫폼인 엘레베스트Ellevest를 설립하고 자매 회사로 네트워킹 플랫폼인 엘레베이트Ellevate를 인수했다. 그녀는 이 플랫폼을 활용해 여성이 리스크 고정관념을 충족시키지 못해서 대가를 치르는 일이 없도록 돕고 있다. 크로첵은 리스크 관계에서 여성들의 강점을 6가지로 설명한다. '건전한 리스크 인식, 사물을 전체적으로 볼 수 있는 능력(복잡성을 관리하는 능력), 관계 집중, 장기적 관점, 학습 선호, 영향력과 의미 추구' 등이다. 크로첵의 말이 옳다. 우리에게 주어진 도전 과제는 성별 리스크 고정관념의 벽을 넘어 여성의 잠재력을 파악하고 그것을 발휘할 수 있도록 돕는 것이다.

성별과 금융

여성의 금융 리스크 결정은 때로는 재무 상담사들의 마케팅 방법과 관련이 있을 수 있다. 이는 리스크 고정관념이 강화된 예다. 재무 상담사들은 여성에게는 남성에게 제시하는 것보다 덜 위험한 투자 대안을 추천하는 편이다. 엘레베스트처럼 여성을 대상으로 마케팅하는 금융기관이 증가하면 이와 같은 현상은 바뀔 것이다.

2003년 한 연구에서는 남성이 운용하는 펀드와 여성이 운용하는 펀드를 투자 성과, 리스크, 기타 특성 측면에서 평가한 결과 별 차이가 없는 것으로 나타났다. 연구진은 연구 대상자들의 교육 수준이 비슷했다는 사실을 지적하고, 따라서 투자 행동의 차이는 성별 대신 제한된 자산과 금융 지식의 차이 때문에 발생할 수 있다는 이론을 제시했다.

2002년 페기 드와이어Peggy Dwyer, 제임스 길키슨James Gilkeson, 존 리스트John List 역시 거의 2,000명의 뮤추얼 펀드 투자자들을 대상으로 실시한 연구에서 금융시장과 투자에 대한 지식이 성별 간 투자 결정의 차이를 발생시키는 핵심 요소라는 것을 발견했다. 한편 투자 경험이 부족한 남성과 여성을 비교하면 교육과 지식은 대단히 흥미로운 방식으로 성별 차이를 드러낸다. 투자 초보자의 경우 남성이 여성보다 위험한 투자를 할 가능성이 높은 것이다. 그러나 그들이 투자 전문가라면 그 격차는 사라진다. 다시 말해 남자들은 '허세를 부리는 데' 더 익숙하다는 이야기다.

미국 통화관리국의 아제이 팔비아Ajay Palvia와 핀란드 금융학자 에밀리아 바하마Emilia Vähämaa 그리고 사미 바하마Sami Vähämaa는 2007년부터 2010년까지 약 7,000개의 미국 상업은행을 대상으로 실행한 연구를 통해 여성 CEO가 운영하는 은행은 자기자본비율이 더 높고 부도 확률은 더 낮을 것이라는 가설을 검증했다. 은행 자산의 질, 성장률, 규모, 지역 경제 상황, 기타 변수들이 일정하다고 가정하면, 여성 CEO가 주도하는 은행이 오히려 더 보수적인 경영을 하는 것으로 나타났다. 더군다나 여성이 CEO나 이사회 의장을 맡고 있는 소규모 은행이 금융위기 당시 파산 가능성이 낮았다는 유력한 증거를 발견했는데, 이는 외부 충격을 흡수할 수 있는 여력이 부족하고 엄격한 시장과 규제 감독의 감시를 덜 받는 소규모 은행이 살아남으려면 보수주의적 경영이 더욱 중요하다는 것을 시사한다.

그들은 자신들의 연구 결과가 자기 선택 편향에 영향을 받았을 수도 있다며, 당시처럼 위기 문화가 팽배하지 않은 시기에 내린 결정들은 차이가 날 수 있다고 경고했다. 그렇지만 그들의 분석은 생각해볼 만하다. 때로는 리스크를 최소화하는 선택이 올바른 결정임에도 그것을 '리스크 회피'와 동일시하는 경우가 너무나 많다. 이 연구에 등장하는 보수적인 결정 사례들은 리스크를 적절하게 판단한 것이지 리스크 회피 편향을 의미하지는 않는다.

금융위기는 때에 따라서는 과하다 싶을 정도로 조심하는 것이 지혜이며 적절한 행동이라는 사실을 다시금 깨닫게 했다. 2009년 금융위기 한가운데서 크리스토퍼 콜드웰Christopher Caldwell은 《타임》에 다음과 같은 글을 기고했다. "남자답다는 말이 리스크에 대한 주의력이 부족하다는 것과 동의어가 됐다." 이런 현상이 얼마나 오래 지속될지, 아니면 이미 사라진 것인지는 아직 두고 볼 일이다. 그러나 금융위기 이후 기록적인 강세 시장에서 느슨한 통화 정책이 지속되자 사람들은 또 다시 조심하는 법을 잊어버렸다.

타인의 판단을 어떻게 받아들이는가

타인이 가지고 있는 '나'에 대한 잘못된 인식과 실제 현실이 다름을 인지하지 못하는 사람들은 고정관념에 상처를 받을 수 있다. 우리는 우리가 리스크를 어떻게 생각하는지 판단하는 타인의 시선에서 벗어날 수 없다. 심리학자들은 자기가 속한 집단에 대한 부정적인 고정관념을 스스로 타당하다고 확증하게 되는 상황을 '고정관념의 위협'이라고 부른다.

몇몇 연구에 따르면 리스크 회피와 관련된 성 고정관념이 일부 여성들이 실제로 리스크를 더 회피하도록 만들 수 있다고 한다. 스탠퍼드대학교의 프리얀카 B. 카Priyanka B. Carr와 컬럼비아대학교의 클로드 M. 스틸Claude M. Steele은 연구를 통해 고정관념이 행동에 영향을 미칠 수 있다는 사실을 발견했다. 그들은 부정적인 고정관념 반응을 일으킬 것으로 예상되는 단서(예를 들어, 여성들에게 주로 남성이 더 잘한다고 인식되는 수학과 논리 능력 시험을 치르겠다고 말하는 것)와 퀴즈 풀기처럼 고정관념 중립적인 단서를 만들어 실험 참가자들의 리스크 선호도를 알아봤다. 그 결과 고정관념 단서에 노출된 사람들이 리스크와 손실을 더 많이 회피하는 것으로 나타났다. 연구진은 고정관념 단서가 자기 방어 의식을 낮춰 실험 참가자들이 직관에 더 의존하도록 만든다는 이론을 세웠다. 이는 불행하게도 우리의 의사 결정에 상당한 영향을 미친다.

남자들은 남성다움이 위협받고 있다고 느낄 때 현명하지 못한 리스크 결정을 내릴 수도 있다. 어떤 연구에서는 남자들을 두 그룹으로 나눠 한쪽은 전기 드릴을 쥐고 있으라고 하고 다른 한쪽은 꽃향기가 나는 핸드 크림을 바르게 한 뒤 주사위 도박을 시켰는데, 핸드크림을 바른 그룹이 전기 드릴 그룹보다 훨씬 큰 리스크를 감수했다. 반대로 남자들이 여자와 함께 있을 때는 자신의 리스크 감수 성향을 누그러뜨리기도 한다. 연구진은 남자들이 여자가 차에 함께 타고 있을 때 차를 천천히 몰며 앞차와의 거리를 더 많이 두는 등 보수적으로 운전한다는 것을 알아냈다.

문화에 따른 성별 차이

아주대학교의 경영학자 김도영 교수와 박준수 연구원은 리스크 인식 및 반응에 관한 한국인과 호주인의 차이를 연구했다. 그들은 실험 참가자들에게 익스트림 스포츠에서부터 불법 약물 복용, 도둑질, 도박, 음주 운전에 이르기까지 다양한 행동들이 얼마나 위험하다고 생각하는지 순위를 매겨달라고 부탁했다. 그들은 또한 사업, 개인 경력, 인간관계와 관련된 시나리오를 제시했다.

'크로커다일 던디Crocodile Dundee(호주인의 개척자 이미지를 상징하는 말로, 동명의 영화에서 비롯됐다 - 옮긴이 주)'라는 고정관념이 있는 호주인과 비교적 내성적인 한국인의 문화를 비교했을 때, 호주인들이 한국인에 비해 전반적으로 더 큰 리스크를 편안하게 생각한다는 결과는 크게 놀랍지 않다. 하지만 연구진이 개인 결정과 집단 결정을 비교하자 결과가 상당히 흥미로웠다. 한국인은 집단 구성원이 남자, 여자, 혹은 남녀 혼성인 것과 관계없이 혼자 있을 때보다 집단일 때 리스크를 감수하려는 의지가 강했다. 반면 호주인들은 남성만이 혼자보다 집단으로 있을 때 리스크 선호도가 증가했다. 호주 여성은 집단으로 있든 혼자 있든 리스크 선호도에 아무런 차이가 없었다.

한국인과 호주인의 리스크 선호도 차이가 발생하는 원인이 무엇일까? 이는 리스크 인식에 관한 사회 규칙이 다르기 때문이다. 예를 들어, 호주에서는 한국보다 어린 나이에 위험한 활동에 참여할 수 있도록 허용한다. 호주인들은 16세가 되면 운전면허증을 딸 수 있으며 음주와 흡연은 18세부터 가능하다.

연구진은 차이가 발생하는 원인을 서구의 개인주의 태도와 아시아의 집단주의 가치관에서 찾았다. 서양의 인간관계는 독립적인 반면, 아시아 문화는 관계의 상호 의존성을 강조한다. 개인주의 문화에서는 의견 표출을 자신의 정체성을 확립하고 반영하는 중요한 수단으로 인식한다. 하지만 집단주의 문화에서는 집단의 결속을 유지하고 집단의 결정을 따르기 위해 다른 사람들의 의견에 주의를 기울이는 것을 더 중요하게 생각한다. 집단주의 문화에서는 개인주의 문화에서보다 집단의 결정이 우수하다고 믿을 가능성이 높다. 따라서, 한국인은 남녀 모두 의사 결정의 근거로 집단주의 규범과 상호 의존적 관계를 성별 차이보다 중요하게 생각한다고 볼 수 있다.

대조적으로 개인주의 문화에서는 소위 '전형적인 남성'은 집단에 있을 때 소속감과 자존감을 얻고, 개인보다 집단으로 있을 때 자신감이 커지며 더 큰 리스크를 감수한다. 하지만 '전형적인 여성'의 태도는 보통 집단에서 더 강화된다고 보는 리스크 감수 행동을 평가절하하게 만든다. 다시 말해 개인주의 문화에서 사람들이 집단으로 모여 있으면 남성들은 더욱 전형적인 남성처럼 행동하고, 여성은 더욱 전형적인 여성처럼 행동하는 것이다.

성별 리스크 고정관념이 없는 세상

만약 우리가 성별 리스크 고정관념이 어떤 피해를 초래하는지 주의를 기울이고 고정관념을 없애버리면 세상은 어떻게 달라질까? 시어즈의 이야기에서 봤듯이, 아이러니하게도 여성과 관련된 산업으로 인식되는 돌봄 산업에서조차 초기 투자를 유치하려면 남성이 필요했다. 사실, 전형적인 여성 관련 산업인 패션이나 뷰티 분야 기업을 살펴봐도 캘빈 클라인, 조르지오 아르마니, 폴 미첼, 비달 사순 등 유명 브랜드명은 대부분 남자 이름이다. 나는 이 현상이 발생하는 원인이 설립자들의 리스크 감수 능력보다는 설립자에 대한 투자자들의 리스크 감수 의지 때문이라는 것을 직감했다. 이는 리스크와 특권의 연계를 더 강화시킨다.

이사회와 투자자들은 남성들이 나서기 두려워하는 상황에서만 여성에 대한 리스크를 감수하는 편이다. 여성이 리스크를 회피한다는 고정관념에도 불구하고 매우 심각한 위기에 처한 기업들은 여성을 CEO로 임명했으며, 당사자는 차후 경력에 악영향을 미칠 수 있는 큰 위험을 떠안아야 했다. 이런 현상이 너무 빈번하게 발생하는 바람에 이를 가리키는 고유 명칭까지 생겼다. 조직 심리학자인 미셸 K. 라이언Michelle K. Ryan과 알렉산더 하슬람Alexander Haslam은 여성이나 소수 인종 CEO에게 이처럼 불안정한 일자리가 주어지는 현상을 설명하기 위해 '유리 절벽glass cliff'이라는 용어를 만들었다.

IBM의 지니 로메티, GM의 메리 배라, 휴렛팩커드의 칼리 피오리

나와 멕 휘트먼, 야후의 마리사 메이어를 생각해보라. 이들은 모두 절체절명의 위기에 몰린 회사를 구하기 위해 힘겹고 불가능해 보이는 상황에서 CEO로 영입됐다.

때로는 권위주의 정권의 위기에서 나라를 구하기 위해 여성 정치인이 선출되기도 한다. 필리핀의 코라손 아키노, 니카라과의 비올레타 차모로, 칠레의 미첼 바첼레트가 여기에 해당한다. 테리사 메이는 어떤 좋은 결과도 기대할 수 없는 정치적 난제인 브렉시트 상황에서 영국 총리직을 맡았으며, 결국 맹비난을 받았다. 빅토리아 브레스콜의 연구에서 본 것처럼 기존 성역할에 맞지 않는 직업을 가진 여성이 실패하면 남성보다 더 가혹한 처벌을 받는다. 그러므로 이들이 떠맡은 리스크는 훨씬 복잡하고 어려운 문제다.

이 같은 상황을 해결할 방법은 무엇일까? 우선, 사람들이 지도자 위치에 있는 여성에게 익숙해질 수 있게 성별 고정관념을 버려야 한다. 그렇게 하면 여성 특유의 강점이 기업과 정책 리더십 역할에 반영되어 기업과 국가가 유리 절벽 상황까지 내몰릴 가능성이 줄어들 것이다. 줄리 넬슨은 "이사회실이나 세미나실, 협상 테이블에 여성이 남성과 동등한 자격으로 참석하면 매우 다른 분위기를 만들 수 있다"며 이렇게 주장했다. "금융·경제·정책 결정이 남성의 영역이라는 고정관념을 버린다면, 일방적이고 전형적인 남성적 규범이 최고라는 가정도 사라질 것이다. 그러면 모든 사람이 현실 문제를 올바로 인식하고 해결책을 찾기 위해 몰두할 것이다."

리스크 분별력: 감정과 이성의 균형을 맞춰 무모하지도 지나치게 조심스럽지도 않은 현명한 예방책을 마련함으로써 리스크와 기회를 합리적으로 인식하고 평가하는 능력

성별 리스크 고정관념을 버린다면 문제가 많았던 '리스크 회피'라는 개념 대신 '리스크 분별력'에 초점을 맞출 수 있다. 리스크 분별력이란 감정과 이성의 균형을 맞춰 현명한 예방책을 마련함으로써 리스크와 기회를 합리적으로 인식하고 평가하는 능력이다. 우리는 지금까지 리스크와 관련된 잘못된 고정관념 때문에 발생하는 많은 문제들을 살펴봤다. 리스크 고정관념이 아닌 리스크 공감으로 무장할 때 현실을 분명하게 이해하고 갈등을 해결할 수 있을 것이다. 더불어 다른 사람의 관점을 배움으로써 발전하는 기회도 얻을 수 있다. 이제 전 세계가 리스크와 기회를 어떻게 인식하고 반응하는지 살펴보자.

07

Geographies of Risk

지역·문화별로 다른 리스크 지형

코로나19 팬데믹은 각국의 리스크 대응 방식이 다르다는 사실을 명확하게 보여줬다. 얼마나 미리 위험에 대비했는지, 위험 가능성이 현실이 됐을 때 이를 어느 정도로 심각하게 받아들였는지, 또 얼마나 신속하고 적극적으로 행동에 나섰는지 등 나라마다 반응이 달랐다. 그 이유가 무엇일까? 그리고 역사·문화적 배경, 정치 시스템, 인구통계 및 지리적 현실이 매우 다른 국가뿐만 아니라 같은 국가 내에서도 이러한 차이가 발생한 원인은 무엇일까?

모든 나라가 같은 상황에 있는 것은 아니기에 감염률이나 사망률과 대응책 사이의 상관관계를 정확하게 판단하기는 쉽지 않다. 하지만 대응 속도에는 차이가 있었다. 나라마다 얼마나 빨리, 얼마나 공격적으로 대응했는지는 국민과 정책 결정자들의 리스크 민감도 등으로 이루어진 국가의 리스크 지문에 따라 달랐으며, 인구통계학적 특징, 인구 밀도, 의료 시스템의 강점과 국민 건강, 최근 경험 등 각 나라가 처한 환경의 위험 요인에 의해서도 달라졌다. 위험 요인에는 국민의 책임감 있는 행동, 타인의 위험에 대한 관심, 자신의 영향력 자각 등 문화적 영향력이 포함된다. 리스크 문화는 같은 나라 안에서도 달랐으며, 특히 도시와 지방 사이에서 차이가 더욱 컸다.

많은 관측자들은 전 세계에서 가장 효과적이었던 코로나 대응 정책 중 다수가 여성 지도자들에 의해 이루어졌다는 사실에 주목했다. 앞 장에서 봤듯이, 여성들은 리스크를 잘 인식하고 위기 상황에서 훌륭한 결정을 내리는 편이다. 여기서 '달걀이 먼저냐 닭이 먼저냐' 하는 논쟁이 벌어질 수도 있다. 여성 지도자를 선택한 나라 역시 리스크를 잘 이해하며 새로운 접근 방식에 개방적이었을 가능성이 있기 때문이다.

산나 마린 총리와 4명의 여성 정당 연합이 이끄는 핀란드는 인구 100만 명당 사망자 수가 남성 총리가 이끄는 이웃 나라 스웨덴의 10퍼센트도 되지 않았다. 가장 처음으로 코로나 바이러스를 근절한 뉴질랜드에서는 젊은 여성 지도자인 저신다 아던이 신속한 대응으로 대중의 찬사를 받았다. 뉴질랜드는 2020년 3월 14일 모든 외국인 입국자들을 2주간 격리 조치했으며, 사망자가 하나도 나오지 않고 확진자가 150명도 안 되는 상태에서 엄격한 국경 봉쇄 조치를 시행했다. 뉴질랜드 국민의 정부 신뢰도는 80퍼센트를 웃돈다. 이는 미국에서는 들어본 적도 없는 수치다.

물론 신뢰에는 장단점이 있다. 국민이 정부를 신뢰하면, 리스크 경고 메시지를 더 효과적으로 전달할 수 있다. 그러나 정부를 지나치게 신뢰하면 국민은 위험을 과소평가하고 자신의 역할을 제대로 하지 않을 수도 있다. 싱가포르국립대학교 리스크공공이해연구소 Institute for the Public Understanding of Risk의 캐서린 메이 링 웡Catherine Mei Ling Wong과 올리비아 젠슨Olivia Jensen은 코로나가 빠르게 확산되던 2020년 1월부터 4월까지 진행한 연구를 통해 이런 현상을 밝혀냈다. 2014년 '세계 가치 조사'에서 발표한 싱가포르 국민들의 정부 신뢰도는 국민의 24퍼센트가 '정부를 전적으로 신뢰한다'고 대답할 정도로 다른 고소득 국가보다 훨씬 높았다. 다른 나라의 경우를 살펴보면 한국은 5.8퍼센트, 독일은 5.5퍼센트, 미국은 겨우 3.7퍼센트였다. 2003년 사스SARS의 발발이 아직 기억 속에서 사라지지 않은 가운데, 싱가포르 정부는 새로운 전염병 위협에 '방어적 비관론'으로 신속하게 대처했다.

웡과 젠슨은 "정부는 국민들이 알아서 적절한 행동을 하길 기대하고 코로나를 과소평가하기보다는 위험의 심각성을 일관되게 강조했다"면서 다음과 같이 썼다. "하지만 대중들이 국가 지침을 준수하는지 여부는 가변적이었기 때문에 정부는 통제를 점진적으로 강화해야만 했다." 싱가포르 정부가 바이러스 차단을 위한 일련의 단기 봉쇄 정책을 발표한 지 사흘 만에 사회적 거리 두기 위반 건수는 훈방 1만 건, 경고 3,100건, 벌금 40건에 달했다. 이 같은 사태가 발생한 이유는 한편으로는 사람들이 사회적 거리 두기를 얼마나 해야 충분한지 확실히 알지 못해서였고 또 다른 한편으로는 공공장소가 사람들이 안전 거리를 유지할 만큼 넓지 않았기 때문이다. 그러나 윙과 젠슨이 포커스 그룹(시장 및 여론조사 시 각 계층을 대표하는 소수의 사람들 - 옮긴이 주)과 소셜미디어를 분석한 결과, 많은 이들이 정부가 모든 것을 잘 관리하고 있으니 개인이 해야 할 일이 적다고 생각해서 위험 정도를 실제보다 낮게 인식하고 있었다.

신뢰는 스웨덴에서도 역효과를 가져왔다. 스웨덴의 정책이 완전히 실패한 것은 아니지만, 이들은 국민이 사회적 거리 두기나 다른 규칙을 잘 지킬 것이라고 믿고 다소 자유방임적인 정책을 실시하다가 역풍을 맞았다. 아시아 국가에서는 대체로 공공의 안전을 위해 마스크를 착용하는 것이 중요하다고 인정했는데, 이는 집단주의 문화의 영향이기도 하며 과거 사스 사태의 기억이 남아 있어 마스크 착용을 자연스럽게 받아들인 것이라고 볼 수도 있다. 미국에서는 끔찍하게도 많은 사람들이 마스크 착용 문제를 저항의 상징으로 받아들였다. 하지만 아시아 사람들은 마스크가 스모그, 오염, 알레르기로부터 몸을 보호하는 효과가 있다는 사실을 알고 있었다.

평소 경고 신호에 주의를 기울인 국가들은 팬데믹에 더 잘 대응하는 모습을 보였다. 뉴질랜드가 그토록 민첩하게 단호한 조치를 취할 수 있었던 것은 어쩌면 팬데믹이 발생하기 불과 몇 달 전 뉴질랜드의 세계 보건 안전 지수Global Health Security Index(전염병 준비 수준)가 100점 만점에 54점으로 전 세계 35위에 머문 것을 일종의 경고로 받아들였기 때문일지도 모른다.

다른 나라에서도 비슷한 변화가 일어났을 가능성이 있다. 전염병 전문 내과 의사인 케렌 랜드만Keren Landman은 《엘리멘탈Elemental》에서 한국의 대응에 대해 이렇게 설명했다. "일부에서는 한국이 비교적 성공적으로 코로나에 대응한 것은 운이 좋았기 때문이라고 주장한다. 그러나 한국에서는 바이러스성 폐렴에 대한 응급 조치 모의 훈련을 마친 후 채 한 달이 안 됐을 때 첫 코로나19 확진자가 나왔다. 한국의 성공이 행운에 기인한다면, 행운이란 대부분 준비된 자에게 찾아온다는 교훈을 되새길 필요가 있다." 이처럼 '만약'이 아니라 '언제' 발생할지가 관건인 위협에 준비가 됐는지는 나라마다 다르다.

국가의 리스크 지문을 개인의 리스크 지문과 마찬가지로 생각해 보면, 역사와 경험이 한데 어우러진 문화·사회·경제적 차원에서의 리스크 민감도, 태도, 행동을 종합한 것으로 정의할 수 있다. 국가의 리스크 지문이 개인의 리스크 지문을 형성하듯이 개인의 리스크 지문도 합쳐져 국가의 리스크 지문에 영향을 미치며, 양쪽 다 시간이 흐르면서 변화한다. 한 국가가 자연재해로 인한 피해를 빠르게 복구하는지, 팬데믹을 잘 대응하고 극복하는지, 리스크 생태계가 기업을 얼마나 잘 육성하는지, 금융위기와 경제적 리스크에 얼마나 취약한지 등 국가와 문화별로 다른 리스크 지문은 국가 경제에도 엄청난 영향을 미친다.

따라서 각국의 리스크 지문을 이해하는 것은 일상생활에서 리스크 지문의 영향을 받는 국민, 정책 결정자, 외교관, 그곳에서 활동하거나 거래관계가 있는 기업에 대단히 중요하다. 국가의 리스크 지문을 파악하고 있으면 리스크 지문이 달라서 발생하는 잠재적 갈등을 방지하거나 효과적으로 해결할 수 있다.

모르는 게 약일까?

나라마다 문화와 경험이 다르므로 좋든 나쁘든 리스크 지문에는 차이가 발생한다. 글로벌 여론조사 기관인 입소스 모리Ipsos MORI는 '인식의 위험'에 관한 연구에서 범죄·폭력·섹스·기후 변화·경제·운송 등 주요 이슈에 대한 국제적 인식과 응답자가 예측치를 확신하는 정도를 비교했다. 매년 30개국 이상에서 수천 명이 다양한 질문에 답변했는데, 응답자들의 예측치와 경험적 증거 사이에는 종종 커다란 괴리가 있었다.

대부분 국가에서는 자기 나라의 이민자 비율이 실제로는 12퍼센트인데 28퍼센트라고 추정하는 등 이민자의 비율을 평균 2배 이상 과대평가하는 경향이 있었다. 이민자 비율을 실제보다 높게 추측한 국가들은 대부분 이민자의 증가를 두려워하는 국가들이었다. 영국에서는 응답자의 71퍼센트가 살인 도구로 가장 많이 사용되는 것을 칼이라고 꼽았지만, 사실상 칼이 사용된 살인 사건의 비율은 25퍼센트에 불과했다. 아이러니하게도 남아프리카공화국에서는 살인 사건에서 총이 가장 많이 사용된다고 답했지만 실제로 가장 많이 사용되는 것은 칼이었다. 미국과 콜롬비아에서는 살인 도구로 대부분 총이 사용되었지만 정작 국민들은 총기 사용 비율을 과소평가했다. 이 국가들이 총기 사망 사고를 줄일 수 없는 이유를 부분적으로나마 설명해주는 결과다.

홍콩, 뉴질랜드, 스웨덴의 응답자들이 다양한 이슈를 가장 정확하게 예측했으며 태국, 멕시코, 터키 응답자들의 경우 예측력이 떨어졌다. 한편 국경을 초월해 나타나는 공통적인 오해도 있다. 예를 들어, 2020년 보고서에 따르면 연구에 참여한 32개국 국민 모두가 암과 심장병으로 인한 사망자 수를 과소평가했다. 반대로 살인, 교통사고, 자살, 약물남용 등에 의한 사망자 규모는 여러 나라에서 과대평가하고 있었다.

언론의 주목을 많이 받는 자극적인 범죄나 사고는 자연스럽게 대중의 관심을 끌고, 그럴수록 사람들은 이러한 사고가 공식적 통계보다 더 많이 발생하는 것으로 인식하게 된다. 하지만 뉴스 헤드라인에 나왔다고 해서 무조건 사건 발생 가능성을 과대평가하는 것은 아니다. 여성에 대한 성희롱이 얼마나 흔하게 발생하는지는 여전히 과소평가되고 있다. 2008년 금융위기 이후 많은 사람들이 다른 나라보다 자국의 실업률을 과대평가하고 경제 규모는 과소평가해왔다. 또한 기후 변화와 재생 에너지에 대해서는 그 중요성을 간과하여 오랫동안 안주하기만 했다. 코로나19 팬데믹은 이런 인식을 확실히 바꿀 것이다.

리스크 문제에 대한 사람들의 인식이 얼마나 다양한지 알 수 있는 또 다른 연구 결과가 있다. 2017년 퓨 글로벌 태도 조사Pew Global Attitudes Survey에서는 기후 변화를 주요 위협으로 인식하는 국민의 비율이 스페인은 89퍼센트인 반면 이스라엘은 38퍼센트에 불과하다고 밝혔다. 세계 경제를 최고의 걱정거리로 인식하는 경우는 그리스가 88퍼센트, 한국은 77퍼센트인데 비해 미국은 37퍼센트, 스웨덴은 20퍼센트였다.

2019년 PwC의 글로벌 CEO 설문 조사를 보면 CEO들의 리스크 태도가 지역별로 다르다는 사실을 알 수 있다. 특히 인공지능과 신기술이 일자리에 미치는 영향, 다양한 위협에 대한 우려, 세계 경제 성장에 거는 기대의 변화 등에서 더욱 차이가 났다. 2018년 조사 결과에 따르면 CEO들의 리스크 민감도는 전반적으로 아시아 지역이 서구 지역보다 높은 것으로 나타났다. 이는 2017년 조사 결과와 일치한다. 2017년 조사에서는 300명이 넘는 세계의 인공지능 전문가들에게 기계가 인간보다 사실상 모든 작업을 더 잘 수행할 수 있는 시대가 오기까기 얼마나 걸리리라 예상하는지를 물었다. 아시아 전문가들은 평균 31년(2048년)을, 북미 전문가들은 74년(2091년)을 예측했다.

다른 연구에서도 유사한 결과가 나왔다. 2012년 도쿄, 베이징, 서울 세 도시의 시민을 대상으로 재난의 가능성과 규모에 대한 인식 차이를 조사했는데, 재난 인식의 정도를 1에서 5로 표시했을 때 응답자들의 평균치가 2.5를 웃돌아 세 도시의 응답자 모두 재난을 상당히 우려하는 것으로 나타났다. 그중 서울 시민들이 재난을 가장 우려했으며 그 뒤를 도쿄, 베이징이 따랐다. 도쿄 사람들에게는 지진과 방사능 오염 문제가 가장 큰 우려였다. 이는 일본 사회를 뒤흔든 2011년 후쿠시마 지진, 쓰나미와 핵발전소 위기로 인한 환경오염과 성인병 문제를 생각하면 이해할 만하다. 이 연구를 주도한 사회학자 한상진 교수는 "일본은 삼중 재난 이전에도 환경 위험과 자연재해에 매우 민감했다"라고 지적했다. 베이징의 응답자들은 식품 오염, 환경, 공해, 경제적 불균형, 건강 리스크를 가장 많이 걱정했으며, 서울의 응답자들은 부패, 경제, 소득 양극화, 공해, 폭력에 가장 높은 우려를 나타냈다.

리스크 변동과 중요성

리스크 인식과 그 정확도가 국가마다 크게 차이가 나는 이유가 무엇일까? 유럽인이 미국인보다 기후 변화 문제에서 과학자들을 더 중요시하는 이유는 무엇일까? 아시아 국가들이 서구 국가보다 기술 변화에 신경을 쓰는 이유는 무엇일까? 개인의 성격 특성과 그가 소속한 집단이 리스크 태도에 영향을 미치듯이, 국적과 문화를 공유하는 사람들의 리스크 태도를 결정하는 것은 더 광범위한 요인들이다. 이런 차이점들은 인적 자원에서부터 글로벌 전략, 현지 전략, 제품 디자인, 마케팅, 파트너십, 합병, 정책, 정부 관계 등 모든 측면에서 중요하다.

미디어, 공개 토론, 사회 운동, 정치 등은 개인적인 리스크 경험과 결합해 리스크 태도에 영향을 미친다. 한상진 교수는 리스크의 정의는 지식에 따라 달라진다며 다음과 같이 썼다. "사람들의 지식수준이 높아지면 리스크 인식이 변화하고 숨겨진 내재적 리스크를 인식할 수 있게 된다. 또한 문화가 변하면 지금까지 인식하지 못했던 리스크에 민감하게 반응하게 된다." 학자들은 문화가 리스크 인식과 의사 결정에 얼마나 중요한 역할을 하는지 증명했다. 사회 조직 학자로 구성된 연구 팀은 1997년 리스크 인식의 문화적 차이에 관한 연구에서 미국, 네덜란드, 홍콩, 대만 학생들과 증권 분석가들을 대상으로 상이한 리스크 수준의 금융 도박을 하도록 했는데, 참가자들의 직업이나 소득 수준보다 문화적 배경이 그들의 리스크 인식에 더 큰 영향을 미친 것으로 드러났다.

문화는 구성원들이 가치를 공유하고 추론하며 그것이 반영된 선택을 하게 함으로써 리스크 민감도와 태도에 영향을 미치며, 나아가 정부와 공동체 제도의 형태도 결정한다. 그 과정에서 리스크 행동의 자기 강화 주기가 형성된다. 국가 혹은 기업은 그 주기를 거치면서 선택한 결정에 영향을 받아 성공하기도 하고 실패하기도 한다. 문화는 서로 다른 사회에 속한 사람들이 특정한 문제에 관심을 두고 적극적으로 행동하는 이유를 보여준다.

지리적 여건은 공격에 대한 취약성, 자원 부족, 무역의 용이성, 고립, 심지어 기온 등 국가가 직면하는 리스크의 종류를 결정한다. 예를 들어 육지로 둘러싸인 나라와 바다를 끼고 있는 나라는 산악 지대 혹은 평지에 있는 나라와 매우 다른 리스크 선택을 할 것이다.

오랜 역사를 거치며 많은 국가들이 세계적 사건에 대응하는 법과 자신들만의 경제체제 및 주요 산업을 만드는 방식을 확립했다. 학술 발표차 시카고를 방문했을 때 만난 독일 정책 분석가 얀 테쇼 Jan Techau는 내게 한 예를 들어줬다. "제2차 세계대전으로 독일은 자신들이 역사에서 좋은 모습을 보여줄 수 있다는 기대감을 상실했어요. 우리의 첫 번째 질문은 언제나 '다시 실패할 수도 있는가?'입니다. 독일은 절대 실패하지 않으려고 노력합니다. 도덕적 실패라는 리스크 부담을 지는 것조차 피합니다." 그는 이것이 바로 독일이 2011년 리비아 내전에 군사적 개입을 하지 않았던 이유라고 본다. "우리는 좋은 일을 한다는 자신감이 없으므로 항상 도덕적 투명성을 우선시합니다. 그러나 외교정책에서 도덕적 투명성을 추구하는 것은 매우 어려운 일이지요. 그 결과 독일은 대부분 대외정책에서 소극적인 태도를 보입니다. 자신감의 부족이 리스크 회피로 이어지는 겁니다."

이러한 관점이 독일 문화의 여러 측면으로 확대되면서 독일 경제에도 영향을 미쳤다. "자신감이 부족한 독일인들은 리스크를 큰 위협으로 간주해 감수하려 하지 않습니다"라며 테쇼는 이렇게 말했다. "독일의 엔지니어링과 건설 사업 부문을 매우 신뢰할 수 있는 이유가 여기에 있답니다. 독일인들은 제품을 만들 때 확실성을 추구합니다. 조그마한 독일 회사가 주사기 시장에서 세계적인 선두주자로 우뚝 서게 된 것도 이 때문이죠. 그 회사는 핵심 제품의 모든 약점을 공학 기술로 극복하면서 세계 시장 점유율을 80퍼센트까지 높였습니다. 다시 말해 독일은 가능한 한 리스크에서 벗어나고 최대한 예측 가능한 세상을 건설하기 위해 힘써왔습니다."

예측 불가능성은 중동 사람들의 투자 결정에도 큰 영향을 미쳤다. 레바논계 미국인 투자 관리자인 사미 J. 카람은 고객들이 투자를 결정할 때 불안정한 정치 상황이나 다른 요인들의 영향을 많이 받는다는 사실을 확인했다. "레바논의 중상류층은 주식 투자를 좋아하지 않아요. 그들은 주식 투자가 위험하다고 생각합니다. 부동산이나 금처럼 확실한 것을 선호해요"라고 그는 말했다. 국가별로도 투자 선호도가 달랐다. 프랑스인들은 중동인들과 비슷하게 부동산이나 채권을 선호했다. 이들의 마음속에는 과도한 낙관론에 대한 회의가 뿌리 깊게 자리 잡고 있었다. 카람은 주식 매수자 즉, 공격적인 낙관론자들은 거의 미국인이나 북유럽인이었고, 주식 매도자 즉, 비관주의자들은 거의 모두 외국 태생이라는 것을 알아차렸다.

카람은 시장에서 한 개인의 위험 감내도는 자신과 부모의 인생 경험과 일정 부분 관련이 있다고 말했다. "레바논에서 성장한 우리 세대는 1960년대와 1970년대 초 경제호황 시절에 경제적으로 탄탄한 중상류층으로 생활했어요. 그런데 1975년 내전이 시작되자 삶의 기반이 무너져 내렸어요. 많은 사람이 집에서 쫓겨나고 사랑하는 사람들을 잃었습니다. 어떤 사람들은 망명을 선택했고 어떤 사람들은 고국에 남아 있었어요. '중동의 파리'라고 불리던 레바논은 죽음과 파괴의 장소로 변했습니다. 이런 일들을 겪으면서 우리는 아무리 안전하고 희망차 보인다 해도 현실이 아주 빠르게 변할 수 있음을 배웠습니다."

"미국인은 타고난 리스크 감수자입니다. '아무런 리스크도 감수하지 않는 것이 가장 큰 리스크다'와 같은 인기 있는 좌우명만 봐도 알 수 있죠. 이것은 위험한 게임일지라도 일단 나가서 참여해야 한다는 공격적 욕구를 나타냅니다"라고 카람은 말했다. 그는 유럽에서 미국으로 건너가 대학과 MBA를 마치고 처음에는 엔지니어로, 그다음에는 금융 분야에서 일했다. 그는 미국 문화에 적응하고 업무 경험을 쌓으면서 자신의 리스크 선호도가 점점 진화하고 있다는 것을 알게 됐다. 그는 "어릴 때 저와 비슷한 정치적 격변을 경험하지 않은 또래 미국인들과 비교했을 때 저는 리스크 회피형이었어요"라고 말했다. 그는 신중했기 때문에 1998년 금융위기 당시 롱텀캐피털매니지먼트Long-Term Capital Management, LTCM가 파산으로 치달았을 때 살아남았다. "LTCM 몰락 당시 회삿돈을 잃지 않은 포트폴리오 매니저는 제가 유일했습니다. 수억 달러의 투자 자금을 맡아 관리하던 노련한 자금 관리자들은 어느 날 갑자기 감당할 수 없는 상황에 빠졌어요. 평생 겪어본 적 없는 일이었죠. 그들은 시장 조정 과정에서 무참히 돈을 잃었지만, 전형적인 낙관론자들답게 적극적으로 행동에 나서서 결국 손실을 만회하고 돈을 벌었답니다." 시간이 지나면서 그의 리스크 감내도는 상승했다. 이제 그는 갑작스러우며 예측할 수 없는 충격보다 이미 알고 있는 위험을 더 많이 걱정한다.

우리는 이 모든 이야기들을 통해 잠재적 위험이 우리 감정에 미치는 영향은 국가가 경험한 사건에 따라 다르다는 것을 알 수 있다. 지진, 쓰나미, 가뭄, 홍수에 취약한 국가와 금융 자원이 어느 정도 있는 국가의 경우, 객관적으로 그들의 리스크는 서로 다르다. 재해는 언제든 일어날 수 있으므로 자원이 있는 국가들은 지진이나 홍수 방지 기반 시설에 투자한다.

그런데 어떤 국가에서는 자원 부족이 아닌 다른 이유로 투자를 미루기도 한다. 이란계 유럽인이자 스코틀랜드의 역사학 교수인 알리 안사리Ali Ansari는 불안정한 상황이 사람들의 장기적 사고를 방해하고, 이로써 시간의 경과로 축적되는 리스크에 주의를 덜 기울이게 되는 피드백 순환 고리를 형성한다고 주장했다. 안사리의 아버지는 이란 혁명 기간 중 불과 6개월 만에 가진 것을 모두 잃고, 가족과 함께 영국으로 갔다. 중동에서는 모든 것이 사라질 가능성이 항상 존재하므로 일상생활의 변동성이 극심하다. 따라서 사람들은 장기적인 사고를 하지 못하고 운명론에 휩싸여 '하루살이' 사고방식으로 살아간다. "이런 인식의 차이가 발생하는 원인은 개인의 삶과 정치적 현실이 전적으로 통치자들의 변덕에 좌우되기 때문입니다."

재해 대비 시설이 부족한 많은 개발도상국들은 선진국보다 기후변화를 훨씬 더 걱정하는 편이다. 가난한 국가들은 선진국보다 온실가스를 적게 만들어내지만 스스로를 보호하고 피해를 복구할 재원이 부족하기에 기상이변의 타격을 받을 가능성이 높다. 글로벌 챌린지 재단의 2018년 조사에서도 역시 인공지능이 세계적인 위협이라고 생각하는 조사 참가자 비율은 개발도상국은 57퍼센트인 반면 선진국은 이보다 약간 적은 48퍼센트였다.

마찬가지로, 기술 때문에 일자리가 없어질 가능성이 높다고 생각하는 국가들은 자동화와 인공지능이 가져오는 리스크에 더 민감하게 반응했다. 세계은행은 2016년 개발도상국 일자리 세 개 중 두 개가 자동화될 것으로 추정했는데, 이는 이미 많은 일자리가 자동화된 선진국보다 높은 수치다. 세계은행은 자동화에 취약한 일자리 비율을 중국 77퍼센트, 인도 69퍼센트, 에티오피아 85퍼센트로 추정했다.

각국의 고유한 리스크 관계는 현재 직면한 어려움은 물론 그 나라의 역사, 지리, 문화, 정부와 관련되어 있다. 그런데 어떤 면에서는 리스크 관계가 나라별로 크게 다를지 모르지만, 일반적으로는 광범위한 특성과 패턴을 공유하는 경우가 많다. 코로나 사태 직전인 2019년에 갤럽과 로이드선급재단Lloyd's Register Foundation은 처음으로 142개국 15만 명 이상의 참가자들을 대상으로 '세계 리스크 여론조사World Risk Poll'를 실시했다. 그들은 7가지 일상적 위험을 얼마나 우려하는지를 표시하는 '세계 걱정 지수World Worry Index'와 리스크를 실제로 얼마나 자주 경험했는지를 표시하는 '피해 경험 지수Experience of Harm Index'를 비교했다.

걱정을 가장 많이 하는 국가 순위를 보면 모잠비크, 기니, 말라위가 상위를 차지했으며 다른 몇몇 아프리카 국가들과 개발도상국이 그 뒤를 이었다. 라이베리아, 잠비아, 모잠비크와 같이 재해를 가장 자주 경험한 국가 중 상위 목록에 있는 나라들과 걱정을 많이 하는 국가들이 크게 겹친다는 사실은 그리 놀랄 만한 일이 아닐 것이다.

걱정을 가장 잘 하지 않는 나라인 스웨덴, 싱가포르, 우즈베키스탄 사이의 연관 관계를 지리적 위치나 정부 형태로 식별하기는 어렵지만, 그들 국가는 투르크메니스탄, 싱가포르, 우즈베키스탄 등 재해를 가장 적게 경험한 국가들과 겹치는 부분이 있다.

조사 분석 결과 다수의 사람들은 실제 겪은 일에 비해 걱정을 과하게 하는 경향이 있었다. 그 격차는 나라별로 매우 다양하게 나타났다. 리스크 인식과 실제 경험 사이의 격차가 가장 큰 소위 '과잉 걱정 국가'에는 몽골, 미얀마, 키프로스, 칠레, 한국이 포함된다. 탄탄한 사회 안전망을 갖춘 스웨덴과 다른 스칸디나비아 국가들이 이 격차가 가장 작은 나라로 꼽혔다. 조사 보고서에서는 이런 차이점을 이해할 때 효과적인 의사소통 방안을 마련하고, 개인과 지역사회가 재해를 효과적으로 줄일 수 있는 방안을 찾을 수 있다고 밝혔다.

한편, 전 세계에서 공통적으로 뽑은 큰 걱정거리는 기상이변이었다. 응답자의 34퍼센트가 기상이변으로 인한 심각한 피해를 매우 우려한다고 응답했다. 기상이변은 특히 아프리카 국가들을 포함한 대부분의 나라에서 이미 경험한 리스크다. 응답자의 32퍼센트는 강력범죄를 가장 큰 걱정거리로 꼽았다. 송전선에 의한 피해와 마찬가지로 식량과 식수의 안전성 역시 상당한 걱정거리였다.

| 지역별 리스크 인식 차이 |

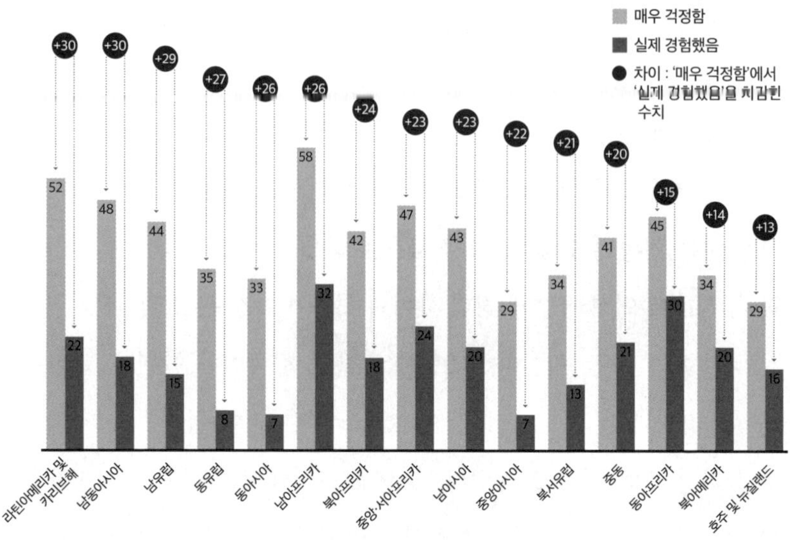

지역별 걱정 지수와 경험 지수.
7가지 일상적 위험에 대한 걱정과 경험의 정도를 측정(100점 만점).

출처: 2019년 갤럽과 로이드선급재단의 세계 리스크 여론조사(wrp.lrfoundation.org.uk)

걱정 지수는 경험이나 문화적 요인은 물론 그들을 보호해주는 '리스크 우산'과도 관련이 있다. 리스크 우산이란 정부와 기업, 개인이 사람들을 재해로부터 효과적으로 보호하기 위해 실시하는 일련의 조치다. 세계 리스크 여론조사에서는 참가자들에게 정부가 오염된 식품, 안전하지 않은 식수, 송전선으로부터 얼마나 안전하게 국민을 보호하는지를 질문해 '정부 안전도 성과 지수Government Safety Performance Index'를 파악했다. 그 결과 전 세계 인구 4명 중 1명은 정부가 이 세 가지 중요한 기반 시설 영역에서 안전하게 보호해주지 않는다고 믿었다. 가장 신뢰받는 정부는 싱가포르, 아랍에미레이트, 바레인, 필리핀이었으며, 가장 신뢰받지 못하는 정부는 예멘, 아프가니스탄, 레바논, 이라크였다. 고소득 국가들은 대부분 정부 신뢰도가 높게 나타났다.

리스크 우산: 정부와 기업, 개인들이 사람들을 재해로부터 효과적으로 보호하기 위해 실시하는 일련의 조치

국민의 걱정거리 역시 국가의 부에 따라 달라졌다. 고소득 국가 국민들은 저소득 국가의 국민보다 도로교통 리스크를 안전을 해치는 2대 위협 중 하나라고 생각하는 편이었다. 하지만 공식 통계를 보면 일반적으로 고소득 국가가 저소득 국가보다 교통 관련 사망률이 낮았다. 저소득 국가의 국민들도 교통 관련 리스크를 걱정하긴 했지만, 폭력, 범죄, 건강과 같은 다른 리스크들을 더 위험한 것으로 꼽았다. 반대로 선진국 응답자들은 직장에서 발생하는 신체적 상해 리스크보다 직장 내 괴롭힘을 더 걱정하는 경향이 있었다.

정부 신뢰도는 각 국가의 경제·사회·문화·정치적 환경뿐만 아니라, 응답자의 교육 수준과 성별, 가계소득에 따라서도 달라진다. 정부의 보호 능력 여부가 실제 경험과 걱정 간의 격차를 만들어낸다고 할 수 있지만, 문화적 요소 역시 무시할 수는 없다.

문화가 리스크 결정에 미치는 영향

1970년대에 네덜란드의 조직 심리학자인 헤이르트 홉스테드Geert Hofstede는 50개국이 넘는 곳에 위치한 IBM 자회사의 직원들을 대상으로 문화적 태도에 관한 광범위한 연구를 수행했다. 그 결과 같은 조직이라 하더라도 나라마다 사람들의 리스크 태도가 다르다는 사실이 밝혀졌다. 홉스테드는 리스크를 구체적으로 언급하지는 않았지만, 그가 발견한 패턴들은 국가가 리스크를 인식하고 이해하는 방식과 관련성이 높았다. 홉스테드는 이 내용을 기초로 '문화 차원 이론'을 개발했다. 첫 번째 차원인 권력 격차Power Distance는 권력이 약한 사회 구성원이 불평등, 계층구조, 상호의존성을 어떻게 느끼는지를 나타낸다. 두 번째 차원인 불확실성 회피Uncertainty Avoidance는 불확실한 상황에서 어떤 감정을 느끼며, 불안감을 완화시키기 위해 어떤 전략을 사용하는지를 나타낸다. 즉, 예측 가능성과 규칙을 얼마나 선호하는지 보여주는 요소다. 개인주의Individualism 및 집단주의Collectivism는 개인과 집단의 상대적 역할을 비교하는 것이며, 마지막 차원인 남성성Masculinity 및 여성성Femininity은 대략적으로 '경쟁 대 공정성' 또는 '자기 주장 대 겸손'으로 해석할 수 있다.

이 모든 문화 차원은 리스크 인식과 태도에 영향을 미친다. 그중에서도 불확실성 회피, 개인주의 및 집단주의 가치는 더욱 관련성이 깊다. 우리는 이미 개인주의와 집단주의의 차이가 성별과 같은 요소보다 영향력이 크다는 사실을 살펴봤다. 개인의 태도는 공동체 및 정부 구조와 상호작용함으로써 피드백 순환 구조를 만든다. 홉스테드는 개척 정신을 가진 서구 문화권의 젊은이들은 개인주의 지수가 매우 높았지만 독일과 폴란드처럼 역사가 오래된 유럽 문화권의 젊은이들은 그 지수가 낮은 것을 발견했다. 아시아 문화권은 개인주의 지수가 그보다 더 낮고 집단주의 지수는 높았다.

개인주의 문화권 사람들과 집단주의 문화권 사람들은 리스크를 어떻게 다르게 인식할까? 혼자보다 집단으로 결정을 할 때 훨씬 더 보수적이거나 반대로 훨씬 더 위험한 결정을 하기 쉽다는 '모험 이행'의 개념을 떠올려보자. 아주대학교 연구 팀은 5장에서 언급했던 호주인과 한국인 연구에 중국인과의 비교 연구를 추가해 리스크 태도의 차이를 알아봤다. 한국 사람들은 남들의 기분을 파악하고 살피는 능력인 '눈치'라는 개념과 결합된 '역동적 집단주의'와 행동 지향적 가치관을 따른다. 이 현상은 중국의 유교적 이상이자 모든 의견을 듣고 중간점을 찾는 자세인 '중용'과는 다르다. '조화'라고 번역되는 일본의 와和의 개념과도 비슷하게 보이지만 차이가 있다. 연구진은 중국과 한국 모두 집단주의적 문화에 속하는데도 중용의 문화적 영향을 받은 중국인이 한국인보다 모험 이행을 할 가능성이 더 적다는 것을 알아냈다.

이유가 무엇일까? 한 가지 가능한 설명은 사회적 관계망이 집단주의 문화에서 양날의 검이 될 수 있다는 것이다. 한편으로 사람들은 손실이 발생하면 다른 사람들이 책임을 분담해주기를 기대하고,

또 다른 한편으로는 위험한 결정 때문에 모두가 손해를 입으면 다른 사람들을 도와줘야 한다는 재정적 의무가 있음을 받아들인다. 연구진은 리스크 태도의 차이는 이런 관계망의 특성과 관련이 있을 수 있다는 이론을 제시했다. 또한 한국의 행동 지향적인 문화적 규범 때문에 한국인들이 뒤처지는 것을 두려워해서 모험 이행을 했을 가능성도 있다고 추정했다.

연구진은 개인주의 문화에서는 개인의 행위에 제약이 적다는 이론을 정립했다. "개인주의 문화권 사람들은 행동의 제약이 적어 자신의 생각이나 감정, 결정을 표현할 때 자신감과 단호함을 보인다. 그리고 그들은 불확실성에 쉽게 도전할 수 있다. 그것이 뭔가를 얻을 수 있는 기회라고 보기 때문이다"라며 연구진은 다음과 같이 주장했다. "따라서 개인주의 문화는 사회적으로 바람직한 특정 사항(이 경우 리스크가 될 것이다)에 대한 개인주의자들의 반응에 자기 향상 효과를 가져다준다." 이와는 대조적으로 계층적·관료적 문화에서는 개인주의 행동에 제약이 많으며 사람들은 사회적 관습에 부합하는 절차를 선호한다.

폐쇄형 사회적 관계망의 구성원들은 집단주의 문화에서처럼 다른 구성원과 행동을 같이 해야 한다는 압력을 받지만, 이와 동시에 기꺼이 서로 도우며 만약 일이 잘못되면 책임도 같이 진다. 그라민 은행Grameen Bank과 다른 소액 대출 회사들은 대출 리스크를 줄이고 기업가들의 리스크 감수 행위를 장려하기 위해 항상 이 원칙을 활용했다.

호주와 같은 개인주의 문화권의 사람들은 집단에 순응해야 한다는 압박감을 덜 느끼는 대신 개인이 더 큰 책임을 진다. 동양인과 서양인의 투자 행태를 비교해보면 개인주의와 집단주의의 문화적 차이가 서로 다른 방식으로 작용한다는 사실을 알 수 있다. 사회심리학자인 엘케 웨버와 크리스토퍼 시Christopher Hsee는 위험한 선택이나 결과에 대한 중국과 미국 학생들의 태도를 비교했다. 그들은 연구 참가자들에게 각각 잠재적 손실과 이득이 혼합된 금융 투자 옵션을 제시하고 선택하도록 한 후, 어느 나라 학생들이 더 위험한 결정을 내릴지 추측해보라고 요청했다. 중국과 미국 학생들은 모두 미국인이 중국인보다 더 위험한 결정을 내릴 거라고 생각했지만 사실은 그 반대였다.

중국 학생들이 미국 학생들에 비해 현저하게 리스크를 덜 회피했으며, 이 현상은 예상 투자 결과가 이익이든 손해든 관계없이 동일하게 나타났다. 그러자 웨버와 시는 새로운 의문을 품게 됐다. 리스크 태도에 차이가 발생한 근본 원인은 정확히 무엇일까? 동일한 투자 옵션에 대해 두 집단이 똑같이 위험하다고 인식했는가? 만약 그렇다면 그들의 리스크 선호도가 차이가 나는 현상은 중국인들의 리스크 감내도가 더 높다는 것을 시사한다. 그러나 만약 그들이 리스크를 똑같은 방식으로 인식하지 않았다면 그들의 리스크 감내도는 비슷할 것이다.

웨버와 시는 연구 참가자들이 투자 옵션을 얼마나 위험하다고 판단했는지 조사하면서 흥미로운 사실을 발견했다. 중국 학생들은 미국 학생들보다 동일한 옵션을 훨씬 덜 위험하다고 판단했다. "전통적인 기대 효용 가설에 따라 리스크 선호도를 평가하면 중국 학생들은 미국 학생들보다 가격 책정에 있어 리스크를 훨씬 덜 회피하는 편이었다. 그러나 리스크 선호도가 명백하게 차이가 나는 이유는 리스크 태도의 차이보다는 주로 금융 옵션 리스크에 대한 인식의 차이와 관련돼 있었다"라고 그들은 주장했다. 학자들은 이 차이를 설명하기 위해 집단주의 문화에서는 가족이나 다른 집단 구성원들이 리스크 투자를 잘못한 구성원을 도와주기에 리스크 감수에 따른 잠재적 충격이 줄어든다는 이른바 '안전망 가설'을 제시했다. 미국, 독일, 폴란드, 중국 대학생들의 반응을 비교한 후속 연구에서도 비슷한 결과가 나왔다.

사회심리학자인 리처드 니스벳Richard Nisbett은 야마구치 스스무Susumu Yamaguchi의 연구를 인용해 일본인들이 혼자보다는 집단으로 있을 때 불쾌한 상황에서 벗어날 가능성이 더 높다고 생각한다는 것을 밝혔다. 미국인들은 그 반대였다. 문화가 성별 선호도에 미치는 영향에 관한 또 다른 연구에서 야마구치는 동양의 남녀보다 서양의 남녀 사이에서 성별 선호도 차이가 더 크게 나타나는 것을 발견했다.

역설적으로, 개인주의 사회 구성원들은 원하는 대로 할 수 있는 자유를 요구함에도 결과적으로는 통제권이 더 없다고 느낄 수도 있다. 9장에서 살펴보겠지만 통제감은 리스크를 정확하게 인식하고 처리하는 방식을 구성하는 중요한 요소다.

변화와 불확실성 회피

앞서서 리스크, 불확실성, 모호성 사이의 복잡한 관계에 대해 알아봤다. 일본과 한국뿐만 아니라 일반적으로 라틴아메리카와 지중해 국가에서도 불확실성을 회피하려는 경향이 강하게 나타난다. 나머지 아시아 국가, 북아메리카, 북유럽에서 그런 경향은 중간 정도다. 세계적으로 볼 때, 불확실성 회피 성향이 가장 적게 나타나는 나라는 싱가포르, 자메이카, 스웨덴, 덴마크다. 반대로 불확실성 회피 성향이 크게 나타나는 나라는 과테말라, 우루과이, 그리스, 포르투갈, 벨기에다.

불확실성에 대한 태도는 사람들이 변화를 얼마나 편안하게 받아들이는지와 밀접하게 연결된다. 리처드 니스벳과 연구 팀은 중국과 미국 학생들의 변화에 대한 태도가 얼마나 다른지를 연구했다. 그들은 학생들에게 사귀고 있는 이성 친구와 헤어질 확률을 질문했는데, 중국 학생들은 50퍼센트, 미국 학생들은 30퍼센트라고 예측했다. 또 다른 연구에서, 연구진은 학생들에게 시간이 지남에 따라 변화하는 그래프를 보여주고, 다음에 어떤 변화가 나타날지 예측하게 했다. 미국인 학생들은 특정 추세가 같은 방향으로 계속될 것으로 예측하는 반면 중국인 학생들은 추세가 바뀌거나 심지어 역전될 것으로 예측하는 경우가 많았다.

서양 사람들은 문제를 순차적인 선형 방식으로 해결하는 반면, 아시아인들은 좀 더 전체론적으로 파악한다는 연구 결과도 있다. 니스벳은 연구 참가자들에게 풀밭에 있는 호랑이 사진을 보여줬다. 서양인들은 호랑이와 같은 전경 이미지에 집중했지만 동양인들은 배경을 포함한 전체 정황을 파악하는 데 시간을 많이 사용했다. 니스벳은 서양인들은 한 가지 특정한 사항에 집중할 가능성이 높지만 아시아인들은 전체 그림을 보는 데 익숙하다고 결론지었다. 즉, 그들은 리스크의 세계를 완전히 다른 방식으로 인식하고 그에 따라 행동한다.

서양인들은 사일로 접근 방식을 사용하고 아시아인들은 시스템 접근 방식을 사용한다. 그런데 우리가 복잡한 문제를 해결하려면 두 가지 접근 방식이 모두 필요하다. 사일로 접근 방식으로는 집중력을 강화하여 문제점을 파악하고 이를 해결하기 위한 전략과 전술을 분석한 다음, 대응 방법을 충분히 세분화할 수 있다. 그러나 시스템 접근 방식을 사용하지 않는다면 문제를 일시적으로 해결할 수는 있겠지만 다른 근본 원인에 주의를 기울이지 않아 문제가 재발할 우려가 있다.

복잡한 시스템에서는 새로운 요소 하나하나가 도전 과제를 훨씬 역동적으로 만들기 때문에 불확실성이 높아진다. 선형 방식으로 문제를 해결하는 데 익숙한 사람들은 복잡한 시스템의 문제를 해결할 때 어려움을 겪을 수 있다. 그러나 안전지대에서 빠져나온다면 도전 과제가 다른 문제와 어떤 관련이 있는지 고려함으로써 큰 이익을 얻을 수 있다. 반대로, 시스템 접근 방식으로 생각하는 사람들은 선형 방식으로 생각하는 사람들과 의사소통할 때 복잡한 과제를 구성하는 요소를 분해한 뒤 각각에 해결책을 별도로 제시하면서 그 격차를 해소할 수 있다.

시간을 인식하는 법

홉스테드는 후에 홍콩 중문대학교의 마이클 해리스 본드Michael Harris Bond와 공동으로 연구했는데, 본드는 '불확실성 회피' 대신 '장단기 지향성'에 초점을 맞췄다. 단기 전망은 보통 장기 전망보다 더 확실한 편이다.

인간은 미래보다 현재를 더 중요하게 생각한다. 우리는 보통 서서히 오는 리스크보다 눈앞에 닥친 리스크에 주의를 많이 기울인다. 때에 따라서는 그게 옳다. 만약 호랑이가 쫓아오는데 도망치지 않는다면, 다른 위험에 얼마나 대비해두었는지는 중요하지 않다. 그것들을 사용해보지도 못하고 죽을 것이기 때문이다. 하지만 호랑이를 막기 위해 울타리를 만들거나 호랑이가 숨어 있는 지역을 미리 피할 수 있다면, 애당초 그런 위험에 직면하지 않을 것이다.

장단기 인식과 우선순위의 차이는 사람마다 다르다. 어떤 사람들은 미래를 내다보는 능력이 있어 리스크가 심각해지기 전에 이를 모면하는데, 이 능력은 다른 리스크 관리 기술처럼 타고난 성격, 경험, 연습, 문화적 환경의 조합에서 나온다. 어떤 문화권에 속한 사람들은 다른 문화권에 속한 사람들보다 장기적인 사고를 훨씬 잘한다.

민주주의 국가의 선거 주기가 짧은 것이 장기적인 사고를 저해할 때가 있는 것처럼 정부 시스템의 차이점이 이 격차를 명확하게 설명해준다. 하지만 그런 차이를 이해하려면 구조적인 문제를 넘어 더 광범위한 문화적 요소들을 고려해야 한다.

예일대학교의 켄 첸Ken Chen 교수는 다음과 같은 흥미로운 질문을 했다. "만약 당신이 미래를 보는 방식이 당신이 사용하는 언어에 좌우된다면 어떨까?" 언어가 돈을 절약하고 미리 계획하는 능력에 영향을 미칠 수 있을까? 언어가 운동, 담배, 콘돔 사용, 아니면 다른 '좋은' 혹은 '나쁜' 결정에 영향을 미칠까? 예를 들어 독일어는 내일 비가 온다고 표현할 때 현재 시제를 사용한다. 반면 영어는 미래 시제 조동사나 예정을 의미하는 단어를 추가해야 한다. 서부 그린란드어인 카라리수트Kalaallisut는 미래를 표시하는 방법이 28개가 넘는다. 만다린어, 핀란드어, 에스토니아어는 시제를 전혀 사용하지 않는다. 첸은 사람들이 미래와 현재를 구분해서 표현하는 언어를 사용할 경우 미래에 덜 집중하게 될 것이라는 가설을 가지고 실험을 진행했다. 그는 76개국의 참가자들을 대상으로 저축에 관한 태도와 그에 따른 후속 행동을 비교했는데, 어떤 나라는 영어처럼 미래 시제를 철저하게 사용하고 어떤 나라는 만다린어처럼 미래 시제 표현이 희미했다.

그의 연구 결과는 놀라웠다. 미래 시제가 없는 언어를 사용하는 사람들이 현재와 미래 시제를 구분하는 언어를 사용하는 사람보다 훨씬 미래 지향적이었다. 벨기에처럼 약한 미래 시제와 강한 미래 시제를 동시에 사용하는 국가에서는 언어가 은퇴자금 저축에 크게 영향을 미쳤다. 첸은 "약한 미래 시제로 말하는 사람들은 연간 저축 가능성이 31퍼센트 더 높고, 은퇴 후 부를 축적할 가능성이 39퍼센트 높으며, 흡연 가능성은 24퍼센트 낮고, 신체 활동을 활발히 할 가능성이 29퍼센트 높고, 의학적으로 비만일 가능성은 13퍼센트 낮다"고 결론지었다. 다른 나라도 마찬가지다. 약한 미래 시제를 사용하는 나라는 그렇지 않은 나라에 비해 저축을 연간 6퍼센트 더 많이 한다. 건강이나 성적 행동에 관해서도 결과는 비슷했다. 강한 미래 시제로 말하는 사람들은 피임 도구나 콘돔을 사용할 가능성이 더 낮았다. 그 효과는 여성보다 남성 참가자들에게서 훨씬 강하게 나타났다.

만약 사람들이 사용하는 언어가 그들의 생각을 결정한다면 언어에 내재한 단기 지향성과 장기 지향성은 분명 리스크, 특히 더 멀리 느껴지는 장기 위협에 대한 문화와 지역의 차이점을 어느 정도 설명해줄 수 있을 것이다.

리스크 고정관념 대응 방식

리스크 태도와 대응 방식은 문화에 따라 다르다. 특히 국제 공급업체, 투자자, 구매자와 함께 일하는 거대 다국적 기업과 중소기업은 즉시 인식하기 어려운 리스크 역학 관계를 매일 접한다. 이때 리스크 고정관념이 빈번하게 작용하는 이유는 사람들이 사실에 근거하지 않고 자신의 생각대로 판단하기 때문이다. 재생 에너지와 의료기기 분야의 국제 인수합병 전문 컨설턴트인 리 슈Li Xu는 국가별로 리스크 인식이 다른데도 정확하지 않은 가정을 하는 이들이 많다고 말했다. 예를 들어 대부분의 미국 투자자들은 사실 중국 당국의 임상시험 승인 절차가 더 엄격하다는 사실을 알지 못한다.

슈는 여러 국가와 다양한 지역에 있는 기업들의 의사 결정 방식과 리스크 감내도에서 일반적인 추세를 발견했다. 이 추세는 3장에서 살펴본 리스크 유형 나침반을 따라 다양하게 움직인다. 그녀가 발견한 가장 두드러지는 차이점은 의사 결정 방법이었다. "미국인들은 매우 체계적으로 사물을 바라봅니다. 그들은 모든 종류의 리스크에 점검표를 작성하죠. 그리고 이 과정에 많은 팀원이 참여합니다"라고 그녀는 설명했다. 그녀는 미국인들은 전반적으로 해외 투자 시 더 신중하게 결정하며 유럽인이나 아시아인보다 거래 평가에 시간을 많이 투자한다고 밝혔다.

유럽인들은 거래 분석을 체계적으로 수행하는 편이다. 특히 독일의 경우 해외에 잘 알려진 수출 품목에 엔지니어링이 상당수 포함된 것을 보면 가장 체계적일 것이라고 추측할 수 있다. 그런데 유럽인들은 아프리카와 같은 개척 시장에 투자할 가능성이 높다. 슈의 설명에 따르면 유럽인들은 미국인보다 여행을 많이 하므로 새롭고 낯선 상황을 더 편안하게 처리한다. 그러나 유럽인들은 아시아인보다 거래 평가에 더 긴 시간을 투자한다. 따라서 빨리 구매 결정을 내려야 하는 상황이 찾아왔을 때 구매자는 아시아인이 될 가능성이 높다. 일반적으로 중국인들은 의사 결정 방식이 상의하달식이므로 미국인들보다 훨씬 빨리 행동한다. 유럽인들의 의사 결정 속도는 미국인과 중국인의 중간쯤에 있다. "다른 아시아 주요 구매자인 일본과 한국은 행동이 느린 축에 속해요. 이들은 집단 합의를 좋아하며 대부분 의사 결정을 본사에서 한답니다"라며 슈는 말을 이었다. "그들은 독일인들과 비슷해요. 체계적이고 서두르지 않으며, 매우 전략적이며, 보통 빅딜을 합니다." 슈는 지난 10년 동안 중국인들이 세계의 그 어떤 사람들보다 더 큰 리스크 감수자가 됐다고 본다. 그들의 투자 대상과 거래 성사 속도를 보면 이 사실이 고스란히 드러난다. 현재 아프리카에서 가장 활발히 사업을 하는 기업은 대부분 중국계 기업이며, 그다음이 유럽계 기업, 맨 마지막이 미국계 기업이다.

상황을 일반화할 때는 항상 예외가 존재한다. 리스크 고정관념을 가지고 있으면 실수할 수 있으니 늘 주의해야 한다. 물론 특정 국가나 CEO를 획일적인 틀에 맞춰 판단하면 안 되지만, 다른 나라의 회사나 팀과 교류할 때 그들의 리스크 태도와 행동이 우리와 다를 수 있다는 사실을 인지하고 있는 것은 현명하다. 각각의 상황 자체로 평가하면서 특정 회사나 개인이 그 나라 사람들의 전형적인 모습과 같을 수도 있고, 또 아닐 수도 있다는 사실을 기억한다면 그 차이점이 어디에 있는지 가늠할 수 있다.

슈는 인수합병 전문 컨설턴트로 여러 나라의 기업과 일하면서 다양한 성격의 사람들을 만났다. 그녀는 다른 나라와 거래할 때 일어날 수 있는 일들을 대강 미리 알고 있으면 도움이 된다고 말한다. 가령 난국처럼 보이던 문제도 그 결정과 협상의 이면에 숨어 있는 문화적 기반을 인식하면 헤쳐나갈 수 있다. 리스크 태도와 인식의 차이뿐만 아니라 조직과 리더의 문제 해결 및 의사 결정 방식을 이해하는 것이 중요하다. "아시아인들과 계속 거래하기 위해서는 개인적인 관계 유지가 중요합니다"라고 슈는 말했다. 그녀는 업종별로 리스크 성격과 감내도가 현저히 다른 것도 경험했다. 기술, 바이오헬스, 에너지 분야와 관련된 투자자와 기업들은 각기 독특한 특징이 있다고 한다.

이런 역학 관계를 이해한다면 예리하지 못한 경쟁자들은 놓칠 수 있는 기회를 포착하여 거래를 성사시킬 수 있다. 다양한 문화권의 사람들과 일할 때 중요한 것은 개별 국가나 집단의 리스크에 대한 근본적인 가치관과 믿음을 이해하는 것이다.

2부

왜 사람마다 리스크를 대하는 태도가 다른가

YOU ARE WHAT YOU RISK

08

Beliefs, Values, Purpose, and Risk

신념, 가치, 목적에 따라 위험의 수준이 달라진다

성경 〈마태복음〉에 나오는 '달란트 비유'에는 성과를 낼 수 있는 리스크를 감수하라는 명쾌한 교훈이 담겨 있다. 주인에게는 세 하인이 있었다. 그는 여행을 떠나기 전에 하인들에게 각각 금 다섯 달란트, 두 달란트, 한 달란트를 나눠줬다. 주인이 여행에서 돌아와 그들을 모아놓고, 각자 금으로 무엇을 했는지 물어봤다. 금 다섯 달란트를 받은 하인은 금을 투자해 2배로 늘렸다. 금 두 달란트를 받은 하인도 금을 투자해 2배로 늘렸다. 그러나 세 번째 하인은 금을 잃어버릴까 봐 두려워 땅에 파묻어 보관했다. 주인은 금을 투자한 하인들을 칭찬했다. "잘했다, 착하고 충성된 종아. 네가 적은 일에 충성했으니 내가 많은 것을 네게 맡기리니 네 주인의 즐거움에 참여하라." 세 번째 하인이 자기가 받은 한 달란트를 그대로 주인에게 돌려주자 주인은 화를 내며 말했다. "이 악하고 게으른 종아. 너는 내가 심지 않은 데서 추수하고, 씨를 뿌리지 않은 곳에서 거두는 줄 알고 있었느냐? 그렇다면, 너는 은행에 맡겼다가 이자를 붙여 돌려받아야 했을 것이다. 그에게서 한 달란트를 빼앗아 열 달란트를 가진 사람에게 주라. 누구든지 있는 자는 받아 풍족하게 되고, 없는 자는 있는 것마저 빼앗길 것이다."

이 비유에는 실패한 리스크는 등장하지 않는다. 독자들은 하인이 금을 투자해 손해를 봤더라면 주인이 어떻게 반응했을지 궁금할 것이다. 첫 번째 하인이 다섯 달란트보다 적은 금을 갖고 주인에게 돌아왔더라면, 아니면 금을 모두 다 잃어버리고 빈손으로 돌아왔더라면 주인은 용서했을까? 주인이 투자를 하다가 실패한 하인에게 벌을 준다면, 그것은 리스크를 감수하는 게 좋다는 메시지를 흐려놓았을 것이 확실하다.

이 비유에서는 주인이 다른 결과는 어떻게 처리했을지까지는 자세히 밝히고 있지 않다. 하지만 오늘날 우리는 여러 리스크 이론을 통해 자신이 가장 염려하는 것이 무엇인지, 또 왜 돈을 벌 수 있는 기회를 포기했는지 알 수 있다. 리스크 자체는 가치중립적이지만, 리스크를 감수하는 대상과 그 이유에 담긴 논리를 보면 우리가 무엇을 가치 있게 여기는지 그리고 그 가치를 어떤 식으로 부여하고 소통하는지를 알 수 있다.

종교와 철학적 틀은 불확실성 앞에서 중심을 잡도록 도와주며,

특정한 리스크를 감수하도록 장려한다. 또한 사회적 리스크를 정의하고, 특히 비즈니스 맥락에서 어떤 리스크가 감수할 가치가 있는지를 알아보는 지침을 제시한다. 예를 들어, 이슬람 문화권에서는 금융 리스크를 감수할 때 발생하는 손실과 이익을 공유해야 한다고 엄격하게 규정하고 있으며, 그 과정에서 지켜야 할 윤리적인 틀을 제시한다. 중국 사회를 뒷받침하는 철학인 유교는 변화 관리를 위해서 책임의 계층 구조를 세우고, 갈등보다는 화합을 도모하라는 원칙을 제시한다. 《주역》은 불확실성에 직면했을 때 훌륭한 결정을 내리는 것이 중요하다고 강조한다.

앞에서 개개인의 성격이 리스크 관계를 형성하는 방식을 살펴봤다. 한 사회와 문화의 리스크 관계의 경우 '성격' 대신 그 자리에 '철학과 종교'를 대입해볼 수 있다. 가치와 신념 체계가 리스크 윤리의 규칙, 리스크 감수자에 대한 도덕적 판단, 변화와 불확실성을 관리하는 책임을 부여한다. 세속주의가 발전하고 기업이 개인보다 월등한 힘을 축적하면서 기업 지도자들은 사업과 연결된 가치 시스템을 개발했다. 이 시스템은 기업과 기업가의 윤리적 역할이 논의되면서 더욱 발전했고, 궁극적으로는 사람들이 기대하고 수용할 만한 비즈니스 행동이 무엇인지 보여줬다. 정부 정책에 대한 기업의 영향력이 커지면서 이러한 신념 체계는 자기 강화 순환 고리를 형성했다.

리스크 관리는 누구의 책임인가? 사회가 장려하거나 억제하려는 리스크는 무엇인가? 리스크를 감수해 성공한 사람들에 대한 보상은 어느 정도가 공정한가? 리스크를 감수했지만 실패한 사람들에게 적절한 보상은 무엇일까? 무모한 리스크를 감수하는 사람들에게는 그 보상이 달라져야 하는가? 그 대답에 따라, 사람들이 감수하는 리스크가 유익할지 아닐지, 그들이 가진 돈을 풍요를 창출하기 위해 투자할지, 아니면 잃는 게 두려워 집에 보관해둘지가 결정된다. 사회와 국가는 구성원들이 기꺼이 감수하는 리스크에 따라 결정된다. 그것은 개인도 마찬가지다.

위험사회

고대 인류는 기아, 포식성 동물, 자연재해, 경쟁자와 다른 부족 등 주변의 위험으로부터 자신을 보호하기 위해 최초의 문명을 건설했다. 동굴에 은신하며 최초로 불을 발견했던 선사시대 인간에서부터 초기 부족사회로의 진화, 종교와 공동 신앙의 발전, 도시국가와 근대국가의 형성, 오늘날의 시민권 개념에 이르기까지 이 모든 과정의 중심에는 '리스크를 공유한다'는 개념이 있다. 통치자와 시민들은 리스크를 회피하고 위기가 발생했을 때 뒷수습을 위한 책임을 나누기 위해 오늘날 소위 '사회계약'으로 불리는 계약서를 만들었다. 사회계약은 시간이 지나면서 발전해 시민과 정부의 리스크 배경을 바꾸어놓았다.

중세 봉건시대에 영주들은 농노의 노동 수확물을 갖는 대가로 거주할 공간을 제공하고 그들을 위험에서 보호했다. 결국, 리스크가 상업과 보험산업을 발전시켰다고 할 수 있다. 보험산업은 해상보험에서 시작해 농업, 산업, 금융 분야로 확장됐으며, 상업 보험의 등장으로 무역 범위가 확대됐다. 최근 수십 년 동안 은행가들은 리스크를 줄이기 위해 '파생상품'이라는 새로운 금융 상품을 개발했지만, 투자자들은 이 상품을 훨씬 더 위험한 투자 수단으로 무분별하게 이용함으로써 새로운 리스크를 초래했다.

1880년부터 1920년까지 유럽에서 미국으로 이민 온 사람들은 생명보험과 상조 조합을 통해 리스크를 공유했다. 1919년, 나의 증조할아버지는 자신이 탄 수레를 끌던 말이 놀라 날뛰는 바람에 수레가 뒤집히며 길바닥에 떨어졌고 머리가 깨져 목숨을 잃었다. 증조부모는 밀워키에서 선술집을 운영했지만 '금주법'이 막 발효되는 바람에 새로운 사업을 찾아야 하는 어려움을 겪고 있던 시점이었다. 하지만 생명보험 덕분에 증조할머니는 생활에 걱정이 없었으며, 선술집을 셋집으로 개조했고 미국으로 이민 온 다른 친척들의 재정 보증을 서줄 수 있게 되었다.

이민 열풍이 불자 공교육에 대한 투자도 이어졌다. 이는 교육을 받지 못해 직업을 얻을 준비를 할 수 없다면 부의 창출에서 완전히 소외되어 불만에 찬 사람들이 더 큰 리스크를 초래할 거라는 인식 때문이었다.

대공황을 겪으면서 통제력을 상실한 사람들은 정부가 국민 보호를 위해 역할을 해야 한다고 목소리를 높였다. 마침내 미국 정부는 국민이 최소한이나마 안정감을 회복할 수 있도록 뉴딜정책을 시행했다. 경제 충격과 그 여파로 완전히 새로운 사회·금융 안전망이 형성됐다. 미국은 은행들이 소매 업무와 투자 업무를 분리하도록 '글라스 스티걸법Glass-Steagall Act'을 제정했고, 은행이 과도한 리스크를 감수하는 것으로부터 예금주들을 보호하기 위해 미국연방예금보험공사Federal Deposit Insurance Corporation를 설립해 은행에 대한 규제와 감독을 강화했다. 1960년대에는 기본적인 의료보험을 제공하기 위한 프로그램이 만들어졌고, 1970년대에 이것이 확대됐다.

그러나 1980년대부터 미국 정치인들은 다양한 리스크 보호 조치를 조금씩 없애기 시작했다. 1997년 빌 클린턴 대통령 시절에 의회는 주식 시장을 활성화하기 위해 양도소득세를 인하했으며, 1999년 닷컴 시장 호황 속에 글라스 스티걸법이라는 중요한 금융 안전장치를 없애버렸다. 2008년 금융위기 당시 금융기관들은 너무나 큰 리스크를 무릅쓰다가 위기를 맞았고, 정부는 '너무 커서 파산시킬 수 없는' 금융회사들을 구제하기 위해 납세자들의 세금을 사용했다. 이로써 금융기관의 리스크 감수를 더욱 엄격히 규제해야 할 필요성이 제기됐다. 또한 기업의 도덕적 해이 문제도 떠올랐다. 기업들이 자신들이 구제될 것이라고 믿음으로써 결국 더 위험하게 행동할 가능성이 높아지는 악순환이 반복된다는 것이다.

2008년 금융위기는 버락 오바마 대통령의 취임과 함께 건강보험과 같은 정부가 제공하는 리스크 우산을 확대하려는 움직임을 불러왔다. 일명 '오바마 케어'로 불리는 의료 정책은 의료비 관리 문제와 관련해 정부와 기업, 국민 각자의 책임에 대한 논쟁을 격화시켰다.

2018년 초 트럼프 행정부가 오바마 케어를 무산시키려고 했을 때 밀워키에 있던 한 간호사는 내게 의료 서비스를 계속 받을 수 있을지 알 수 없는 상황에 화가 난 사람들이 크게 늘었다고 말했다(이는 개인과 사회적 리스크 사이의 피드백 순환 구조를 보여주는 또 다른 사례다).

코로나19 팬데믹으로 정부, 기업, 시민들 사이의 사회계약을 둘러싼 많은 문제가 드러났다. 리스크 우산을 제공하는 주체와 규모가 눈 깜짝할 사이에 우리 시대의 결정적인 논쟁거리가 됐다. 그런 논쟁에는 종종 도덕적 판단이 개입한다. 사회경제적으로 취약한 계층으로 전락했거나 자신을 돌보지 않아 육체적 또는 정신적으로 병든 사람들을 누가 돌봐야 하는가? 수십 년 동안 지출하는 교육비와 관련된 재정적 리스크는 누가 해결해야 하는가? 공해와 같은 외부 영향의 부담은 누가 떠안아야 하는가? 금융 인프라의 리스크에 대한 책임을 어떻게 분담해야 하는가? 사회적 안전망을 제공하는 것은 누구의 책임인가?

이 모든 질문은 리스크 관리 문제지만 문화와 사회의 다른 측면과도 밀접하게 연관되어 있다. 예를 들면 다음과 같이 요약할 수 있다. 감수할 가치가 있는 리스크는 무엇인가? 리스크를 감수해야 하는 이유는 무엇인가? 잘못된 결정에 대한 책임은 누구에게 있는가? 리스크를 감수했다 실패할 경우 국민을 보호할 책임은 누구에게 있는가? 적정한 리스크의 양은 어느 정도인가? 우리 각자는 동료 시민의 리스크에 얼마나 책임이 있는가? 다른 사람이 감수하는 리스크를 판단할 권리가 누구에게 있는가?

팬데믹 기간에 정부가 어려움을 겪는 기업뿐만 아니라 과열된 주식 시장에서 자사주를 매입하기 위해 돈을 빌린 기업에도 돈을 쏟아붓는 바람에 이 같은 의문들이 부각됐다. 코로나 바이러스가 극성을 부리고 있는데 대학생들은 봄방학 기간 해변에서 파티를 즐기는 일도 있었다. 어떤 사람들은 자가 격리를 하고 공공장소에서 마스크를 썼지만, 어떤 사람들은 정부 권고사항을 무시하며 마스크를 쓰지 않고 사회적 거리 두기 지침을 지키지 않았다.

사회는 리스크(특히 팬데믹과 같은 재난)를 관리하고 사람들을 지원하는 것이 누구의 책임인지를 스스로 선택한다. 책임의 주체에는 개인, 기업, 시민 사회와 사회 서비스 기관, 지방 정부, 중앙 정부 등이 있으며 다국적 기업, 글로벌 기관과 각종 연합들도 책임의 주체로 등장하고 있다. 그들의 선택에 따라 공동체 혹은 국가가 얼마나 창의적이거나 관료적이며, 얼마나 응집력이 있으며 안정적인지가 결정된다. 모든 일에는 리스크 상충관계가 존재한다. 우리는 누가 이익을 챙길 것이며 리스크를 감수하는 비용을 부담하는지, 누가 기회를 얻을 자격이 있는지, 누가 성공과 실패에 공을 인정받고 책임을 지는지 등의 상충관계를 우리의 기본적인 신념과 가치를 기반으로 처리해나간다.

사람들은 흔히 사회 안전망이란 자기가 잘못해서 불운에 빠진 사람들에게 돈을 낭비하는 것이라고 생각한다. 하지만 그런 안전망 역시 투자다. 독일의 경제학자 한스 베르너 진Hans Werner Sinn은 "복지국가의 보호를 받는 사람들은 그렇지 않았다면 감행하지 못했을 위험하고 수익성이 높은 활동을 한다"라며 이렇게 주장한다. "만약 국가의 보호가 없다면 사람들은 위험한 직업을 선택하지 않을 것이다. 게다가 투자에 실패해 빚을 질 경우 감옥에 가는 길밖에 없다면 리스크가 있는 투자를 할 기업가를 찾기 어려울 것이다. 사회 안전망의 가장 중요한 기능은 사람들의 경제적 노력을 가로막는 위험한 골짜기를 뛰어넘을 수 있게 돕는 것이다."

윤리와 위험한 비즈니스

자유시장 경제학자 밀턴 프리드먼은 "기업의 유일한 사회적 책임은 자원을 활용해 이익을 증대시키는 것이다"라는 말로 유명하다. 프리드먼의 주주 우선주의는 기업계의 통념이 되었을 뿐만 아니라, 다른 이해 당사자들의 요구를 해결하는 것에 반대할 때 쓰는 구호가 됐다. 그들은 주주 우선주의를 들먹이며 주주 외에 다른 사람들을 고려하는 것은 주주를 불리하게 만드는 제로섬 게임이라는 논리를 펼치고, 기업의 이익을 저해하지 말라는 경고를 던진다.

그러나 여기에는 "게임의 규칙 안에 있는 한, 달리 말해 속임수나 부정 없이 개방적이고 자유로운 경쟁을 하는 한"이라는 단서가 빠져 있다. 불행하게도, 이 게임의 규칙은 결코 고무적이지 않다. 특히 서구 민주주의 국가들은 그들의 경제체제가 자유시장에 기반을 두고 있다는 환상에 젖어 있지만, 실상은 돈을 두둑하게 받는 로비스트들 때문에 게임의 규칙은 기업과 산업에 유리한 쪽으로 기울기 마련이다.

주주 우선주의 사고방식은 최근 들어 여러 리스크 렌즈를 사용하는 복합적인 접근 방식으로 진화했다. 기업이 자기 회사는 물론 지역사회 및 글로벌 리스크에 미치는 역할까지 고려하게 된 것이다. 환경·사회·지배구조 경영ESG과 임팩트 투자(재무적 성과뿐만 아니라 사회적·환경적 성과를 추구하는 투자 - 옮긴이 주) 움직임이 활발해지면서, 자사 공급망 및 운영과 더불어 물 부족과 기후 변화와 같은 글로벌 리스크에 대한 기여도를 공개하도록 압박을 받는 기업이 늘고 있다.

2019년 여름, 미국 대기업 CEO들의 협의체인 비즈니스 라운드테이블Business Roundtable은 약 200명의 리더가 서명한 성명서에서 기업의 목적은 주주들의 이익뿐만 아니라 더 넓은 범위의 이해 관계자들의 이익을 보호하는 것이라고 밝혔다. 이런 새로운 원칙에는 고객에 대한 가치 제공, 직원을 위한 투자, 공급업체와의 공정하고 윤리적인 거래, 기업이 속한 지역사회 지원, 주주의 장기적 가치 창출이 포함되어 있다. 증권회사 단체인 기관투자가협의회The Council of Institutional Investors는 이것은 주주에 대한 경영진의 책임을 약화시키는 원칙이라며 "모두를 책임지겠다는 것은 아무도 책임지지 않겠다는 의미"라고 비난했으나, 요즘은 오히려 이들의 관점을 반대하는 분위기가 거세지고 있다.

많은 사람들이 비즈니스 라운드테이블의 성명이 실제로 가능할 것인지에 대해 상당히 회의적이고 이를 뒷받침할 구체적인 행동을 아직 기다리고 있지만, 그 성명이 사람들의 마음을 움직인 것은 분명하다. 얼마 전 언론에서는 프리드먼의 글(1970년 9월 13일 《뉴욕타임스》에 실린 '기업의 사회적 책임이 이윤을 증가시키는가'라는 기사 - 옮긴이 주) 발표 이후 50주년을 맞아 그의 주장이 얼마나 타당한지를 두고 강력한 논쟁이 벌어졌다. 나는 다른 많은 사람들처럼 프리드먼의 주장이 이제 유용성을 잃었다고 생각하지만, 조 노세라Joe Nocera가 블룸버그 기사에서 말했듯이 오래된 습관은 버리기 어렵다. 노세라는 이렇게 정곡을 찔렀다. "나는 예전에 그 질문을 한 적이 있지만, 이제 다시 한번 이렇게 물어봐야겠다. '경제는 무엇을 위한 것인가?' 경제의 목적은 단순히 주주들에게 이윤을 퍼주기 위한 것이 아니라 사람들이 번영할 수 있도록 도와주는 것이다. 결국, 프리드먼의 원칙은 경제가 누구를 위한 것인지에 대한 인식을 왜곡시켰다. 주주만 중요한 것은 아니다. 우리 모두가 중요하다."

2019년 비즈니스 라운드테이블 성명이 나온 지 얼마 지나지 않아 나이키의 전직 임원이었던 리사 맥컬럼Lisa MacCallum과 에밀리 브루Emily Brew는 기업의 역할에 관한 대화를 나누기 위해 뉴욕시 투자자 등과 함께 주요 이해 관계자 모임을 마련했다. 그들은 주주에 대한 책임을 강조하던 기업들이 이제 고객Customer, 직원Employees, 아웃사이더Outsider로 구성된 '새로운 CEO들'인 다른 주요 이해 관계자의 요구도 고려해야 한다고 주장했다. 그들은 대화를 하면서 우리가 좋아하고 선전해줄 만한 회사 그리고 싫어하는 것은 물론 주변 사람들에게도 멀리하라고 경고할 만한 회사가 어디인지 의견을 나눴는데, 그 즉시 혐오 대상으로 지목된 한 회사가 있었다. 이 회사는 의학적인 이유로 글루텐이 첨가된 제품을 먹지 못하는 사람들을 핵심 고객으로 두고 있었으나, 글루텐이 포함된 밀을 사용하고도 그 사실을 식품 라벨에 표시하지 않아 문제를 일으켰다. 기업이 고객의 호감을 이용해 모험을 하다가 신뢰를 잃게 되면(이 경우에는 핵심 고객의 건강과 안전에 매우 심각한 문제를 야기했다) 그것을 복구하기는 매우 어렵다.

맥컬럼과 브루의 연구는 리스크의 개념을 완전히 다른 시각에서 보게 했다. 요즘에는 소셜미디어로 정보를 공유하면 순식간에 기업의 평판이 올라가거나 추락할 수도 있다. 기업들이 이해 관계자를 얼마나 고려하느냐에 따라 얼굴도 모르는 사람들이 서로 뭉쳐 회사를 공격하는 현상이 발생하기도 하며 반대로 우호적인 고객들이 뭉쳐 회사를 방어해주기도 한다. 따라서 평판 리스크를 관리하지 못하면 궁극적으로 회사 가치가 떨어질 수 있다. 맥컬럼과 브루는 주요 기업에 대한 신뢰도가 '매우 높은' 사람은 10명 중 1명에 불과하다는 연구 결과를 내놓았다. 게다가 미국에서는 직원 중 21퍼센트가 자신들의 고용주를 신뢰하지 않는다고 답했는데, 이 비율은 프랑스에서는 40퍼센트 그리고 일본에서는 43퍼센트로 나왔다. 회사의 안위에 생계가 달려 있는 직원들의 경우도 이러한데, 급여를 받지 않는 고객이나 아웃사이더들의 충성도는 어떨지 생각해보라. 그럼에도 불구하고 '고객, 직원, 아웃사이더'라는 새로운 CEO들을 고려하지 않는 기업들이 아직도 너무나 많다.

이를 해결하기 위해서는 목적이 이끄는 기업, 세상을 변화시키겠다는 사명을 가진 기업이 되어야 한다. 목적에 초점을 두고 행동하지 않는 기업은 장기 목표보다 단기 이익을 추구하게 되므로 수동적 위기관리, 끊임없는 직원 교체, 협력사 동태 관리와 감시, 정부와 사회의 규제 회피 등에 자원을 낭비한다. 그 결과 수익이 떨어지고 궁극적으로 실패하게 된다.

리더십과 목적

런던경제대학원, 하버드대학교, 세계은행과 비즈니스 리더들의 연구 공동체인 '리더즈 온 퍼포스Leaders on Purpose'는 리더십의 목적을 '사회 복지에 이바지함으로써 가치를 창출하려는 야망'이라고 정의했다. 이 공동체는 기업들과 협력해 글로벌 리스크와 과제가 기업의 손익에 어떤 영향을 미치는지 분석하고 그 정보를 의사 결정에 활용한다.

리더즈 온 퍼포스의 공동 설립자인 크리스타 린 교리Christa Lynne Gyori는 "목적이 있는 리더십은 리스크를 재구성합니다. 예를 들어 기후 변화에 대비하지 않는 리스크가 대비하는 리스크보다 더 크다고 보는 거죠"라며 이와 같이 말했다. "현재 상태를 그대로 유지하면서 단지 점진적인 변화를 추구하느냐, 그렇지 않으면 혁신을 위한 리스크를 감수하느냐 하는 문제입니다. 어떤 사람들이 리스크로 인식하는 것을 다른 사람들은 반대로 인식할지도 몰라요."

초기에 목적 지향적 지도자들은 옳은 일을 하려면 돈이 든다고 믿는 이사회와 주주들을 설득하기 위해 커다란 리스크를 감수해야만 했다. 그러나 이제 목적을 지향하는 움직임이 이와 같은 낡은 사고방식을 서서히 바꾸고 있다. 또 다른 공동 설립자인 타티아나 카자코바Tatiana Kazakova는 만약 예전의 모델을 가지고 리스크를 정의한다면, 그 내용이 매우 달라질 거라며 이와 같이 덧붙였다. "대차대조표상의 일부 리스크는 리스크가 아닌 기회로 재구성할 수 있습니다."

"우리 사회의 기반을 창조한 선구자들을 떠올려보세요. 그들은 모두 리스크 감수자들이죠"라고 교리는 말했다. "선구자들은 시스템과 약점을 이해하고 빈틈없이 계산한 다음 리스크를 감수합니다. 우리는 사람들이 리스크를 감수하지 못하게 막으려는 게 아니라, 개인적인 만족감보다는 더 큰 목적을 위해서 리스크를 감수하도록 돕고 싶습니다."

이 책을 쓰면서 나는 '목적'이라는 단어를 수없이 들었다. 목적은 감수할 가치가 있는 리스크를 가리키는 신호등이면서 동시에 불확실성과 리스크를 헤쳐나가는 도구다.

리스크를 만드는 자, 감수하는 자, 담당하는 자

마리나 크라코프스키Marina Krakovsky는 저서 《미들맨의 시대The Middleman Economy》에서 중개인(미들맨)의 리스크 분산 역할에 관해서 이렇게 주장한다. "리스크를 가장 잘 감수할 수 있는 사람이 리스크를 담당할 때, 당사자 모두 이익을 얻는 것이 일반적인 원칙이다." 그런데 늘 그런 결과가 나오는 것은 아니다. 만약 그렇게 된다 해도 조건이 항상 공평한 것도 아니다. 물론, 대금을 받아야 돈을 지급하겠다는 조항을 집어넣는 건설업자나 어떻게든 보험금 지급을 피하려고 하는 보험 회사들처럼 리스크를 약자에게 전가하는 무시무시한 약탈자 같은 중개인들도 있다. 투자 고객들에게 불리한 거래를 떠넘기는 초단타 트레이더가 대표적인 예다.

크라코프스키는 이런 약탈자들을 파트너가 성공할 때 같이 성공하고 파트너가 손실을 볼 때는 손실을 함께 분담하는 '존경할 만한 리스크 감수자'와 구별한다. 그녀가 소개하는 존경할 만한 리스크 감수자에는 개별 식당들이 관리할 수 없는 리스크를 관리해주는 도쿄 쓰키지 수산시장의 생선 도매상이나, 작가나 예술가가 혼자서는 해결할 수 없는 작품 및 도서 마케팅 리스크, 변덕스러운 시장 리스크를 하나로 모아 관리하는 미술품 판매상과 도서 출판업자 등이 포함되어 있다. 그들은 리스크를 통합하고 분산하며 다른 데서 얻는 이득으로 손실을 상쇄한다. 리스크 분산 기능은 그들이 제공하는 부가가치인 마케팅이나 물류 지원만큼이나 중요하다.

리스크 감수자들은 인터넷 덕분에 임시직 일이나 승차 공유 혹은 운송 트럭을 채우기 위한 수화물 수집 등 시장의 수요와 공급 모든 측면에서 리스크를 더 쉽게 통합할 수 있다. 그들은 중개자로서 양측 모두의 리스크를 완화하는 역할을 담당한다. 그녀는 개별 결과는 예측하기 어렵지만, 종합 결과는 제법 예측이 가능하다고 설명했다.

누가 리스크 감수자의 임무를 수행할지는 국가가 선택하는 시스템과 그 이면에 있는 가치관에 따라 결정된다. 기업의 역할은 리스크를 감수하는 것인가, 아니면 오로지 이익만을 추구하는 것인가? 리스크를 감수하는 것은 정부의 역할인가? 아니면 리스크 감수자가 없어 각 개인이 스스로 리스크를 감당해야 하는가? 대부분의 경우 리스크 감수자의 역할은 이 세 가지 주체가 섞인 형태로 진화한다. 그렇다면 더 나아가서 질문을 던져볼 수 있다. 리스크를 감수할 만한 가치가 있는 사람은 누구일까? 누가 리스크에 접근이 가능한가? 누가 어떤 리스크를 어떤 대가를 치르고 감수할 것인가? 모든 사람이 받는 혜택을 극대화하고 리스크를 최소화하는 선택은 무엇일까? 리스크 감수자의 역할을 수행할 사람과 리스크 우산에 접근할 사람이 누구인지 결정하는 이 답은 국가와 공동체의 운명을 좌우한다.

크라코프스키는 시카고의 가난한 동네 사람들에게 자동차 보험 서비스를 제공하려 했던 어느 보험 회사의 이야기를 예로 들었다. 동네 주민들은 보험료가 지나치게 비싸다고 불평했지만, 사실 보험료가 비싼 이유는 그 지역의 리스크가 높아서였다. 보험 회사들은 고객에게 받는 보험료보다 지급하는 보험금이 더 많아지자 그 지역의 자동차 보험 시장에서 손을 떼기 시작했다. 이는 리스크 가격을 두고 사회적 이익과 기업의 이윤 동기가 충돌한 사례다.

저소득 지역의 주민들은 긴급 비용을 감당할 수 없으며, 차가 없으면 직장을 잃고 가족을 부양할 수 없다. 따라서 그들이 자동차 보험을 저렴하게 이용하는 것이 사회적으로나 경제적으로나 분명히 이득이다. 하지만 시장 논리만 따르다 보면 보험 회사는 보험 제공자와 피보험자 사이의 거래만 다루고 광범위한 지역사회적 맥락은 고려하지 않게 된다. 개인, 보험 회사, 정부 모두 리스크를 줄여야 한다는 이해관계가 있지만, 셋 다 문제 해결에 참여하지 않는다면 해결책은 여전히 모호할 것이다. 이 사례를 통해 우리는 기업의 이윤 동기와 그보다 더 큰 사회 경제적 이익이 충돌할 때, 정부가 사회적 가치를 잘 반영하고 실행해야 한다는 사실을 알 수 있다. 리스크 감수자는 자신의 역할에 부합하는 공정한 대가를 받아야 하지만, 순수한 시장 논리가 통하지 않는 상황이라면 사회와 정부는 그 격차를 보상할 수도, 하지 않을 수도 있다.

우리는 코로나19 팬데믹으로 시장 쇼크가 일어난 기간 동안 이런 역학 관계를 경험했다. 당시 주가는 불과 22일 만에 30퍼센트 하락했다. 2020년 봄 미국연방준비제도이사회FRB가 기준금리인 연방기금금리를 0~0.25퍼센트로 유지했지만 신용카드 평균 대출 금리는 16퍼센트대로 훨씬 높았다. 은행들은 개인 대출·자동차 대출·주택담보대출 등에 대한 대출 기준을 강화했다. 시장 논리는 명확했다. 팬데믹으로 리스크가 상당히 커졌고, 리스크가 커지면 대출 이자율이 올라간다. 그러나 이 논리로 무장한 금융기관에만 상황을 맡겨두면 지독한 악순환에 빠질 수 있다. 대출 이자율이 오르면 채무자가 채무 상환을 불이행할 가능성이 높아진다. 그러면 신용 경색으로 경기가 침체되어 많은 기업이 파산하고 소비자들은 일자리를 잃고 파산할 리스크가 커진다. 팬데믹 위기 속에서 신용도가 좋은 기업들은 여전히 대출을 받을 수 있었지만, 중소기업은 대출 문이 막혀 결국 정부가 공백을 메우기 위해 개입해야 했다.

만약 최종적으로 아무도 리스크를 담당하려고 나서지 않는다면 사회·경제·정치에 파괴적인 결과를 불어올 수 있다. 이런 역학 관계는 위기 발생 시 드러나지만 평상시에도 존재한다. JP모건연구소에 따르면 미국은 중소기업이 전체 기업의 99퍼센트 이상을 차지하고 전체 일자리 수의 절반 정도를 제공한다. 중소기업의 88퍼센트는 종업원이 20명 미만이며 40퍼센트 이상은 연간 수익이 10만 달러 미만이다. 중소기업의 경우 대출금이 경영에 엄청난 영향을 주지만 정작 대출금 전체 액수는 대기업들에 비해 훨씬 적다. 이들 중 2008년 금융위기 당시 리먼브라더스와 AIG처럼 경제 전체에 엄청난 리스크를 가져다줄 정도로 규모가 큰 기업은 없다. 이처럼 대출을 폭넓은 관점으로 바라보는 것은 개인이나 기업뿐만 아니라 전반적인 경제에도 도움이 된다. 세계은행, 아시아개발은행 그리고 다른 국제 기관들의 여러 연구 결과를 종합해보면 포용금융(금융 소외계층의 금융 접근성을 높이는 제도 - 옮긴이 주)은 경제 전체에 긍정적인 영향을 미친다.

대출금을 누가, 어떤 이자율로 받을 수 있는지는 사회적 가치와 우선순위에 따라 달라진다. 대출 정책을 잘못 세우면, 자금이 별로 필요하지 않으나 잘못될 시 대규모 사회적 피해를 가져올 수 있는 대기업에는 너무 낮은 대출 이자율이 적용되고, 자금이 가장 필요하지만 사회적 위협은 크지 않은 중소기업에는 너무 높은 대출 이자율이 적용된다.

새로운 리스크 접근법

새로운 비즈니스 모델의 등장으로 리스크 감수 비용, 리스크를 줄이는 방법 등에 관한 다양한 접근법이 생겨났다. 금융기관의 대출 기준에 미치지 못하는 사람들은 생활과 투자에 필요한 재원을 조달하기 위해 새로운 대안을 찾았다.

브리짓 데이비스Bridgett Davis가 쓴 《패니 데이비스의 세계The World According to Fannie Davis》에는 1950년대 '디트로이트 넘버스Detroit Numbers'의 운영자였던 그녀의 어머니 이야기가 나온다. 패니 데이비스는 가족의 생계를 책임지고 있었다. 그러나 자신의 이름으로 주택담보대출을 받을 수 없어 신용이 좋고 든든한 직장이 있는 친구 명의로 집을 구입할 수밖에 없었다. 그녀는 대출금 외에도 생계를 위해 도박에 버금가는 사설 베팅 시스템인 '넘버스'를 운영하는 더 큰 리스크도 감수해야 했다. 복권은 미국의 13개 주가 독립선언을 하기 전부터 존재했지만, 1894년부터 1964년까지 복권 사업은 불법이었다. 그 기간 불법 복권은 경마장 승률을 종합한 숫자, 금융시장의 각종 지표, 조작할 수 없는 숫자나 신문에 보도된 숫자 등을 이용한 다양한 형태로 발전했다.

데이비스는 "오늘날 우리가 알고 있는 복권이 디트로이트에 소개되자, 넘버스는 대부분의 아프리카계 미국인이 이용할 수 없었던 공식적인 경제체제의 공백을 메우는 사실상 지하 경제 역할을 했다"라며 이렇게 썼다. "만연한 인종차별을 헤쳐나가기 위해 넘버스 운영자들은 복권 이익금으로 합법적인 사업체를 설립함으로써 이민 온 흑인들이 꿈도 꾸지 못했던 여러 가지 일자리를 제공했다."

넘버스는 불법이었으나 사회적·경제적 목적을 충족했다. 그들은 공식적으로 대출을 받을 수 없는 사람들의 금융 수요를 충족해주고, 자신의 잘못이 아니라 법적 시스템 때문에 일상에서 리스크에 노출된 사람들을 도왔다. 데이비스는 "어머니의 생계 수단이 매일 승패가 갈리는 도박에 의존했기 때문에 중산층이 되려는 우리의 소박한 꿈은 항상 위협을 받았다"며 기억을 되살렸다. "어둠이 깔리면 가족 모두가 긴장한 채 숨을 죽이며 그날의 우승 번호를 기다렸다. 침묵이 온 집안을 감돌았다."

제도권 금융 서비스에서 소외된 사람들은 신용을 얻기 위해 대안으로 타인이 그들의 리스크를 함께 감수해주는 신탁 조합을 만들었다. 금융 접근성에서 차별대우를 받는 개발도상국 사람들과 이민 신분, 소득, 교육 때문에 금융 서비스에 접근하지 못하는 이민자들은 아프리카와 카리브해의 소소sou sou, 라틴 아메리카의 탄다tanda, 한국의 계契와 같은 저축·대출 조합으로 리스크를 공유했다. 저축·대출 조합의 회원은 정기 모임을 통해 공유 기금에 돈을 예금하고, 조합은 미리 정해진 기준(무작위 추첨 혹은 필요)에 따라 정기적으로 자금을 대출해준다. 자금을 빌린 사람은 수취 자금과 자기가 이미 예금한 금액 간의 차액을 상환하게 된다. 인도 그라민 은행이 개척한 마이크로 파이낸스 산업 또한 고객 대부분이 은행에서 신용 리스크가 '매우 높다고' 판단하는 사람들이었음에도 대출 조합 원리를 활용함으로써 매우 낮은 파산율을 달성했다. (마이크로 파이낸스의 높은 금리는 여러 논란을 일으켰다. 일부에서는 금리가 높은 것이 소액 대출을 관리하는 비용이 많이 들어서인지, 아니면 그 나라의 높은 금리를 반영하기 위한 것인지 주장이 엇갈렸다. 이것은 적정한 가격 책정과 리스크 보상에 있어 시장 가치와 사회적 가치가 항상 일치하지는 않는다는 것을 보여주는 또 다른 예다.)

이러한 접근법은 여성과 소수 민족 사업가들처럼 과거 신용 기록이 없는 사람들이 지역사회에서 신용도를 구축할 수 있다는 장점이 있어서 은행과 투자자들 사이에서 확산되고 있다. 나는 1990년대 《아메리카 이코노미아America Economía》에 기고한 글을 통해 은행들이 이민자의 금융 접근권을 넓힐 수 있는 방법을 밝힌 바 있다. 은행이 이민자들의 신용 리스크를 측정하려면 다세대 가정인 경우 개인소득이 아닌 가구소득을 고려하거나, 요금 납부 자료를 활용해 착실한 납부 기록을 파악하는 등 새로운 방법을 모색해야 한다.

콜로라도주 덴버에 본사를 둔 비영리 대부업체인 콜로라도 렌딩 소스Colorado Lending Source는 차입자의 대출 상환 능력과 상환 가능성을 평가하기 위해 전통적인 신용 점수나 담보가 아니라, 차입자에 대해 깊이 있는 대화를 나눌 수 있는 참고인을 추천받는 '인격 기반 대출 모델'을 사용한다. 오리건주 포틀랜드에 본사를 둔 더블액셀러레이트 펀드XXcelerate Fund와 같은 지역사회 대부업체들도 이 접근법을 채택해 신용도를 측정했고, 직원 훈련과 기술 지원을 통해 대출 상환 확률을 높였다.

이런 벤처기업들은 개별 비즈니스뿐만 아니라 기업이 생태계와 지역사회에 미치는 상호 영향까지 고려한 전체 그림을 살펴본다. 보스턴 임팩트 이니셔티브 펀드Boston Impact Initiative Fund의 설립자인 데보라 프리제Deborah Frieze는 다음과 같이 강조했다. "보통 리스크를 이야기할 때 돈을 상환받지 못할 리스크만 언급합니다. 하지만 우리는 어떤 일을 할 때 발생하는 리스크, 하지 않을 때 발생하는 리스크 모두 살펴봐야 해요."

1990년대 후반 닷컴 붐이 일어난 시기에 하버드 경영학 MBA를 받은 창업가 프리제는 투자자들이 자신의 학력을 보고 리스크를 감수했던 일을 정확히 기억한다. 경영대학원을 졸업하기도 전에 투자자들은 그녀의 스타트업에 200만 달러를 투자했다. 졸업 후 회사 매출이 여전히 100만 달러에 불과했는데도 그들은 1억 달러를 더 투자했다. 그것은 매우 큰 리스크였으며 결과는 누가 봐도 실패할 것이 분명했다. 하지만 그녀는 모든 사람이 자신의 경우처럼 쉽게 투자를 받거나 실패했을 때 용서받을 수 있는 건 아니라는 사실을 잘 알고 있었다. 그녀는 내게 "저와 함께 일하는 기업가들은 실패에 대한 관용이 없는 세상에 살고 있어요"라고 말했다. "그들은 리스크를 감내하지 못하는 것이 아니라 엄청난 리스크를 감내하는 거죠. 저와는 달리 그들은 실패에 대한 보상을 받기 어렵거든요."

보스턴 임팩트 이니셔티브의 사명 중 하나는 특권층 출신이 아닌 신생 기업가를 위한 지원 네트워크를 만드는 것이다. 이 회사는 평생 위험한 상황에서 불확실성을 감수하고 살았음에도 여러 장애물에 봉착한 사람들로 하여금 리스크를 현명하게 감수하도록 힘을 북돋아준다. 프리즈는 내게 말했다. "저는 항상 '더 큰 리스크를 감수하면 더 큰 보상을 받을 것이다'라는 말을 들었어요. 하지만 저와 함께 일하는 신생 기업가들에게 사회는 '당신은 실패하지 않는 게 좋을걸. 내 생각에 당신은 실패할 거야'라고 말합니다. 게다가 이들에겐 안전망도 없어요." 나는 이 이야기를 듣고 달란트 비유를 떠올렸다. 금을 땅에 묻어둔 사람은 금을 잃지 않는 게 좋다고 배웠던 게 아닐까?

프리제는 리스크와 수익의 관계를 뒤집어 생각함으로써 인종 간 불평등을 해결하고 사람들이 '좋은' 리스크를 더 쉽게 받아들이도록 노력하고 있다. 보스턴 임팩트 이니셔티브의 비즈니스 모델은 '각자의 능력에 따라, 각자의 필요에 따라'라는 원칙을 바탕으로 만들어졌다. 돈을 더 많이 지불할 여력이 있는 기업에 높은 이자율을 적용하며, 돈이 가장 필요한 기업에 가장 낮은 이자율을 적용한다. 성공한 실적이 없는 초기 단계 기업에는 대출 이자율을 5퍼센트만 적용하고, 신용 정보가 조금 쌓인 중소기업은 6퍼센트를, 벤처 투자를 유치할 정도로 이미 성장한 기업에는 7퍼센트의 이자율을 적용한다. 이 펀드는 지분투자도 하지만 자신들을 위한 수익의 상한선을 정해놓아서 초과 수익이 나면 펀드 투자자가 아닌 기업의 소유자와 근로자에게 이익이 돌아가게 된다.

그녀는 투자가들에게도 비슷한 접근 방식을 적용한다. "저희는 리스크를 가장 많이 감수하는 사람들이 수익을 가장 많이 가져가야 한다고 말하는 대신, 리스크를 감수할 여유가 없는 사람들이 수익을 가장 많이 가져가고 리스크를 가장 적게 감수해야 한다고 말합니다." 소액 투자가들은 대손 충당금 비율을 50퍼센트로 보호받지만 그들보다 형편이 좋은 투자가들과 동일한 이자율을 적용받는다. 제일 여유가 있는 자선 투자자들은 가장 낮은 수익률을 적용받고 원금 보호도 적게 받는다. 일반적으로 일이 돌아가는 방식과는 정반대다. 이 구조는 돈으로만 수익을 측정하지 않고 지역사회에 미치는 영향을 중요시하는 투자가들에게 효과가 있다. 이를 반영해 프리제의 회사는 비영리법인으로 등록되어 세금이 면제된다.

그녀가 이룩한 성과를 살펴보면 리스크를 정의하는 방식이 대단히 흥미롭다. 그녀는 개별 기업이 큰 생태계의 일부이며, 기업의 성패가 지역사회 전체와 이해 당사자들에게 영향을 미친다고 봤다. 그리고 이 회사는 서류상으로는 똑같아 보일지 몰라도 실제로 개인마다 차이가 나는 리스크 감수의 유동성까지 대출 이자율을 결정하는 구조에 반영하고 있다.

공정한 리스크 가격

이슬람 율법인 샤리아sharia는 불공정한 이자율 부과 즉, 고리대금을 의미하는 '리바riba'와 투기를 의미하는 위험 거래 '가라르gharar'를 금지한다. 원칙적으로 샤리아를 준수하는 금융은 리스크와 수익의 '공정한' 공유를 기반으로 한다. 이슬람 금융의 뿌리인 공정성은 근본적으로 가치와 신념에 대한 문제다.

2008년 금융위기 이후, 금융산업의 도덕성에 관한 논란이 대두되었음에도 이슬람 금융시장은 오히려 활기를 띠었다. 저명한 학자인 발리 나스르Vali Nasr는 2010년 저서 《이슬람 자본주의의 부상The Rise of Islamic Capitalism》에서 "이슬람 금융인들은 그들의 윤리 의식 덕분에 엄청난 혼란을 초래했던 위험한 투자에 손을 대지 않았으며, 미래의 투자가들에게 한층 매력적인 기회를 제공할 것이라고 자랑하고 있다"며 다음과 같이 설명한다. "이슬람 금융은 이자를 지급하는 대신 파트너십 구축을 기반으로 한다. 따라서 비즈니스 투자를 할 때 차입자, 대출자, 투자가가 지분 형태로 참여해 투자의 리스크와 보상을 공유해야만 한다."

나스르는 물론 이론과 실제는 다르다고 지적한다. 사람들은 이 제도를 피해 이자 금액을 반영하기 위해 가격을 올리는 등 우회적 해결 방안을 많이 마련해놓았다. 그렇지만 이슬람 금융에 관한 관심이 급증하고 있다는 사실은 무언가 중요한 일이 벌어지고 있음을 시사한다. 2006년에는 300개 회사가 약 140억 달러를 관리했는데, 톰슨 로이터의 조사에 따르면 2018년까지 샤리아 인증 기업은 56개국의 1,389개로 늘어났고, 그들이 관리하는 이슬람 금융의 총자산은 2조 4,000억 달러라는 놀라운 규모로 성장했다.

이슬람 금융학자들은 투기가 예상치 못한 불공정한 손실을 초래해 결국 분쟁과 증오, 사회 혼란으로 이어질 수 있다고 경고하며 이것이 투기를 금지하는 이유라고 주장한다. 라이스대학교의 경제학자 마흐무드 엘가말Mahmoud El-Gamal은 투기를 금지하는 또 다른 이유로 리스크 가격을 잘못 책정하면 거래 시 경제적 비효율을 초래할 수 있다는 점을 들었다.

그의 말대로 2008년 금융위기의 원인이 되었던 투기는 극단적인 리스크 계산 착오에서 비롯했다. 이 현상은 2016년부터 2019년까지 계속되어 주식과 채권 가격의 엄청난 상승으로 이어지고 있다. 2019년 늦겨울과 2020년 초봄에 코로나19 확진자와 사망자가 급증하면서 기업과 경제가 받은 커다란 충격에 비해 미국 주가는 위태로울 정도로 높은 상태이니 오히려 더 심해졌다 할 수 있다.

신종 코로나 바이러스가 등장하고 본격적인 팬데믹으로 치닫기까지 몇 달 동안 금융시장도 롤러코스터처럼 요동쳤다. 미국에서는 팬데믹이 끝날 때까지 금융시장과 경제를 부양하기 위해 정부 지출과 통화 공급을 대규모로 확대한 결과 주가가 아찔할 정도로 상승했다. 소액 투자자들은 그들이 받은 정부 재난 지원금을 주식 시장에 투자했고, 대부분의 돈이 곧바로 금융시장으로 흘러 들어갔다. 수백만 명의 사람들이 소액으로 증권 계좌를 열었다. 렌터카 대행사인 헤르츠Hertz는 파산 선언을 한 후에도 소액 투자자들이 너무 높은 가격으로 주식을 매입하는 바람에 신주 발행 계획을 검토했지만 증권거래위원회의 개입으로 계획을 취소하기도 했다.

금융계의 많은 사람들은 이 현상이 좋게 끝나지 않을 거라고 예상하고 있었다. 2020년 6월, 초단기 투자자였던 20살 청년 알렉스 컨스는 증권 계좌 잔액이 마이너스 75만 달러인 것을 보고 스스로 목숨을 끊었다. 일정한 수입이 없었던 어린 청년이 어떻게 그렇게 거액의 대출을 받을 수 있었는지 어안이 벙벙해진다.

위험사회의 피드백 순환 고리

지역사회와 국가는 그들의 가치관에 따라 때로는 좋은 리스크를, 또 때로는 나쁜 리스크를, 아니면 두 가지가 혼합된 여러 리스크를 권장하거나 억제하는 정책을 펼친다. 거울에 자기 모습이 비치는 것처럼 구성원들이 내리는 리스크 결정은 그 집단의 성공이나 실패를 반영하며, 경제적 가치를 창출한다. 달리 말하면 경제적 가치가 사회적 가치에 의해 결정되는 것이다.

우리 각자는 사회와 시대 규범의 산물이다. 그 모든 규범이 한데 어울려 감수할 '가치'가 있는 리스크에 대한 우리의 감정과 판단, 즉 무엇이 중요하고 공정하며 무엇이 옳고 그른지를 판단하는 우리의 목적의식과 신념을 형성한다. 이러한 규범은 사회와 조직, 구성원들의 운명을 차례로 결정한다.

당신의 신념과 가치 그리고 동료, 공동체, 국가의 신념과 가치가 당신의 리스크 지문에 어떤 영향을 미치는지 잠시 생각해보라. 어떤 리스크를 감수하는 것이 적절한가? 어떤 리스크를 다른 리스크보다 중시하는 정당한 이유는 무엇인가? 리스크가 좋든지 나쁘든지 간에 국가 정책이 어떻게 리스크를 감수하도록 장려하거나 억제하는가? 사람들이 교육에 투자하고 잠재력을 발휘할 수 있도록 지원하는 제도가 있는가? 정부는 나쁜 리스크를 감수해 타인을 위험에 빠뜨린 사람들을 어떻게 처리하는가? 정부는 스스로 통제할 수 없는 사건 때문에 경제적으로 실패한 이들을 처벌하는가? 정부는 시장이 실패하면 안전망을 제공하는가? 국민이 리스크를 감수하다가 실패한다면 누가 그 후속 처리를 담당할 것인가?

일이 다 벌어진 후에는 리스크를 감수한 사람이 성공했는지 아닌지를 쉽게 판단할 수 있다. 대학을 중퇴하고 부모님 집 차고에서 회사를 창업해 성공한 기업가들처럼, 누군가가 큰 리스크를 무릅쓰고 성공하면 우리는 그들을 축하한다. 하지만 그 리스크가 엄청나게 잘못된 결과를 불러온다면 우리는 편견을 가지고 추정하면서 그들을 비난할지도 모른다.

우리가 다른 사람들이 감수하는 리스크를 판단할 때도 같은 신념과 가치관을 적용하는지 알아보자. 스스로 다음 질문들을 던져보면 다른 사람이 리스크를 감수하거나 회피하는 이유를 이해함으로써 리스크 공감 능력을 기를 수 있다. 당신은 다른 사람에게 적용하는 것과 같은 기준으로 자신의 결정을 판단하는가? 당신은 타인의 결정을 판단할 때 성공 여부를 기준으로 삼는가? 사람들이 실패한 이유는 그들이 어떤 일을 하거나 하지 않아서 발생한 것인가, 아니면 그들이 통제할 수 없는 상황 때문인가? 그들의 성공은 엄청난 행운 덕분인가, 아니면 노력의 결과인가? 그들은 합리적인 리스크를 감수했는가?

이제 이 장의 도입부로 다시 돌아가보자. 당신은 달란트 비유에 등장한 3명의 하인을 어떻게 판단할 것인가? 만약 그들 중 1명이 투자로 손해를 봤다면 어떻게 될까? 당신은 손해본 사람을 처벌할 것인가? 그들이 투자를 결정한 이유를 알게 된다면 판단이 달라질까? 교육, 보험, 조언, 격려 등과 같은 지원이 있었다면 그들의 투자 결정이 달라졌을까? 그들의 결정에 영향을 미친 다른 요인에는 무엇이 있을까? 다음 장에서 살펴보겠지만 사회과학자들은 우리가 위험하다고 인식하는 정도 그리고 그 위험을 기꺼이 감수할지 말지에 영향을 미치는 모든 종류의 요인들을 알아냈다.

09

Emotion, Reason, and Acceptable Risk

감정과 이성, 수용 가능한 리스크

나는 세계 인구의 100명 중 1명이 걸리는 자가면역질환인 셀리악병을 앓고 있다. 셀리악병은 밀, 보리, 호밀과 같은 곡물에서 발견되는 단백질 글루텐에 면역 반응을 일으키는 질환으로, 유일한 치료법은 글루텐이 포함된 음식을 엄격히 제한하는 것이다. 만약 그렇게 하지 않는다면 부작용으로 내장이 망가지며 심한 물집, 여드름, 종기, 편두통, 피로 등의 증상을 겪어야 한다. 림프종과 대장암이 발병할 위험도 증가한다. 게다가 고통스러운 소화기 증상을 견뎌야 한다. 만성 질환인 셀리악병은 몸에 밴 오래된 생활 습관을 바꾸고 새로운 습관을 만들어야 한다는 점에서 다른 질환과 유사하다. 글루텐이 없는 신선한 음식을 섭취하면 병을 쉽게 관리할 수 있다. 그러나 영양 정보 라벨이 실수로 잘못 표시될 수도 있어 가공식품은 항상 주의를 해야 한다. 글루텐은 예상하지 못한 곳에 들어 있기도 하다. 예전보다는 훨씬 더 많은 식품 회사들이 공장에서 밀이나 보리를 가공할 경우 글루텐 경고 라벨을 붙이고 있다. 나는 경고 라벨이 부착된 제품은 피해왔다. 하지만 소비자 지원 단체인 '글루텐 프리 워치독Gluten Free Watchdog'은 경고 라벨을 붙인 제품이 오히려 붙이지 않은 제품보다 글루텐을 포함할 가능성이 낮다고 밝혔다. 그렇다면 셀리악 환자들은 배고플 때 어떻게 해야 할까?

셀리악 환자들은 레스토랑에서 식사를 하려면 치밀하고 적극적으로 리스크를 관리해야 한다. 레스토랑에 내가 먹을 수 있는 음식이 있을까? 웨이터가 나의 상태를 주방에 제대로 전달해줄 것인가? 주방에서 그 말대로 음식을 만들어줄까? 웨이터와 요리사들은 간장, 블루치즈 등과 같이 대부분이 생각지도 못한 곳에 교묘하게 들어 있는 글루텐을 찾아낼 만큼 이를 잘 알고 있는가? 글루텐 프리라고 표기된 빵에 정말 글루텐이 없을까? 글루텐이 없는 빵을 반죽할 때 주방 여기저기에 일반 밀가루가 널려 있었던 건 아닐까? 저녁 식사를 함께하는 동료들이 내가 웨이터에게 글루텐 포함 여부를 조목조목 따지는 것을 들으면서 힐끔힐끔 쳐다보지는 않는가? 이런 의문들을 보면 셀리악병 진단을 받은 사람들이 식당에서 식사하는 횟수를 90퍼센트까지 줄였다는 어느 연구 결과를 이해할 수 있을 것이다.

한 행사에 참가했을 때였다. 주최자가 주방 직원들에게 내게는 글루텐이 없는 음식을 제공해야 한다고 신신당부했다. 종업원이 글루텐 프리 빵 두 개를 들고 왔을 때 나는 기뻐서 어쩔 줄 몰랐다. 그런데 종업원이 접시에 있던 다른 일반 빵과 글루텐 프리 빵을 겹쳐 놓는 바람에 두 빵의 표면 전체가 닿아버렸다. 너무 놀란 나머지 그만하라고 입을 열 수도 없었다. 셀리악병을 앓고 있는 아들을 데리고 온 내 옆자리 부부도 그 광경을 보고 눈이 휘둥그레지며 나와 똑같은 반응을 보였다. 나는 그녀가 선의로 한 행동이었다고 생각하지만 그건 글루텐이 없는 빵에 독을 넣은 것이나 마찬가지였다. 셀리악병을 앓는 사람들은 글루텐 부스러기를 조금만 먹어도 문제가 생기기 때문이다.

이 일로 나는 개인적인 리스크와 타인이 인식하는 리스크의 차이를 알게 됐다. 모든 사람이 이런 건강 위협이 얼마나 심각한지 다 이해하는 건 아니기 때문에 음식에 민감한 사람들은 어려움을 많이 겪는다. 요즘은 셀리악병이 없다면 글루텐을 피할 필요가 없다는 기사가 많이 나오고 있다. 추측건대 그것은 글루텐을 피하는 것은 일종의 유행이라는 개념을 강조하려는 서비스 저널리즘service journalism(독자들의 문제 해결에 관한 정보를 제공하는 언론 - 옮긴이 주)일 것이다. 하지만 건강을 유지하려면 글루텐을 반드시 피해야 하는 사람들의 삶은 더 어려워졌다. 많은 회사들이 글루텐이 없는 식품을 만드는 것을 의학적으로 반드시 해야 할 일이 아니라 마케팅 트렌드 정도로 받아들여 식품 안전 문제를 별로 심각하게 생각하지 않게 됐다.

나는 누군가가 페이스북에 밀로 만든 새로운 생물 분해성 식용

접시를 설명하는 글을 올린 것을 보고 그것이 끔찍한 아이디어라는 댓글을 단 적이 있다. 인구의 약 1퍼센트가 그 접시를 사용할 수 없고, 자신도 모르게 위험한 접시에 음식을 담아 먹을 확률이 높다는 점을 고려하면, 리스크는 엄청나게 컸다. 위험하지 않은 원료를 사용할 수는 없을까? 그런데 내 의견에 대한 반발이 너무나 즉각적이고 신속해서 깜짝 놀랐다. 사실을 알지도 못하고, 사실에 귀를 기울일 생각조차 없는 사람들의 이기적이고 감정적인 반응이었다.

그 사건을 겪고 나니 나는 땅콩 알레르기가 있는 학생이 증가하자 땅콩 사용을 금지한 학교를 조롱했던 사람들이 생각났다. 어떤 사람들은 여기서 더 나아가 자신이 원하는 곳에서 땅콩을 먹을 수 있는 권리가 침해된다며 분노를 표출하기도 했다. 이런 거부 반응은 리스크를 줄이려는 수많은 노력에 대한 반항이며, 리스크를 부인하는 위험한 문화의 일부분이자, 리스크 평가를 할 때 감정과 이성의 역할을 제대로 인식하지 못해서 발생하는 현상이다. 인류는 감정적 반응을 '육감'과 상반되는 '증거 및 분석'과 연결시키는 것을 어려워하고 있다.

오늘날 감정과 이성의 차이를 이해하는 것은 엄청나게 중요하다. 그것은 전근대 사회와 근대 사회 그리고 포스트모던 사회를 구분하는 잣대다. 감정과 이성을 구별함으로써 우리는 정치적 분열, 가족과 인간관계의 갈등, 기업의 실수, 협상 결렬 등 다양한 상황을 이해할 수 있다. 또한 자기에게 해당되는 리스크인지 아니면 다른 사람들, 특히 그들이 알지 못하는 사람들에게만 해당되는 리스크인지도 감정 및 이성과 관련이 있다. 사람들은 잘 아는 사이라도 타인의 리스크에는 공감하기 어려워하는데, 낯선 사람들의 리스크라면 더더욱 그렇다. 코로나19가 뉴욕, 샌프란시스코, 시카고에 처음 발생했을 때 미국에서 비슷한 현상이 일어났다. 팬데믹의 직접적인 영향을 받지 않았다고 생각하는 사람들은 일부 지역에서 팬데믹 확산을 방지하기 위해 실시한 엄격한 조치에 반발했다. 노인보다 사망률이 훨씬 낮은 젊은이들은 술집과 해변에 가지 못하게 하는 조치에 분개했다. 게다가 진보 언론과 보수 언론이 서로 다른 이야기를 하는 바람에 상황은 더욱 악화됐다.

감정에 휘둘리는 사람들에게 사실에 기반하여 판단하도록 설득하거나 데이터에 얽매인 사람들에게 감정이 중요하다는 것을 인식시키는 등 둘 사이의 간극을 메우는 작업은 사회가 해야 할 가장 중요한 일이다. 이를 위한 첫 번째 단계는 감정적 반응에 영향을 미치는 요인을 이해하고, 주관적·객관적 리스크 반응의 균형을 유지하면서 이성이 작용할 수 있는 방법을 찾아내는 것이다.

그러려면 개인의 선호, 경험, 우선순위를 알아야 한다. 나는 시카고의 얼음 폭풍으로 댈러스 공항에 발이 묶이는 바람에 근처의 식당에서 폭풍이 지나가기를 기다린 적이 있었다. 텍사스에서 10년 동안 살았던 나는 원래 이 식당에는 글루텐이 없는 메뉴가 많이 있다는 걸 알고 있었다. 그래서 일단 웨이터에게 셀리악병 관련 사항을 자세히 묻고 주방장이 교차 오염을 피하는 방법을 알고 있는지 확인하고 나서야 저녁 식사를 편하게 주문할 수 있었다. 하지만 나처럼 셀리악병을 앓고 있는 내 동료는 그렇게 하지 않았다. 그녀는 내가 수용 가능하다고 판단했던 작은 리스크마저도 감수하지 않으려고 휴대용 조리 냄비, 포장 쌀국수, 냉장고에 넣지 않아도 되는 완숙 달걀과 조미료, 과일 등을 갖고 여행한다. 우리는 각자 자신에게 맞는, 뚜렷이 구별되고 합리적인 선택을 했다.

그 후 나는 우리가 다른 선택을 하는 데 영향을 미친 주관적인 리스크와 객관적인 리스크의 차이점이 궁금해졌다. 왜 어떤 사람은 같은 리스크를 다른 사람보다 더 위험하다고 생각하는지 그리고 위험이 끼친 영향을 이해하면 더 좋은 리스크 결정을 내릴 수 있을지도 알고 싶었다. 그 과정은 우리의 독특한 리스크 지문을 바탕으로 감정과 이성의 균형을 맞추는 것이었다. 우리가 리스크에 직면했을 때 무엇을 믿고 어떻게 반응하느냐는 우리가 이성적인지 감정적인지, 지식을 추구하는 경향이 있는지 부정하는 경향이 있는지에 달려 있다. 물론 과거의 경험도 중요하지만, 동일한 충격이나 손실을 경험해도 어떤 사람은 아무 거리낌 없이 행동하기도 하고 어떤 사람은 미래에 비슷한 리스크를 회피할 방법을 모색하기도 한다.

리스크를 객관적으로 판단한다면

심리학자 제프 트리키는 발리 해변에서 만난 어느 여성의 이야기를 내게 들려줬다. 이 여성은 호주에서 말레이시아로 가는 비행기에서 위험한 상황을 겪었다. 기내 압력이 저하되어 자동으로 산소마스크가 내려왔고, 승무원들은 추락 상황에 대비하는 동작을 아무 말없이 시범으로 보여줬다. 안내 방송이 흘러나왔지만 말레이시아어라서 아무런 도움이 되지 않았다. 조종사는 비상 사태 절차에 따라 비행기를 고도 3만 피트에서 3,000피트로 빠르게 하강시켰고, 그 9분이라는 시간 동안 승객들은 생명의 위협을 느껴 공포에 휩싸였다. 그러나 비행기는 안전하게 착륙했고, 항공사는 조종사가 권고 절차를 완벽하게 실행했기 때문에 아무런 리스크가 없었다고 발표했다. 그것은 승객들이 느낀 것과는 사뭇 거리가 있는 발표였다. 그녀는 비행기가 얼마나 심하게 흔들렸던지 두 번 다시 비행기를 타지 못할 거라고 생각했다. 트리키는 그녀의 이야기를 회상하면서 이렇게 말했다. "저는 그때 주관적인 리스크와 객관적인 리스크의 차이를 깨달았어요."

케임브리지대학교에서 대중의 리스크 이해를 연구하는 데이비드 스피겔할터David Spiegelhalter 교수는 리스크의 규모와 가능성을 인식하는 것이 중요하다고 주장한다. 그는 두려운 감정을 느끼는 것과 실제로 위험한 것의 차이를 구별하는 것이 얼마나 중요한지를 경고한 통계학자 한스 로슬링의 주장을 상기시켰다. 흔히 '리스크 교수'로 알려진 스피겔할터는 위험을 '마이크로모트micromort' 단위로 측정한다. 마이크로모트란 의사 결정론자인 로널드 하워드Ronald Howard가 사망 확률이 100만 분의 1이 되는 상황을 표현하기 위해 만든 용어로, 예를 들어 1마이크로모트에 해당하는 활동은 자전거 16킬로미터 타기, 숯불에 구운 스테이크 100개 먹기, 원자력 발전소 반경 32킬로미터 이내에 150년 동안 살기 등이다.

| 마이크로모트로 측정한 리스크 |

1마이크로모트에 해당하는 행동	사망 원인
아침에 일어나기(18세)	원인이 너무 다양해 열거 불가
와인 0.5리터 마시기	간경변
모든 예방 가능한 사망원인	암 혹은 심장질환
담배 1.4개비 흡연	암 혹은 심장질환
제트 비행기로 1,000마일(1,609킬로미터) 여행하기	비행기 추락 혹은 사고
기차로 6,000마일(9,656킬로미터) 여행하기	충돌 혹은 사고
오토바이로 6마일(9.7킬로미터) 여행하기	충돌 혹은 사고
걸어서 17마일(27킬로미터) 여행하기	사고(낙상, 차 사고 등)
활동별 리스크 마이크로모트 값(1회당)	
자동차로 230마일(370킬로미터) 여행하기	1
암석 등반	3
행글라이딩	8
축구 경기하기	20
출산하기	170
태어나기(태어난 첫날)	430
아침에 일어나기(90세)	463
에베레스트산 등정	37,932

스피겔할터는 한 영상에서 베이컨을 먹는 것과 대장암에 걸릴 확률을 언급했다. 과거 통계에 의하면 그와 같은 또래의 남자가 대장암에 걸릴 확률은 약 5퍼센트지만, 베이컨을 규칙적으로 먹으면 그

확률이 6퍼센트로 증가할 가능성이 있다고 한다. 그는 "그 정도 해롭다면 난 베이컨을 먹지 않을 이유가 없다고 생각해요"라며 베이컨 샌드위치를 집어 들었다. 그는 리스크를 고려하는 행위와 위험한 활동에서 즐거움을 얻는 행동의 상충된 관계를 이렇게 설명했다. "내가 얻은 결론은 너무 조심하는 것도 큰 리스크라는 겁니다."

스피겔할터의 접근 방식은 리스크 본질 자체에 관한 정보와 분석, 추론을 기반으로 한다. 하지만 우리는 대부분 리스크를 판단할 때 발생 확률뿐만 아니라 그와 관련된 감정적인 사항도 고려한다. 어떤 리스크가 수용 가능한지 아닌지를 합리적으로 판단하려면 우리가 왜 특정한 방식으로 반응하는지 그 요인들을 살펴봐야 한다.

리스크 인식과 수용 가능한 리스크

사회심리학자인 폴 슬로빅은 리스크 전문가만이 '진정한' 리스크를 알고 있으며 대중의 리스크 인식은 대체로 무지하거나 비이성적이라는 생각에 이의를 제기했다. 그는 리스크의 주관적이고 가치 중심적인 성격을 인식하고 리스크란 특정한 맥락에서 사회적으로 합의된 것이라는 사실을 인정하지 않으면, 리스크를 제대로 이해할 수 없다고 주장한다.

슬로빅과 그의 동료들은 '심리 측정 패러다임psychometric paradigm' 연구를 통해 개인이 리스크를 주관적으로 규정하는 데 영향을 미치는 다양한 요인들을 제시했다. 앞 장에서 우리는 성격, 경험, 집단과의 관계, 국가 및 문화와의 관계, 신념과 가치관이 리스크를 바라보는 시각에 어떤 영향을 미치는지 살펴봤다. 이제 슬로빅의 심리 측정 패러다임으로 리스크 자체의 특징을 살펴봄으로써 그것이 우리의 반응에 어떤 영향을 미치는지 알아볼 것이다.

슬로빅은 우리가 리스크를 얼마나 심각하게 받아들이고 얼마나 많은 리스크를 감내할 수 있는지는 몇 가지 요소에 의해 결정된다고 말했다. 여기에는 자발성(자발적으로 선택한 위험인지 여부. 가령 흡연 및 식단을 결정하는 문제와 자연재해를 비교해보라)과 상황 통제 능력(리스크에 노출된 후 그 결과를 제어할 수 있는 정도) 그리고 긴급성(위험이 언제 닥칠지, 얼마나 가까이 와 있는지 예상하는 정도)등이 포함된다.

우리가 특정 리스크를 얼마나 잘 알고 있는지, 과학자나 전문가가 그것을 얼마나 잘 이해하고 있는지도 위험 인식에 영향을 미친다. 또 그 리스크가 얼마나 새로운 것인지, 만성적인 것인지 일시적인 것인지도 중요하다. 리스크 충격의 성격과 심각성 정도도 밀접하게 관련돼 있다. 마지막으로 우리는 리스크 충격의 공평성, 1차 및 2차 충격의 범위, 미래 세대에 미치는 충격에 주목할 것이다. 이런 다양한 관점으로 각각의 리스크를 살펴볼 때 그 반응에 숨겨진 우리의 편견을 이해할 수 있다. 일단 편견이 있음을 깨닫기만 한다면 우리는 생각을 바꿀 수 있다.

자발성과 통제 능력

미국의 전기공학자인 천시 스타Chauncey Starr는 우리가 리스크를 자발적으로 받아들인다고 느낄수록 스스로를 더 큰 위험에 노출시키게 된다고 주장했다. 그의 계산에 따르면, 리스크를 받아들일지 말지 선택할 수 있으면 리스크를 감내할 가능성이 1,000배나 높아진다. "스스로 하면 기쁘게 할 일도 다른 사람이 시켜서 하면 싫어진다"며 그는 농담조로 이렇게 썼다. "질병으로 인한 사망률은 자발적으로 수용할 수 있는 리스크의 수준을 결정하는 척도 역할을 하는 것 같다. 그런데 놀랍게도 스포츠 활동으로 인한 사망률도 질병으로 인한 사망률과 대부분 비슷하다. 마치 스포츠를 할 때 개인의 잠재의식에 있는 컴퓨터가 담력을 조절해 질병으로 인한 사망률을 초과하지 않을 정도까지만 리스크를 감수하도록 만드는 것 같다. 아마도 이것을 배짱과 만용을 구분하는 경계선으로 삼을 수 있을 것이다." 그는 베트남 전쟁을 예로 들어 설명했다. 전쟁 기간 중 미국 일반인의 사망 리스크는 질병으로 인한 사망 리스크와 비슷했다. 하지만 군 복무 연령인 20~30대 남성의 경우 사망 리스크가 일반인의 10배였다. "리스크에 직접 노출된 사람들은 리스크 문제를 일반 사람들과 다른 관점에서 봅니다." 스타의 말은 너무나 당연해 보이지만 그래도 주목할 만한 가치가 있다.

우리가 자발적으로 선택했다고 믿을 때 리스크를 감수할 가능성이 높아지는 것처럼, 통제할 수 있다고 믿을 때도 그 가능성이 높아진다. 코로나19 팬데믹이 확산되자 바이러스 감염이 일상적 리스크가 되는 것에 대해서는 우리에게 선택의 여지가 없었다. 하지만 리스크를 최소화하기 위한 선택은 할 수 있었다. 역설적으로 들리지만 바로 그것이 일부 사람들이 마스크를 쓰지 않고 사회적 거리 두기를 하지 않기로 결정한 이유였다. 그들은 상황을 악화시키며 더 중요한 문제를 통제하는 데는 아무런 역할을 못했으나, 자신들이 할 수 있는 행동인 '선택'은 스스로 통제한 셈이었다.

마찬가지로 2019년 에티오피아 항공 추락사고 이후 미국의 승무원과 조종사 협회는 보잉 737 맥스 기종의 운항 안전성에 대해 서로 다른 진술을 내놨다. 비행기를 조종할 수 있는 조종사들은 승무원들보다 비행기 안정성을 높게 평가했다. 그러나 그런 통제감은 착각에서 비롯됐을 가능성이 있다. 여러 연구에서 밝혔듯이 인간은 실제보다 더 큰 통제력을 갖고 있다고 믿는 경향이 있다. 예를 들어, 사람들은 자신이 스스로 숫자를 선택하면 복권에 당첨될 확률이 더 높다고 생각한다. 자동차 운전자들은 동승한 사람보다 교통사고 리스크를 더 낮게 인식한다. 학자들은 이 통제감의 환상을 비현실적인 낙관주의 및 과신과 연관 지었다.

통제감을 느끼는 정도가 문제의 한 측면이라면, 통제 불가능한 상황을 얼마나 편안하게 받아들이는지는 또 다른 측면이다. 7장에서 살펴봤듯이, 어떤 문화나 직업군에 속한 사람들은 다른 사람들보다 더 통제 불가능한 상황을 잘 받아들인다. 리스크 전문가들은 계량화하고 측정할 수 있는 것에 초점을 맞춘다. 보험계리사, 신용 평가 기관, 포트폴리오 관리자는 모두 확률과 가격을 리스크와 연결하는 데 시간을 투자한다. 이런 작업은 현실과 동떨어진 것처럼 보일 수도 있다. 하지만 우리가 리스크를 처리하기 위해 여러 가지를 계산하는 것이 일종의 통제 행위일 뿐만 아니라 유용한 전략이라는 면에서는 리스크 전문가들이 맞다. 물론 오로지 숫자에 관한 전략만 세우는 건 아니다. 리스크 전문가는 기업이 예상치 못한 상황에 더 쉽게 대응할 수 있도록 구조와 프로세스를 구축하는 데도 상당한 시간을 쏟는다.

기업가들은 사업을 해보지 않은 사람들과 리스크를 판단하는 방식이 상당히 다르다. 이는 그들이 회사 설립자로서 회사의 미래를 좌지우지할 결정에 통제력을 발휘할 수 있기 때문이다. 통제감은 자신감을 낳는다. 자신감이 부족하면 우리는 기회를 너무 쉽게 놓치거나 명백한 위험을 피하기 위해 재빠르게 행동하지 못할 수도 있다. 반대로 자기 결정을 과신하게 되면 위험한 리스크를 감수하기도 한다. 1999년에 코넬대학교의 심리학자 데이비드 더닝David Dunning과 저스틴 크루거Justin Kruger는 이런 경향을 더닝 크루거 효과Dunning Kruger Effect라고 명명했다. 현 시대에도 공감할 수 있는 개념인 더닝 크루거 효과는 요즘 대중문화와 미디어에서도 점점 더 자주 언급되고 있다. 라디오 진행자인 개리슨 케일러Garrison Keillor가 만든 가상의 마을 워비곤 호수Lake Wobegon를 떠올려보자. 그곳에서는 "모든 여성이 강하고, 모든 남성이 잘생겼으며, 모든 아이는 평균 이상"이라고 믿는다. 리스크도 마찬가지다. 우리는 자신이 주변 사람들보다 더 좋은 결정을 내리고, 운전을 더 잘한다고 생각하는 등 스스로를 과신하고 있을 가능성이 높다.

자신감은 개인적인 성격 특성일 수도 있고, 어떤 집단 혹은 사회 전반에 걸쳐 나타나는 성격 특성일 수도 있다. 학자들은 특히 과신 경향을 보이는 직업 분야로 임상심리학자, 의사, 간호사, 투자 은행가, 엔지니어, 기업가, 변호사, 협상가, 관리자 등을 꼽았다.

지식과 리스크의 관계

우리는 무언가를 더 많이 알고 있을수록 그것을 덜 위험하게 인식한다. 보잉 737 맥스 사건이 좋은 예다. 2019년 3월 에티오피아 항공 302편 추락 사고에서 해당 국가, 항공사, 항공사 직원, 항공기 제작사의 반응을 살펴보면 리스크를 제대로 파악하는 것이 얼마나 중요한지를 알 수 있다. 전문가 혹은 더 많은 정보를 알고 통제력을 발휘할 수 있는 항공사 내부 직원은 정보가 제한되고 통제력이 훨씬 떨어지는 고객보다 상황을 덜 위험하게 인식할 가능성이 높았다.

특정한 리스크를 잘 이해하고 관련 정보를 얻는 능력을 갖출 때 리스크 회피 성향은 줄어든다. 여행 전문 작가 벤 슐라피는 보잉 737 맥스 8기를 탈 예정이었다. 그는 사전 정보를 많이 가지고 있었고, 비행기의 안정성을 조사해본 결과 문제가 없었기 때문에 그 기종의 비행기를 타는 것에 거부감이 없었다. 하지만 그의 가족은 전혀 생각이 달랐다. 결국 슐라피 가족은 조금 불편했지만 다른 비행기를 이용하기로 계획을 바꿨다. 그는 "제가 보잉 737 맥스를 타지 않은 것은 사고가 나서 죽는 게 두려워서가 아니라, 사랑하는 사람들이 편안하게 여행하도록 제 고집을 꺾는 게 더 가치 있다고 판단했기 때문입니다"라고 설명했다. 그 말은 만약 그가 독신이고 부모가 함께 가지 않았다면 다른 결정을 했을 수도 있다는 뜻이다. 그는 최악의 상황이 발생할 가능성이 희박하다는 사실을 알고 있었다고 특별히 강조했다. "통계적으로 보면 비행기가 자동차보다 안전하거든요."

슐라피 사례에서 우리는 리스크 결정에 지식이 영향을 미친다는 사실과 사람마다 사고방식이 다르므로 모두가 인정하는 해결책을 찾는 것이 얼마나 중요한지 알 수 있다. 그가 사려 깊은 결정을 했다는 것을 가족들이 알아주길 기대해본다.

놀라움과 충격 요인

우리는 자동차 사고처럼 우리가 잘 알고 있는 리스크는 쉽게 무시하곤 한다. 이런 현상은 암이나 당뇨병, 혹은 만성적이거나 반복되는 리스크에서도 똑같이 발생한다. 사람들이 리스크를 인식하는 방식은 리스크가 얼마나 새롭거나 친숙한지 그리고 얼마나 두려운지에 따라 달라진다. 리스크를 심각하게 인식하고 두려워하는 것은 발생 가능성 때문이 아니라 감정적 자극이 작용한 결과다.

휴대폰 사용과 뇌암의 연관성이 최초로 알려졌을 때, 사람들은 지금보다 그 사실을 훨씬 더 많이 걱정했다. 새로운 아이디어는 언제나 두려운 법이다. 내가 어렸을 때 우리 집이 동네에서 가장 나중에 전자레인지를 설치한 이유도 그 때문이다. 지금은 어디서나 볼 수 있는 전자레인지가 1980년대 초만 하더라도 사람들에게 잘 알려지지 않은 신식 주방용품이었으니 말이다.

어떤 경험을 했느냐도 중요하다. 리스크를 별 탈 없이 경험한 사람은 미래에 동일한 리스크를 마주할 때 걱정을 덜 한다. 예를 들어, 어렸을 때 높은 곳에서 떨어졌지만 무사했던 경험이 있는 사람은 성인이 되고 나면 그 정도 높이는 두려워하지 않을 가능성이 높다.

사람들은 먼 미래에 발생하는 리스크는 평가절하하는 경향이 있다. 그래서 일이 눈앞에 닥쳐야만 감정이 크게 요동친다. 기후 변화가 수년 후에야 영향을 미친다고 생각하면 그저 그러려니 할 것이다. 그런데 2019년에 대규모 홍수, 산불, 폭염을 겪으면서 많은 이들이 충격을 받고 정신을 차렸다. 새롭고 놀랍고 충격적인 리스크를 더 민감하게 받아들이는 현상은 '가용성 편향'의 사례다. 가용성 편향에 빠지면 생각의 지름길인 휴리스틱heuristic이 생성돼 쉽게 떠오르는 기억을 더 중요하게 여기게 된다. 인류가 리스크가 일어날 확률을 정확하게 추정하지 못하는 이유가 바로 여기에 있다.

슬로빅과 그의 동료들은 실험 참가자들에게 보툴리즘(보툴리누스균의 독소로 인한 식중독 - 옮긴이 주)부터 심장질환까지 사망 확률이 낮은 사망원인 41개를 제시하고 발생 확률 순위를 맞추도록 했다. 흥미롭게도 실험 참가자들이 추측한 순위는 대체로 일치했지만, 실제 확률과 크게 차이 나는 부분도 있었다. 참가자들은 발생 확률이 2배 이상 차이가 나는 경우에만 두 가지 중 발생 확률이 큰 리스크를 일관되게 식별할 수 있었다.

이 연구 결과는 사건의 규모 혹은 언론의 빈번한 보도로 정서적 충격을 가장 크게 받은 사건을 과대평가하는 현상인 가용성 편향과도 일치한다. 슬로빅은 "사람들은 미디어에서 자주 다룬 사고, 암, 보툴리즘, 토네이도의 발생빈도를 모두 과대평가했으며, 천식과 당뇨병의 발생빈도는 과소평가했다"라고 밝혔다.

잠재적 충격의 특성 또한 중요한 요소다. 여러 연구에서 리스크의 잠재적 결과가 심각할수록(비록 가능성이 매우 낮더라도) 사람들이 리스크로부터 자신을 보호해달라고 정부에 요구할 가능성이 더 높다는 것을 확인했다.

리스크를 얼마나 심각하게 받아들이는지는 그것이 어느 집단에 영향을 미치는지에 달려 있다. 만약 리스크가 타인에게만 영향을 준다면 당연히 그것을 무시할 가능성이 높지만, 우리가 속한 집단에 악영향을 미친다면 더 주의를 기울이게 될 것이다. 이러한 현상은 문화적 가치에 의해 달라지기도 한다. 평등주의 문화가 강한 국가의 국민들은 불평등 수준이 높은 국가보다 불평등한 결과를 낳는 리스

| 주요 사망원인별 발생 확률 |

사망원인	발생 확률(미국, 2018년)
심장질환	6분의 1
암	7분의 1
모든 예방 가능한 사망원인	25분의 1
자살	86분의 1
약물 과다 복용	98분의 1
자동차 사고	106분의 1
낙상	111분의 1
총기 범죄	298분의 1
보행자 사고	541분의 1
오토바이 사고	890분의 1
익사	1,121분의 1
화재 혹은 연기	1,399분의 1
음식으로 인한 기도 막힘	2,618분의 1
자전거 사고	4,060분의 1
총기 사고	9,077분의 1
최악의 폭풍	54,699분의 1
번개	180,746분의 1

출처: 미국 국립안전위원회가 보건통계센터의 2018년 사망률 데이터를 기반으로 추정함.

크로부터 자신을 보호해달라는 요구를 더 많이 할 수 있다.

슬로빅은 부와 권력의 평등한 분배를 선호하는 평등주의자들은 광범위한 위험 요소에서 리스크를 더 높게 인지하며, 그중에서도 특히 원자력에 대해 염려했지만, 전문가와 기관이 통제하는 계층적 사회질서를 선호하는 사람들은 리스크 훨씬 낮게 인식하고, 원자력에 우호적인 태도를 보였다고 언급했다. 선호도는 리스크를 인식하는 방식을 결정하며 강력한 사회적 요소를 지니고 있다.

감정과 자신감

대부분의 10대들은 특히 자동차에 관해서라면 자신은 뭘 해도 죽지 않을 거라는 생각을 가지고 있는 듯하다. 나이가 들면서 이런 생각이 없어지긴 하지만, 그게 그렇게 간단한 것은 아니다. 10대들도 어른처럼 리스크마다 다른 방식으로 반응하기 때문이다. 리스크의 종류에는 감정을 수반하는 '뜨거운' 리스크와 이성을 수반하는 '차가운' 리스크가 있다. 대니얼 카너먼이 말한 인지과정의 체계를 여기 적용하면 '시스템1' 리스크와 '시스템2' 리스크라고 말할 수도 있다. 10대는 감정이 들끓는 '뜨거운' 조건에서는 위험한 결정을 하지만 '차가운' 조건에서는 어른들과 비슷한 결정을 한다.

손실에 대한 민감도 역시 고려해야 한다. 이것은 3장에서 논의한 것처럼 선천적인 성격 특성의 산물이다. 신경 경제학자 콜린 캐머러Colin Camerer는 "손실 회피성은 과장된 공포 반응일 경우가 많다. 이는 진정으로 해롭고 생존을 위협하는 손실에나 적합한 반응이다"라고 썼다. "사람들은 오랜 세월 살아가면서 진정으로 생명을 위협하지 않는 작은 손실에 과민하게 반응한다. (……) 사람들이 두려워하는 여러 가지 손실은 대부분 생명을 위협하지 않는다. 그러나 공포 신호 전달에 과잉 적응한 감정 시스템은 그것을 알 수가 없다. 실직이나 인간관계 단절, 보상금 지급 지연 등과 같은 '손실'이나 마음의 상처 때문에 죽는 경우는 거의 없지만 우리는 그런 것들을 매우 싫어한다." 비록 대니얼 카너먼과 아모스 트버스키의 연구를 통해 손실 회피의 개념이 널리 알려지긴 했지만, 모든 사람의 손실 회피성 정도가 같지는 않다는 사실을 모르는 사람들이 많다. 우리가 손실을 싫어하는 정도는 그 대상을 얼마나 아끼는지 마음 상태가 얼마나 불안하거나 침착한지, 즉 리스크를 기꺼이 감수할 것인지 아닌지에 달려 있다. 그리고 그것이 자신에게 얼마나 이익이 되는지 또한 관련이 있다.

18세기 스위스 수학자 다니엘 베르누이는 성공 확률을 추정할 수 있는 규칙을 만들기 위해 '효용'이라는 개념을 도입했는데, 효용이란 다양한 수준의 리스크에서 얻기를 기대하는 혜택인 유용성, 매력, 만족감 등을 의미한다. 피터 L. 번스타인이 《위험, 기회, 미래가 공존하는 리스크》에서 "효용은 매우 강력한 개념이어서 그 후 200년 동안 금융 문제를 훨씬 넘어선 영역에서 인간의 의사 결정과 선택 이론을 설명하는 지배적인 패러다임의 토대를 마련했다"라고 쓴 것처럼, 이 개념은 게임이론, 심리학, 철학의 중심이 되었으며 심지어 인간의 합리성을 정의하는 데에도 중요한 역할을 했다.

잠재적 이득의 양이 클수록 기업은 더 위험한 선택을 할 가능성이 높지만, 우리가 리스크를 실제만큼 크게 인식할 가능성은 더 낮다. 사회심리학자인 베른트 피그너Bernd Figner와 엘케 웨버가 지적한 바와 같이, 사업이 위험할수록 맞이할 수 있는 최악의 결과는 더 나빠질 것이다. 피그너와 웨버가 가장 중요하게 생각한 것은 다음과 같다. "위험한 선택일수록 결과의 불확실성이 커진다. 따라서 리스크를 감수하는 것은 결과의 변동성이 더 큰 옵션을 선택하는 것이다. 즉, 가능한 결과의 범위가 더 넓어진다."

가능한 결과의 범위가 넓어진다고 판단되면 우리의 생각은 종종 극적으로 변하는데, 그것은 우리가 마음을 의도적으로 바꾸려고 하는 것이 아니라, 불쾌하고 원하지 않는 가능성을 회피하기 때문이다.

리스크와 도덕적 판단

사회적 맥락은 타인에 대한 판단은 물론 무엇이 위험한지 인식하는 데 엄청나게 큰 영향을 미친다. 1997년 덴마크계 미국인 부부가 어린 딸인 리브를 유모차에 태운 채 뉴욕 이스트빌리지의 한 식당 밖에 방치한 혐의로 체포돼 36시간 동안 갇혔을 때 언론이 격분하며 이 사건을 보도했던 기억이 난다. 엄마인 아네트 소렌슨은 식당에서 울음을 그치지 않는 리브를 식당 밖으로 데리고 나가 유모차에서 재웠다. 소렌슨은 아기를 깨우지 않으려고 유모차에서 자도록 내버려두고 식당으로 들어왔다. 코펜하겐에서는 그런 행동을 해도 아무도 눈 하나 깜빡하지 않지만 맨해튼에서는 이를 정상으로 보지 않는다는 사실을 몰랐던 게 그녀의 실수였다. 많은 사람이 서로 알고 지내며 신뢰도가 높은 문화권인 스칸디나비아의 작은 도시와 세계적인 대도시에서 사람들이 생각하는 리스크는 서로 다르다.

게다가 일부 뉴스에서는 부모가 술을 마시고 있었다고 보도하는 바람에 대중들이 더 분노했다. 이것은 위험의 정도를 평가할 때 도덕적 판단이 어떤 영향을 미치는지 보여주는 한 사례다. 캘리포니아 대학교 어바인캠퍼스의 인지과학자인 바바라 W. 사르네카Barbara W. Sarnecka는 연구 참가자들에게 부모가 아이를 방치하는 다양한 시나리오를 제시하고 부모의 행동이 얼마나 위험한지 평가해달라고 요청했다. 일부 시나리오에서는 부모가 아이를 혼자 내버려둔 정당한 이유가 있었고, 또 다른 시나리오에서는 도덕적인 판단을 하게 만드는 이기적인 이유(가령 밀회를 하기 위해서) 때문에 아이를 혼자 내버려두었다. 사르네카의 연구에 따르면 부모가 아이를 혼자 내버려둔 이유에 대한 도덕적 분노가 커질수록 사람들은 부모의 행동이 아이에게 더 위험하다고 추정했다.

때때로 사람들은 부모가 왜 그렇게 했는지는 신경 쓰지 않기도 한다. 나는 2018년 킴 브룩스Kim Brooks의 아주 멋진 책《작은 동물: 두려움의 시대를 사는 부모Small Animals: Parenthood in the Age of Fear》에서 사르네카의 연구 내용을 우연히 발견했다. 그 책에서 브룩스는 버지니아에 있는 부모님을 방문하고 돌아오는 여행 끝에 4살짜리 아들을 차에 몇 분 동안 혼자 남겨두었다는 이유로 처벌을 받았던 끔찍한 경험을 소개했다. 사실 그 정도는 그녀가 어렸을 때 부모님이 자신에게 늘 하던 행동이었다. 시카고로 돌아오는 비행기를 타려고 짐을 챙기던 그녀는 아들의 헤드폰을 찾을 수 없었다. 비행기 안에서 편히 지내려면 아이가 즐겁게 갖고 놀 헤드폰이 꼭 필요했다. 아이는 새 헤드폰을 사러 가게에 가자고 졸라댔지만, 정작 가게에 도착하자 차에서 내리지 않겠다고 버티기 시작했다. 시간도 없었고, 아이와 실랑이도 피해야 했다. 그녀는 재빨리 리스크 분석을 마쳤다. 날씨는 덥거나 춥지도 않았으며 주변에 위험한 사람도 없었다. 아들은 게임에 온통 정신이 팔려 있었고 게다가 안전벨트를 혼자서 풀 줄 몰라서 아무런 문제가 생기지 않을 것 같았다. 혹시 차를 비운 몇 분 사이에 누군가 차창을 부순다면 경고 신호가 울릴 것이다. 그 정도의 리스크는 아들에게는 물론 적어도 상식 있는 사람에게는 하찮은 것이었다. 하지만 예상치 못한 엄청난 리스크가 다가오고 있었다는 사실을 쓰라린 경험을 통해 알게 됐다. 누군가 아이가 차에 혼자 있는 것을 보고 경찰에 신고를 한 것이다. 그 결과 버지니아주에서는 브룩스를 체포하라는 영장을 발부했고 시련이 시작됐다.

브룩스는 이런 과보호 상황을 정보가 차고 넘치는 불확실한 세상에 대한 본능적 반사작용이라고 본다. "지금은 뭔가를 하는 것보다 아는 게 훨씬 쉬운 시대다. 우리는 공포의 시대에 살고 있다"라고 브룩스는 썼다.

우리가 두려워하는 리스크로부터 우리를 보호하는 것은 누구의 책임인가? 그리고 어떤 리스크가 수용 가능한지를 결정하는 사람은 누구인가? 많은 논평가들은 현대사회가 오직 너무 '안전한' 환경을 조성하는 데만 집중해 아이들에게 필요한 기술을 가르치지 않는다고 경고했다가 반발을 샀다.

영국의 일부 학교에서는 어린이가 생활하는 환경에 리스크를 의도적으로 다시 들여왔다. 《뉴욕타임스》에서는 다음과 같이 보도했다. "리치먼드 애비뉴 초등학교와 유치원의 선생님들은 학교 교정을 찬찬히 둘러보고 '리스크를 들여놓기' 시작했다. 플라스틱 놀이방 대신 목재 더미, 상자, 흩어져 있는 벽돌 등 위험한 물건들을 들여놓았다. 학교 운동장에는 진흙 구덩이, 타이어 그네, 통나무 그루터기, 해머와 톱이 있는 작업대도 있다." 학교 안전을 감독하는 영국 정부 기관이 허락한 이 아이디어의 목적은 어린이들이 비교적 안전한 환경에서 제한된 리스크를 스스로 평가하고 처리하는 경험을 쌓도록 하는 것이다. 이를 통해 아이들은 강인함을 기르고, 병적일 정도로 지나친 리스크 회피 문화에 대응하는 방법을 터득한다. 호주, 캐나다, 스웨덴은 영국 학교와 비슷한 길을 따라갔다. 하지만 기사에서 지적했듯이, 소송이 너무 빈번하게 일어나는 미국에서는 그렇게 하지 않았다.

한나 로신Hanna Rosin은 "불과 한 세대 만에 아동기 규범이 얼마나 많이 바뀌었는지 받아들이기 힘겨울 정도"라며 잡지 《애틀랜틱The Atlantic》에 '어드벤처 놀이공원'에 관한 글을 썼다. 이 놀이공원은 어린이들이 그동안 경시되었던 기술인 리스크를 직면하고 정복하는 방법을 익히면 용기와 자신감을 기를 수 있을 거라는 생각을 바탕으로 조성됐다. "3학년이나 된 아이를 학교에 데려다주고, 거리에서 공놀이를 못 하게 하고, 아이를 무릎에 앉혀 미끄럼을 태우는 등 70년대에는 신경과민이라고 여겼던 행동이 이제는 일상이 됐다. 사실상 그렇게 하는 것이 책임감 있고 훌륭한 부모라는 표시가 됐다." 로신은 영국의 도시, 교외, 농촌 지역을 대상으로 한 '아동의 독립적 이동성' 연구를 인용했다. 연구 결과에 따르면 1971년부터 1990년 사이에 혼자 통학하는 3학년 학생의 비율이 80퍼센트에서 9퍼센트로 떨어진 것으로 나타났다. 로신은 "부모들에게 '왜 이전 세대보다 자식을 더 보호합니까?'라고 물으면, 그들은 그때보다 세상이 더 위험해졌다고 대답할 것이다"라며 이와 같이 반문한다. "하지만 그것은 사실이 아니다. 세상은 적어도 우리가 생각하는 것만큼 위험하지는 않다. 예를 들어, 아이들이 낯선 사람에게 유괴될 확률은 한 세대 전과 비교했을 때 거의 같거나 매우 낮다는 증거들은 많지만, 부모들은 별생각 없이 자녀들에게 낯선 사람과 이야기하지 말라고 충고한다. 어쩌면 진정한 의문은 '어떻게 그런 두려움이 우리를 지배하게 되었고, 우리가 두려움에 굴복한다면 아이들이 잃는 것과 얻는 것은 무엇일까?'일 것이다."

리스크 독해력을 교육 시스템에 넣는다면 아이들은 리스크를 정확하게 평가하고 관리하는 기술을 익힐 수 있다. 그 결과 우리는 빠르게 변화하는 세상에 잘 적응하는 창의적이고 호기심이 많은 시민을 양성할 수 있을 것이다.

리스크 독해력: 경험적 요소와 감정적 요소를 모두 고려해 리스크 확률을 적절하게 평가하고 그것을 우리의 인식과 비교할 수 있는 능력

리스크 독해력은 두 부분으로 나뉜다. 첫째는 다양한 활동에 포함된 위험 가능성을 정확하게 평가하고, 감정과 이성의 균형을 잡아 적절하게 대응할 수 있도록 교육하는 것이다. 두 번째는 새롭게 진화하는 리스크가 자신과 타인에게 얼마나 위협적인지, 그것을 줄이기 위해 우리가 할 수 있는 일이 무엇인지 지속해서 가르치는 것이다.

우리는 코로나19 팬데믹 기간에 리스크 독해력의 부족이 어떤 결과를 낳는지 똑똑히 봤다. 리스크 독해력과 리스크 태도는 같은 나라 안에서도 사람마다 매우 다르게 나타난다. 특히 정치적 신념, 고정적으로 듣는 뉴스, 주 정부의 결정 등이 매우 달랐던 미국 내에서는 그런 현상이 두드러졌다. 다방면의 전문가로 구성된 '리스크 및 사회 정책 워킹 그룹Risk and Social Policy Working Group'은 2020년 5~6월에 미국 6개 주 3,000명 이상을 대상으로 자신이 코로나19에 걸릴 가능성이 얼마나 된다고 생각하는지를 조사했다. 응답자들은 평균적으로 앞으로 3개월 안에 병에 걸릴 확률이 28퍼센트, 병에 걸렸을 때 중증으로 진행될 확률이 34퍼센트, 사망할 확률이 22퍼센트라고 대답했다. 바이러스에 감염되고, 병에 걸리고, 죽을 확률은 리스크 요소와 행동에 따라 매우 다양하지만, 그것을 모두 고려한다고 하더라도 그 숫자는 팬데믹 리스크를 극도로 과대평가한 것이었다. 조사가

진행될 당시 미국의 확진자 사망률은 어림잡아 3퍼센트 정도였다(보도에서는 치사율이 단지 0.3퍼센트밖에 되지 않는다고 했지만 모든 사람이 검사를 받은 것도 아니고 무증상자도 있으므로 실제 발생 건수는 10배 정도 클 수도 있다).

이 수치를 보면 사람들이 리스크가 크다고 믿더라도 항상 올바른 결정을 내리는 것은 아니라는 사실을 알 수 있다. 개인적인 리스크를 과대평가했음에도 불구하고, 조사 참가자들은 항상 마스크를 착용하거나, 집에만 있거나, 사회적 거리 두기를 하지는 않았다. 사람들은 거주 지역별로 아주 다르게 행동했다. 비교적 '파란색'에 가까운(민주당에 투표할 가능성이 더 높은) 매사추세츠주에서는 응답자의 85퍼센트가 실내 공공장소에서 마스크를 항상 착용한다고 응답했지만, 비교적 '빨간색'에 가까운(공화당에 투표할 가능성이 더 높은) 아이오와주에서는 그 수치가 52퍼센트에 불과했다.

뉴질랜드가 바이러스에 잘 대응한 것은 효과적인 의사소통과 더불어, 자신과 타인을 보호하려는 사람들의 노력 덕분이었다. 저신다 아던 총리는 "우리는 500만 명으로 이루어진 팀"이라며 모든 사람이 코로나와 싸우는 데 일정한 역할을 해야 한다는 분명한 메시지를 보냈다. 그녀는 바이러스와 싸우기 위해 개인과 집단 그리고 이성과 감정에 호소했다. 그녀는 지도자와 동료 시민 모두가 옳은 일을 한다는 신뢰를 바탕으로 한 안전 의식과 예방 행동의 효과를 강조했다.

한편, 우울증과 같은 정신 건강 리스크에 대한 사회적 거부감 역시 사람들이 리스크를 더 쉽게 무시하도록 만든다. 불편한 상황에서 지속적으로 쌓인 감정을 처리하지 않는다면 결국 감당할 수 없는 수준으로 발전한다. 나는 정신 건강 문제를 미루면 위험에 처할 수 있다는 사실을 인정하지 않는 사람들을 수없이 목격했다. 하지만 앞으로는 생산성을 저해하고 삶을 파괴하는 정신 건강 리스크를 계속 무시하기가 점점 더 어려워질 것이다.

코로나19는 우리에게 우울증과 불안감이라는 리스크를 주의해야 할 필요성을 일깨워줬다. 한국의 경이로운 아이돌 그룹 방탄소년단BTS은 세계적인 히트 앨범 〈비BE〉를 통해 팬데믹 시대의 리스크로서 정신 건강의 중요성을 강조했다. 이 앨범에 수록된 곡 '블루 앤드 그레이Blue & Grey'에서는 우울증을 회색 코뿔소가 가까이 다가오는 것으로 묘사했는데, 이는 우울증이 영향력이 강력하며 흔하게 나타나는 질병임에도 사람들에게 자주 무시되고 있다는 점을 시사한다. BTS가 음악 시장에서 세운 놀라운 기록을 보면 사람들이 코로나19로 격리, 폐쇄, 강제 폐업 등을 겪으면서 고립감과 외로움 때문에 정신 건강에 얼마나 큰 피해를 입었는지 알 수 있다. BTS는 많은 이들이 인정하기 두려워하는 리스크에 대해 이야기할 때 음악이 의사소통의 대체 수단으로서 큰 위력이 있음을 증명했다.

이성과 감정의 균형을 맞추고, 리스크를 줄일 수 있는 것이 무엇인지를 이해하며, 행위 주체성을 갖추는 것은 개인은 물론 모든 회사와 국가가 배워야 할 미래 사회의 중요한 기술이다. 그러려면 우리 뇌와 신체에 관한 지식을 한층 더 깊이 이해할 필요가 있다.

10

The Neurobiology of Risk

위기에 반응하는 뇌와 호르몬

리스크는 단순히 머릿속에만 존재하는 건 아니다. 번지점프를 하거나, 주택담보대출에 서명을 하거나, 대형 거래를 마무리하거나, 질문을 던지거나, 무대에 오르는 것처럼 신체적인 경험을 포함한다. 리스크를 감수하는 행동은 신체에 영향을 미치고, 신체 반응은 다시 위협에 대처하는 능력에 영향을 미쳐 우리가 적절한 선택을 할 수 있도록 도와준다. 우리 몸이 리스크에 대한 뇌의 반응을 얼마나 많이 조절하는지 알면 놀랄 것이다. 리스크는 스트레스, 전율, 불안, 걱정과 모두 연결되어 있다. 과학자들이 리스크가 어떻게 신체와 뇌에 강력한 반응을 불러일으키는지를 이해하기 시작한 것은 최근 들어서다. 당신은 매운 음식을 먹으면 리스크 감내도가 높아진다는 사실을 알고 있는가? 듣고 있는 음악이나 실내의 온도가 특정 리스크에 대한 감정에 영향을 준다는 것을 알고 있는가? 혹은 방 안의 냄새에 따라 리스크 처리 능력이 달라질 수 있다는 것을 알고 있는가?

난징대학교 심리학과 연구진은 매운 음식을 좋아하는 사람들은 리스크 추구자가 될 가능성이 높다고 가정하고 실험을 진행했다. 그 결과 매운 음식을 좋아하는 사람들은 도박, 건강, 안전, 오락, 사교, 투자, 윤리적 결정 등과 관련된 리스크를 더 편안하게 받아들였다. 단맛, 신맛, 쓴맛의 선호도에서는 이와 유사한 관계를 발견하지 못했다. 이들의 연구는 매운 음식을 좋아하는 것과 리스크 추구에 강력한 상관관계가 있음을 밝힌 다른 연구 조사들의 주장에 더욱 힘을 실어줬다. 이 경우에는 매운 음식의 선호도가 리스크를 감수하는 정도에 영향을 미친다는 리스크 고정관념이 옳은 것으로 판명됐다. 심지어 연구 대상자들은 매운 음식을 좋아하든 싫어하든 간에 매운 음식을 먹은 직후에 리스크를 더 많이 감수했다.

연구진은 중국 쓰촨성과 충칭성에서는 매운 음식을 좋아하는 현지인들을 '마음이 넓고, 용감하며, 화 잘 내는' 사람으로 생각한다는 다른 연구 결과를 인용했다. 이와 비슷하게 멕시코에서는 매운 고추를 좋아하는 사람들이 '더 남성적'이라는 고정관념이 있다. 그리고 미국에서는 매운 고추를 도박과 롤러코스터 타기와 같은 리스크 추구 활동과 연결해 생각한다. 평소 매운 음식을 먹는 사람은 매운 것을 더 잘 참기 때문에 매운 음식에 익숙해지고, 그래서 더 많이 먹게 된다. 매운 음식을 먹으면 적어도 몇 시간 동안은 실제로 리스크 선호도가 높아진다. 다른 감각들과 마찬가지로, 매운 음식으로 같은 효과를 얻으려면 점점 더 강한 맛이 필요하다. 따라서 매운 음식과 관련된 고정관념이 적어도 어느 정도 사실에 가깝다는 것을 알 수 있다.

태국이나 인도, 멕시코 같은 열대 지역 국가들은 매운 음식으로 유명하다. 이 나라에서 매운 음식이 유행하는 이유 중 하나는 날씨가 덥기 때문이다. 냉장고가 널리 보급되기 이전에는 음식이 상하는 것을 늦추는 데 매운 향신료가 중요한 역할을 했다. 향신료는 또 음식의 상한 맛을 가려주고 음식이 부족할 때는 음식의 양을 늘려주기도 한다. 그래서 향신료는 역설적으로 음식으로 인한 병에 걸릴 리스크를 증가시키기도 하고, 감소시키기도 한다. 매운 향신료를 섭취하면 피부의 열전도가 활성화되어 땀을 흘리게 되고 몸의 열이 식는다. 물론 더운 기후에서 몸의 열을 식히는 방법이 필요한 것은 당연하지만, 이것은 강렬한 맛이 어떻게 리스크 감수에 영향을 미치는지를 보여주는 현상이기도 하다.

우리 몸이 찬 기운에 노출되면 동기부여와 위협에 대한 행동 반응을 조절하는 부위인 중간뇌의 '수도관주위회색질'이 반응하기 시작한다. 수도관주위회색질이 추위 신호를 받으면 통증 인식을 줄이고 불안감을 완화하기 위해 카나비노이드cannabinoid(대마초의 화학 성분 - 옮긴이 주)와 오피오이드opioid(마약성 진통제 성분 - 옮긴이 주)를 분비하는데, 그러면 결과적으로 더 많은 리스크를 감수하게 된다. 이 분야의 연구자들은 얼음처럼 차가운 물에 들어가 심신을 단련하는 모험가인 '얼음 사나이' 윔 호프Wim Hof를 연구했다. 호프는 추위가 원기를 북돋아줄 거라고 기대하며 차가운 물에 들어가 명상을 해왔다. 연구자들이 내린 결론에 따르면, 추위는 카나비노이드와 오피오이드를 추가로 방출하고 리스크 결정에 중요한 역할을 담당하는 신경전달물질인 세로토닌과 도파민을 활성화한다.

새 역시 온도가 낮고 신진대사율이 높으면 리스크를 더 많이 감수한다. 조류학자들은 박새라고 불리는 작은 굴뚝새들이 먹이를 찾을 때 근처에 숨어 있는 새매의 위협에 어떻게 반응하는지 측정했는데, 바깥 날씨가 추울수록 새들이 먹이를 찾아다니는 리스크를 더 많이 감수한다는 것을 발견했다. 새는 기초 체온이 낮을수록 큰 리스크를 감수한다. 아마도 새들은 가만히 앉아 먹잇감을 기다릴 수 없기 때문일 것이다.

음악 소리나 온도 등 환경적 요인들도 리스크 민감도와 리스크 행동에 영향을 준다. 인지 신경과학자인 마리아노 시그먼Mariano Sigman은 매혹적인 저서 《마음의 은밀한 삶The Secret Life of the Mind》에서 "어떤 음악을 듣는지에 따라 운전하고, 쇼핑하고, 걷는 모습이 달라진다. 음악의 박자가 빨라지면 의사 결정 한계치가 낮아지고 거의 모든 결정의 리스크 수준이 높아진다"라고 주장했다. "차를 운전할 때 듣는 음악이 빠를수록 차선을 바꾸고, 황색 신호를 통과하며, 제한 속도를 위반하는 빈도가 높아진다." 연구진은 빠른 박자의 노래가 불규칙한 운전과 관련이 있다는 사실을 찾아냈다. 분당 189비트인 그린데이의 'American Idiot'은 마일리 사이러스의 'Party in the U.S.A.', 브루스 스프링스틴의 'Born to Run' 등과 함께 '가장 위험한' 노래로 분류됐다. 노래의 음량도 중요하다. 시끄러운 음악을 들으면 위험하게 운전할 가능성이 높지만, 부드럽고 잔잔한 음악을 듣거나 음악을 전혀 듣지 않으면 더 안전하게 운전할 수 있다.

스트레스, 피로, 배고픔 역시 리스크 행동에 영향을 미친다. 연구자들은 격렬한 정신적 혹은 육체적 활동이 뇌의 포도당 수치를 끌어내려, 자가 조절 능력은 물론 현명한 리스크 선택 능력도 떨어뜨린다는 것을 발견했다.

향기도 리스크 반응에 영향을 줄 수 있다. 후각 기관이 감정 조절과 관련된 뇌 부분과 직접 연결되어 우리의 기분과 스트레스 수준에 영향을 미치기 때문이다. 전기생리학적 활동 연구를 통해 향기가 혈압, 근육 긴장도, 동공확대, 피부 온도, 맥박수 등에 영향을 미치며, 이 모든 것이 활성화되어 뇌 활동을 자극한다는 사실을 알아냈다. 예를 들어, 일랑일랑 오일은 혈압을 낮추고 피부 온도를 높인다. 오렌지 향은 근심을 줄여준다. 라벤더 향은 심박수와 피부 전도율을 낮추지만 네롤리 향은 그 반대 효과를 준다. 소위 '남성형' 또는 '여성형'으로 인식되는 향기도 리스크 결정에 영향을 미치는 성 고정관념과 기대를 자극한다. 6장에서 꽃향기(여성형)가 나는 핸드 크림을 바른 남성들이 그렇지 않은 사람들보다 더 위험한 선택을 했다는 연구를 기억하라.

흡연은 어떨까? 흡연 행위 자체가 리스크이긴 하지만, 흡연을 할 때 니코틴이 도파민 활동을 활성화해 뇌의 쾌락 부분을 자극하기 때문에 리스크 반응에도 영향을 미칠 수 있다. 하버드대학교 법과대학의 W. 킵 비스쿠시W. Kip Viscusi와 조니 헤르쉬Joni Hersch는 흡연자들이 비흡연자들보다 더 위험한 직업을 선택하지만 적은 임금을 받는다고 밝혔다. 다른 직업 리스크 수준을 통제한 후에도 흡연자들이 비흡연자보다 더 쉽게 위험에 노출됐으며, 다른 개인적인 행동에서도 더 큰 리스크를 감수했다.

물론 여기에도 '닭이 먼저냐 달걀이 먼저냐'라는 논란이 있다. 사람들이 더 큰 리스크를 선호하기 때문에 담배를 피우는가, 아니면 담배를 피우기 때문에 더 큰 리스크를 감수하게 되는가? 나는 두 가지가 피드백 순환 과정을 거쳐 서로를 강화시킨다고 생각한다.

흡연은 장기 리스크와 단기 리스크 선호도의 흥미로운 역학 관계도 보여준다. 흡연자들은 일반적으로 장기적인 건강 리스크보다 흡연의 단기적인 쾌감(그리고 금연에 따른 쾌감 상실)에 더 관심이 많다. 케이프타운대학교, 조지아주립대학교, 아일랜드의 칼리지코크대학교의 경제학자 연구 팀은 흡연자와 비흡연자의 시간 선호도와 리스크 선호도 사이의 관계를 조사했다. 그들은 실제 상금이 걸린 복권 실험에 참여한 흡연자와 비흡연자들이 장·단기 리스크 선택을 어떻게 했는지를 비교한 37개의 연구를 검토했는데, 그중 29개 연구 결과에서 흡연자가 비흡연자보다 미래를 더 과소평가한다는 이론을 제시했다. 케이프타운대학교의 학생 흡연자와 비흡연자에 관한 연구에서 두 그룹의 리스크 선호도는 차이가 없었지만, 흡연자들은 비흡연자들보다 미래를 훨씬 더 과소평가했다. 즉, 흡연자들은 장기보다 단기 전망에 한층 더 신경을 썼다(담배를 끊은 사람들은 중간쯤에 있었다). 이 연구에서 흥미로운 점은 남성 흡연자들은 담배를 많이 피우는 사람일수록 미래를 더 과소평가했지만, 여성 흡연자는 리스크 선호도 및 시간 선호도가 흡연량과 별다른 관계가 없었다는 점이다. 흡연은 장기간에 걸쳐 폐를 손상시키므로 흡연자들이 장기 리스크를 중시하지 않는다는 결론은 타당해 보인다.

이스라엘의 한 연구 팀은 흡연과 리스크 감수와의 관계는 유혹을 뿌리치는 능력과 관련이 있다고 주장한다. 그들은 흡연자들이 '위험한' 성격의 특징인 충동성, 정신증, 방어적 낙관주의, 감각 추구에서 높은 점수를 받았다는 연구 결과를 인용해 주장을 펼쳤다. "예를 들어, 흡연자들은 교통사고를 내고, 안전벨트 착용을 소홀히 하며, 위험한 성적 행동을 할 가능성이 높다. 게다가 여성 흡연자들은 비흡연자들보다 유방암 검사를 받는 비율이 12~15퍼센트 정도 낮다."

담배, 매운 음식, 냄새, 음악의 박자, 방 안의 온도 등 모든 종류의 예상치 못한 자극은 뇌와 신체에 작용해 위험을 회피하거나 기회를 포착하는 방법을 미묘하게 변화시킨다. 리스크 결정에 내재된 신경생물학을 이해한다면, 당신은 리스크를 통제하고 더 좋은 의사 결정을 할 수 있으며 주변 사람의 리스크 행동을 예측할 뿐 아니라 더 나아가 영향력을 행사할 수도 있다. 당신의 보스가 신규 대형 프로젝트를 허가해주거나 당신을 승진시켜주기를 원하는가? 만약 그렇다면 흥겨운 음악이 흘러나오는 레스토랑에서 점심으로 태국 음식을 먹으면서 대화를 나누고, 종업원들에게 에어컨을 줄여달라고 한 뒤 매운 고추 요리를 주문하라.

리스크와 당신의 뇌

월스트리트의 트레이더에서 신경생물학자로 변신한 존 코츠John Coates는 훌륭한 저서 《리스크 판단력: 위험은 개와 늑대 사이의 시간에 시작된다The Hour Between Dog and Wolf》에서 신체가 어떻게 리스크에 대응하며 반작용하는지를 설명했다. 코츠와 그의 동료들은 금융시장의 높은 변동성과 손실이 트레이더들에게 어떤 영향을 미치는지 알아보기 위해 트레이더 그룹의 스트레스 호르몬을 연구했다. 당연하게도 그들은 "트레이더들의 스트레스 호르몬은 거래 결과의 통제 불가능성, 시장의 불확실성과 변동성에 놀라우리만치 민감했다"라는 결론을 내렸다.

그러나 연구 팀이 스트레스 수준을 평가하기 위해 트레이더들에게 설문지를 작성해달라고 요청했을 때, 트레이더 본인이 느꼈다고 생각하는 스트레스 정도와 실제 호르몬이 나타내는 스트레스 정도 간에는 큰 차이가 있었다. "오히려 호르몬이 그들이 생각한 것보다 훨씬 더 정확하게 리스크를 인식하는 것 같았다." 코츠는 트레이더들이 거래할 때 사실에 대한 이해보다는 직감과 전의식적 처리 과정에 의존한다는 것을 밝혀내고 이론화했다.

당신의 감각은 리스크가 증가하고 있다는 것을 인식하기도 전에 뇌로 신호를 전달한다. 스트레스와 공포는 뇌줄기에 있는 청반핵locus ceruleus을 자극해 스트레스 호르몬인 노르아드레날린noradrenaline을 분비함으로써 리스크 인지도를 높이는데, 이는 우리의 감정과 리스크 태도를 관장하는 뇌의 시상하부와 편도체의 활동을 증가시켜 연쇄 반응을 일으킨다. 복부전두엽피질ventromedial prefrontal cortex, vmPFC은 리스크 결정에서 보상 처리와 의사 결정을 하는 데 대단히 중요한 역할을 한다. 연구진은 이 영역에 손상을 입은 환자들이 감정적인 상황에서 리스크를 더 많이 추구한다는 사실을 발견했다.

뇌의 중심이자 우리가 '싸울 것인가 피할 것인가'를 결정하는 중심 부위인 편도체는 심박수 변동, 당분 조절, 피부 전도율 상승, 소화력 변화 등 스트레스 반응을 유발함으로써 리스크에 대응한다. 이러한 반응은 리스크에 직면했을 때 신체와 뇌를 통제하기 위해 혈액으로 방출되는 화학물질 전달체인 일련의 호르몬에서부터 시작된다. 이 호르몬에는 도파민, 세로토닌, 테스토스테론, 에스트로겐, 단기간 작용하는 아드레날린, 장기적인 스트레스 반응제인 코르티솔, 쾌락 반응제인 그렐린 등이 있다.

'아드레날린 러시'라는 용어는 흥분으로 일어나는 신체 현상을 나타낸다. 내분비 기관인 부신이 아드레날린을 분비하면 맥박이 빨라지고 그 결과 혈액순환과 호흡도 빨라진다. 몸속 탄수화물을 분해하는 방식도 달라진다. 아드레날린은 즉각적인 단기 스트레스 상황에서 작용하는데, 그 사촌 격인 코르티솔은 장기간 스트레스를 받을 때 혈액 속에 쌓인다. 코르티솔은 처음에는 도움이 되지만 오랫동안 너무 많이 축적되면 불안과 신경과민, 리스크 회피를 유발할 수 있다. 코츠는 코르티솔을 '비이성적 비관주의 분자'라고 부른다.

코르티솔의 반대 호르몬인 세로토닌은 '행복 호르몬'으로 불리기도 하며, 우울증 치료에 많이 쓰인다. 이 신경전달물질은 주로 행복과 관련된 감정과 기분을 조절한다고 알려져 있으나, 학습, 기억, 보상 기대와 반응부터 식욕, 수면, 성적 충동까지도 관련이 있으며, 구토, 뼈 건강, 혈액 응고, 혈관 수축과 같은 신체 기능에도 영향을 미친다. 우리 몸의 세로토닌은 대부분 소화기관 내에 있다. 뇌와 소화기관의 연관성을 보여주는 '본능적 반응gut reaction(소화관이라는 뜻의 'gut'은 직감을 의미하기도 한다 - 편집자 주)'이라는 표현이 여기에서 나왔다.

원숭이를 대상으로 한 세로토닌 수치 연구에 따르면, 세로토닌은 리스크 감수성과 밀접하게 연관되어 있다. 세로토닌 수치가 낮으면 위험한 선택이 더 매력적으로 보이게 되는데, 돈을 잃으면서도 계속 돈을 걸어야 한다는 강박관념에 사로잡힌 도박꾼들은 어쩌면 세로토닌 수치가 낮아 고통받고 있는지도 모른다. 게다가 이 연구 결과는 세로토닌 흡수에 영향을 미치는 항우울제를 복용하는 수많은 사람들의 리스크 결정과 행동이 조용히 변화하고 있을 수도 있다는 흥미로운 생각을 불러일으킨다.

뇌는 즐거움이라는 특정한 자극과 연결되면, 이후로도 새로운 보상을 기대하고 행동하도록 계속 압박한다. 이 과정에서 작용하는 또 다른 신경전달물질이 도파민이다.

이 모든 호르몬은 우리의 리스크 결정에 작용한다. 과학자들은 이런 역학 관계를 이해하고 생리적 반응을 추적하는 방법을 개선함으로써 우리가 리스크를 더욱 잘 정복할 수 있도록 도와준다. 코츠는 "언젠가 우리는 신체와 뇌의 잠재의식 영역에서 보내는 메시지를 듣고 그 경고를 따를 수 있게 될 것"이라고 주장했다.

리스크 유전학

사실상 유전학이 리스크 행동에 미치는 영향은 생각보다 크지 않을 수도 있다. 과학 학술지 《네이처 제네틱스Nature Genetics》에 발표된 한 연구에서는 12개의 각기 다른 유전자 데이터베이스에 있는 100만 건이 넘는 자료를 조사한 결과, 인간 게놈의 99가지 다른 영역에 위치한 124가지 유전표지인자가 리스크 성격에 영향을 미치는 것으로 드러났다. 그러나 그 정도로는 리스크 행동을 예측하기에 충분하지 않다. 토론토대학교 경제학과 조교수인 조나단 보샹Jonathan Beauchamp은 "가장 중요한 유전표지인자도 개인별 리스크 감내도의 차이를 0.02퍼센트밖에 설명해주지 못한다. 하지만 표지인자들의 효과를 결합하면 그 차이를 더 많이 설명할 수 있다"라고 말했다.

사회과학유전자협회 컨소시엄Social Science Genetic Association Consortium의 연구진은 유전적 특질로 사람들의 리스크 감수 의지의 차이를 설명할 수 있는 비중이 약 1.6퍼센트에 불과하다고 추정했다. 연구진은 과속 운전, 음주, 흡연, 성행위 상대자의 수 등과 같은 리스크의 감내도와 관련된 124가지 유전표지인자를 연구했다. 그중 99개는 일반적인 리스크 태도에 영향을 미쳤지만, 그 외 다른 것들은 조금 더 독특한 특성과 관련이 있었다. 이 유전인자들은 흥분을 유발하며 학습 및 기억과 관련이 있는 글루타메이트glutamate와 불안 조절과 스트레스 반응 감소에 도움을 주는 가바GABA 등 다른 신경전달물질에 영향을 미친다. 물론 두 물질 모두 리스크 반응에도 영향을 끼친다.

보상 관련 호르몬인 도파민의 수용체 유전자가 리스크 반응 방식에 어느 정도 영향을 미친다는 몇 가지 증거가 있다. 11번 염색체에 있는 유전자 DRD4는 도파민의 방출과 뇌 흡수에 영향을 미친다. 일부 연구에 따르면 도파민을 쉽게 흡수하는 유전자 7R+를 가진 사람들은 도파민에 덜 민감하므로 같은 양의 쾌감을 느끼려면 더 큰 리스크 자극이 필요하다고 한다. 다른 사람들이 이들과 같은 양의 도파민을 흡수하려면 더 많은 양이 필요하다. 그러나 이러한 논점과는 반대되는 연구 결과도 있다.

2011년 하버드대학교 케네디스쿨의 연구에서는 브리지Bridge(경우의 수를 계산하며 진행해야 하는 복잡한 카드 게임 - 편집자 주) 대회에 출전한 선수 237명을 대상으로 DRD4가 흡연과 음주와 같은 일반적인 리스크 감수 행동, 주식과 채권 투자 금액, 회사 창업 여부 등과 어떤 관계가 있는지를 조사했다. 그런데 놀랍게도 둘 사이에는 아무런 상관관계가 없었다. 상관관계가 있다는 증거가 나온 다른 연구도 있기에 그들은 이러한 결과에 놀랄 수밖에 없었다. 연구진들은 "브리지 대회에 참가한 사람들은 이미 전문가이며 노련한 리스크 감수자였을 것이다"라고 그 원인을 설명했다.

도박과 관련된 세 건의 연구에서는 금전적 리스크와 DRD4 사이의 연관성을 발견했다고 밝혔다. 이 연구 결과는 도파민에 덜 민감한 뇌를 가진 사람들이 리스크를 더 많이 추구한다는 것을 시사한다. 그러나 또 다른 연구에서는 남성의 경우 상관관계를 발견했지만 여성의 경우에는 상관관계를 발견하지 못했다고 발표했다. 상관관계가 전혀 없는 것으로 나타난 또 다른 연구도 있었다. 이후 다섯 번째 연구에서는 모순된 결과가 나타났다. 도파민에 덜 민감한 유전자를 지닌 사람들은 리스크를 추구할 가능성이 낮으며, 오히려 불확실하고 손실이 나는 조건에서 더 리스크를 추구한다는 것이다. 확실히, 더 많은 연구가 필요하다.

캐나다의 고위험 스포츠 전문가인 신시아 톰슨Cynthia Thomson과 연구진은 DRD4 도파민 수용체 유전자와 스노보드나 스키와 같이 위험한 스포츠에 참여하는 것과의 연관성을 확립했다. 그러나 정확히 살펴보면 DRD4가 작용하는 방식은 리스크 추구 성격이나 충동성과는 관련이 없고 오히려 기술 습득, 결단력, 체력 단련에 필요한 연습량과 관련이 있는 것으로 보인다.

톰슨은 《내셔널 지오그래픽National Geographic》과의 인터뷰에서 "미디어는 고위험 스포츠인들을 무모하고 뭐든지 더 위험한 행동을 하려고 나서는 아드레날린 중독자로 묘사하고 있어요"라고 말했다.

"하지만 제가 고위험 스포츠 그룹에서 발견한 것은 그들은 충동적이지도, 무모하지도 않다는 거예요. 저위험 그룹과 비교해도 충동성에서 차이가 나지 않아요." 이는 우리가 육체적·정신적 훈련과 더불어 연습과 준비까지 한다면 당면한 리스크를 객관적으로 줄일 수 있다는 사실을 입증해준다.

뇌의 학습 방법과 리스크 선택

뇌가 보상을 처리하고 예측하는 방법을 배우면 리스크를 더 잘 처리할 수 있다. 거나 뉴퀴스트Gunnar Newquist는 뇌에 관한 지식을 사용해 리스크 결정을 최적화하는 법을 개발했다. 그는 음악계 거장이자 스키 선수, 모터크로스 경주자, 신경과학자, 인공지능 사업가로서 다양한 리스크를 직접 감수했다. 스키 선수로서는 캘리포니아의 9층 건물과 40미터 절벽 아래로 뛰어내리는 기록을 세웠다. 그는 다른 익스트림 스포츠 선수들처럼 리스크 감수자라기보다 오히려 리스크 관리자에 가깝다. "저는 점프를 하기 전에 스쿼밸리 절벽과 건물을 무려 4년 동안 조사했어요. 즉석에서 판단한 것이 아니었죠"라며 그는 말을 이었다. "저는 무턱대고 스키를 타러 간 적이 없어요. 항상 먼저 모든 것을 살펴보고 쌓여 있는 눈의 성질을 파악하지요. 예전보다 조금 더 자제력이 생기긴 했지만 지금도 작은 리스크까지 점검하는 것은 물론 관련 안전 조치를 하나하나 충분히 검토하고 준비하며 리스크를 관리합니다."

뉴퀴스트는 신경과학 박사 과정 중 뇌의 학습 방법을 연구하면서 리스크 선택을 완전히 새로운 시각으로 바라보기 시작했다. 지금껏 그는 스키를 타려고 준비할 때 단순히 점프 기술만 배운 게 아니라 리스크 선택을 적절히 할 수 있도록 두뇌를 훈련했던 것이다. 그 과정을 통해 도파민이 리스크 선택에 어떻게 영향을 미치는지 자세히 알게 됐고, '보상'을 담당하는 이 신경전달물질에서 도움을 얻을 방법을 찾아냈다. "대부분 사람들이 학습에 관해 이야기할 때 어떤 일을 실행하고 보상을 받고, 그것을 다시 실행하는 특정한 사건을 떠올립니다. 하지만 저는 그렇지 않다고 생각합니다"라고 그는 말했다. 그는 도파민을 일종의 보상 예측기라고 설명한다. 미래의 보상을 예상하도록 도움으로써 목표 달성을 위해 무슨 일이든 하도록 밀어붙일 수 있는 심리 상태로 몰아간다는 것이다. 자신의 리스크 행동을 바꾸려면 지금 어떤 상태에 있든 거기서 빠져나올 수 있는 새로운 리스크 보상 체계를 만들어야 한다.

뉴퀴스트는 최적의 도파민 반응을 일으키기 위해서 습관과 주변 환경을 변화시킬 것을 권고한다. 그 예로 어떤 행동을 허용하거나 억제하는 주변의 사회적 집단, 자신이 주목하고 있는 경고 신호, 목표를 달성하고 원하는 것을 얻기 위한 조치 등을 들 수 있다. "도파민으로부터 한 가지 특정한 행동만이 아니라, 자신의 시스템 전체를 조정하는 방법을 배울 수 있습니다. 무슨 일이 일어나는지 진정으로 이해하려면 전체 구조와 모든 행동의 변화를 살펴봐야 합니다."

리스크 결정을 잘하기 위해 주변 환경을 바꾸는 데는 조명 색깔을 바꾸거나, 협조적인 상사와 동료가 있는 직장을 선택하거나, 식사를 충분히 하고 숙면을 하는 것, 방 안의 온도를 조절하는 것 등이 포함된다. 리스크에 대한 이런 총체적인 접근 방식은 이 책의 핵심 내용과 상당 부분 일치한다. 즉, 당신이 감수하는 리스크는 단순한 리스크가 아닌 더 큰 개념이며, 당신을 만든 여러 가지 영향력의 산물이라는 사실이다.

신체 반응을 관리하는 도구

우리는 생리학을 통해 신경 체계가 리스크를 잘 관리하도록 훈련할 수 있으며, 리스크와 관련된 강점과 약점을 조화롭게 할 환경과 시스템을 구축할 수 있다. 우선, 스트레스 요인을 인정하고 그에 대한 자신의 반응을 확인하는 간단한 행동만으로도 통제감을 얻을 수 있다. 만약 당신이 그 지표에 주의를 기울이고 거기에 맞춰 행동한다면, 통제감뿐만 아니라 어느 정도 실질적인 통제력까지 갖추게 될 것이다. 마음 챙김 훈련과 호흡 연습은 심박수, 혈압, 심지어 피부 온도까지 변화시킨다.

스티브 워드Steve Ward는 리스크 감수자의 대표적인 세 부류인 트레이더, 포커 선수, 운동선수를 훈련시키는 성과 향상 코치다. 워드는 스트레스와 피로로 인한 생리적 상태가 그들의 성과에 어떤 영향을 미치는지 이해하도록 돕고, 최적의 상태를 유지하기 위해 심박 변이도와 같은 데이터를 추적하는 습관을 들이도록 도와준다. "만약 당신의 몸 상태가 엉망이라면 효과적으로 일하기 어렵습니다"라고 그는 전화로 내게 강조했다. "잘 자고 잘 먹어야 해요. 이미 그 말의 뜻을 잘 알고 있겠죠. 하지만 숫자를 보면 더 실감이 날 겁니다."

그는 그들에게 큰돈을 벌거나 잃은 다음에는 매일 아침 육체적·정신적으로 어떻게 느끼는지, 언제 몸이 완전히 녹초가 되는지를 계속 확인하라고 권한다. "스트레스와 피로가 쌓여 심박 변이도가 저하되면 신체 에너지 상태가 낮게 유지되므로 리스크 회피 수준이 더 올라갑니다"라고 워드는 설명했다. "그런 상태에서 리스크를 감수할 경우 리스크를 적극적으로 주의 깊게 평가하지 않기 때문에 최적의 결정을 내리지 못할 가능성이 높아요. 트레이더의 경우 거래를 너무 많이 하거나 너무 적게 하기도 하고 투자를 잘못할 수도 있답니다." 반대로, 개인의 심박 변이도가 높아지면 리스크를 더 많이 감수할 가능성이 높아진다. 그는 스트레스와 피로도가 극에 달했던 한 트레이더가 거래를 너무 적게 하는 바람에 돈을 벌지 못했다는 일화를 들려줬다.

워드는 리스크를 효과적으로 관리하기 위해서는 몸 관리에 주의를 기울여야 한다고 말한다. 시간이 흘러 만성 스트레스 때문에 코르티솔 수치가 증가하면 트레이더들은 리스크를 더 회피할 가능성이 있다. 또한 악성 거래와 같은 단기적 스트레스는 과도한 리스크 감수로 이어질 수 있다. 피로가 쌓이면 트레이더의 활동이 줄어들고 이로 인해 좋든 나쁘든 거래량이 전반적으로 줄어든다. 워드는 그들에게 신체적·정신적 상태를 보여주는 정보 데이터를 활용해 스트레스와 피로에 대한 몸의 경고 신호를 인식하고, 신체 상태를 바꿀 수 있는 방안을 마련하라고 이야기한다. 그는 "만약 데이터의 수치가 좋지 않으면 기분을 좋게 해줄 수 있는 활동을 찾아 나서야 합니다"라고 말했다. 그런 활동으로는 산책, 호흡 훈련, 바이오피드백 기계 활용 등이 있다. 그는 의사 결정과 리스크 감수에 있어서 이와 같은 행동이 그들의 신체적·정신적 상태를 더 잘 인지하도록 만들어 저기압 상태의 노예가 되지 않게 도와준다고 밝혔다.

과학자들은 스트레스를 더욱 정교하게 측정할 수 있는 차세대 도구를 개발하고 있다. 캘리포니아에 본사를 둔 신경 정보과학 기업인 이모티브EMOTIV는 뇌파를 측정해 사람들이 너무 산만해지거나 스트레스를 받아 올바른 리스크 결정을 내릴 수 없을 때 경고 메시지를 줄 수 있는 헤드셋을 개발했다. 이모티브의 CEO인 올리비에 울리에는 당신이 언제 산만해지거나 스트레스를 받는지 헤드셋으로 측정해보라고 권한다. 그 타이밍을 안다면 우리가 언제 실수를 할지 예측할 수 있다. 이 헤드셋은 트레이더나 중공업 또는 화학산업과 같은 높은 리스크 상황에 있는 작업자의 심리 상태를 실시간으로 추적해, 작업자가 올바른 리스크 선택을 할 수 있는 정상적인 심리 상태가 아니라면 컴퓨터나 기계를 작동하지 못하게 하는 데 사용된다.

연습의 힘

신체 반응을 관리할 수 있는 장기적인 접근법에는 스트레스에 반응하지 않도록 몸을 조절하는 두 가지 방법도 포함된다. 첫 번째 방법은 어떤 반응이 제2의 본성이 될 때까지 연습하는 것이고, 두 번째 방법은 스트레스에 대한 생리적 반응을 이해하고 이를 다시 구성함으로써 스트레스 상황을 재해석하는 데 집중하는 것이다.

당신이 연습을 하면 할수록 뇌의 활동은 대니얼 카너먼이 말하는 의도적이고, 복잡하고, 이성적인 시스템2에서 자동적이고, 본능적이며, 무의식적으로 보이는 시스템1로 옮겨간다. 그렇게 되면 결정할 때 두뇌 활동이 덜 필요하므로 그만큼 스트레스도 적게 받는다. 시스템1의 속도감과 단순성을 누리면서 동시에 이성적인 시스템2 인식 체계의 이점까지 누릴 수 있다. 마치 훈련된 근육이 알아서 움직이는 상황처럼 힘을 덜 들인 채 같은 효과를 누리는 것이다.

우리의 목표는 연습으로 리스크 결정의 근육을 단련하는 것이다. 테트리스 비디오 게임을 하는 사람들의 뇌에 관한 연구를 보면 게임을 배울 때는 뇌가 굉장히 활발하게 활동했지만, 게임에 익숙해지자 뇌피질의 활동이 훨씬 줄어들었다. 물론 연습을 많이 할수록 실력은 더 좋아졌다.

같은 원리가 주식거래에도 적용된다. 존 코츠와 행동경제학자 리오넬 페이지Lionel Page는 투자 과정에서 감수한 리스크 대비 얼마나 큰 수익을 달성했는지 나타내는 샤프지수Sharpe Ratio를 통해 주식 트레이더들의 성과를 추적했다. 이것은 마치 느리지만 꾸준히 기어간 거북이와 동시에 결승점에 도달한 변덕스러운 토끼를 비교하는 것과 같다. 이 연구에서 최고의 트레이더들은 위험조정수익률이 훨씬 더 컸다(즉, 동일한 자산 등급에 대해서 위험 수준을 반영한 샤프지수가 일반 수익지수보다 더 높았다). 코츠와 페이지는 이것이 단순히 우연한 행운이 아니라 기술이라고 결론지었다. "신용위기를 겪으면서도 꾸준히 돈을 벌었던 노련한 트레이더들은 경력 기간 내내 샤프지수가 상승했던 사람들이었음을 발견했다"라고 코츠는 썼다.

비슷한 맥락으로 외환 및 파생상품 트레이더의 정신 생리학적 반응을 추적한 연구에서 경험이 적은 트레이더가 경험이 많은 트레이더보다 스트레스를 주는 시장 사태에 훨씬 더 크게 반응하는 것으로 나타났다. 신경 경제학자 콜린 캐머러는 연구 결과를 이렇게 요약했다. "노련한 트레이더들은 수년간에 걸쳐 자동화 기술을 익힌 덕분에 초보 트레이더에게는 엄청난 감정 기복을 주는 극적인 사건에도 침착하게 반응할 수 있게 됐다."

바이오피드백(몸에 감지기를 부착해 생리적 변화를 알아내고 신체 기능을 조절하는 기법 - 편집자 주)을 통해 마음과 몸의 연결 상태를 추적하면, 경험이 스트레스 반응을 어떻게 변화시키는지 이해하고 이를 효과적으로 재조정할 수 있다. 트레이더들을 자세히 연구한 심리학자 브렛 스틴바거Brett Steenbarger는 바이오피드백 정보를 추적하는 것이 긴장 완화, 집중, 리스크 노출에 대한 반응 조절이라는 세 가지 목적을 달성하는 최상의 방법이라고 설득력 있게 주장했다. 예를 들어 트레이더들은 정신적으로는 문제 유형을 연습하면서 바이오피드백 관측기를 사용해 심박수, 근육 긴장, 뇌파 또는 피부 온도를 낮추는 등 생리적 상태를 조절하고 신체 반응을 추적해볼 수 있다. 그 과정에서 스트레스에 대한 신체 반응을 성공적으로 재설정할 수 있다.

스틴바거는 블로그에 "불확실한 결과를 염려하거나 위협을 인지할 때 우리 몸에서는 아드레날린이 뿜어져 나온다. 근육이 긴장하고 심장박동 속도가 빨라지면서 우리 몸은 행동할 태세를 갖춘다. 이것은 다가오는 자동차를 피하는 것처럼 신체적 위협에 대처하기 위한 적응 반응이다. 하지만 주식거래 현황 화면에서 위협이 다가오는 것을 인식했을 때는 오히려 이런 반응이 주의 깊고 신중한 행동을 방해하기도 한다. 전두엽 피질의 이성적인 활동이 가장 필요한 순간, 대개 미처 생각하기도 전에 뇌의 운동 영역을 작동해 리스크 행동을 해버리니 아이러니한 일이다."

리스크를 감수하는 과정에서 발생하는 도파민과 다른 화학반응들은 중독성이 있으므로 상황이 공황 상태로 치닫기 훨씬 전, 가능한 한 침착할 때 의사 결정을 하는 것이 중요하다. 또한 스트레스를 받았으면 회복할 시간을 가져야 한다.

인지 일지를 적어보는 것은 바이오피드백 훈련을 할 때 유용한 보조 도구가 될 수 있다. 내가 어떤 상황에서 스트레스를 받는지, 그 상황을 어떻게 느꼈는지, 어떤 반응을 했는지, 그 후에는 무엇을 느꼈는지를 단순히 기록하는 것만으로도 강력한 효과가 있다. 기록은 우리에게 통제감을 안겨줌으로써(그것이 착각에 지나지 않는다 해도) 적절한 리스크 결정을 내릴 수 있다는 자신감을 키워준다.

습관 만들기

고등학생이었던 카쉬피아 라만은 친구들이 온라인상에서 유행하는 타이드포드(캡슐 세제) 먹기 챌린지, 난폭운전, 불법 약물 복용, 성관계 등과 같은 위험한 선택을 한다는 사실을 알아차렸다. 그녀는 일부 학생들이 학교 성적은 뛰어나지만 공부 이외의 분야에서는 무모한 리스크를 감수하는 것이 매우 의아했다. 그래서 13~18세 청소년들이 성인보다 리스크를 더 쉽게 감수한다는 사실을 증명하려고 조사를 하기 시작했다. 10대들이 모두 똑같지는 않다는 것을 알고 있었기에 이런 의문이 계속 머리에 맴돌았다. '왜 어떤 10대 아이들은 다른 아이들보다 리스크를 더 많이 감수할까?'

라만은 10대의 뇌는 아직 유연하다는 사실을 알게 됐다. 그렇다면 위험한 행동이 그들의 의사 결정 과정에 어떤 영향을 미치는지 궁금해졌다. 그 위험한 행동이 평생 계속될 수도 있기 때문이다. 심리학자들이 말하는 '습관'은 어떤 리스크에 반복적으로 노출되어 그에 대한 감정적 반응이 무뎌진 상태를 의미한다. 다시 말해 어떤 일에 익숙해지면 리스크를 보지 못할 수도 있다. 그녀는 청소년들이 리스크를 감수하면 할수록 점점 더 위험한 행동을 편안하게 느낀다는 것을 알고 조바심이 났다. 청소년들은 일단 리스크를 성공적으로 감수하면 두려운 마음이나 죄의식을 덜 느꼈다. 친구들이 걱정됐던 라만은 이 주제를 깊이 파고들었고, 그 과정에서 친구들에 대해 더 많은 것을 알아냈고, 또한 스스로를 더욱 이해하게 됐다.

방글라데시 이민자의 딸로 태어난 라만은 매우 비슷한 사람들끼리 모여 있는 사우스다코타 브루킹스에 살고 있었다. 이미 다른 학생들 사이에서 두각을 보였던 그녀는 자신이 다니는 고등학교가 이 연구를 수행하기에 적합하지 않다는 것을 알아차렸다. 하지만 최선을 다해 그녀를 지도하려고 하는 두 선생님을 찾을 수 있었다. 그녀는 특정한 선택을 할 때 뇌가 어떻게 작동하는지를 추적하는 리스크 시뮬레이션을 하기 위해 용돈을 모아 이모티브 뇌파 기록 헤드셋을 구매했다.

라만은 친구들을 대상으로 리스크 선택에 관해 일련의 질문을 던진 다음, 그들이 경험이 쌓이면 처음과 다른 결정을 내리는지 알아보기 위해 같은 실험을 반복했다. 첫 번째 실험에서, 학생들은 리스크 감수자가 겪을 것으로 예상할 수 있는 두려움, 스트레스, 죄책감, 초조함, 고도의 경계 등의 감정을 경험했다. "그런 감정은 유혹을 억제하고 자제력을 강화해 그들이 리스크를 더 감수하는 것을 막았어요"라며 그녀는 이렇게 설명했다. "하지만 시뮬레이션을 하면서 리스크에 더 많이 노출될수록 그들은 두려움, 죄책감, 스트레스를 덜 느꼈어요. 이런 현상은 그들의 뇌가 자연스러운 공포와 주의 본능을 더 이상 느끼지 못하도록 만들었어요." 그녀의 친구들은 리스크를 감수할 때 부정적인 결과를 경험하지 않았고, 그로 인해 그들이 리스크를 감수할 가능성은 실제로 더 높아졌다. 그녀가 우려했던 상황과 정확히 일치하는 결과였다.

라만은 2017년 인텔 국제 과학 및 공학 대회에 연구 결과를 제출했고, 행동·사회과학 부문 최고상을 받았을 뿐만 아니라 미국의 약물남용연구소National Institute on Drug Abuse와 미국심리학협회American Psychological Association에서도 표창을 받았다. 구글 과학 박람회 결승전에 진출했으며 리제네론 과학 경시대회에서는 인재상을 받았다. 내셔널 지오그래픽 다큐멘터리 기사에서 그녀의 이야기가 크게 다뤄진 덕분에 관계자에게 주목을 받아 테드TED 강연에도 초청됐다. 나는 뉴욕에 있는 TED 강연장에서 그녀를 만났다. 그녀는 목소리가 작았지만 자신의 연구에 관해 설명하기 시작하자 무대를 활기차게 만들었다. 당시 하버드대학교 1학년에 재학 중이었던 그녀는 뉴욕으로 오기 전 중간고사를 치르느라 강연에 늦게 도착했다.

라만은 연구를 하면서 친구들이 어떻게 위험한 리스크에 유혹당했는지 많은 것을 배웠지만, 이를 통해 얻은 가장 강력한 교훈은 '긍정적인' 리스크를 감수하는 것이 매우 중요하다는 사실이었다. 긍정적인 리스크란 나쁜 일은 하나도 겪지 않은 채 도파민 분출을 좇는 것을 의미하지 않는다. 살아남기 위해서가 아니라, 성공할지 아닐지는 확실하지 않지만 기회를 잡기 위해서 리스크를 감수하는 것이다.

그녀가 계획하고 있는 다음 프로젝트는 어린 청년들이 긍정적인 리스크를 감수한다면 이를 더욱 편안하게 여기고, 그 경험이 올바른 성인으로 자라는 데 도움을 줄 수 있을지 알아보는 것이다. 좋은 리스크를 감수한다는 것은 앞에 놓인 길을 그저 따라가는 게 아니라, 무엇이 자신의 마음을 움직이고 흥분시키는지를 탐구하고, 소중히 여기는 바를 추구하는 것이다.

아는 것을 활용하라

손가락 지문의 소용돌이 모양이 지문의 고유한 형태를 만드는 것같이 우리의 정신적·육체적 생체회로는 리스크 지문의 기본적인 부분을 구성한다. 우리가 선천적인 성격이나 생리 기능, 현재의 우리를 만든 경험을 바꿀 수 없는 것처럼 생체회로를 바꿀 수는 없다. 하지만 이를 추적하다 보면 리스크 반응 뒤에 숨겨진 복잡한 미로를 더 잘 헤쳐나갈 수 있다.

우리는 노련한 트레이더가 경험으로부터 배우듯이 리스크를 경험하면서 그로부터 학습하고 올바른 결정을 내릴 확률을 높일 수 있다. 다른 신체 기능과 마찬가지로 리스크 근육을 더 튼튼하게 만들려면 계속 훈련하고 사용해야 한다. 전통적인 피트니스 훈련에서 하는 것처럼 신체 기능을 측정하는 것은 리스크 근육을 키우는 데도 유용하다. 이미 당신은 여러 디지털 장치와 앱을 통해 심박수, 걸음 수, 기타 신체 활동, 심지어 뇌파까지도 측정하고 기록하고 있을 것이다. 이 데이터는 심박수와 스트레스 수준을 조절하는 호흡 훈련과 명상 및 여러 가지 운동에 도움이 된다. 이런 장치들은 계속 신체 상태를 추적하고 당신이 유익한 행동을 하면 스스로 보상하도록 도와준다. 목표를 달성할 때마다 몸에서는 약간의 도파민이 분출되는데, 이처럼 신체 반응을 최적화하는 습관을 들일수록 목표 달성은 더 쉬워진다.

호르몬 수치, 포도당과 나트륨 수치, 다른 생체 지표 등 생리적인 변화를 측정하는 각종 검사도 유용한 정보를 제공한다. 하지만 정보를 얻는 과정이 너무 복잡해 일상생활에서는 사용할 수 없다. 이에 비해 요즈음 뇌파 측정 기술은 실시간으로 작동해 최적의 리스크 결정을 위한 즉각적인 변화를 시도할 수 있을 정도로 이미 상당히 발전했다.

몸과 마음을 지치게 만들거나 올바른 리스크 결정을 방해하는 주변 환경에 주의를 기울이는 것도 중요하다. 당신은 리스크 지문에 어울리는 적절한 직업을 갖고 있는가? 상사와 동료가 서로 헐뜯거나 끌어내리지 않고 서로를 격려하는가? 주위 사람들이 당신을 화나게 하는가, 아니면 안심시키는가? 방의 조명은 밝은가 어두운가? 방이 너무 덥거나 춥지는 않은가? 아니면 적당한가?

올바른 리스크 결정을 내리려면 뇌와 신체 상태를 건강하게 유지해야 한다. 스트레스와 호르몬, 리스크 행동 사이의 피드백 순환 고리를 잘 이해하면 스트레스와 불확실성에 대한 신체적·정서적 반응을 개선할 수 있는 환경을 설계할 수 있다. 나의 스트레스 수준이 어느 정도인지, 물리적인 환경이 스트레스를 가중시키는지 완화시키는지를 인식할 때, 자신이 최선의 리스크 결정을 내리고 있는지, 아니면 이해하지 못할 정도로 공격적이거나 수동적으로 행동하고 있는지 알 수 있다.

11

Risk and the Future of Work

미래의 일자리, 위기인가 기회인가

나와 같은 X세대인 마이클은 어느 유명 컨설팅 회사의 면접을 보려고 옷을 차려입었다. 그는 깨끗한 바지에 캐주얼한 재킷과 티셔츠를 받쳐 입었다. 유행에 맞는 깔끔한 옷차림이었다. 그의 의상에는 다른 사람들의 오해를 불러일으킬 만한 메시지나 사진, 혹은 해진 곳도 없었다. 하지만 대부분의 사람들이 면접 시 선택하는 정장 차림은 아니었다. 이때는 아직 직장인들이 비즈니스 캐주얼(혹은 더 캐주얼한 복장)을 보편적으로 입기 전인 1990년대 후반이었다.

마이클의 옷차림을 본 면접관은 그에게 의상을 선택할 때 리스크를 감수한 건 아니냐고 물었다. 마이클은 평소에 리스크란 '원하지 않는 결과가 발생할 가능성'이라고 생각했기 때문에 "리스크를 감수하지 않았다"라고 대답했다. 그는 평소 모습대로 지낼 수 있는 곳에서 일하고 싶었다. 회사가 자신을 있는 그대로 받아들이지 않는다면 그런 곳에서는 일하지 않을 작정이었다. 하지만 결국 회사는 그를 고용했다.

그 당시에는 마이클의 태도가 전형적인 것은 아니었다. 하지만 오늘날 MZ세대 구직자들은 그의 태도에 눈 하나 깜짝하지 않을 것이다. 4장에서 살펴본 것처럼 요즈음 세대가 원하는 직업과 회사는 X세대와 베이비붐 세대가 원하는 것과는 다르다. 그들은 좋아하지 않는 일을 하면서 회사에 묻혀 지내는 것이 퇴직하는 것보다 더 위험하다고 생각한다. 그들은 내 친구들이 추구했던 고루한 금융, 법률, 컨설팅 분야보다 정장이 필요 없는 첨단 기술 분야와 창의적인 직업에 관심이 많다.

밀레니얼 세대의 논리는 이전 세대의 논리와는 다르다. 과거에 우리는 좋아하지 않는 일을 참고 견디는 것을 승진 사다리를 올라가기 위한 미덕으로 생각했다. 하지만 신세대는 자신이 좋아하는 것이 무엇인지 알고 그것을 성취하는 데 필요한 리스크를 감수해야 한다고 생각한다. 즉, 그들은 리스크를 다르게 정의한다.

이런 새로운 접근 방식은 불확실한 세계에 안성맞춤이다. 목적의식은 모든 것이 격변할 때 우리를 지탱해주는 닻의 역할을 할 수 있다(8장). 상황 통제력에 따라 리스크 인식과 태도는 변화한다(9장). 주변의 혼란스러운 세계에서 스스로 통제할 수 있는 것은 별로 없지만 무엇을 선택할지는 통제할 수 있다. 이것으로 모든 젊은 세대에 공통적으로 나타나는 특성인 리더십 역할에 대한 욕구를 설명할 수 있다.

2017년 아메리칸 익스프레스 조사에 따르면 밀레니얼 세대 10명 중 7명이 CEO가 되기를 열망한다고 한다. 또한 교육 컨설팅 회사 버추알리VirtuAli와 인적자원 회원 기구 워크포스Workforce가 공동으로 시행한 2015년 연구에서 밀레니얼 세대 10명 중 9명이 넓은 의미의 리더십 역할을 추구한다는 사실이 밝혀졌다. 나는 이런 열망이 그들이 일과 직장에서 통제력을 더 느낄 수 있는 방법이라고 생각한다. 어떤 사람은 이것을 리스크를 증가시키는 전략이라고 생각하지만 실제로 젊은 세대는 이것을 주변의 리스크에 대한 통제력을 발휘하는 방식으로 여긴다.

변화하는 일의 특성

일을 대하는 젊은 세대의 태도는 물론 이제 일 자체의 특성도 바뀌고 있다. 자동화, 인공지능, 기술의 발전 등 4차 산업혁명으로 인해 리스크 관리 기술은 개인의 직업 선택뿐만 아니라 기업의 채용, 복지, 직원 유지 전략에 필수 요소로 자리 잡았다. 기술은 급속도로 변화하고 있으며 인간이 해야 할 일과 기계가 해야 할 일이 무엇인지에 관한 추측도 끊임없이 발전하고 있다.

전문가들은 앞으로 반복적이고 예측 가능한 작업은 점점 더 기계가 하게 될 것으로 예측한다. 새로운 기술이 적용되면서 작업 현장은 몰라보게 바뀔 것이다. 특히 코로나19 사태로 기업들이 대면 접촉과 감염 가능성을 최소화하려고 기계를 앞다퉈 도입하는 바람에 기계가 '위험한' 작업을 더욱 많이 담당하게 됐다.

결국 미래에는 전략 수립, 공감 능력, 팀워크, 혁신성, 창의성, 예측할 수 없는 상황에 대처하는 능력 등 기계에는 없지만 인간에게는 있는 특성과 관련된 일이 가장 유망한 직업이 될 것이다. 조사에 따르면 혁신성, 창의성, 안정감은 불확실성을 관리하는 능력과 밀접하게 연관되어 있다. 공감 능력과 팀워크는 타인의 관점을 이해하고 받아들이는 능력에 달려 있는데, 남들의 조언과 지지 없이 모든 것을 자기가 통제하려는 사람들에게는 이것이 일종의 시험대가 될 수 있다. 전략을 개발하고 실행하는 것은 리스크를 감수하는 연습이다. 미래의 기술은 모두 변화, 불확실성, 리스크를 관리하는 능력과 밀접한 관계가 있다.

이런 새로운 현실은 젊은 층과 그들의 가족이 비싼 교육비를 지출하고 진로를 선택할 때 어떤 기술에 투자할 것인가 하는 매우 큰 리스크 결정을 완전히 바꾸어놓을 수도 있다. 기술이 점점 더 빠르게 발전하면 기술력은 그만큼 더 빨리 구식이 된다. 이로 인해 무엇을, 언제 공부해야 하는지와 관련된 근본적인 인식이 변화하고 있다. 정부, 학교, 대학, 학생은 모두 신세대 근로자에게 필요한 지식 및 감정적 기술을 습득하기 위해 수십 년에 걸쳐 구축된 낡은 교육 시스템을 허물고 새로운 사회경제 체제에 적합한 교육 시스템을 확립해야 한다. 특히 학생들의 전공 변경을 엄격히 제한하거나 이직이 힘든 나라에서는 이것이 어려운 과제일 수 있다. 하지만 미래에는 직업을 바꾸고 신기술을 습득하는 능력이 성공을 위한 핵심적인 기술이 될 것이다.

이미 새로운 기술 플랫폼들은 일의 개념과 방식을 변화시킴으로써 근로자가 자기 기술을 기업의 요구에 맞추어야 했던 이전의 방식을 뒤집어놓았다. 부유한 나라에서는 회사 대신 자신을 위해 일하는 사람들이 점점 많아지고 있다. 게다가 '자신을 위해' 일하는 사람들의 경우에도 그 일에 쏟는 시간 자체가 줄어들고 있다. 리스크의 관점에서 보면 더 많은 선택지와 통제력이 있는 상황을 편하게 받아들이는 사람들에게는 매우 좋은 현상이지만, 안정감을 좋아하는 사람들에게는 그렇게 좋은 것만은 아니다. 그런데 어느 경우든 리스크 감수의 주체가 기업에서 개인으로 이동했기 때문에 여러 문제가 발생할 수 있다.

개인, 기업, 정책 입안자들은 새로운 환경에 어떻게 적응할 것인가? 리스크 관리 기술과 함께 전문 기술을 습득할 수 있는 새로운 교육 시스템을 갖춰야 한다. 그렇게 하려면 기업가와 독립형 근로자가 공식·비공식 경제체제에서 건전한 리스크를 감수할 수 있도록 돕는 새로운 시스템과 자원을 마련해야 한다. 이는 기존의 전통적인 회사의 근로자뿐만 아니라, 최근 증가하는 추세인 계약직, 프리랜서, 긱워커gig worker, 소상공인, 1인 기업가, 사회적기업, 초소형 기업 등 다양한 대안적 형태 근로자의 생산성을 극대화하기 위한 사회 대책까지 마련해야 하는 어려운 문제다. 그 답은 정책 입안자, 기업, 공동체가 어떤 리스크 생태계와 리스크 우산을 만드는지에 달려 있다.

대안적 근로 형태와 리스크

세계은행의 2019년 세계 개발 보고서World Development Report에 따르면 전 세계 노동력의 절반 정도가 소득을 보충하기 위해 긱 경제에 참여하고 있다. 물론 기술 접근성이 떨어지는 개발도상국의 경우는 그 수치가 0.3퍼센트에도 미치지 못할 것이다. 업워크Upwork와 프리랜서유니언Freelancers Union의 조사에서는 2017년 미국 노동력의 3분의 1에 해당하는 5,700만 명 이상이 전통적인 근로 형태가 아닌 프리랜서로 근무했으며, 이 숫자는 매년 증가해 2027년에는 전체 근로자의 과반수가 될 것으로 예상했다.

전통적 기업들이 근로자에게 제공하는 혜택을 줄이고 인간이 하던 일을 기계와 알고리즘으로 대체했음에도, 업워크, 파이버Fiverr, 에어비앤비Airbnb, 리프트Lyft, 우버Uber 등의 플랫폼 기업들은 프리랜서와 같은 독립 근로자가 계약을 맺고 노동력과 기술을 제공하는 '긱 경제'를 가능하게 했다. 사람들은 좋든 싫든 간에 전통적 일자리에서 쫓겨나 긱 경제로 내몰리는 것을 두려워한다. 어떤 사람은 무력감에 빠져 자포자기하다가 결국 두려워했던 대로 직장을 잃고 프리랜서로 일할 수밖에 없는 반면, 어떤 사람들은 불확실한 일자리 상황에 대비해 미리 부업을 찾아 나선다.

이런 대안적 형태의 근로자들은 리스크와 불확실성을 전통적 형태의 근로자들과 매우 다르게 인식한다. 이들은 리스크에 더 잘 적응하고 대비하는 편이다. 프리랜서는 대부분 한 고용주만을 위해 일하는 대신 다양한 고객 포트폴리오를 구축하는 것을 선호한다. 요즘에는 자신을 위해 일하는 근무 형태를 자발적으로 선택하는 경우가 갈수록 늘고 있다. 앞서 언급한 조사에 따르면 많은 프리랜서 근로자들은 자신이 통제할 수 있는 소득을 다양하게 벌어들이는 것이 덜 위험하다고 생각한다. 하지만 그들 중 63퍼센트는 최소 한 달에 한 번은 예금한 돈을 빼서 써야 할 만큼 소득이 불안정한 상황에 놓여 있다. 이처럼 단기적인 걱정거리가 있지만 그들은 전통적 근로자들보다 미래 지향적이다. 프리랜서 응답자의 55퍼센트는 자동화의 잠재적 영향을 우려한다고 대답했으나, 전통적 근로자는 그 숫자가 29퍼센트에 불과했다. 로봇이나 자동화 기술이 그들이 종사하는 산업을 변화시킬 것으로 예상한 사람의 비율은 프리랜서가 68퍼센트였고, 프리랜서가 아닌 전일제 근로자의 경우는 34퍼센트에 불과했다. 새로운 경제체제에서 성공하는 근로자들은 스스로 안정감을 얻는 방법을 아는 자들이다. 그들은 미래에 필요한 기술을 배우고 자신에게 투자함으로써 장래를 준비한다. 실제로 조사가 시작되기 6개월 전에 기술 습득 과정을 밟은 사람들의 수는 프리랜서가 다른 근로자들에 비해 2배 이상 많았다.

더 중요한 과제는 대기업의 전통적 근로자들이 누리는 사내 서비스와 기술 지원 시스템을 프리랜서에게도 마련해주는 것이다. 그러나 그런 지원을 받지 못하고 있음에도 프리랜서와 1인 기업가들의 자신감은 점차 커지고 있다. 인력 컨설팅 회사인 MBO 파트너스MBO Partners는 전통적 직장에서 일하는 것보다 독립적으로 일하는 것이 안전하다고 생각하는 사람이 2011년에는 전체 응답자의 32퍼센트였으나 2019년에는 53퍼센트로 증가했다고 밝혔다. 독립 근로자들은 자기 사업체를 운영하는 리스크를 전통적 근로자들보다 훨씬 낮게 평가한다. '리스크 감수자'와 보수적인 선택을 하는 사람들이 리스크를 다르게 인식하는 것처럼, 독립 근로자들은 리스크를 매우 다르게 인식했다. 특히 일단 성공하고 나면, 자신이 큰 리스크를 감수했다고 생각하지 않는 경우가 많았다.

같은 조사에서 자신의 급여 수준이 좋다고 답한 비율은 독립 근로자가 전통적 근로자보다 낮았지만(38퍼센트 대 48퍼센트), 자신의 소득에 만족하거나 매우 만족한다는 비율은 독립 근로자가 다소 높았으며(69퍼센트 대 66퍼센트), 불만족 비율은 3퍼센트 낮았다.

미래를 위해 갖춰야 할 기술

"당신이 직원이든 프리랜서든 오늘날 당신이 직면한 리스크는 이전보다 훨씬 더 큽니다"라고 사라 서튼Sara Sutton

은 내게 말했다. 서튼은 원격 근무, 시간제 근무, 유연 근무, 프리랜서 구인·구직 웹사이트인 플렉스잡스FlexJobs의 설립자이자 CEO다. 그녀는 2007년 임신 8개월 차에 스타트업 고위직에서 해고를 당한 후 곧바로 회사를 설립했다. 처음에는 일을 구하려고 했지만 임산부가 구직 활동을 한다는 것은 어려운 일이었다. 그녀는 아이를 위해서 원격으로 탄력적 근무를 할 수 있는 일을 구하고 싶었다. 오늘날도 마찬가지지만 당시만 해도 프리랜서가 원격으로 일할 수 있는 직장을 찾기란 쉽지 않았다. 창업 후 회사를 성공적으로 매각해봤던 기업가인 그녀는 자신의 경험을 살려 이 문제를 해결하고, 자신과 비슷한 고통을 겪는 많은 이들을 도와주기 위해 플렉스잡스를 설립했다. 코로나19 사태가 터지고 난 다음 이 분야에 대한 수요가 더욱 많아졌다.

미래의 근로자들은 일을 수행하는 데 필요한 구체적인 '하드 스킬'은 물론이고, 관계, 팀워크, 전략과 같은 '소프트 스킬'까지 갖춰야 한다. 새로운 기술과 최신 동향을 습득하려면 교육과 훈련에 시간을 투자해야 한다. 서튼은 이렇게 설명했다. "당신은 앞으로 새로운 직장을 구해야 할 겁니다. 그러니 언제까지나 기존의 기술만 의지할 수는 없어요. 더 많은 것을 배우고, 미래에 필요한 신기술에 전략적으로 관심을 쏟을 수 있도록 스스로를 밀어붙여야 해요. 어떤 이들은 자신이 안전지대에서 벗어난다면 무슨 일이 벌어질지 상상하기도 하죠."

그녀는 미래에 갖춰야 할 중요한 기술로 적응성과 유연성을 꼽는다. 물론 사회적 지능, 협업, 리더십, 비판적·복합적인 사고방식도 중요하다. 미래의 기술을 습득하는 주요 단계는 먼저 자신이 필요한 사항을 확실히 파악하고 지원 시스템을 구축하는 것이다. 서튼은 동료, 프리랜서, 친구 등을 찾아 공동체와 지원 네트워크를 구축하는 일이 더욱 중요해질 것이라고 언급했다. "어려운 문제들을 다른 사람과 소통하면서 그로부터 학습하는 능력이 필요합니다. 그것이 바로 공감 학습입니다(12장에서 리스크 공감에 대해 자세히 알아볼 것이다)."

공동체는 소속 구성원들에게 자신을 지원해줄 사람들이 있다고 느끼게 함으로써 리스크를 줄여준다. 7장에서 집단주의 문화가 개인주의 문화보다 리스크 관리와 변동성 문제를 더 잘 해결한다는 사실을 봤다. 미래에 가장 큰 성공을 거둘 근로자들은 이런 종류의 생태계를 구축하고 통합해 이익을 얻는 사람들일 것이다. 실제로 공유 업무 공간에서는 서로 조언을 하거나 사람들을 추천하고 소개하면서 신뢰할 만한 전문가들을 쉽게 만날 수 있는 공동체를 구축하고 있다.

나는 팬데믹 기간에 세계적인 공유 오피스 네트워크인 데스크패스Deskpass가 이런 커뮤니티 구축 서비스를 제공하고 있다는 사실에 감명을 받았다. 내가 데스크패스의 공동 창업자인 니콜 바스케스Nicole Vasquez를 만난 것은 그녀가 2015년 시카고에 첫 번째 공유 오피스 더 시프트The Shift를 설립한 직후였다. 그녀는 항상 이 공간의 목적은 사업체를 만드는 것이 아니라 커뮤니티를 만드는 것이라고 설명했다. 나는 그곳에서 일하면서 성능 좋은 프린터를 마음껏 사용했으며 유능한 전문가 네트워크를 알게 된 것은 물론 나의 웹사이트 디자이너와 운영자를 찾을 수 있었다.

바스케스는 자신의 길을 개척하는 과정에서 스스로에게 가장 중요한 것이 무엇인지, 목표에 도달하려면 무엇이 필요한지, 그것을 다른 사람에게 나누어주려면 어떻게 해야 하는지 등 여러 가지를 배웠다. 운 좋게도 그녀는 직장 생활 초기에 회사 소유주와 긴밀히 협력할 수 있는 기회를 얻어 마케팅, 운영, 재무, 법률, 영업 등 여러 분야에서 폭넓은 경험을 쌓고 관련 기술을 배울 수 있었다. 정규직으로 일하면서 학자금 대출로 9만 달러를 받아 MBA를 취득했고, 25살 나이에 임원으로 승진해 사람들의 주목을 받았다. 그녀는 출세를 위해 오전 7시부터 오후 7시까지 열심히 일했지만, 직장 상사는 그녀에게 이미 최연소로 경영진으로 출세했으니 너무 무리하지 말라고 슬며시 충고했다. 바로 위에 있는 임원들은 모두 적어도 15살이 더 많았다. 그녀가 다음번 승진할 때까지는 오랜 시간이 걸릴 것이 분명했다. 그렇다면 그 기간에 쏟아부은 모든 노력이 물거품이 될 가능성이 있었다. 바스케스는 자신의 능력을 마음껏 발휘할 수 없는 회사에 갇혀 있다는 생각이 들기 시작했고 결국 영업과 마케팅 담당 부서로 자리를 옮겼다. 그곳에서는 까다롭고 무례하게 행동하는 고객들이 많았다. 그녀는 고객들과 원격 회의를 하기 위해 노트북을 차에 싣고 다니며 와이파이를 사용할 수 있는 커피숍 근처에 주차하곤 했다. 그런데 그러던 중 항상 '안전한 직장'이라고 생각했던 곳이 곰곰이 생각해보면 그렇게 안전하지도 않으며, 자신의 적성에 맞는 직업도 아니었다는 것을 깨달았다.

마침내 바스케스는 공유 오피스 사업을 시작하기 위해 회사를 그만뒀다. 그녀는 비록 사업이 잘 안 되더라도 자신에게는 MBA 학위, 협조적인 가족, 훌륭한 네트워크라는 리스크 안전망이 있다고 확신했다. 첫 1년 반 동안 그녀는 저축한 돈 덕분에 월급 없이 지낼 수 있었지만 그다음 2년은 간신히 버티기만 했다. 그녀는 두 가지 기술로 어려움을 극복했다. 첫째, 비슷한 길을 걷고 있는 사람들이 모인 네트워크에 도움을 청했다. 그녀는 그들에게 조언을 구하고 추천을 받았으며 서로 통찰력을 나누고 소중한 격려와 지원을 받았다. "우리는 모두 하나가 되어 의견을 주고받았어요. 마치 거미줄이 점점 커지는 걸 보는 것 같았어요"라며 그녀가 말했다. 그녀뿐만 아니라 그녀가 돕고 있는 프리랜서, 1인 기업가, 중소기업들에게도 신뢰할 수 있는 공동체의 존재는 너무나 중요했다. 둘째, 지금 하고 있는 일이 자신의 우선순위와 일치하는지를 정기적으로 점검했다. 틀에 박힌 '일벌레' 기업 문화로 빠지기는 너무나 쉬운 일이었지만, 그녀는 일이 벅차게 느껴질 때마다 관리 권한을 일정 정도 위임하거나 완전히 넘겨주는 방법을 택했다.

바스케스는 자금을 모아 시카고 최고의 공유 업무 공간으로 인정받을 만큼 규모가 큰 두 번째 오피스 '세컨드 시프트Second Shift'를 열었다. 그리고 20개 도시와 카운티에 있는 500개 이상의 공유 업무 공간을 이용할 수 있는 회원제 사회적기업인 데스크패스를 공동 설립했다. 그녀는 이 공간을 만들 때 중점을 뒀던 것처럼 단순히 돈을 벌기 위해 사업을 하는 것이 아니라 공동체를 만드는 데 자신의 사명을 집중했다. 그리고 시간이 흐른 뒤 더 시프트를 다른 회원에게 매각했고 나중에 세컨드 시프트의 경영권에서도 손을 뗐다.

바스케스는 시카고의 추위를 피해 남편과 함께 마이애미에서 휴가를 보내고 돌아와 내게 자랑스레 말했다. "이제 저는 어디에서나 일할 수 있는 삶을 살고 있어요." 그녀는 뒤늦게 깨달았지만 현장 경험이 훨씬 가치 있다는 사실을 미리 알았더라면 MBA를 따지 않았을 거라고 말했다. 미래의 일자리에는 MBA 출신보다는 오히려 바스케스가 설립한 것과 같은 네트워크와 점점 성장하고 있는 공동 작업자와 디지털 노마드 세계의 도움을 받아 스스로 학습하는 사람들이 더 많이 필요할 것이다.

2018년 MBO 파트너스의 연구에 따르면 미국의 독립 근로자 중 자신을 디지털 노마드로 묘사한 사람은 480만 명에 달했다. 기술 발전으로 세계 방방곡곡을 여행하면서 원격으로 일하는 디지털 노마드 중에는 공유 업무 공간을 이용하는 사람들이 많다. 많은 디지털 노마드와 창조적인 일을 하는 전문가들은 스스로 이러한 삶을 선택한다. 하지만 기술 발전으로 인력이 불필요하게 되었거나, 일자리가 해외로 수출되어서, 혹은 단순히 먹고살기 위해 또는 직장 옮기는 사이의 틈을 메우기 위해 긱 경제로 내몰리는 사람들의 경우는 전혀 다른 이야기다. 우버와 리프트 운전사, 가사 노동자, 간병인, 심부름꾼, 택배 노동자들은 아직도 관련 법과 규제가 진화하고 있는 세계에서 일을 해나간다.

사회학자 줄리엣 쇼어Juliet Schor는 저서 《긱 이후 : 강탈당한 공유

경제를 다시 찾는 방법After the Gig: How the Sharing Economy Got Hijacked and How to Win It Back》에서 기술 변화를 따라가지 못하는 노동자와 소비자 보호 시스템의 허점을 악용하는 새로운 기술 플랫폼 때문에 많은 긱 워커들이 그 틈새로 떨어져버렸다고 주장한다. 쇼어는 긱 경제에 참여하는 사람은 임시직 일을 주 수입원으로 삼는 사람, 부 수입원으로 삼는 사람 두 부류로 나뉜다고 설명했다. 쇼어와 연구 팀은 다른 수입원이 있는 긱 워커들이 이를 주 수입원으로 삼는 긱워커들보다 소득이 높고 전반적으로 더 행복하다는 사실을 발견했다. 긱 소득을 주 수입원으로 삼는 사람과 보완적 수단으로 이용하는 사람들의 리스크 상황은 매우 다르다. 집세나 주택담보대출, 자동차 할부금을 낼 필요가 없는 사람은 불쾌감을 주고 돈벌이도 신통치 않은 임시직 일을 거절할 수 있다. 그들은 다른 곳에서 제공하는 의료 보험과 리스크 우산을 찾아 나설 가능성이 더 높다. 쇼어는 "근로자들이 스스로 작업에 필요한 도구를 마련하고 모든 비용을 부담할 뿐만 아니라 독립적인 계약직 신분으로 바뀌었기 때문에 회사는 사회보장세, 산재보험, 실업보험 제공 의무에서 벗어났다"라며 이렇게 지적했다. "이런 기업들은 서비스 등급 평가 시스템을 도입해 품질 관리와 인사 업무를 소비자들에게 넘겼다."

긱 이전 세계에서 기업들은 브랜드를 통해 자사 제품과 서비스에 대한 신뢰를 쌓았다. 더 나아가 소비자들은 브랜드 평판이 좋은 기업의 제품을 구매하면 불량품을 구매할 리스크를 줄일 수 있었다. 하지만 수백만 명의 개인 근로자들이 자신의 서비스를 기업 브랜드처럼 키울 수는 없다. 따라서 기술 플랫폼 기업은 서비스 등급 평가 시스템을 만들었다. 하지만 쇼어가 지적한 것처럼 이 새로운 제도에는 신뢰를 남용할 수 있다는 사각지대가 있다. 플랫폼 이용자들은 모두 리스크를 줄이기 위한 보완 조치를 마련해야 한다. 예를 들어 승차 공유 운전사와 에어비앤비 집주인에 대한 보험, 배경 확인, 면허, 안전 수칙 그리고 차별 방지를 위한 시스템 및 법률은 물론 에어비앤비 파티의 소음, 교통사고, 교통 혼잡, 대중교통의 승객 감소와 수입 감소 등 제삼자에게 영향을 미치는 외부적 영향과 보완 조치도 마련해야 한다.

사회 운동가, 정책 입안자, 기업들은(의도적이든 그렇지 않든) 문제점들을 고심하며 미래를 설계한다. 캘리포니아의 AB5 법(근로자 인정 범위를 확대하는 법 - 옮긴이 주)은 위험과 보상을 공평하게 배분하는 생태계를 만들기 위한 초기 시도다. 하지만 너무 빨리 변하는 상황을 따라잡기가 힘들었고 시행착오로 의도하지 않은 결과가 발생했다. 긱 경제를 위한 적절한 리스크 생태계는 여전히 진화 중이다.

오랫동안 세계에서 가장 부유한 국가들은 고용계약과 사회보장을 제공하는 공식적인 경제체제에 대한 자부심이 대단했다. 실제로 이 국가들이 주도하는 다자 개발 기구는 수년간 많은 전문가를 가난한 나라에 파견해 기업과 근로자들이 '공식적인 경제체제'로 들어오도록 돕고 있다(물론 정상적인 외채 상환을 위해 세금 징수를 늘리려는 또 다른 목적도 있다). 그들은 개발도상국에서 창업 허가에 필요한 서류 작업을 간소화하기도 했다. 그런데 경제개발 이론의 예상과는 달리 근로자에 한해서는 부유한 국가들이 가난한 국가들을 더 닮아가기 시작했다. 2019년 글로벌 개발 보고서에서 세계은행의 분석가들은 "선진국에서는 노동 시장이 점점 더 유동적으로 변화하고 개발도상국에서는 비공식 경제가 지속되고 있다"라고 지적했다. "선진국의 단기 근로자나 임시직 근로자들이 직면하는 문제는 비공식 경제의 근로자들이 직면한 문제와 동일하다. 자영업, 서면 계약이 없거나 보호 장치가 없는 비공식 임금 근로자, 저생산성 일자리는 대부분 개발도상국에서 일반적으로 나타나는 현상이다. 노동 시장이 이 같은 형태로 수렴하는 현상은 21세기에 기대했던 바가 아니다."

이제 정책 입안자들이 원래 상상했던 노동 시장의 모습으로 돌아가보자. 그들은 기업 또는 프리랜서들을 위한 리스크 우산을 강화하고 확대함으로써 근로자들이 자신의 업무 형태나 거주국의 경제 발전 수준과 관계없이 리스크를 현명하게 감수해 더 생산적으로 잠재력을 발휘하길 기대했다.

기업과 직원의 새로운 관계

지난 10년 동안 프리랜서와 계약직 근로자의 숫자가 급격히 증가함에 따라, 2018년 미국인들의 직장 평균 근속 연수가 예전과는 달리 4년을 조금 웃도는 기간으로 줄어들었다. 이런 현상은 5장에서 봤듯이 경제체제와 세대별 선호도가 바뀌었기 때문이기도 하지만, 기업과 직원이 서로의 관계를 다시 정립하고 있기 때문이기도 하다.

미국에서는 1920년대에 병원과 의사들이 건강보험 계획을 세웠으나 실제로 적용된 것은 정부가 인플레이션 억제 수단으로 임금 인상을 제한했던 제2차 세계대전 때였다. 당시 고용주들은 정부의 임금 억제 정책을 준수하면서도 근로자를 유치하기 위해 건강보험을 포함한 여러 복지 혜택을 더 많이 제공하기 시작했다. 1943년 국세청이 소득세에서 건강보험료 납입분을 면제하자 직원과 기업 모두가 이득을 봤다. 고용주들은 세금과 채용에서 혜택을 누렸으며 직원들은 건강을 유지하고 생산성이 향상됐다. 직원 개개인의 건강뿐만 아니라 전염병이 작업장 전체로 확산하는 것을 방지해 기업도 보호를 받았다. 직원들의 지지를 받는 것도 기업에 이익이 됐다.

오늘날, 기술 플랫폼 덕분에 사람들은 자신의 기술을 필요로 하는 클라이언트를 훨씬 더 쉽게, 합리적인 비용으로 만날 수 있게 됐다. 기업들은 외주 작업을 확대하고 직원을 하도급 업체로 이동시켰는데, 이 과정에서 계약직 근로자들이 필요한 보호를 받지 못해 위험 부담이 커지고 스트레스가 심해지면서 생산성이 저하되는 등 오히려 비용이 증가했다. 하지만 고용주들이 계약직·정규직 근로자 모두에게 건강 관리 시스템과 광범위한 안전망을 제공한다면 맡은 일에 집중하고 생산적으로 일함으로써 결과적으로 회사에 이익이 돌아가게 될 것이다. 프리랜서들이 안전망을 확보하지 못할 때 그들의 업무 능률에 타격이 갈 가능성이 있다.

피고용자가 아닌 계약직으로서 누릴 수 있는 독립성을 활용해 성공하는 근로자도 있지만, 사실상 그렇지 않지만 자유로워 보이는 프리랜서들에게 일자리를 뺏길까 봐 두려워하는 근로자도 있다. 임시직 근로자들이 서로 치열하게 경쟁하면서 임금도 달라졌다. 과거에는 임시직 계약자들은 건강보험료를 포함한 간접비용을 스스로 부담하고 수입이 안정적이지 않아 더 큰 위험을 감수하므로 정규직 직원보다 시간당 임금이 높았다.

프리랜서가 점점 많아지면서 커리어 리스크에 대한 정의가 바뀌고 있다. 기업들도 이제 고용 방식을 조정해야 할 때가 왔다. 최고의 인재를 뽑기 위해 더 이상 다른 회사와 경쟁하는 것이 아니라, 뛰어난 인재들이 자기 사업에 나서도록 돕는 기회 그 자체와 경쟁해야 한다.

근로자들은 회사가 프리랜서를 고용할 때 사용하는 구인 플랫폼을 이용해 자신이 현재 하는 일을 다른 회사의 직책 및 문화와 비교해 자신의 가치관과 더 잘 맞는 일자리를 쉽게 찾을 수 있다. 그 결과 싫어하는 직업에 계속 머무는 '부정적' 리스크와 새로운 것을 시도할 수 있는 기회인 '긍정적' 리스크를 비교했을 때 커리어 리스크의 등식이 부정적 리스크가 더 크게 느껴지는 것으로 바뀌었다. 이것이 요즈음 사람들이 예전 세대보다 직업을 자주 바꾸는 이유 중 하나다. 직원들의 이직률 상승은 직원 교육과 연수에 투자하고자 하는 기업의 의욕을 꺾을 수 있으므로 근로자와 고용주가 함께 성공하려면 리스크를 새롭게 이해해야 한다.

시카고에 본부를 둔 노동경제연구소Institute for Work & the Economy의 설립자인 피터 크레티코스Peter Creticos에 따르면 제2차 세계대전 이후 기업들은 협력 업체의 품질 기준이나 근로자들의 기술 향상 등을 위해 직원 교육에 많이 투자했다. 그들은 심지어 2018년 다큐멘터리 영화 〈배스텁스 오버 브로드웨이Bathtubs over Broadway〉에서 묘사한 것처럼 판매자들의 교육과 동기 부여를 위해 A급 작가, 배우, 감독까지 고용해 브로드웨이 스타일의 뮤지컬 쇼를 제작하기도 했다. 그러나 시간이 지나면서 이전에는 고용주들이 회사 수익으로 부담하던 리스크를 근로자가 부담하게 하는 현상이 지속적으로 증가했다. 근로자들이 받는 연금의 방식이 확정 급여형에서 확정 기여형으로 바뀐 것도 한 사례다.

의료 비용이 상승하자 고용주들은 그중 많은 부분을 근로자들에게 떠넘겼다. 크레티코스는 지적 재산권의 소유권 문제도 다시 생각해야 한다고 지적했다. 과거처럼 회사가 직원들에게 평생 고용과 같은 강력한 안전망을 제공하던 시절에는 직원이 근무 시간 중에 만든 창작물의 지적 재산권을 기업이 소유하는 것이 당연했다. 하지만 아이디어, 디자인, 발명품에 적절히 보상해줄 생각이 없는 뻔뻔한 회사를 위해 자신들의 권리를 기꺼이 포기할 창조적 근로자나 기술자들이 과연 몇이나 될까? 이런 현상은 기업의 혁신과 생산성을 해칠 수 있다. 크레티코스는 다음과 같이 경고했다. "장기적인 성과를 단순히 일회성 거래로 해결하려고 한다면 미래에는 누가 새로운 것을 발명하려고 할까요?" 게다가 기업은 학습과 재교육에 대한 투자도 직원들이 부담하도록 만들었는데, 크레티코스는 이것 역시 장기적으로 볼 때 부정적인 결과를 초래하는 근시안적 결정이라고 말한다. 그는 "기업과 직원의 관계는 매우 취약한 시스템이 되었어요. 이 관계가 한 번 무너지기 시작하면 모든 것이 함께 무너집니다"라면서 많은 CEO가 이미 이 취약성을 알고 있다고 덧붙였다.

새로운 리스크 우산 만들기

리스크 우산을 만들고 관리하는 것은 누구의 책임인가? 이 질문은 8장에서 논의한 문제의 핵심과 연결된다. 직장에 관한 리스크는 역사를 통해 계속해서 진화해왔다. 초기 인류 사회에서는 사람들이 함께 사냥하고 침입자로부터 전리품을 보호하기 위해 한데 뭉쳤다. 봉건 사회에서는 농부들이 자신을 보호해주고 경작할 권리를 제공한 대가로 수확물의 상당 부분을 영주에게 바쳤다. 산업화 시대의 직장 리스크와 책임 문제는 업튼 싱클레어Upton Sinclair의 소설 《더 정글The Jungle》에서 묘사한 것처럼 도살장과 같은 거의 무정부 상태였다가 헨리 포드의 온정주의paternalism로 발전했다. 20세기에 들어와서는 보험과 안전 규제의 문제로 다시 진화했다.

오늘날 직장 리스크에는 업무 안전성, 실직 가능성, 근로자와 가족을 보호하기 위한 건강·생명보험 등 여러 가지 요소가 있다. 또한 동료나 자신의 잘못된 결정에 따라 경력에 지장을 받을 수 있는 직원 평판 리스크도 있다. 직장 리스크는 업무상 재해에 관한 법률과 보험으로 해결되는 편이다. 일부 국가에서는 실직 위험을 실업보험으로 해결한다. 각국 정부는 팬데믹이나 심각한 불경기 동안 기업들의 직원 해고를 막기 위해 해고 근로자의 임금을 일시적으로 보조해주었다. 사양산업에 종사하는 근로자들을 위해 직업 재교육을 시행하며 전직 보험을 제공하기도 한다. 많은 회사들은 일정 급여 수준 이상인 정규직 직원들에게 건강보험과 생명보험을 제공한다. 평판 리스크에 대해 말하자면, 자신과 동료의 리스크 지문을 이해하고 회사 문화를 파악하는 것이 최고의 보험이다. 그렇게 할 때 이곳이 내가 근무하기에 최적의 장소인지 아닌지를 구분할 수 있다.

이제 겨우 정당한 대접을 받기 시작한 추가적인 요소가 교육비다. 전통적으로 기업들은 유망한 직원들이 승진할 수 있는 직업 훈련과 임원 교육에는 투자하는 반면, 젊은 직원들의 교육 관련 비용은 개인적으로 부담하게 했다. 하지만 지금은 이 두 가지 모두 변하고 있다. 직원 교육 정책이 바뀌면서 최근 들어 직원들이 과거에 받았던 학자금 대출을 상환해주는 기업들이 늘고 있다. 그러나 그것은 빙산의 일각에 불과하다.

기업은 안전한 직장을 만들기 위해 할 수 있는 모든 것을 해야 할 책임이 있고 정부는 기업이 확실히 책임을 이행하는지 감시하는 역할을 해야 한다. 경제의 중심이 제조업에서 기술과 서비스 산업으로 이동하면서 실업, 건강, 생명보험과 같은 광범위한 보호에 관한 사회계약은 계속 진화하고 있다. 물론 프리랜서는 회사의 보호 울타리

밖에서 활동한다. 하지만 건강보험과 생명보험을 누가 제공하느냐는 프리랜서든 직원이든 '근로자들을 실직으로부터 어떻게 보호할 것인가' 하는 더 큰 문제와 관련된 것이다.

한편, 저평가되고 있는 리스크 우산의 한 가지 요소는 일이 지루하거나 만족스럽지 못할 때 직원들이 조금 더 쉽게 이직할 수 있게 해주는 것이다. 특히 직원이 만성 질환을 앓고 있거나 직장이 가족들의 건강보험을 해결해주는 경우, 일이 만족스럽지 못한데도 건강보험 때문에 회사에 남아 있는다면, 건강보험이 더 생산적으로 일하고 성취감을 맛볼 수 있는 일자리를 찾지 못하게 만드는 황금 수갑(주요 임직원들이 회사에 남아 있게 하는 유인책 - 옮긴이 주)으로 작용할 수도 있다. 이는 직원이나 고용주 모두에게 도움이 되지 않는다. 이처럼 건강과 직업, 리스크에 관한 문제들은 서로 얽혀 있다. 이 관계가 흐트러지고 있을 때 코로나19는 이를 한층 더 복잡하게 만들었다.

4차 산업혁명을 통해 신기술이 경제·사회·정치 시스템에 파괴적인 영향을 미치면서 이미 긱 경제가 가능한 기반이 조성됐다. 따라서 노동자와 고용주 사이의 리스크 부담 관계는 이익 집중, 이익 대비 노동 및 자본 비용 감소 등 새로운 추세의 등장으로 급격하게 변화하고 있다. 최근에 각광받는 기술 회사들은 최소한의 한계 비용으로 기술을 쉽게 복제할 수 있으므로 더 적은 인력으로 더 많은 돈을 벌 수 있다. 이런 현상은 기업과 정부, 국민 사이의 사회계약에 큰 영향을 미친다.

이와 동시에 기업들은 점점 대형화되고, 중소기업 인수와 시장

점유율 확대를 통해 인건비를 절감하면서도 가격을 인상할 힘도 갖추었다. 따라서 기업들은 《이코노미스트》가 말하는 자본비용을 뛰어넘는 '비정상적인 이익'을 창출할 수 있게 됐다. 2018년에 《이코노미스트》는 자본 비용률을 8퍼센트로 가정하고 이런 비정상적인 이익의 규모를 계산한 결과 세계 5,000대 기업의 경우 그 규모가 약 6,600억 달러에 달했는데, 이 중 3분의 1이 기술 회사에서 발생했다. 경쟁에 관한 특집 기사에서는 "1978년 이후 총이익(기업 잉여현금흐름, 즉 기업 영업활동 현금 흐름에서 투자 금액을 뺀 금액)이 국내총생산의 1.9퍼센트에서 4.5퍼센트로 높아졌다"며 이렇게 주장했다. "경쟁이 수익을 현실에 맞는 수준으로 끌어내리지 못한 원인이 무엇인지, 그렇다면 경쟁을 장려할 수 있는 방법은 무엇인지를 질문하는 것이 현명하다. 그 대안은 불평등에 대해 손을 놓거나 소득 재분배를 위해 매우 엄격한 세금이나 규제를 도입하는 것이다."

이것은 투자가이자 전직 기술 경영자인 리카이푸Lee Kai-Fu가 2018년 훌륭한 저서 《AI 슈퍼파워, 중국, 실리콘밸리 그리고 새로운 세계 질서AI Superpower, China, Silicon Valley, and the New World Order》에서 언급했던 도전 과제와 동일한 내용이다. 그는 신기술이 노동 시장과 사회 시스템에 영향을 미쳐 잠재적으로 사회적 불안과 파괴를 야기할 수 있다는 것이 가장 큰 리스크라고 주장했다. 그는 "벤처캐피털이라는 개념은 높은 리스크를 감수하면 수익을 기하급수적으로 창출할 수 있다는 생각에서 도출됐다"며 사회적 결과를 고려하지 않고 맹목적으로 이익을 추구하는 것은 위험하다고 언급했다. 우리는 1퍼센트의 세계 최고 부자들이 99퍼센트의 시민들이 분노해 자신들에게 덤벼들 것을 걱정한다는 이야기를 많이 들었다. 그러나 그들이 염려해야 하는 것은 사회적 불안만이 아니다. 더욱 걱정해야 하는 문제는 세계 인구의 절대적 다수가 자신들이 생산한 많은 것들을 즐길 여유가 없고 세계의 부가 점점 더 소수에게 집중된다면 세계 경제 발전은 중단될 것이라는 현실이다. 기술이 야기한 사회적 영향의 위험성을 어떻게 관리해야 할까? 그는 돌봄 서비스, 공원 관리, 예술, 교육 등과 같이 선한 사회적 영향력을 갖춘 일자리를 중시하는 새로운 형태의 벤처 생태계를 제안한다. 그는 "이런 일자리는 사회적·개인적 차원에서 모두 의미가 있으며, 그중 상당수는 실질적인 수익을 창출할 수 있는 잠재력도 있다. 단지 유니콘 기술 스타트업에 투자해 얻는 1만 퍼센트의 수익이 아닐 뿐이다"라고 기술했다.

이 문제의 해결책으로 마이크로소프트 창업자이며 세계적인 자선가 빌 게이츠와 몇몇 사람들은 현재 많은 정부가 소득세를 부과하는 것처럼 로봇에도 세금을 부과하자고 제안했다. 기술 기업들은 생산성을 높이는 일에 세금을 부과하면 안 된다며 당연히 반대했다. 기업이 대중이 원하는 것을 효율적으로 더 많이 생산하기 위해 투자한다고 해서 불이익을 줘서는 안 된다는 그들의 주장은 일리가 있다. 하지만 우리는 제대로 작동하는 사회와 일자리를 원하지 않는가? 만약 그렇다면 일자리를 축소하거나 아예 없애버리는 로봇에 세금을 부과하는 것은 당연한 일이 아닌가? 이런 해결책들은 사회적으로 유익한 직업의 본질이 무엇인지, 잘사는 것이 무엇을 의미하는지에 관한 우리의 생각을 바꿀 수 있다.

리스크와 보상의 균형은 어떨까? 리스크가 클수록 보상이 커야 한다는 주장은 맞는 말인가? 이 질문은 리스크의 '공정한 가격'과 관련해 8장에서 살펴본 주제와 관련이 있다. 만약 기술 회사들이 큰 이익을 내는 데 더 적은 자본과 노동력이 필요하다면, 그것은 그들이 리스크를 더 적게 감수한다는 것을 의미하지는 않는가? 그리고 프리랜서로 일을 하거나, 고용주가 의료비 등의 부담을 근로자에게 넘겨 리스크를 떠안게 한다면, 그들은 그 대가로 보상을 더 많이 받아야 하는 게 아닌가?

밀레니얼 세대가 일하는 목적에 초점을 맞추는 경향이 강하다 보니 다수의 회사에서 금전적 보상이 전부가 아니라는 사실을 점차 인식하게 됐다. 강한 목적의식을 가진 사람은 직장에서는 물론 삶의 모든 면에서 더 탄력적이고 생산적으로 일한다. 또한 그로 인해 자신과 다른 사람들에게 도움이 되는 리스크를 감수할 수 있다. 의미 있는 일을 한다는 느낌 자체가 보상일 수도 있다. 하지만 기업이 생산성 향상으로 증가한 이익을 하도급 업체와 직원들에게 나누어주지 않는다면 부정적인 결과가 발생할 것이다.

불확실한 세상과 민첩한 커리어 관리

모든 사람이 다 빠르게 변화하는 환경에 쉽게

적응하는 것은 아니다. 시카고 출신 직장 미래학자이자 《민첩한 경력을 활성화하라Activate Your Agile Career》의 저자인 마티 콘스탄트Marti Konstant는 "불행하게도, 변화에 대처하는 것은 단순한 선택 사항이 아닐 수 있습니다"라고 말했다. 그녀는 리스크와 불확실성을 회피하는 사람들은 '위험'과 '안전'의 정의를 다시 생각해야 한다고 주장했다.

"변화가 일어나면 어떻게든 행동하세요. 만약 아무것도 안 하고 가만히 있으면 그것은 더 큰 리스크를 감수하는 것과 같아요"라며 콘스탄트는 내게 이렇게 말했다. "인생이나 직장에서 정체한 상태로 가만히 있는 것이 가장 큰 문제랍니다. 자신을 혁신하지 않으면 위험해져요." 생계비를 벌기 위해 그녀는 예술가, 디자이너, 기업가, 브랜드 설계자, 판매 전문가, 기술 마케팅 임원 등 여러 가지 직업을 경험했는데, 그러면서 그녀의 커리어는 계속 발전했다.

콘스탄트는 전통적 조직의 우산 밑에서 일하는 것을 선호하는 사람들을 위한 역할도 있다고 말한다. "만약 당신이 정말 조직에서 일하고 싶고 그것이 당신이 아는 유일한 방법이라면, 그런 일자리도 있죠." 그녀는 회사에는 전문직뿐만 아니라 일반 직원들도 필요하다고 생각한다. 그들은 필요한 모든 기술을 갖춘 것은 아니지만 그런 기술을 보유한 사람들을 어디에서 찾을 수 있는지 알고 있다. "그런 자리에 취직하려면 전문가들을 관리할 수 있을 만큼 그들에 대해 충분히 알고 있어야 합니다."

그녀는 또한 신기술을 익혀 그것을 자신의 전문 분야에 어떻게 적용할 수 있는지 공부하라고 권고한다. "미래학자처럼 10년 앞을 내다볼 필요는 없어요. 트렌드를 잘 주시하기만 하면 돼요." 콘스탄트는 학교 수업에 컴퓨터가 필요하다는 것을 처음으로 깨닫고 훨씬 더 높은 임금을 받는 직장으로 이직한 어느 고등학교 스페인어 교사의 이야기를 들려줬다. 그녀는 자신을 '교육 기술자'라고 부르면서 처음에는 동료 교사들을 훈련하고 나중에는 다른 트레이너들을 훈련하기 시작했다. 이후 박사학위를 받고 현재는 로봇공학 트레이너들을 훈련하고 있다.

콘스탄트는 쓸모없는 '나쁜' 리스크를 최소화하고 '좋은' 리스크를 감수할 기회를 극대화하기 위해서는 트렌드를 이해하고 적용하는 동시에 커리어 역량을 추가적으로 개발해야 한다고 말한다. "당신은 자신의 네트워크를 만들고 스스로를 판매할 줄 아는 영업 사원이 돼야 해요. 그렇지 않으면 험난한 세상을 버틸 수 있는 힘이 생기지 않습니다."

일의 목적의식에 대한 태도는 시간이 흘러 직업의 성격이 변화하면서 아주 자연스럽게 바뀌었다. 초창기 IT 기업의 화려한 광채가 사라지고 나서 해당 분야의 종사자들은 자신이 칙칙한 회색 칸막이 안에서 일하고 있을 뿐임을 깨달았으며, 집이나 멋진 사무실에서 일한다 해도 스타트업의 주식으로 부자가 되는 꿈은 포기하게 됐다. 이제 그들은 직장에 남아 있을 때의 리스크와 새로운 분야로 진출할 때의 리스크를 비교하며 스스로에게 어려운 질문을 던지고 있다.

기계가 무슨 일이든지 사람보다 더 잘하게 된다면 미래에는 어떤 사람이 필요할까? 이 질문은 우리의 현재 상황에 꼭 들어맞는 질문이다. 우리가 가장 크게 이바지할 수 있는 일은 무엇일까? 인간이 잠재력을 발휘하려면 어떻게 해야 할까? 목적의식이 없는 직업을 그만두면 우리에게 어떤 리스크가 닥칠까? 우리가 직장에 그대로 머물러 있으면 어떤 리스크가 발생할까? 이런 질문을 하지 못하거나, 여기에 답을 하지 못할 때 발생하는 리스크는 무엇일까?

3부

위기를 이기는 조직과 사회의 행동 전략

YOU ARE WHAT YOU RISK

12

Risk and Organizational Culture

리스크 공감으로 조직문화를 바꿔라

시카고의 중소기업 컨설팅 회사인 '원 컴플리트 비즈니스One Complete Business'의 공동 소유자 바브 모건 브라우닝Barb Morgan-Browning과 마크 헤르츠Marc Hertz는 '이상한 부부'라는 이름이 더 어울릴 정도로 서로 매우 다른 리스크 지문을 가지고 있다. 사회학자인 모건 브라우닝은 직장 생활을 해본 적은 없지만 사업가 집안의 영향으로 열정적이며 외향적인 성격을 가진 인물이다. 그녀는 큰 그림을 보며 있는 그대로 솔직하게 이야기한다. 남편 헤르츠는 매출액이 수십억 달러에 달하는 포춘 500대 기업에서 일한 경력이 있는 전직 드라마 시나리오 작가로 내향적인 사람이다. 그는 세부 사항에 집중하고 다른 사람의 말을 경청하며 조직적으로 결정을 내리고, 발생 가능한 리스크와 의도하지 않은 결과를 차분히 살피는 사람이다. 나는 리스크 성격이 정반대인 두 사람이 어떻게 함께 일할 수 있는지를 알아보기 위해 그들을 나의 시카고 사무실에서 만났다.

헤르츠는 자리에 앉자마자 "아내는 나를 리스크 회피자라고 부를 거예요"라고 말했다. 그녀는 "당연하죠"라며 말을 즉시 받았지만, 후에는 그들의 리스크 선호도가 바뀌어 남편이 아내보다 리스크를 더 많이 감수했던 때도 있었다고 말했다. 나는 역동적인 두 사람이 각자의 차이점을 인식하고 그것을 장점으로 활용할 수 있었던 비결이 궁금했다.

모건 브라우닝은 "성격은 전혀 달랐지만 우리가 추구하는 가치는 같았어요"라고 말했다. 흥미롭게도, 그들의 파트너십은 오히려 그녀 때문에 더디게 시작됐다. 그녀는 이전 사업에서 진을 다 빼고 난 다음부터는 사업 파트너와 함께 일하기를 원하지 않았다. 처음에 부부는 프로젝트 하나를 같이 진행했는데, 몇 달 후 서로가 환상적인 팀이라는 것을 깨달았다. 하지만 모건 브라우닝은 한 단계 더 도약하려면 시간이 필요한 사람이었다. 그들은 공식적으로 비즈니스 파트너십을 맺기 전까지는 리스크 태도와 이견을 협상하는 것의 중요성을 심각하게 고민하지 않았다.

"제게 리스크를 감수하는 것은 자유롭게 되는 것입니다. 저는 정말 하고 싶은 일을 하고 있어요"라고 모건 브라우닝은 말했다. 그녀의 할아버지는 이발소를 운영했으며, 아버지는 비록 성공과 실패를 반복했지만 사업을 계속 이어갔던 기업가였다. "아버지는 다른 사람을 위해 일하지 말고 자신의 꿈을 이루라고 했어요. 제가 배운 것은 크게 성공하고 싶으면 리스크를 감수해야 한다는 것이지요. 실패하는 것이 아니라 시도하지 않는 것이 창피한 일이에요"라고 그녀는 말했다. "리스크와 건강은 복잡하게 연결되어 있어요. 최악의 결과는 죽음이죠. 만약 내가 파산해서 집을 잃고 맨바닥에서 잠을 자야한들 어때요. 죽음에 비하면 다 아무것도 아니에요."

헤르츠의 외조부모 가족은 스페인 내전 당시 반혁명 세력이었다. 그들은 대단한 지주 신분이었지만 모든 것을 잃은 뒤 생계를 위해 여기저기를 전전하며 구운 콩과 옷가지를 팔았다. 그는 "아내의 가족은 리스크를 '성취'의 방법으로 생각하지만 저희 가족은 생존의 전술로 봅니다"라고 말했다.

모건 브라우닝은 사업이 삶의 목적에 중요한 부분을 차지한다고 생각한다. 하지만 예술적 성향이 강한 헤르츠 가족은 결코 그들 자신을 사업가로 생각하지 않을 것이다. 그녀는 사업 모델에 관심이 많고, 그는 콘텐츠에 관심이 많다. 그녀는 전략에 관심이 있지만 그는 실행에 관심이 있다. 그녀는 리스크를 긍정적인 것으로 간주하지만 그는 통제해야 하는 것으로 본다. 하지만 헤르츠는 모건 브라우닝과는 달리 창조적인 리스크는 기꺼이 감수한다. 모건 브라우닝은 고객들이 리스크를 헤쳐나가면서 겁에 질려서 손을 잡아줄 누군가가 필요할 때 의지할 수 있는 사람이다. 부부의 성격을 아이스크림에 비유하자면 모건 브라우닝은 평범한 바닐라 아이스크림을 좋아하고, 헤르츠는 쿠키앤크림이나 로키로드(초콜릿, 견과류, 마시멜로를 섞어서 만든 아이스크림 - 옮긴이 주)를 좋아한다고 표현할 수 있다. 학습 스타일로 비교하면 헤르츠가 더 모험적인 사람이다. 모건 브라우닝은 "헤르츠는 데이터 중심적이에요. 엑셀의 천재죠. 어떤 것이든 혼자서 바로 뛰어들어 배우는 스타일이에요. 저는 처음부터 하나하나씩 차분하게 시작해야 하는데, 남편은 안내서도 무시하고 바로 뛰어들어요"라고 말했다.

그러나 모건 브라우닝은 비즈니스 의사 결정을 할 때에는 끝까지 따지지 않고 곧바로 뛰어든다. "저는 처음에 중요한 비즈니스 결정을 내리고도 그에게 미리 알려주지 않았어요. 일주일 안에 웹사이트를 만들 수 있다는 등 온갖 약속을 했었죠"라며 이렇게 회상했다. "남편이 소리를 지르면 저는 문을 닫곤 했어요. 우리는 직원들이 우리가 하는 말을 듣지 못했을 거라고 생각했지만, 아마 다 들었을 겁니다." 그들의 의견 차이는 사업에 치명적일 수 있었다. 하지만 그들은 리스크와 의사 결정의 차이점을 극복했을 뿐만 아니라, 그러한 갈등이 다시 발생하지 않도록 조치했다. 어떻게 그런 일이 가능했을까? 부부는 자신의 강점이 상대방의 강점을 더욱 보강하고 약점을 보완해준다는 사실을 알고 있었다. 상대방의 리스크 태도에 정면으로 맞서는 행동이 협력하는 데 도움이 되고, 나아가 그들을 더욱 강하게 했다.

모건 브라우닝은 이제는 모든 일에 의견이 일치한다고 말했다. "우리는 사업 경영 계약서에 만약 어떤 사항에 관해 합의점에 도달하지 못할 경우 비즈니스 치료사에게 상담을 받는다는 조건을 넣었어요. 그리고 돈과 리스크에 대해 정말 솔직하게 대화를 나누었어요. 의견 충돌이 발생하면 갈등이 발생한 원인을 이해하려고 노력합니다.”

시간이 흐르면서 그들은 서로의 사고방식을 이해했고 둘의 차이점을 공동의 이익을 위해 사용하는 방법을 배웠다. 사업을 시작한 지 7개월 만에 모건 브라우닝이 첫 심장마비를 겪었을 때 안정성을 추구하는 헤르츠의 강점은 하늘이 내려준 선물처럼 큰 도움이 됐다. 결국 그 사건으로 사업은 중단됐지만, 그녀는 서둘러 사무실로 복귀해 예전과 같은 속도로 일하려고 애썼다. 그리고 14개월 후 두 번째 심장마비가 일어났다. 그 계기로 그녀는 나중에 해도 되는 일은 뒤로 미루고 가장 중요한 일을 먼저 처리하게 됐다.

부부는 자신들이 같은 핵심 가치를 공유하고 있다는 사실을 알고 있었다. 그는 이렇게 말했다. “우리는 의견 차이가 개인적인 문제가 아니라는 걸 깨달았어요. 해결책에 집중한 것이 큰 도움이 됐어요.” 이 역동적인 두 사람은 같은 목적지에 도달하기 위해 각자가 선택한 다른 길을 인정함으로써 서로가 감수하기로 동의한 리스크를 마주할 힘을 얻었다.

이러한 경험은 성과를 거두지 못한 고객에게 적절한 질문을 던지는 데도 도움이 됐다. 헤르츠는 고객 대다수가 리스크 회피형이라고 말했다. 그렇다고 해서 고객들이 항상 본인이나 비즈니스를 위해 가장 올바른 결정을 하는 것은 아니었다. “그들은 종종 안전하다는 느낌을 얻는 대가로 가장 원하는 것을 포기하기도 합니다."

어떤 고객은 사업 시작을 앞두고 카탈로그와 웹사이트를 계속 수정하는 바람에 결국 사업을 시작하지 못했다. 또 다른 고객은 임대차 계약과 대출 서류를 모두 준비했지만 정작 서류에 서명해야 할 때 나타나지 않았다. 이 경험을 통해 그들은 자신들의 리스크 태도뿐만 아니라 고객들의 리스크 태도를 신중하게 살펴보는 것이 얼마나 중요한지 깨달았다.

원 컴플리트 비즈니스는 리스크 역학 관계를 이해하는 것이 조직의 성공에 매우 중요한 요인임을 보여주는 좋은 예다. 회사 규모는 작지만 그들은 대기업이 좋은 리스크 문화를 조성하는 데 사용하는 원칙들을 많이 적용하고 있었다. 기업 지도자들은 리스크를 인지하고 서로 공감하며, 그들이 추구하는 가치에 초점을 맞추고, 이견을 해결하는 절차를 확실히 마련해야 한다.

집단 역학 관계와 리스크 충돌

조사 대상과 계산 방법에 따라 다르긴 하겠지만, 비즈니스 파트너십의 대략 50퍼센트에서 80퍼센트는 실패에 이른다고 한다. 분석가들은 파트너십이 실패하는 가장 중요한 원인으로 성격 충돌, 신뢰 붕괴, 가치관 차이 등 리스크 관련 요소들을 지목한다. IT 컨설팅 회사의 창립자이자 중소기업 칼럼니스트인 수잔

워드Susan Ward는 "상호 보완적인 기술을 갖추고 리스크를 공유하는 것이 비즈니스 파트너십의 큰 장점 중 하나지만 파트너들의 성격이 잘 맞지 않으면 비즈니스는 어려움에 직면할 수 있다"고 독자들에게 경고했다. 그녀는 동업을 하려는 파트너에게 "당신은 리스크 감수자입니까?"라고 물어보기를 추천한다.

파트너가 몇 명 안 되는 중소기업에서는 리스크 성격과 기대가 충돌하는 것이 금방 명백하게 드러난다. 이 경우에는 파트너들이 해결하려는 의지만 있으면 비교적 쉽게 해결할 수 있다. 대규모 조직에서는 어떻게 될까? 리스크 태도의 조화와 최적화라는 과제는 직원이 많을수록, 이사회 규모가 클수록 더욱 어려워진다. 리스크를 대하는 태도와 감정, 행동이 비슷한 사람들만 많이 선발한다고 해결되는 문제도 아니다. 오히려 모건 브라우닝과 헤르츠의 파트너십에서 본 것처럼 현명한 기업들은 리스크에 대한 개인별 차이를 인정하고 이를 유리하게 활용할 수 있는 방법을 모색한다.

여기에는 경영진과 직원 간의 성격 차이를 인식하는 것, 리스크 결정 방법에 대한 기대치를 설정하는 것, 리스크 관리 기술을 갖추기 위해 기존 팀을 보완하는 인력을 선발하거나 승진을 시키는 것 등의 조치가 포함된다. 이는 조직의 리스크 문화를 적극적으로 평가하는 행동이다. 리스크 문화가 회사의 혁신 능력에 어떤 영향을 미치는지, 목표를 달성하기 위해서는 조직구조를 어떻게 바꿔야 하는지 등을 평가하고, 왜 어떤 리스크는 감수하고 어떤 리스크는 감수하지 않는지를 직원들과 효과적으로 소통해야 한다.

위험한 가족 사업

가족 사업에서는 가족 간의 유대 관계(혹은 외부인을 영입했을 때는 유대 관계의 결여), 세대 차이 그리고 때로는 또 다른 가족 구성원들과의 경쟁으로 인한 감정적 요인이 이사회와 경영진 모두에게 크게 작용한다.

디에고는 40대 초반에 그의 가족이 운영하는 재벌 그룹의 총수가 됐다. 중남미에서 부동산, 농업, 관광 관련 사업체를 여러 개 거느리고 있는 회사였다. 그때는 120년 회사 역사에서 리더의 세대가 세 번째로 교체되는 시점이었다. 디에고는 회사가 생존의 도전에 직면했다고 생각했다. 물론 기존 사업을 영위할 수는 있었지만 성장과 변화를 위한 미래 지향적인 계획을 세우지 않으면 시대에 뒤처질 수도 있었다. 형제와 사촌 등 그와 비슷한 나이대의 가족들은 이 견해에 공감했다. 그들의 가족 사업이 21세기 그리고 미래 세대에게 매력적인 사업이 되려면 어떤 대대적인 변화를 도모하고, 어떤 리스크를 감수해야 할까? 그러나 문제는 기성세대인 다른 가족들은 이들과 같은 방식으로 사안을 판단하지 않았다는 점이다. 기성세대는 1980년대 내전을 겪으면서 국유화와 농업 개혁 때문에 수십 년 동안 사업으로 벌어들인 재산을 상당 부분 잃었던 경험이 있어 리스크를 극도로 회피했다.

디에고는 경영권을 잡았을 때 모든 가족에게 그들이 생각하는 우선순위가 무엇인지 질문했다. 그는 기성세대 주주와 미래 세대 주주가 무엇을 중시하고 회사에 어떤 것을 기대하는지 알아야 했다. 두말할 것도 없이 기성세대는 자본금 보전과 가족의 화합을 중요시했고, 신세대들은 무엇보다도 수익성이 높은 성장을 원했다. 그들은 이 문제를 어떻게 해결했을까? 디에고를 만났을 때 나는 가족들과 리스크 태도에 관해 공개적으로 이야기를 나누어봤는지, 그들이 그렇게 생각한 이유가 무엇인지 질문했다. 몇 달 후 다시 그와 대화를 나누었을 때 그는 그동안 크게 깨달은 바 몇 가지를 이야기해줬다. 그는 가족들의 리스크 태도를 선입견 없이 다 같이 검토했고, 그 시간을 통해 3세대와 4세대 가족들이 서로의 우려와 포부를 더 잘 이해하게 됐다. 기성세대는 자녀와 손주들을 위해 회사가 살아남기를 간절히 바랐다. 그들은 100년이 넘는 세월 동안 자신들이 고된 노력과 책임감을 가지고 성장시킨 회사를 다시 일으키겠다고 하는 젊은 세대의 신선하고 흥미로운 열정에도 공감했다. 이렇게 상대의 생각이 다름을 인식하고 이해하는 공감 능력을 발휘한 덕분에 기성세대와 젊은 세대는 우려를 해소하고 모두에게 적합한 전략을 설계할 수 있었다.

디에고의 가족회사가 겪었던 갈등은 세대 차이가 낳은 우선순위의 변화, 리더십 전환으로 인한 가족 역학 관계의 변화 때문에 더욱 심화됐다. 이와 같은 유형의 갈등은 우리 주변에서도 세대, 인구통계학적 집단, 경험 혹은 다른 여러 차이로 인해 흔히 발생한다. 매출액이 수십억 달러인 한 가족회사의 이사회에서 일했던 어느 이사는 가족 이사들과 외부에서 영입한 경영진의 리스크 태도의 차이를 조율했던 과정을 이렇게 설명했다. 가족 주주들은 배당금에 신경을 가장 많이 썼으며, 단기 이익을 위태롭게 할 수 있는 사안이라면 어떤 것이든 안절부절못했고, 미래는 별로 신경 쓰지도 않았다. 그는 이사진의 태도를 폭넓게 조정하기보다 문제점들을 쪼개 실질적으로 처리할 수 있게 하는 것이 도움이 된다는 사실을 깨달았다. "추상적인 문제에 동의할 필요 없이 구체적인 사안만 합의하면 됩니다." 다시 말해, 그는 이사들이 리스크 전략 변경과 같은 전반적인 전략을 결정하는 대신, 단일 사안에 초점을 맞추거나 일련의 작은 문제에 관한 의결권을 주고받도록 했다.

디에고의 사례에서 우리는 집단의 역학 관계에 따라 의사 결정과 리스크 감수 내용이 어떻게 달라지는지 그리고 리스크 인식과 공감이 얼마나 중요한지 알 수 있다. 집단이 리스크를 감수하기 위해서는 구성원들이 집단과 개인의 의사 결정 방식이 다르다는 점을 이해하고 그 방식에 잘 맞춰가야 한다. 5장에서 살펴본 것처럼 우리는 집단으로 있을 때 개인이 독립적으로 선택하는 위험 평균치보다 훨씬 더 위험하거나 조심스러운 극단적인 선택을 하기 쉽다. 리스크를 함께 감수하는 행위는 구성원 간의 유대감과 역동성을 강화시킨다. 즉, 모두가 리스크를 성공적으로 감수할수록 리스크를 더 많이 감수하게 되지만, 모두가 소심하게 행동할수록 더 소심한 결정을 내리게 된다.

리스크 역학 관계는 조직 유형에 따라 달라진다. 디에고의 회사처럼 가족이 경영하는 기업은 공기업과는 매우 다른 형태로 주주들의 이익을 균형 있게 유지해야 한다. 더불어 가족 내 세대 차이에서 오는 문제도 해결해야 한다. 항상 일정한 방식으로 일하는 '전통적인' 대기업은 리스크를 불건전한 방법으로 회피할 가능성이 높다. 그러나 이는 혁신적인 생각을 억누르는 결과를 낳으므로 역설적으로 더 큰 위험을 야기할 수 있다. 이와는 대조적으로 스타트업들은, 특히 자본을 많이 유치한 '인기' 업종에 있을 경우, 혁신적이고 창조적인 결정을 내릴 수는 있지만 너무 위험할 정도로 리스크를 추구하는 경향이 있다.

리스크 문화: 조직의 태도, 리스크 결정, 허용되는 행동, 조직구조, 리스크를 평가하고 관리하는 절차 및 수용 가능한 리스크에 대한 정의

회사 규모와 발전 단계가 비슷한 회사라 하더라도 리스크 문화는 상당히 다를 수 있다. 예를 들어 CEO와 이사회의 태도, 허용되는 리스크 행동에 대한 결정, 조직구조, 리스크 평가와 관리 절차, 수용 가능한 리스크를 판정하는 체계 등 리스크 문화는 회사마다 상이하다. 인수합병 과정에서 리스크 문화를 제대로 인식하지 못하면 조직이 붕괴될 수도 있다.

기업의 규모가 클수록 내부 리스크 역학 관계는 더욱 복잡하다. 특히 인수합병 시 관련 기업들의 규모와 발전 단계가 다르면 그 관계는 한층 더 복잡해진다. 변화를 싫어하는 베이비붐세대가 주축인 전통적 금융 서비스 회사가 꿈에 부푼 MZ세대가 일하는 핀테크 스

타트업을 인수한다면, 스타트업의 문화를 전통적 기업에 맞추려고 애쓰는 대신 독자적인 문화를 유지할 수 있도록 독립 부서로 운영하는 것이 훨씬 낫다. 변화와 불확실성을 싫어하는 대기업은 스타트업의 가치인 혁신과 창의성을 매우 쉽게 억누를 수 있다. 실제로 그런 일이 벌어진다면 합병이 타당한지 아닌지를 다시 생각해봐야 한다. 그렇다면 인수합병을 고려하는 기업은 두 회사가 가진 리스크 문화의 차이점을 어떻게 극복할 수 있을까? 첫째, 두 조직의 리스크 문화를 분명하게 인식해야 한다. 둘째, 두 조직의 문화를 통합하는 것이 타당한지 결정해야 한다.

이 두 가지를 판단할 때는 맥락이 중요하다. 조직 구성원들은 함께 일할 집단과 동료들을 직접 선택했는가, 아니면 무작위로 혹은 다른 사람의 결정으로 같은 곳에 배치됐는가? 그들은 서로 신뢰하는가? 서로 얼마나 잘 아는가? 서로 얼마나 다른가? 자신의 의견이 반영되고 존중될 것이라고 확신하는가? 조직은 다른 사람들의 기대에 순응하는 것과 더 나은 변화를 일으키는 것 중 어느 쪽에 더 관심이 있는가? 구성원들은 자신이 원하는 곳에서 일하고 있으며, 동료들이 주어진 일에 적합한 기술을 보유하고 있고, 자신들의 의견이 존중된다고 느낄 때 의사 결정을 더 잘할 가능성이 높다. 즉, '좋은' 리스크를 감수할 자신감이 생기고 '나쁜' 리스크를 경계하게 된다.

팀은 목표를 달성하고자 하는 의욕이 얼마나 있는가? 구성원들은 다른 집단과 경쟁을 하는가? 이런 모든 변수가 조직의 리스크 결정과 선택에 영향을 미친다. 또한 이는 회사의 규모, 기업문화, 목적의식에 따라 다를 수 있다.

마지막으로, 리스크 공감 능력을 갖추는 것이 매우 중요하다. 구성원들이 주변 사람의 리스크 태도를 얼마나 잘 알고 있으며, 동료의 생각과 감정에 얼마나 신경을 쓰고 있는가? 주변에서 리스크를 어떻게 인식하는지 알고 있으면 각 팀원은 모두가 서로를 지원하고 있다는 생각에 자신감을 얻을 수 있다.

최우수 성과 팀을 위한 리스크 공감 능력

리스크 인식뿐만 아니라 리스크를 현명하게 관리하고 혁신하려는 팀 구성원들의 역학 관계에 따라 조직의 성과가 달라진다. 조직이 성과를 내기 위해서는 직원들의 뛰어난 역량도 물론 필요하지만 무엇보다도 다른 사람의 감정을 이해하고 공유하는 리스크 공감 능력이 필요하다. 이 능력은 무분별한 리스크는 자제하고 창의성과 혁신을 장려하는 조직에서 발전할 수 있다.

《공감은 어떻게 기업의 매출이 되는가The Empathy Edge: Harnessing the Value of Compassion》의 저자이자 컨설턴트인 마리아 로스Maria Ross는 "리스크를 감수하는 것이 나쁘다는 조직문화가 팽배하면 결코 혁신할 수 없습니다. 모든 사람이 실수를 두려워해 용감하게 행동하지 않을 겁니다"라고 주장했다. "당신이 진정으로 조직원들을 이해하고, 그들에게 안전하고 존중받는다는 느낌을 줄 때, 그들은 자유롭고 창의적으로 생각할 수 있어요. 아이디어를 제시할 때 '전에 정말 멋진 아이디어를 제시했다가 실패한 동료에게 무슨 일이 일어났는지 봤잖아'라고 고민할 필요도 없어요. 두려움이나 불안감, 항상 감시당한다는 염려에서 벗어나서 해야 할 일을 할 수 있는 '마음의 여유'를 갖게 되죠."

다른 사람들의 리스크 감내도를 살펴보는 것 그리고 나와 동료들의 리스크 지문이 어떤 식으로 상호 보완되거나 충돌하는지를 살펴보는 것이 리스크 공감의 중요한 부분이다. "우리는 종종 다른 사람들의 선호도를 살펴보긴 하지만, 그들의 리스크 감내도는 좀처럼 이해하려고 하지 않아요. 하지만 그럴 때 그들에게 동기를 부여하는 게 무엇인지 알 수 있어요"라며 로스는 내게 이렇게 말했다. "당신은 리스크 감내도라는 렌즈를 통해 더 알고 싶은 여러 가지 질문들을 생각할 수 있고 그들의 행동을 맥락에 맞게 해석할 수 있어요. 리스크 감내도가 높은 사람들은 그렇지 않은 사람들을 보며 '왜?'라는 질문을 던지고 그들을 이해하는 것이 중요합니다. 예를 들면 '이 사람은 과거에 어떤 프로젝트를 하다가 심한 타격을 입었을까? 저 사람들은 도전에 실패한 뒤 직장을 잃었던 경험이 있는 걸까?' 하고 묻는 거예요." 리스크 감수자들이 이러한 맥락을 이해하면 리스크 회피자들을 더 잘 인내하고 이해할 수 있다.

이처럼 타인을 이해하는 것은 후배들을 지도하고 상사나 고객을 만족시키며 의견 차이를 극복하는 데도 도움이 된다. 팀의 리스크 태도에 관해서 말하자면, 다른 팀 멤버들과 자신을 비교해보고 팀에 가장 적합한 역할을 찾아서 맡는 것도 좋은 방법이다. 로스는 이렇게 말했다. "어떤 팀에서 저는 악마의 대변자 역할을 맡아 '잠깐만요, 우리가 이 문제를 충분히 고려한 건가요?'라는 질문을 던지기도 했고, 다른 팀에서는 '자, 이렇게 해요! 좀 더 크게 생각합시다!'라고 격려하기도 했답니다. 팀을 성공으로 이끌기 위해 이렇게 자신의 역할을 결정할 때는 독특한 원리가 적용되죠. 당신이 누구와 팀을 이루는지 그리고 당신이 감당할 수 있는 리스크 수준이 구성원들과 비교해서 어느 정도인지가 역할을 결정해요." 5장에서 본 것처럼 리스크 태도는 누구와 함께 있느냐에 따라 달라질 수 있다. "때로는 다른 사람들이 흥분하는 위기 상황에서 당신은 침착할 수도 있어요. 반대로 다른 사람들이 모두 침착하면, 당신은 오히려 흥분해도 좋다는 허락을 받은 것처럼 느낄 수 있어요"라고 그녀는 말했다.

당신의 리스크 관계는 당신이 속한 조직 및 팀과 함께 역동적으로 발전한다. 당신과 동료가 개별적인 역할들을 하나로 모아 협력하는 리스크 생태계를 만들어낸다면 더 현명한 선택을 할 수 있다. 팀원들이 상대와의 차이점과 사회적 맥락에 적응해나갈 때 좌절감을 주는 회의에서 성공적인 회의로, 완고한 팀에서 응집력 있고 역동적인 팀으로, 변화 속에서 사라지는 조직이 아닌 성공하는 조직으로 거듭날 수 있을 것이다.

리스크 의사소통을 위한 안전한 공간

의사소통의 핵심은 팀원들이 목소리를 내도록 하는 것이다. 그러기 위해서는 달갑지 않거나 불편할 수 있는 말이라도 터놓고 이야기할 수 있는 환경을 조성해야 한다. 이런 맥락에서 1960년대 사회 및 조직 심리학자들은 대인관계 관련 리스크를 감수할 때 나타나는 결과들을 설명하기 위해 심리적 안전성이라는 개념을 개발했다. 직원들의 심리적 안전성을 최우선으로 하는 조직은 직원들이 목소리를 낼 수 있도록 허용하고 창조적인 생각과 사기를 북돋우며, 정보를 공유해 신뢰도를 높이는 것으로 드러났다.

최근 들어 조직의 리더들이 학습과 혁신을 장려하려고 여러 방법을 모색하는 과정에서 심리적 안전성이 새롭게 빛을 보기 시작했다. 리더십 컨설턴트인 티모시 클라크Timothy Clark와 하버드대학교 교수 에이미 에드먼슨Amy Edmondson은 "근본적으로 불확실성과 변화가 수반되는 대인관계 리스크를 줄이는 것이 바로 심리적 안전성"이라고 주장한다. 그들은 신뢰와 협력, 심리적 안전성의 분위기를 조성하는 조직이 그렇지 않은 조직보다 성과가 더 좋다는 몇 가지 연구 결과를 인용한다. 이것은 신뢰 구축, 리스크 감수, 혁신, 창의성, 성공이 선순환 구조를 이룬다는 것을 입증해준다. 또한 부정적인 리스크를 줄이거나 제거하면 긍정적인 리스크를 감수할 수 있는 여지가 생기는 것처럼 리스크를 한 묶음으로 인식하는 것이 얼마나 중요한지를 보여준다. 심리적 안전성을 중요시하는 기업은 결국 직원들로부터 여러 혜택을 얻게 된다. 직원들은 자신이 낸 새로운 아이디어가 채택되지 못하거나 결국 틀린다고 하더라도 부당하게 불이익을 받지 않으니, 한결 편한 마음으로 의견을 제기할 수 있다. 처음에는 터무니없는 것처럼 들리지만 실제로는 훌륭한 결과를 낳는 아이디어를 제안할 수도 있고, 피할 수 있는 손실에 대해 경고를 하거나, 우수한 제품을 더욱 좋게 만드는 건설적인 피드백도 자유롭게 할 수 있다.

심리적으로 안전하게 느끼는 건전한 리스크 환경을 조성하려면, 위험과 기회를 제대로 분별할 수 있는 폭넓은 시야가 필요하다. 시야가 극도로 좁을 때는 이를 판단하기 어려울 수 있다. 시카고의 테이블 엑스Table X가 만든 재미있는 게임 '회의 참석 카드'는 구조화된 토론을 통해 다양한 의견과 관점을 나눌 수 있게 한다. 게임에서 팀 구성원들은 악마의 대변인(도전적인 아이디어를 제시하는 사람)과 천사의 대변인(습관적인 반대론자가 다른 견해를 갖도록 설득하는 사람)과 같은 역할을 번갈아 맡는다. 게임 중 누군가가 이미 결론이 난 주제를 다시 끄집어내거나 주제에서 벗어난 이야기를 하면 '시간 낭비' 혹은 '혼란스러워요'라고 쓰인 카드로 경고한다. 소심한 팀원들이 더 크게 말하도록 격려할 때는 '크게 말하세요'라는 카드를 보여주고 다른 사람의 아이디어에 힘을 실어주고 싶을 때는 '동감해요'라는 카드를 사용한다.

현명한 기업들은 가능한 한 많은 직원들이 회사 내 다양한 분야에 근무해보고 당면 과제를 여러 관점에서 바라볼 수 있도록 장려한다. 불확실성을 관리하는 능력을 핵심역량으로 보는 BMW는 리더십 훈련 차원에서 직원들을 다른 부서로 전환 배치해 안전지대에서 벗어나게 한다. BMW의 전 CEO인 하랄드 크루거는 '리더즈 온 퍼포스'에서 "우리는 직원들이 불확실성 관리, 유연성과 모호성 관리 능력을 갖추도록 교육하고 있다"라고 말했다. 그는 엔지니어로서 회사의 인사, 영업, 마케팅, 생산 업무 등 다양한 부서에서 근무했던 자기 경험을 들어 이야기했다.

조직도를 재검토해보면 리스크를 예방할 뿐만 아니라 이를 합리적으로 감수하는 법을 알 수 있다. 위험이 눈앞에 닥친 급박한 상황에서 전통적인 명령·통제의 관리 방식은 직원들이 신속하게 행동하지 못하게 막는다. 직원들이 창의성과 혁신성을 발휘하려면 어느 정도의 자유가 필요하다. 그 결과 많은 기업의 조직구조가 수직적 계층 구조에서 수평 구조로 변화하고 있다. 2019년 딜로이트 연구에 따르면 응답 회사의 31퍼센트가 조직구조를 수직적 계층 구조에서 팀 구조로 바꿨으며, 65퍼센트는 기존의 계층 구조에 팀워크 요소를 추가했다고 한다.

CEO와 리스크 고정관념

기업 위계질서의 정상에 있는 CEO는 그들이 예시로 보여주는 모습, 전하는 메시지, 보상 혹은 불이익을 주는 행동을 통해 기업의 리스크 문화에 매우 큰 영향을 미친다. 5장과 6장에서 리스크 고정관념이 어떻게 사람들의 인식을 왜곡시키고 행동 양상을 결정해 기업에 해를 끼칠 수 있는지를 살펴봤다. 사람들은 (여성들이 최고 경영진으로 승진하는 과정이 너무 느려서 종종 당연히 백인 남성일 거라고 여기는) CEO들이 타고난 리스크 감수자라고 가정한다. 하지만 이런 가정은 CEO들이 엄청난 리스크를 감수할 때 이사회가 그 결과를 간과하게 만드는 원인이 될 수도 있다. 리스크를 감수한 결과가 항상 같지는 않기에 더 위험하다. 어떤 리스크는 가치를 창출하지만 어떤 리스크는 가치를 파괴하기도 한다.

CEO에 관한 리스크 고정관념은 어느 정도 현실과 비슷하긴 하지만, 완전히 같지는 않다. 헤드헌팅 업체인 러셀 레이놀즈Russell Reynolds는 6,000명 이상의 심리 측정 결과를 연구했는데, 리스크를 감수하는 부분에서는 CEO가 다른 임원들보다 점수가 더 높다는 유의미한 결론을 도출했다. CEO들은 좋은 리스크와 나쁜 리스크를 구별함으로써 균형 있게 리스크를 감수하는 탁월한 기술을 지니고 있었다. 그들은 판단력에서 높은 점수를 받고 자기 홍보에서는 낮은 점수를 받았다.

CEO들의 리스크 태도는 개인별로 차이가 많이 난다. 이런 차이가 발생하는 원인을 찾는 것은 어려운 문제다. 한 연구 팀은 금융위기를 초래한 위험한 행동의 원인을 찾기 위해 15년간 165개 미국 은행의 CEO와 최고재무책임자 1,500여 명을 분석했다. 대상자들의 성격부터 급여, 상여금, 교육 수준, 은행의 재무구조 등 여러 요인을 분석한 결과, 경영진이 위험한 의사 결정을 내리는 데 작용한 가장 큰 원인은, 무려 72퍼센트를 차지한 '성격'이었다.

오늘날 경영진의 위험한 행동들이 점점 더 공개적으로 드러나고 있다. 미투 운동이 일어나면서 기업과 CEO들은 개인적인 문제가 기업의 미래와 운명을 위협할 수도 있다는 값비싼 교훈을 얻었다. 사생활에서 큰 리스크를 감수하는 사람들은 직장 생활에서도 미심쩍은 행동을 할 가능성이 높다고 밝힌 연구도 있다. 2012년 시카고대학교의 연구에서는 교통 위반, 가정폭력, 법률 위반 건수가 많은 CEO가 재무 보고서에 허위 기재를 하고, 낭비 성향의 최고재무책임자를 임명하며, 해로운 기업 문화를 조성할 가능성이 높은 것으로 나타났다.

어느 해커가 기혼자를 위한 불륜 알선 사이트인 애슐리 매디슨Ashley Madison의 3,000만 명이 넘는 이용자들의 신상 정보와 데이터를 폭로한 후, 텍사스대학교와 에모리대학교 연구진은 해킹된 자료를 1만 1,000명의 주식중개인, 임원, 사무직 범죄자, 경찰관 등과 관련된 공공 자료와 교차 조회했다. 연구진은 불륜을 저지른 사람들이 통제 집단보다 직원 윤리 규칙을 위반할 가능성이 2배 이상 높다는 결론을 내렸다. 또한 애슐리 매디슨 고객들은 통제 집단보다 증권법 위반으로 고발되었을 가능성이 4배 이상 높았다. 만약 어떤 사람이 침실에서 불륜을 저지른다면 그 사람은 이사회실에서도 어리석은 리스크 결정을 내릴 확률이 높다는 말이다.

최근에 일어난 CEO들의 스캔들에서 이 같은 사실이 확연히 드러났다. 승차 공유 업체 우버는 창업자 트래비스 칼라닉의 대범한 태도를 좇아 리스크를 감수해왔다. 그러나 점차 투자자들은 그의 리스크 성향을 못마땅하게 여겼고, 투자자들의 반대 압력이 거세지자 결국 우버 이사회는 그를 CEO에서 사퇴시켰다. 한편 괴팍하고 자아도취적인 위워크WeWork의 CEO 아담 노이만Adam Neumann도 기업 공개에 실패하자 비슷한 운명에 처했다. 또 다른 예로 오버스톡닷컴Overstock.com의 CEO 패트릭 번Patrick Byrne을 들 수 있다. 패트릭 번은 2016년 미국 선거 스캔들로 기소된 러시아 공작원과의 불륜에 대해 당혹스러울 정도로 공개적이었다. 오버스톡닷컴의 보험사는 CEO가 바뀌지 않으면 회사의 보험을 갱신하지 않겠다는 거부 의견을 제시했고, 최고재무책임자가 이사회에 이 사실을 보고하자 이사회는 그를 해고했다. 이런 일련의 CEO 스캔들은 기업들이 임직원 개인의 행동, 윤리, 리스크 선택이 어떻게 직장으로 확대되는지를 주목하는 계기가 됐다. 기업들은 소셜미디어를 통해 음주 소란, 인종차별 혹은 다른 위험 신호 등 직원들의 이상 행동이 있는지 지속적으로 살펴봐야 한다.

CEO들의 나쁜 리스크 결정이 비즈니스에 악영향을 미친 사례들이 가장 눈에 띄긴 하지만, 사실 그것은 조직 전체로 확대된 문제의 일부분에 불과하다. CEO와 그를 고용하고 행동을 장려하거나 억제하는 이사회 모두가 회사 전체의 분위기를 결정하는 사람들이다. 이사회는 개인의 리스크가 회사에 미치는 영향에 더욱더 주의를 기울이고 있다. 시카고의 재취업 컨설팅 회사 '챌린저, 그레이 앤드 크리스마스Challenger, Gray & Christmas'의 부회장인 앤드류 챌린저Andrew

Challenger는 "우리는 불미스러운 개인행동을 한 CEO가 퇴사하면 어떤 식으로든 회사에 도움이 된다는 것을 확실히 알았습니다"라고 말했다. 이들이 CEO의 일탈 행위에 대한 연간 기록을 조사한 결과, 2019년에 15명의 CEO가 부정한 성행위, 음주 운전, 인종차별, 부적절한 인사 결정 등 개인행동 위반 혐의로 자리에서 물러났다는 사실을 발견했다. 2019년에는 총 1,640명의 CEO가 자리를 떠났는데, 이는 2018년보다는 12.9퍼센트가, 2017년보다는 41.4퍼센트 증가한 수치로 회사가 이에 관한 기록을 처음 집계한 2002년 이후 가장 높은 수치였다.

이사회와 투자자들은 예전과는 다른 방식으로 이런 위험한 개인행동에 관심을 쏟고 있다. 챌린저는 전화 통화에서 "CEO들은 더 많은 책임을 지고 있으며 이사회는 10년 전과는 다른 방식으로 개입합니다"라고 말했다. 그의 회사는 2013년부터 성 스캔들로 물러난 CEO들의 퇴직 건수를 추적했는데, 2017년 말 일련의 성 추문 사건이 뉴스에 보도되고 많은 여성이 자신의 경험을 SNS에 공유해 미투운동에 참여하면서 그 숫자는 큰 폭으로 증가했다. 챌린저는 사람들이 소셜미디어 때문에 지난 세대와는 다른 방식으로 CEO의 개인적인 행동에 주목한다고 말했다. "미투 운동도 그 일환입니다. 하지만 저는 CEO들의 일탈 행위가 곧바로 사라질 거라고 생각하지는 않아요." 윤리적인 이유를 차치하더라도 위에서 살펴본 것처럼 이런 종류의 행동을 하는 CEO들은 종종 다른 유형의 '나쁜' 리스크 행동에도 관여한다.

실사 컨설팅 회사인 포워드 리스크Forward Risk의 공동 설립자 브렌단 푸Brendan Foo는 하나의 미심쩍은 행동이 어떻게 다른 수많은 행동과 연관되어 발생하는지 설명했다. "만약 상사의 나쁜 행동이 허용되는 회사가 있다면, 그 행동은 개인적인 생활에 국한되지 않고 점차 확대될 겁니다." 친족을 고용하거나 개인적인 일에 부하 직원을 이용하는 사례, 지출 보고서에 허위로 기재하고 낭비성 지출을 하거나, 성차별적인 발언을 하는 등 형편없는 행동들은 때로는 명백한 불법은 아닐지 몰라도 이상적인 것과는 거리가 멀다.

이런 행동은 무슨 일이 있어도 CEO를 지지해 회사를 위험에 빠뜨릴 충성파 간부들은 물론, 못 본 척해야 할지 말아야 할지 선택의 갈림길에 선 많은 직원에게까지 영향을 미친다. "이들에게는 조력자가 필요합니다"라며 푸는 다음과 같이 말했다. "CEO는 자신을 추종하는 사람들이 많지 않으면 함부로 행동할 수 없어요." 이사회가 오랫동안 이사 자리를 지켜온 사람들로 가득 차 있다면 그것은 일종의 위험 신호다. 특히 CEO의 급여가 회사의 시가총액이나 동종 업계에 비해 현저하게 많다면 더더욱 위험하다.

윤리적인 리스크 문화

이사회가 CEO의 리스크 감수 문제에 주의를 기울이는 것도 중요하지만, 모든 직급의 직원들이 업무 처리 과정에서 나타난 리스크와 잠재적인 기회 상실에 대해 회사에 경고를 할 수 있는지도 중요하다. 이 경우에는 직원들의 역량이 문제가 아니라 오히려 CEO와 고위 경영진의 유리적 행동을 문제없이 받아들이는 직원들의 태도가 문제다. 그렇게 되면 사익을 추구하기 위해서든 회사의 이익을 추구하기 위해서든 리스크 감수를 너무 쉽게 생각하는 직원들 때문에 회사가 피해를 볼 수 있다.

예를 들어, 직원들이 돈을 횡령하거나 손쉬운 방식으로 일을 처리하거나 부당한 거래를 하는 등 자신의 이익을 위해 리스크를 감수할 때 기업은 타격을 받는다. 소위 회사의 이익을 위해서 리스크를 감수한다고 하는 사람들은 안전 문제 혹은 윤리적 문제나 회계상의 결함을 은폐하기도 한다. 호주 맥쿼리경영대학원 학자들은 연구를 통해 조직을 위해 비윤리적으로 행동할 가능성이 가장 높은 직원들이 개인 사리사욕을 추구하는 동시에 조직에 대한 애착이 강하다는 사실을 발견했다. 연구 팀은 기업이 이를 억제하기 위해 사용할 수 있는 몇 가지 전략을 추천했다. 고객을 비롯한 다른 이해 관계자에게 더욱 관심을 가지고, 정책 위반을 용납하지 않으며, 문제 식별 및 처리를 위한 표준을 마련하고, 관리자가 효과적인 리스크 관리의 역할 모델이자 대변자임을 확실히 선언해야 한다. 게다가 연구진들은 기업이 핵심성과지표, 보상 정책, 기업 연수, 위험 관리 전담 자원, 조직의 가치 선언과 커뮤니케이션 등에 윤리적 가치도 포함해야 한다고 주장했다.

나는 도덕철학자 데이비드 로딘David Rodin에게 조직이 어떻게 윤리적인 리스크 문화를 조성할 수 있는지 물었다. 그 역시 리스크 감수 시 윤리적 가치를 핵심 목표로 삼아야 한다고 언급했다. 사람들에게 이익을 주는 활동이라 할지라도 모든 행동은 어느 정도 위험한 리스크를 발생시킨다. 따라서 우리는 그 활동에서 발생하는 이익 규모가 직원, 주주 또는 다른 이해 당사자들에게 미치는 피해 규모보다 얼마나 더 큰지를 판단해야 한다. 그는 기업들이 가치를 창출하는 긍정적인 방법도 물론 고려해야 하지만, 외부에 대한 영향 즉 남에게 해를 끼치는 리스크에 대해서도 신중히 생각할 것을 촉구한다. 예를 들어, 은행은 경제를 뒷받침하면서 엄청난 사회적 이익을 창출하는데, 만약 일이 잘못되어 위기가 발생하면 그 해악은 사회 전반에 광범위하게 나타난다. "리스크를 초래한 모든 행동과 기관, 구조는 정당한 이유를 설명할 수 있어야 한다"라고 그는 말했다. 여기에는 운영 리스크와 재무 리스크 그리고 앞에서 살펴본 행동 리스크도 포함된다.

로딘이 설립한 조직 윤리 컨설팅 회사인 프린시피아Principia의 연구에 의하면, 윤리적인 리스크 행동이나 위법 행위를 예측할 수 있는 가장 효과적인 요소는 직원들이 조직의 목적의식을 신뢰하는지, 그리고 그 목적이 자신과 관련이 있다고 느끼는지 여부였다. 이 연구는 개인이나 조직이 강한 목적의식을 가질 때 리스크를 줄일 수 있다는 앞선 내용들을 확인해준다. 이렇게 되기 위해서는 먼저 회사가 목적를 달성하고 있는지를 알아봐야 한다. 하지만 우리는 목적의식과 남들에게 해를 끼칠 수 있는 리스크를 최소화하는 것 사이에서

확실한 균형을 잡아야 한다. 로딘은 기업에 다음과 같이 자문해보라고 권고한다. "우리는 우리가 야기하는 리스크의 부정적인 영향을 이해하며 모니터링하고 이를 최소화하는 방식으로 일하고 있는가?" 기업은 모든 의사 결정에 목적의식을 불어넣기 위한 기준 지표와 도구를 마련해야 한다. 피해를 줄 수 있는 리스크를 방지하는 것은 물론 어떤 리스크든 그로부터 얻는 이익이 위험을 무릅쓸 만한 가치가 있어야 한다는 의미다.

리스크 관리를 돕는 도구

그렇다면 그 기준 지표와 도구는 무엇인가? 조직 전문가들은 조직과 이사회 전반에 걸친 리스크 문화 역학 관계에 더욱더 큰 관심을 기울이고 있다. 2008년 금융위기 이후 감독 당국, 투자자, 기업 지도자들은 기업과 이사회 모두 리스크를 인식하고 관리하는 데 완전히 실패해서 서브프라임 모기지 사태와 세계적인 경제위기를 불러왔다는 여론에 적극적으로 대응했다.

감독 당국은 이사회를 직접 감독할 것이며 이사회의 느슨한 대처에 책임을 묻겠다고 통보했다. 리스크를 소홀히 다룬 임원들을 처벌하려는 소송이 잇따랐다. 회사와 이사회는 서둘러 리스크 관리 체계를 마련했다. 그러나 리스크 분석을 단지 항목 체크 방식으로 해결하려는 이사회의 움직임에 우려를 표하는 이들도 있었다.

이에 따라 감독 당국, 투자자, 기업은 리스크를 감시하는 것에서 한 걸음 더 나아가 리스크 문화와 의사 결정에 집중하고 있다. 비영리 민간 조사 연구 기구인 컨퍼런스 보드Conference Board는 이사회의 리스크 감독 업무를 '기업 관리의 차세대 개척 분야'로 규정했다.

2008년 금융위기 이후 결성된 '임원 및 최고 리스크 책임자 그룹Directors and Chief Risk Officers Group'의 창립자 데이비드 코닉David Koenig은 "이사회가 리스크 감수 방법을 더 잘 이해한다면 그들의 회사 역시 리스크를 더 잘 감수할 것"이라고 말했다. 기업 이사회들은 이사회 내에 리스크 전문가를 충분히 확보해 그들이 리스크에 얼마나 주의를 기울이고 있는지 확실히 측정하고, 문화적 역학 관계가 리스크 결정에 어떤 영향을 미치는지 이해하기 위해 리스크 위원회를 설치했다.

영국 감독 당국은 금융회사의 이사회에 회사가 전략적 목표 달성을 위해 감수할 리스크의 양과 유형을 설명하는 '리스크 성향에 관한 성명서'를 발표하라고 요구했다. 다른 리스크 관리 도구와 마찬가지로 성명서의 효과 여부는 이사회와 회사가 이를 얼마나 적극적으로 수용하느냐에 달려 있다. 성명서 덕분에 이사회는 의미 있는 대화를 나누게 될 수도 있지만, 그냥 의무적으로 아무 말이나 끼워 맞출 수도 있다.

2018년에 이사회연구소The Board Institute, TBI는 이사회가 리스크를 효과적으로 관리·감독하도록 돕는 'TBI 프로티비티 이사회 리스크 감독 측정 도구TBI Protiviti Board Risk Oversight Meter'를 출시했다. TBI의 CEO인 수잔 슐츠Susan Shultz는 "우리는 리스크 및 다른 기업 관리 항목들을 사일로처럼 하나하나 독립적으로 검토하는 경향이 있으나, 이런 항목들은 맥락에 맞게 검토되어야 합니다"라고 말했다. 슐츠는 "지표들을 확보하는 것도 중요하지만, 이사회 내부에서 전략과 문화 측면에서 어떤 일이 벌어지는지 파악하는 것도 중요합니다. 어떤 이사들은 리스크의 우선순위를 정하는 방법과 리스크 요소는 물론 자신의 역할이 무엇인지조차 이해하지 못할 때도 있습니다"라고 말했다.

재무전문가협회The Association for Financial Professionals는 2020년 초에 진행한 조사에서 대략 37퍼센트의 기업이 리스크를 적극적으로 평가하고 정기적으로 보고하는 전담 부서를 운영하고 있으며, 29퍼센트는 각 부서가 리스크를 평가하고 보고하는 방법을 직접 개발했고, 23퍼센트는 리스크를 평가한다고 발표했다. 그러나 전문 투자가들은 대부분의 기업이 리스크 문화를 건전하게 정착시키기까지는 갈 길이 멀다고 경고한다. 설문 조사를 진행한 마쉬 앤드 맥레넌 어드밴티지Marsh & McLennan Advantage의 알렉스 위튼버그Alex Wittenberg 전무는 조사 결과를 발표하면서, "불확실해지는 사업 환경이 전략 결정에 어떤 영향을 미칠지 고위 경영진과 이사회가 함께 논의하는 절차를 공식적으로 채택한 기업은 거의 없었다"라고 지적했다.

리스크관리연구소Institute of Risk Management가 제안한 또 다른 도구인 리스크 성숙도 모델Risk Maturity Model은 리스크를 식별하고 평가하는 것뿐만 아니라, 경영진과 직원들이 리스크 전략을 얼마나 수용하고 실행하는지를 중점적으로 파악한다. 이 모델에서는 이사회와 경영진에게 다음과 같은 질문을 던진다. 직원들의 리스크 대응과 행동을 위해 그들에게 일관성이 있고 논리 정연하며, 지속적이고 가시적인 리더십을 보여주고 있는가? 상부의 분위기는 어떤가? 회사는 적절한 리스크 감수 행동을 어떻게 보상하고 장려하며, 리스크를 지나치게 회피하거나 추구하는 행동에 이의를 제기하는가? 현재의 조직문화는 조직에 어떤 리스크를 초래하는가? 회사의 목표 달성을 위해서 어떤 리스크 문화가 필요한가? 직원들이 결과를 두려워하거나 무시를 당하지 않고 솔직하게 말할 수 있는가?

투자자들 또한 이사회의 이사 선정 과정을 추적하는 지수를 개발해 기업 지배 구조를 파악했다. 그들이 이런 접근법이 성과를 거둘 것이라고 믿는 데는 타당한 이유가 있었다. 세계 최대 의결권 자문사인 ISSInstitutional Shareholder Services의 2004년 연구에 따르면 지배 구조가 탄탄한 기업들은 지배 구조가 취약한 기업들보다 수익성이 좋고 주식 시장 수익률과 배당금이 높으며 위험성은 더 적은 투자 대상이다.

기업들은 전담 리스크 위원회, 이사회 절차 및 문화에 대한 평가, 리스크 성향 보고서, 시나리오 연습 등을 통해 리스크 관계를 더 잘 이해하고 조직 문화를 강화할 수 있다. 그러나 그런 조치들이 얼마나 효과적일지는 이사회와 회사가 이런 새로운 통찰력과 데이터를 가지고 무엇을 하느냐에 달려 있다.

다양한 문화 집단의 리스크 관리

서로 다른 기능을 수행하는 사업부가 많이 있거나 다양한 지역과 문화권에서 영업하는 지점이나 자회사를 많이 보유하고 있는 대기업에서는 지속적으로 리스크 태도의 차이가 발생한다. 다양한 문화가 섞여 있는 상황이라면 더욱이 복잡한 집단 역학 관계의 갈등을 해결하기 어렵다. 이런 문제점을 이해하는 기업은 직원들이 각자의 문화 규범에 따라 리스크에 어떻게 반응하는지 주목하고 문화별 차이점에 민감하게 반응한다. 여기서도 리스크 공감 능력은 매우 중요하다. 이를 위해서는 우선 그것이 막아야 할 위험이건 놓치면 안 될 기회이건 파트너, 고객, 자회사가 가장 우려하는 리스크가 무엇인지를 경청해야 한다. 또한 동료들이 가지고 있는 리스크 고정관념을 이해하는 것도 필요하다. 다른 나라나 문화에 대한 편견 때문에 중요한 정보를 흘려버리거나 리스크를 과장해서 생각할 수 있기 때문이다.

댄 샤프는 평화봉사단에서 사회생활을 시작했다가 1973년 제록스Xerox에 입사했다. 그는 라틴 아메리카의 홍보 담당 책임자로 일할 때 큰 문화적 충격을 받았다. 본사에 있는 미국인들이 현지 책임자를 불신하고 오히려 일을 방해하고 있었던 것이다. 제록스는 모든 나라에 현지인 총괄 책임자를 두고 있었다. 그들은 그 나라의 정치 지도자들이 원하는 우선순위와 현지 영업 사정을 훤히 꿰뚫고 있었지만, 본사 임원들은 그에 대해 물어볼 생각이 없었다.

샤프는 분기별로 보고서를 작성해 현지 총괄 책임자들이 해당 국가에서 어떤 일이 벌어지고 있는지, 정부 및 업계의 우선순위가 무엇인지를 본부에 조언할 수 있게 했다. 샤프는 "지시를 내리는 대신 질문함으로써 그들과 신뢰를 쌓았습니다"라고 말했다. "우리의 목표가 현지 상황에 적합한지 알지도 못한 채 목표를 달성하라고 강요하기보다 이제는 현지 정부와 협력하며 영업할 수 있게 됐습니다." 이 일로 현지 자회사와 본사 간의 역학 관계 역시 바뀌었다.

제록스는 이런 하의상달식 접근법을 적용함으로써 유럽공동체가 만들어질 때 다른 경쟁사들보다 훨씬 앞서 나갈 수 있었다. 그들은 유럽에서 경쟁이 본격화되기 2년 전부터 유럽 사업을 지역별로 재편성했으며 결과적으로 수백만 달러를 절약했다. 샤프가 리스크에 대한 접근 방식을 구체화한 과정은 하버드 경영대학원에서 연구 사례로 소개되기도 했다. 그는 리스크 관리라는 용어 대신 '기회에 대한 긍정적인 탐색'이라는 말을 좋아한다.

13

Reshaping Your Risk Relationship

안전망이 되어줄 '관계'를 재구축하라

코스 마르테Coss Marte는 22살 때 로어맨해튼에서 마약을 팔아 매년 200만 달러를 벌다가 23살 때 징역 7년 형을 선고받았다. 그 당시 마르테의 체중은 105킬로그램에 육박했으며 콜레스테롤 수치와 혈압은 정상치를 한참 초과했다. 교도소 의사는 그에게 앞으로 살 수 있는 날이 5년 정도 남았다고 알려줬다. 형기도 다 마치지 못한 채 교도소 안에서 죽을 수도 있다고 생각하니 그는 정신이 번쩍 들었다. "나는 절대로 가로 3미터에 세로 2미터짜리 감방에서 죽지 않겠다"라고 맹세했다. 그는 스스로 체중 감량 식단을 개발하고 다른 운동 기구 없이 체중만을 활용해 운동했고 6개월 만에 30킬로그램 이상을 감량했다. 그리고 그 뒤에는 다른 재소자 20

명을 도와줬는데, 그들은 다 합해서 450킬로그램 이상 감량에 성공했다. 출소 후 그는 다른 전과자들이 그렇듯 구직에 어려움을 겪었다. 그래서 생계를 유지하려고 감옥에서 개발했던 체중 감량 프로그램을 활용해 개인 트레이너 사업을 시작했다. 그는 창업 경진 대회에 참가했고 결국 그 덕분에 과거에 자신이 마약을 팔던 거리에 체육관을 열 수 있었다.

마르테의 리스크 관계가 진화한 과정에는 부정적인 리스크와 긍정적인 리스크가 섞여 있다. 어렸을 때 저질렀던 범죄에서부터 건강을 위해 감옥에서 운동한 이야기, 사업가가 된 후 다른 고용주들은 너무 위험하다고 여기는 사람들을 고용한 이야기까지, 그의 도전기를 보면 그는 불법 행위를 하거나 건강을 방치하는 것과 같은 '나쁜' 리스크에서 벗어나 합법적인 사업가가 되고 건강과 인간관계에 좋은 습관을 만드는 것과 같은 '좋은' 리스크로 전략적으로 옮겨갔다. 부정적인 리스크와 긍정적인 리스크는 동전의 양면과도 같다.

마르테가 운영하는 헬스장인 콘바디를 찾아갔을 때, 그는 내게 부정적인 리스크를 감수하지 말라며 이렇게 설명했다. "긍정적인 리스크를 감수하면 긍정적인 결과가 나타나기도 하지만 어떨 때는 아무런 결과가 나타나지 않을 수도 있어요. 하지만 빚을 지거나 감옥에 갈 리스크는 확실히 줄어들어요."

리스크를 감수하는 것은 마르테의 가족에게는 일상적인 일이었다. 마르테의 아버지는 도미니카공화국에서 양봉 사업을 하면서 돈을 벌어 미르테와 어머니를 뉴욕으로 보냈다. 사업가 기질이 있던 어머니도 그곳에서 향수를 팔았다. 마르테는 어머니가 제품을 홍보하려고 길거리나 지하철에서 사람들에게 향수를 뿌려주고 로션을 발라주면서 물건을 팔던 것을 보며 자랐다. 아버지는 1991년 어머니를 따라 미국으로 건너와 식료 잡화점을 시작했고 마르테는 거기에서 첫 직장 생활을 시작했다.

그는 11살 때 마리화나를 피우는 아이들과 자주 어울렸는데, 그때부터 그의 사업가 정신이 꿈틀댔다. 그는 곧 무선 호출기를 차고 친구들에게 마리화나를 팔기 시작했다. 마르테가 마리화나 두 봉지를 팔고 있을 때 경찰관이 현장에서 뒤를 덮쳤다. 처음 체포되었을 때가 13살이었다. 마리화나를 샀던 사람은 유치장에서 밤을 보냈지만 미성년자였던 마르테는 보호 관찰로 풀려났다. "그 일로 저는 미성년자 신분을 교묘히 이용할 수 있다는 것을 배웠어요"라고 마르테는 내게 말했다.

마르테는 15살 때 보호 관찰 규정을 어겨 소년원에서 1년을 보냈지만, 그곳에서 나오자 곧바로 다시 마약을 팔기 시작했다. 대학교 1학년 때는 마약 거래로 퇴학을 당했다. 그는 뉴욕으로 돌아와 마약 사업을 다시 시작했다. 사업은 번창했다. 마약 거래를 하느라 차를 타고 여기저기 돌아다니며 건강관리를 하지 못하는 바람에 허리둘레도 점점 늘어났다. "아마 주차 위반 벌금으로 4만 달러는 족히 냈을 겁니다"라고 그는 말했다. 하지만 그는 걱정하지 않았다. 현금이 쏟아져 들어왔고, 비싼 옷을 거리낌 없이 사 입었다. 마르테는 건강과 자유를 앗아갈 수 있는 리스크를 무시하다 다시 체포됐고, 결국 더 이상 그 리스크를 무시할 수 없는 처지에 놓였다.

감옥에서 7년을 보내고 출소했을 때 그는 전과 기록이 있으면 직장을 구하기가 얼마나 어려운지를 재빨리 알아차렸다. 그는 자신의 구직 문제를 해결할 방법을 찾다가 나중에는 전과자들을 고용하는 사업 모델을 개발했고 그것을 자신의 브랜드로 만들었다. 그는 전과자들이 불법 사업에서 합법적인 사업으로 전환할 수 있도록 도와주는 프로그램인 디파이 벤처스Defy Ventures에 참가했다. 총 18개월 동안 일주일에 25시간씩 금융, 마케팅, 브랜딩, 인력 관리, SWOT 분석, 비즈니스 계획 개발, 투자자들을 위한 사업 설명회 등 하드 스킬과 소프트 스킬을 모두 배우는 프로그램이었다. 롤 모델로 세스 고딘과 팀 드레이퍼Tim Draper 같은 사람들을 만나기도 했다. 생활비가 엄청나게 높은 맨해튼에서는 턱없이 부족한 금액이었지만 그는 시간당 8달러를 주는 시설관리 업무부터 시작했다.

공원에서 운동 수업을 하면서 돈을 모았고 마침내 2014년 초 회사를 설립하고 수업을 할 수 있는 공간을 임대했다. TEDx에 출연해 전 세계에 자신의 경험과 깨달음을 알렸고 수십 건의 프랜차이즈 요청을 받았다. 콘바디를 시작한 지 5년이 지난 후 그는 로어이스트사이드에 있는 더 넓은 체육관을 8년간 임대하는 계약을 했다.

2019년 9월에 그를 만났을 때, 그는 투자자들에게 체육관 확장 계획을 설명하고 있었다. 그러나 지금까지 그가 이룩한 성공과 전과자 직원들의 재범률 제로 기록에도, 투자자들은 놀라울 만큼 리스크를 회피하고 있었다. "투자자들은 노골적으로 말하지는 않지만, 전과자 직원을 두는 리스크를 우려하고 있었습니다"라고 마르테는 내게 말했다.

2020년 초 그의 사업을 위험에 빠뜨릴 수 있는 완전히 다른 위협이 닥쳐왔다. 뉴욕시는 팬데믹이 확산되자 안전할 때까지 체육관을 비롯한 다른 운동 시설들을 폐쇄했다. 거의 1년 뒤에 그의 체육관을 다시 찾아갔을 때에도 여전히 문이 닫혀 있었다. 하지만 마르테와 그의 팀은 온라인 강의로 빠르게 전환했으며, 모이는 것이 허용된 다음에는 수업을 야외에서 진행했다. 사업 초창기에 공원에서 운동 수업을 진행했던 경험이 도움이 된 것이다. 그들은 체육관에 가지 못하고 계속 집에 있어야 하는 사람들을 위해 특별한 장비나 기기 없이 운동할 수 있는 프로그램을 개발했다. 그리고 사용자의 개인 디지털 장치와 동기화해 다른 사용자와 경쟁하면서 운동을 할 수 있는 새로운 디지털 플랫폼을 출시했다. 콘바디는 디지털 방식을 채택함으로써 다른 지역에 있는 사람들과도 훨씬 더 폭넓게 접촉할 수 있었고, 대면 수업만으로는 불가능했던 사업 확장 기회를 잡을 수 있었다. 과거의 암울했던 시절 덕분에 그는 불확실성과 리스크를 효과적으로 대처하는 전문가가 됐으며, 팬데믹으로 자영업자들에게 몰아닥친 역경을 오히려 쉽게 극복할 수 있었다.

우리의 리스크 관계를 형성하는 것은 무엇인가? 나쁜 리스크 습관에 빠지게 되는 것은 상황을 그저 안일하게 받아들이기 때문이다. '나쁜' 리스크를 감수하는 생태계가 어린 코스 마르테를 유혹했다. 하지만 '좋은' 리스크를 감수하는 생태계가 그를 구출했다. 긍정적인 리스크를 감수하려면 동기를 부여하는 순간이 필요하며, 역할 모델과 지원 시스템도 필요하다.

리스크 관계를 바꾸기 위해서 모두가 마르테처럼 극적인 사건을 겪어야 하는 것은 아니다. 롤러코스터를 타듯이 변화가 반드시 극단적일 필요도 없다. 일단 리스크를 통제하겠다고 결심한다면, 태도 변화, 새로운 습관 개발, 필요한 도구 적용 등을 통해 리스크 관계를 재편할 수 있다. 나는 많은 사람들과 그들의 리스크 관계가 어떻게 발전했는지 대화를 나누면서 몇 가지 공통된 이야기를 발견했다. 가장 먼저 해야 할 일은 주기적으로 자신의 안전지대에서 벗어나는 것이다. 이루고 싶은 변화를 중심으로 긴박감을 조성하라. 자신감을 기르고 감정을 관찰함으로써 직관에 의존해야 할 때와 그렇지 않을 때를 배우고 좀 더 체계적으로 행동하라. 인생에서 마주치는 리스크를 하나의 포트폴리오로 생각하고 다양화함으로써 더 '좋은' 리스크를 감수할 수 있는 안전망으로 삼아야 한다. 모든 결정을 리스크 결정으로 간주하라.

동기, 영감, 깨달음

메릴랜드의 라이프 비즈니스 코치 제니퍼 바크는 고객들이 변화하는 데는 세 가지 이유가 있음을 발견했다. 어떤 사람들은 자신이 원하는 환경을 만들려는 적극적인 동기와 영감이 있을 때 자연스럽게 변화한다. 또 어떤 사람들은 2주 안에 집을 비워줘야 하는 경우처럼 특정한 필요성에 의해 변화한다. 어떤 계기로 문제가 더 커지기 전에 행동해야 한다는 깨달음을 얻어 변화하는 사람들도 있다.

동기와 필요성이 함께 작용한 결과로 변화하는 경우도 있다. "그들은 완전히 실패하지는 않았지만, 비참할 수 있습니다"라며 바크는 내게 이렇게 말했다. "이건 정말 개인적인 경우입니다. 그들은 당면한 상황과 더 감정적으로 연결되어 있어요. 자신의 감정 상태가 어떤 영향을 받았는지 알고 나면 변화할 가능성이 높습니다." 이것은 바크가 현재의 직업을 선택하게 된 계기이기도 하다. IT 고객 지원 엔지니어로 일하던 바크는 그 일이 자신의 성격과 맞지 않는다는 것을 깨달았다. 고장 난 물건들을 고치고 문제를 해결하는 일이지만, 창의적이며 미래를 내다보는 일은 아니었다. 그래서 소프트웨어 개발 회사로 자리를 옮겨 5년 동안 일했다. 다시 변화가 필요하다고 생각했지만 무엇을 해야 할지 확신할 수 없었다. 그때 친구들이 찾아와 인생을 바꿀 수 있게 도와달라고 부탁하기 시작했다.

그녀는 변화를 원하는 고객을 돕기 위해 행동 및 습관의 유형과 그 근본 원인을 찾는 일을 한다. 그들은 사물을 어떻게 분류하는가? 우선순위는 무엇인가? 행동의 최우선 순위를 어떻게 결정하는가? 바크는 집 안에 비닐봉지를 엄청나게 많이 쌓아둔 한 고객의 이야기를 해줬다. 바크가 집 안 곳곳에 있던 비닐봉지를 모아 쌓자 무릎 높이까지 오는 것을 보고 그 고객도 깜짝 놀랐다. 두 사람은 집에 그렇게 많은 비닐봉지가 있는 원인을 차분히 살폈다. 고객은 비닐봉지를 다른 데 재활용할지도 모른다는 막연한 생각에 그것을 버리지 못했던 것이다. 바크는 고객의 행동 유형을 이해한 후에 도움을 줄 수 있었다. 3년 뒤 그 고객은 비닐봉지를 찾아볼 수 없을 정도로 집이 깔끔해졌다고 자랑스레 이야기했다.

바크는 작은 사업체를 운영하는 고객들이 사업을 재정비하는 것도 도와줬다. "단순히 서류 작업을 하는 것보다 처리해야 할 일이 훨씬 더 많았어요"라고 그녀는 말했다. 고객은 작업 계획이나 예산을 제대로 세우지 않아 지출에 짜임새가 없었으며 각종 고지서는 미납되고 물류는 혼선을 빚고 있었다. "제 고객의 95퍼센트는 정리에 어려움을 겪고 있어요. 재무 관련 사항을 제대로 정리하지 못하면 프로젝트 관리, 조달, 기타 분야에서도 문제가 생깁니다." 하지만 일단 문제 하나를 제대로 처리하면 긍정적인 도미노 효과가 나타난다. 바크는 "고객들은 사일로 하나를 고치는 순간, 바로 다른 사일로에 잘못된 부분이 있는지 찾기 시작합니다"라고 말했다.

소기업을 운영하는 한 고객은 변화를 간절히 원하고 있었지만 곧 타성이 생겼다. "처음에는 두 발짝 앞으로 갔다가 한 발짝 뒤로 가더니 다음에는 세 발짝 앞으로 갔다가 두 발짝 뒤로 갔어요"라고 그녀는 말했다. 이렇게 씨름하던 중 바크는 3개월 뒤 그 고객을 만나 진지한 대화를 나누었다. 수십 년 동안 몸에 밴 습관을 바꾸려면 당연히 시간이 오래 걸릴 수밖에 없지만 고객은 확실한 결과를 빨리 보지 못해 좌절하고 있었다. "구멍이 깊으면 깊을수록 밖으로 나가는

데 시간이 더 오래 걸리죠"라고 바크는 말했다. 누구나 즉각적인 만족을 원하다 보면 실망할 수밖에 없다. 어떤 사람은 변화가 원하는 만큼 빨리 일어나지 않기 때문에 포기하기도 한다. 하지만 먼저 습관 하나를 바꾸면 다른 습관을 바꾸기가 더 쉬워지고, 변화의 규모와 속도도 점차 커지기 마련이다.

모든 결정은 리스크 결정이다

우리는 매번 의사 결정을 할 때마다 무의식적으로 리스크를 따져본다. 저녁 식사에 새로운 요리법을 시도하는 것 같은 사소한 결정도 사실 상상력을 발휘하고 안전지대에서 벗어나야 가능한 행동이다. 만약 문제에 직면했을 때 리스크 렌즈를 사용해 그것을 따져볼 수 있다면 갈수록 선택의 부담이 줄어들 것이다. 일단 우리가 리스크를 매일 감수하고 있다는 사실을 깨닫고 나면, 리스크에 더 능숙하게 대응할 수 있다. 그 사실을 스스로 인정하고 그에 대해 보상하라. 그러면 더 큰 리스크를 직면할 때 현명하고 적극적으로 처리할 수 있을 것이다.

샌프란시스코에 본사를 둔 영업 팀 코치인 신디 맥거번Cindy McGovern 박사는 많은 사람들이 고객 혹은 다루기 힘든 동료들과 상대하며 리스크와 보상 간의 균형을 맞추느라 매일 애쓰는 모습을 본다. 그녀는 금융 서비스 분야에서 시장 점유율이 두 번째로 높은 회사의 영업 팀과 함께 일했다. 회사의 성공에도 불구하고 영업 팀의 발목을 잡는 가장 큰 문제가 있었다. 회사가 고객들에게 처음 약속보다 더 많은 서비스를 제공하고 있는데도 영업 팀은 고객에게 추가 거래를 요청하는 것을 망설였다. 그녀는 "그들은 고객에게 더 많은 거래를 요청하면 모든 것을 잃을 거라고 생각해요"라고 내게 말했다. "리스크가 상대적으로 낮은데도 그들의 마음속에서 추가 거래 요청은 끔찍한 일로 굳어진 거죠."

자기를 밖으로 드러내는 데 익숙한 외향적인 성향의 영업 사원들에게 이런 현상이 나타났다는 것이 놀랍게 보일 수도 있다. 하지만 한편으로 생각해보면 그들은 가능한 한 신규 고객을 많이 유치하고 기존 고객을 놓치지 않으려고 고객관리에 온 정신을 쏟는다. 회사가 핵심성과지표에 각 고객 계좌별 거래의 질을 중요하게 반영하지 않는다면, 그들은 극도로 리스크를 회피하는 방향으로 고객관리를 할 수밖에 없다.

이 회사는 고객의 거래 규모와 상관없이 모두에게 강의와 프레젠테이션 서비스를 부가적으로 제공했다. 맥거번은 팀원들에게 그들이 제공하고 있는 가치와 그에 따른 예상 손실 규모를 알려줬다. 회사는 연간 거래 규모가 1만 달러인 고객에게 50만 달러를 거래하는 고객들이 받는 것과 비슷한 수준의 특전을 제공했다. 하지만 3년이 넘도록 문제의 고객은 거래 규모를 늘리지 않았다. 맥거번이 팀원들에게 그 고객에게 거래액 확대 요청을 하지 않는 이유를 묻자, 그들은 "우리는 고객을 잃고 싶지 않아요"라고 상투적인 대답을 했다.

맥거번은 고객 영업 담당자인 루시아에게 고객에게 쏟는 시간이 어느 정도인지 계산해보라고 한 뒤, 고객에게 거래 규모를 늘려달라고 요청했을 때 벌어질 수 있는 모든 결과를 정리하라고 요청했다. 결과는 고객을 잃든가, 거래 규모가 더 커지든가 둘 중 하나였다. 맥거번이 이렇게 물었다. "그들이 거래를 끊으면 어떻게 될까요?" 루시아는 "저는 너무 열심히 일했기 때문에 엄청난 충격을 받을 겁니다"라고 대답했다. 맥거번은 "하지만 당신은 그동안 무료로 일해줬어요"라며 현실을 알려줬다. 그 순간 루시아는 정신이 번뜩 들었다.

마침내, 루시아는 고객과 대화를 나누었고, 고객은 정말 거래를 끊었다. 그녀는 맥거번에게 이메일로 이제야 마음이 놓이는 듯 '좋았어요!'라고 결과를 알려왔다. 맥거번은 "거기까지 도달하기가 힘들었지만 루시아는 그 고객에 대한 투자 대비 수익률이 좋지 않았다는 사실을 깨달았어요"라고 회상했다.

또 다른 고객사는 수년 동안 대형 고객을 유치해오던 스티브라는 직원 때문에 어려움을 겪고 있었다. 맥거번은 전체 팀원들과의 면담을 진행하면서 다른 동료들이 스티브를 싫어하고 있으며, 스티브가 그들의 사기를 크게 떨어뜨리는 걸림돌이라는 것을 알게 됐다. 그녀는 관리자인 케이트에게 스티브를 계속 잡아두면 귀중한 팀원들을 잃게 될 것이라고 경고했다. 케이트는 "하지만 그렇다고 고객을 잃어버릴 수는 없어요"라고 반대했다. 그러자 맥거번은 이렇게 말했다. "영업을 잘하고 못하는 게 정말 스티브에게 달려 있나요? 아니면 10년 전에 스티브가 데려온 고객들과 일하는 다른 직원들에게 달려 있나요? 스티브는 그 고객들과 매일 연락하고 있나요?" 그녀는 케이트가 사업보다는 스티브의 행복에 더 큰 가치를 둠으로써 나머지 팀원들을 위험에 빠뜨리고 있다고 경고했다.

몇 달 뒤 스티브는 스스로 그만뒀다. 회사는 과연 이로 인해 사업 기회를 얼마나 잃었을까? 만약 잃은 게 없다고 대답했다면 당신의 판단은 맞았다. 이제 스티브의 옛 동료들은 새로운 근무 분위기를 자축하며 행복한 시간을 보내고 있다. 맥거번은 몇 달 뒤 어느 회의 석상에서 케이트를 우연히 만났다. 케이트는 스티브가 떠난 후 팀의 사기가 치솟았다고 말했다. 케이트는 이처럼 두려워했던 것과 정반대 결과를 체험하면서 긍정적인 결과와 부정적인 결과를 모두 고려하는 것이 얼마나 중요한지를 이해하게 됐다. 이 통찰력 덕분에 그녀의 리스크 관계가 변화되었고, 이것은 자기 자신과 팀 전체에도 파급 효과를 가져왔다.

인간관계에서 리스크 감수하기

벤자민 리터는 학창 시절에 프로 축구 선수가 되기 위해 최선을 다했다. 축구 연습과 시합에 시간을 투자하고 건강에 좋은 음식만 먹었다. 음주와 마약을 하지 않았으며 그런 일이 벌어질 듯한 사교 모임도 피했다. 하지만 부상으로 프로 축구 선수의 꿈을 접어야 했다. 더 이상 축구로는 자신을 드러낼 수 없었기 때문에 정체성을 재정립해야 했지만, 그가 아는 것은 오로지 축구뿐이었다. 대인관계를 맺는 것이 어색했고 그런 상황들은 상실감을 안겨줬다.

그러나 그는 절망하는 대신 축구에 몸을 던졌던 열정으로 이 문제에 부딪쳐보기로 했다. 사회적 상황에 익숙해지려고 일부러 커피숍이나 술집에서 낯선 사람들 사이에 앉곤 했다. 그는 안전지대에서 벗어나 낯선 사람들을 많이 만날 수 있는 이상한 직업을 선택했다. 술집이나 영화를 홍보하는 아르바이트를 하면서 좀비처럼 분장하고 사람들에게 모습을 드러내기도 하고, 음악 축제에서 아이스캔디를 나눠주고, 꽉 끼는 반바지를 입고 시카고 보이스타운 주변의 술집에서 일하기도 했다. 예전 같으면 겁에 질릴 상황에서도 자신감 있게 행동했다. 그는 사람들의 자세만 봐도 그에게 어떻게 반응을 할지 예측할 수 있을 정도로 사람들의 반응을 연구했다.

그는 여러 경험을 통해 인생에서 가장 큰 리스크는 안전지대에 머무르는 것이며, 계속해서 경계를 넓혀야 한다는 사실을 배웠다. "사람들이 말하는 리스크에 대한 안전장치는 오히려 기회를 잡는 능력을 약화시켰어요." 이런 안전장치는 역설적으로 많은 사람들에게 인생의 리스크를 증가시키는 족쇄가 됐다. 리스크를 전반적으로 줄이려면 작은 리스크 정도는 쉽게 감수할 수 있어야 한다. 리터는 다양한 경험 끝에 조직 지도자 교육 분야에서 박사학위를 받았다. 이제 그는 '리브 포 유어셀프 컨설팅Live for Yourself Consulting'을 세워 사람들이 자신의 삶과 직장에서 리스크를 잘 관리할 수 있도록 도와주고 있다. 그는 사람들에게 자신의 경험담을 들려주며 지속적으로 경계를 넓히는 습관을 가지라고 조언한다. "내가 자신 없어 하는 상황이 있다면 직접 부딪쳐보세요. 당신은 그런 상황을 즐길 수도 있고 그렇지 않을 수도 있지만, 자신에게 그것을 감당할 능력이 있다는 걸 알고 있어요."

그는 고객들에게 모든 리스크 결정의 중심에 목적의식을 두라고 말한다. 리스크를 이야기할 때 목적이라는 주제가 자주 등장하는 이유를 아는가? 사실 목적과 가치는 모든 관계의 핵심이자 신뢰감을 형성하는 가장 중요한 요소다. 가치관을 명확하게 정립할 때 올바른 관계를 선택하고 발전시킬 수 있다. "만약 당신이 시간 관리에 큰 가치를 두지 않는다면, 그것을 중요하게 생각하는 사람과 데이트할 생각은 하지 마세요"라고 리터가 말했다.

리스크 포트폴리오 만들기

서로를 지지해주는 인간관계는 좋은 리스크 포트폴리오를 만드는 데 필요한 요소다. 그런 관계가 있으면 리스크 결정을 한 번 잘못하더라도 또 다른 선택지를 선택할 용기가 생긴다. 이런 리스크 포트폴리오를 쌓은 사람은 '실패'할 수 있는 여력이 있으며, 결국 그것을 통해 지식과 경험을 쌓아 다음 도전에서 성공할 확률을 높인다.

리스크 포트폴리오: 투자 포트폴리오처럼 개인이 직면한 다양한 리스크의 유형과 수준을 보여주는 목록(건강, 재무, 직업, 관계 등)

컨설턴트이자 공유 업무 공간 서비스 코워크홀릭CoWorkaholic의 설립자인 마이크 라로사Mike LaRosa는 코로나19 이전에 수십 개국에 있는 수백 개의 공유 업무 공간을 방문하느라 매년 32만 킬로미터를 여행했다. 그에게 코워킹(협업)은 직업적인 관심사 그 이상이다. 그는 종종 "코워킹이 제 목숨을 구했어요"라고 말한다. 코워킹 커뮤니티의 일원이 되고 나서 그는 12년 동안의 사립학교 교육, 7년 이상의 대학 생활 그리고 오랜 정신과 치료로도 해결하지 못했던 문제들을 해결할 수 있었다. 그는 코워킹이라는 개념을 발견하기 전에는 안절부절못하고 좌절하고 분개하곤 했다. 스타벅스와 소매점 운영, 회사 트레이너, 행사 담당 요원 등 여러 가지 직업을 거치면서 그는 처음에는 몇몇 직장에서 즐겁게 일했지만 거기서도 이내 흥미를 잃었다. 결국 그는 다시 돌아갈 길을 다 없애 버리고, 우울증과 체중 증가, 약물 남용 문제와 싸우면서 집에서 행사 기획 사업을 시작했다. 돈을 마련하기 위해 자동차를 팔고 스쿠터로 다니다가 노인이 운전하던 차에 치이는 바람에 병원 신세를 지기도 했다.

라로사가 워싱턴 DC의 첫 번째 공유 업무 공간으로 취업 면접을 보러 갔을 때는 솔직히 상황이 좋지 않았다. 하지만 공동체를 발견한 덕분에 우울증을 극복했고 성공의 발판을 마련할 수 있었다. 무엇보다도 공동체는 그의 일상을 회복시켜주었으며 자기 수양을 할 수 있도록 도와줬다. 그는 공동체를 통해 안정을 되찾고 창의력을 회복하고 리스크를 감수할 수 있는 마음의 여유를 찾았다. 더욱 중요한 것은 모든 사람이 그에게 관심을 기울여줬다. 그들은 라로사가 참여할 수 있는 기회를 제공했고, 도움이 될 만한 제안과 조언도 해줬다. 그들은 그가 일을 끝내기 전에 소셜미디어로 시간을 낭비하고 있다는 것도 귀신같이 알아채고 경고를 해주기도 했다. 그는 책임감을 느끼게 되었다. 또한 자신이 빈털터리가 아니라 재능 있는 사람이라는 것도 곧 알게 되었으며, 그 이야기가 퍼져 남들의 인정을 받게 되자 새로운 소명이 생겼다.

라로사는 동기부여를 받고, 서로 도와주며, 더 큰 것을 위해 노력하고, 빠르게 신뢰를 쌓는 공간에는 '세렌디피티serendipity(완전한 우연으로 이루어진 중대한 발견이나 발명 - 옮긴이 주) 가속'이 존재한다고 말한다. 사회적 접촉과 상호작용은 그에게 큰 변화를 가져왔다. 공유 업무 공간에 있는 디자이너, 경영 컨설턴트, 코치 등 많은 이들이 리스크에 대한 자신의 경험을 공유해줬고, 그는 그 이야기를 들으면서 당면한 과제를 제대로 이해할 수 있다. 이것은 그에게 강하고 튼튼한 발판이 됐다. 그는 "비슷한 리스크 태도를 가진 사람들과 함께했기 때문에 더 큰 리스크를 훌륭하고 영리한 방식으로 감수할 수 있었어요"라고 말했다.

공유 업무 공간에서는 협업도 자연스럽게 이뤄졌다. 라로사는 같은 공간에서 일하는 인터넷 라디오 회사의 직원 4명이 새로운 라이브 행사 부서를 만들 때 그들을 도와줬다. 그는 그 과정을 내게 이렇게 설명했다. "완전히 색다른 경험이었습니다. 일은 이런 식으로 시작됐어요. '아, 당신은 지난 3개월 동안 우리 옆자리에서 일하던 바로 그 사람이네요. 우리는 당신이 무슨 일을 하는지 알아요. 지금 우리에게 필요한 일이 바로 이겁니다.' 처음부터 신뢰가 쌓여 있었던 겁니다. 그러니 당연히 (관계에서 파생되는) 리스크가 더 낮았고, 서로를 신뢰했기 때문에 더 큰 리스크를 감수할 수 있었어요." 그의 말대로 이 협업은 동등한 관계를 내세운 어색한 힘겨루기가 아니라, 이미 신뢰를 쌓았기 때문에 유기적으로 진행된 작업이었다.

동료의 힘

공유 업무 공간을 통해서든 다른 장소를 통해서든, 조언자나 친구와 같은 지지자들을 만나게 된다면 당신은 '좋은' 리스크를 감수하는 것은 물론 '나쁜' 리스크와 싸울 수 있는 자신감까지 얻게 될 것이다. 그들은 당신이 목적을 명확히 하고 자신의 가치를 확신할 수 있도록 힘을 보태주며 일이 잘못될 때에는 새로운 길을 찾도록 도와준다.

당신의 주변에는 해야 할 말을 하는 친구들이 있는가? 만약 듣기 싫은 내용이라도 내게 유익이 되는 말을 해줄 믿을 만한 사람들이 주변에 없다면, 그런 이들을 찾는 것이 가장 먼저 해야 할 일이다. 인생을 살아가는 데 도움이 되는 사람을 곁에 두고 그들과 정기적으로 상담하라. 예를 들면 라이프 코치, 회계사, 개인 트레이너, 의사, 영양사, 치료사, 변호사, 데이트 코치 그리고 물론 사실대로 말해주는 친한 친구도 여기에 해당된다. 다양한 목소리와 견해를 들으면 더 좋은 결정을 내리는 데 도움이 된다. 이들은 마치 문제에 부딪쳤을 때 내게 도움을 주는 개인 이사회 같은 존재들이다. 물론 전통적인 이사회와는 달리 그들이 다 함께 만날 일은 없을 것이다. 당신은 그들과 개별적으로 상의하면 된다.

일단 개인적으로 당신을 도울 수 있는 사람들을 모았으면, 다음 단계는 멤버의 성공에 목표를 두는 '동료 책임 그룹'에 가입하는 것이다. 그룹의 일원으로 활동할 때 체중 감량이나 창업과 같은 목표를 달성할 가능성이 가장 높다는 연구 결과도 있다.

동료 책임 그룹이란 목표를 추구할 때 동료들끼리 과제를 공유하고 서로를 지원해주는 모임이다. 책임 그룹을 만들거나 그런 그룹에 가입하면 조직, 구성원 선택, 일정 수립, 목표 설정, 결과 등 일하면서 마주하는 리스크를 더 효과적으로 관리할 수 있다. 나는 동료 책임 그룹이라는 명칭이 등장하기 오래전부터 이를 활용하고 있었다. 나는 1990년대에 작가 친구들과 몇 년 동안 정기적으로 모임을 가졌다. 우리는 비싸지 않은 식당을 골라 붐비지 않는 시간대에 모여 각자 작업물을 두고 신중하게 의견을 나누고 서로의 생각을 경청했다.

2009년에는 운이 좋게도 엄청난 수준의 전문성과 공감 능력, 관대한 마음을 가진 영 글로벌 리더 포럼Forum of Young Global Leaders, YGL의 일원이 됐다. YGL의 다른 회원들은 내게 피드백을 주었고 나는 그들에게 무척 의지했다. 때때로 친구와 수다를 떠는 것처럼 이들과 비공식적인 모임을 가지기도 했지만, 지난 수년간은 연차 총회와 그룹 수련회를 비롯한 좀 더 공식적인 모임이 많이 열렸다. 모임에서 다수가 빌 조지의 저서 《최고는 무엇이 다른가Discover Your True North》의 실전 가이드와 틀을 사용했다. 사실 나는 이 그룹 덕분에 글쓰기에 우선순위를 두고 《회색 코뿔소가 온다》의 주제를 선택할 수 있었다.

나는 여기서 성공적인 협업을 하기 위한 몇 가지 원칙을 배웠다. 무엇보다 서로를 이해하고 신뢰하는 분위기를 조성하는 것이 중요하다. 그룹에서 언급된 내용은 그룹 밖으로 새어나가지 않도록 비밀을 유지해야 한다. 또한 만나는 빈도와 모임의 목표를 정하라. 다른 구성원의 말을 경청하고, 만약 몇몇 구성원들이 대화를 독점하면 어떻게 할지도 논의하라. 구성원들이 그룹 운영 원칙이 적힌 공동 성명서에 서명하는 것도 신뢰감을 높이는 유용한 방법이다.

구성원들의 관점이 얼마나 다른지(특히 리스크에 관한 시각), 각자의 장점이 무엇인지를 잘 파악하라. 그룹 구성원이 비록 의도한 것은 아닐지라도 눈에 거슬리거나 퉁명스럽게 행동한 적이 있는가? 당신은 그 상황을 다시 중심을 잡는 계기로 삼아 스스로에게 질문을 던져볼 수 있다. 구성원들이 특정 분야의 전문지식을 가지고 있는가? 당신은 듣고 싶지 않은 말을 얼마나 편하게 들을 수 있는가? 어떤 사람들은 냉혹한 진실을 듣는 것을 좋아하지만, 어떤 사람들은 스스로 그것을 인정하기까지 시간이 걸린다. 각 구성원은 얼마나 자신의 안전지대를 벗어나려고 노력하는가? 각자에게 도움이 되는 가장 좋은 방법을 조합해보라. 목표를 세우고 그것을 기록하라. 일상적이고 소소한 일에 너무 매달려 큰 그림을 주시하지 못하고 있다면 상기시켜줘야 한다.

구성원들이 얼마나 책임감 있게 행동하는지도 고려해야 한다. 그것을 어떻게 알아낼 수 있을까? 글쓰기 그룹에서는 매우 간단하다. 다른 사람들의 피드백을 받기 위해 글을 써야 하고, 반대로 그들에게도 유용한 피드백을 줘야 한다. 다른 그룹에서도 구성원의 작업 진행 상황을 확인할 수 있는 독자적인 기준을 마련하고 그들이 뒤처지면 다시 정상 궤도로 진입할 수 있는 전략을 제시하는 것이 좋다.

베스트셀러 작가인 애덤 그랜트는 레이 달리오가 자신의 헤지펀드사인 브리지워터Bridgewater에서 구축한 엄격한 피드백 분위기를 보고 자신에게 부정적인 피드백을 줄 수도 있는 사람들로 구성된 '도전 네트워크'를 만들었다. 또 다른 베스트셀러 작가인 팀 페리스Tim Ferriss는 그랜트와의 팟캐스트 인터뷰에서 자신도 비슷한 시스템을 사용한다고 말했다.

인기 있는 피드백 형식 중 하나는 나폴레온 힐이 저서 《성공의 법칙(1925)》과 《생각하라 그리고 부자가 되어라(1937)》에서 제시한 개념인 '마스터 마인드' 그룹이다. 마스터 마인드 그룹에서는 구성원들이 아이디어를 브레인스토밍하고 정보와 자원을 공유하며, 책임감을 갖고 서로를 지지하고 격려한다. 이 그룹은 3~10명 정도로 구성된 소규모 정기 모임으로, 편안한 환경에서 만나 강도 높은 작업을 진행한다. 구성원이 되려면 연간 매출이 일정액 이상이거나 기존 회원의 추천을 받아야 하는 등 특정 기준을 충족해야 한다. 마스터 마인드 그룹의 주최자와 진행자는 보통 참가비를 부과하는데, 참가비는 적절한 그룹을 조직하고 전문가를 초청하는 등 제공하는 서비스의 수준에 따라 크게 차이가 난다.

또 다른 그룹은 소액 대출 모임이다. 마이크로 파이낸스는 오랫동안 집단 책임의 원칙을 기반으로 고객의 대출금 상환 비율을 높이고 집단 전체의 채무불이행 비율을 낮췄다. 그라민 은행과 그와 유사한 금융기관들은 대출금을 잘 상환하는 소상공인들의 집단에 돈을 빌려준다. 따라서 각 개인은 개인적 관계가 없는 금융회사가 아닌, 자신과 관계가 있는 동료 집단에 대해 책임을 지게 된다.

아주 흥미로운 동료 그룹인 '데스 카페Death Cafe'는 피할 수 없는 죽음을 직시할 수 있게 도와주는 모임이다. 우리는 모두 죽음을 피할 수 없다. 죽음이란 '언제', '어떻게'의 문제이지 '만약'의 문제가 아니다. 여기서 리스크는 죽음 자체가 아니라, 복잡한 재산 문제를 남긴 채 떠나 사랑하는 사람들이 이를 처리해야 한다거나, 사랑하는 사람들에게 사랑한다는 말도 하지 못하고 죽는다거나, 자신이 원하는 대로 유산을 남기지 못하고 죽는 것을 말한다. 스위스 사회학자이자 민족학자인 베르나르 크레타즈Bernard Crettaz는 2004년 뇌샤텔 마을에서 최초로 카페 모르텔café mortel을 주최했다. 그는 사람들이 남들에게 평가받을까 봐 두려워하지 않고 죽음에 대해 공개적으로 이야기할 수 있는 점잖고 비밀스러운 공간을 만들고자 했다. 존 언더우드는 이 아이디어를 채택해 영국에 데스 카페를 차렸고 이를 지원하는 단체까지 설립했다. 소셜 프랜차이즈인 데스 카페는 73개국으로 확대됐으며, 2020년 6월까지 1만 1,000여 개의 지점을 열었다. 불행하게도 2017년에 불과 44세의 나이였던 언더우드가 백혈병으로 세상을 떠나는 바람에 현재는 그의 어머니와 여동생, 아내가 소셜 프랜차이즈를 운영하고 있다.

내가 데스 카페를 처음 알게 된 것은 호스피스 병원의 목사인 바바라 심슨 때문이었다. 그녀는 뉴욕에 살면서 사람들에게 죽음에 대해 이야기를 나눌 수 있는 기회가 필요하다고 생각했다. 영국의 작은 마을에서 성장했던 심슨은 2011년 영국 북부를 방문해 언더우드를 만났고, 뉴욕으로 돌아와 데스 카페를 몇 군데 열었다.

심슨은 내게 데스 카페가 하는 일이 무엇인지 알려줬다. 구성원들이 자기가 두려워하는 것에 대해 대화를 나눔으로써, 자신이 원하는 삶의 마지막 모습과 남기고 싶은 유산이 어떤 것인지 그려볼 수 있게 한다. 데스 카페에서는 죽음을 앞둔 시점에서 적용할 수 있는 의료 지침, 환경친화적인 '녹색' 매장 방법, 장례 준비 등 쉽게 이야기하기 어려운 실용적인 문제들도 다룬다. 하지만 데스 카페가 실질적으로 하는 일은 모임 구성원들과 그들의 유산을 돌볼 사람들의 커뮤니티를 만드는 것이다. 심슨은 "데스 카페는 그 무엇보다도 사람들을 도와주는 공동체입니다"라며 내게 이렇게 말했다. "고독은 적이에요." 구성원들이 자신이 관심 있어 하는 이야기를 나누고 함께 책을 읽는 것이 이들이 하는 활동의 핵심이다. 그것은 놀라운 결과를 가져왔다. "데스 카페는 정말 재미있어요. 우리는 정말 많이 웃어요"라고 심슨은 말했다. 구성원들은 자신의 생각을 공유하고 함께 웃으면서 평소 생각해보지 않았던 매우 불편한 주제를 편안하게 이야기할 수 있는 기술을 배운다. 우리가 안전지대를 벗어날 때 세상을 보는 관점이 넓어지고 활동할 수 있는 영역도 확장될 것이다.

14

Risking Globally, Risking Locally

세계적 리스크와 지역적 리스크

세상이 점점 더 무시무시해지고 있다. 일상생활에서 직면하는 리스크를 통제하는 것도 어렵고 힘든 일이지만, 지구 전체가 직면한 여러 가지 리스크를 줄이는 것은 더더욱 어려운 일이다. 과거에도 바이러스가 국가 간 경계를 넘어 퍼져나간 적이 있으나, 코로나19는 더욱 빠르고 강력하게 전 세계를 강타했다. 평균기온이 올라가고 기후는 점점 더 극단적으로 변하고 있다. 과학자들은 암초, 습지, 빙하 등의 생태계가 붕괴되고 그로 인해 생명체들이 파멸할 위험에 처했다고 경고한다. 미국의 서브프라임 모기지 사태로 세계 금융위기가 일어났듯이 하나의 산업이나 국가에서 발생한 재정적 붕괴가 도미노 현상으로 전 세계의 금융시장을 뒤흔들 수도 있다. 파격적인 신기술과 인공지능의 등장으로 산업이 위축되고, 글로벌 무역과 고용 트렌드가 바뀌면서 사람들은 일자리의 미래를 불안한 시선으로 바라보고 있다. 가짜 뉴스와 혐오 발언이 인터넷을 통해 전 세계로 빠르게 퍼져나간다. 국가 간의 불평등은 축소되었을지 몰라도 한 국가 안에서의 불평등은 확대됐고, 정치·사회적 불안, 민주적 제도에 대한 불신, 인종 간 긴장 관계 고조, 민족주의 재현, 보호무역주의 확산 등 여러 문제들이 우려할 수준으로 커졌다. 우리가 2008년 금융위기와 보다 최근인 2020년 6월 코로나 팬데믹에서 경험한 것처럼 어느 한 국가의 문제는 다른 나라에도 문제를 일으킬 수 있다.

이런 문제들은 복잡한 체계 속에서 서로 교차한다. 세계경제포럼World Economic Forum의 설립자인 클라우스 슈밥 교수와 먼슬리 바로미터Monthly Barometer의 티에리 말르레Thierry Malleret 교수는 코로나19에 관한 그들의 저서《클라우스 슈밥의 위대한 리셋》에서 이렇게 주장했다. "개별 리스크를 경제적, 지정학적, 사회적, 환경적 성격과 관계없이 하나하나씩 분리해 생각하면, 그것을 억제하거나 완화할 수 있다는 잘못된 자신감이 생긴다. 실생활에서 발견되는 체계적인 연결성은 인위적으로 구성된 것이다. 상호 의존적인 세계에서 리스크는 서로를 증폭하고 연쇄 효과를 불러일으킨다. 그것이 바로 고립이나 봉쇄 조치만으로는 리스크의 상호 의존성과 연결성을 극복할 수 없는 이유다."

문제가 복잡할수록 불확실성이 가중되고 그것을 해결하기가 더 어려워진다. 코로나19 팬데믹은 다수의 시급한 국제적 이슈들이 상호 연결되어 있다는 것을 분명하게 보여줬다. 완전히 새로운 차원의 복잡성과 불확실성, 불안감이 등장하면서 문제 해결이 더 어려워졌을 뿐 아니라, 여러 가지 과제를 동시에 해결해야 하는 상황에 놓여 있다. 팬데믹으로 좋은 의료 서비스를 받을 기회가 적고 재택근무가 불가능한 사람들이 가장 큰 타격을 입었으며, 이로 인한 인종적, 경제적 불평등을 무시할 수 없게 됐다. 반면, 경제활동이 급격히 위축되자 이산화탄소 배출량이 줄어 공기가 맑아지고 물이 깨끗해졌다. 전 세계의 집단행동으로 이산화탄소 배출량 감축이 가능하며 그 이점이 크다는 사실이 드러나면서 기후 변화 문제가 더욱 주목을 받고 있다.

기후 변화, 전염병, 대량 살상 무기와 같은 글로벌 리스크는 당장 우리 앞에 놓여 있는 감정적, 물리적, 재정적인 문제들과 비교하면 너무 엄청난 문제처럼 보일 수 있다. 나는 전 세계를 돌아다니고 다양한 사람들과 이야기를 나누면서 다음과 같은 질문을 많이 받았다. 개인이 공해 문제와 환경 문제를 위해 어떤 일을 할 수 있을까? 로봇과 인공지능의 발전이 가져올 일자리 충격에는 어떻게 대처해야 하는가? 불확실성을 어떻게 헤쳐나가야 할까? 경제 버블이 꺼진다면 스스로를 보호하기 위해 무엇을 할 수 있을까? 개인이 세계적인 불평등 문제에 영향력을 발휘할 수 있을까? 기후 변화 속도를 의미 있는 수준으로 늦출 수 있을까? 대부분의 사람들이 환경과 안보 문제를 점점 더 불안하게 여기면서도 개인이 그것을 통제할 수 없다고 생각한 나머지 그 문제를 언급조차 하지 않는다. 하지만 그럼에도 자신이 할 수 있는 일이 무엇인지는 알고 싶어 한다.

당신은 이런 글로벌 리스크에 어떻게 대응할 것이며, 그것을 줄이기 위해 어떤 역할을 할 것인가?

개인과 집단의 행위 주체성

2016년 미국 대선 기간 중 대중매체에 평소에 거의 들어본 적이 없는 표현인 '(인간) 행위 주체성'이라는 말이 자주 등장했다. 언론은 행위 주체성이라는 단어를 고대 그리스 철학자들처럼 '사람들의 행동이 결과를 낳는다'라는 의미로 사용했다. 특히 미국 언론에서 포퓰리즘의 인기가 급상승하는 동기를 '인간 행위 주체성'이라는 용어로 설명하면서 한때 따분한 학술지에서만 사용되던 이 용어가 대중들의 의식 속에 파고들었다. 이 용어는 인기 있는 여배우이자 경영자인 기네스 팰트로가 《뉴욕타임스 매거진》과의 인터뷰에서도 사용할 정도로 유행했다.

나는 팬데믹이나 기후 변화 같은 세계적인 위협을 생각할 때마다 '행위 주체성'에 관한 질문을 떠올린다. 지금까지 살펴본 것처럼, 어떤 상황을 통제할 수 있다는 생각은 그 상황을 얼마나 위험하다고 판단하는지와 그에 대해 무언가를 하고자 하는 의지에 강한 영향을 미친다. 행위 주체성은 두 가지 측면에서 중요하다. 하나는 개인으로서 상황을 더 좋게 바꿀 힘을 가지고 있다고 생각하는 개인 행위 주체성이고, 또 다른 하나는 동료, 시민, 조직, 정부 등 주변 사람들과 함께 행동할 때 변화를 가져올 수 있다고 생각하는 집단 행위 주체성이다. 이 두 개념은 연결되어 있으며, 결합될 때 각각 더 큰 효과를 낸다.

팬데믹이 가져온 장점 중 하나는 각자가 자기 역할을 제대로 하는 게 중요함을 깨닫게 된 것이다. 예를 들어 별다른 일이 없으면 집에 머물기, 외출 시 공공의 건강 보호하기, 사회적 거리 두기, 마스크 쓰기, 손과 얼굴 씻기 등 감염을 막기 위해 개인이 해야 할 일들이 많다. 나는 우리가 기후 위기를 성공적으로 극복하지 못하는 이유가 한 개인으로서 무언가를 하기에는 너무 무력하다고 느끼기 때문이라고 생각한다. 미디어에서는 육류 섭취를 줄이고, 하이브리드 차를 쓰고 자전거와 대중교통을 이용하며, 물과 에너지를 절약하는 등 온실가스 배출을 줄이려는 활동이 별 효과가 없다고 너무 많이 보도하고 있다. 이것은 패배주의적 사고방식을 부추길 뿐이다. 기자들은 작은 일에 치중하다 보면 더 큰 변화를 일으키지 못할 것이라고 주장한다.

그러나 그 주장은 틀린 말이다. 나는 조직 생활을 경험한 적극적인 시민으로서 사람들에게 작은 행동의 중요성을 강조하면 그 일을 더 많이 하게 되고 그것이 결국 중요한 일로 발전한다는 사실을 잘 알고 있다. 비영리 단체 프로젝트 드로다운Project Drawdown은 온실가스 감축을 위한 행동 목록을 작성하고 각각의 행동이 얼마나 큰 영향을 미치는지를 추정했다. 행동 변화에 초점을 맞춘 환경 보호 단체인 레어Rare는 행동 변화와 관련 있는 프로젝트 드로다운의 해결책을 분석했는데, 거기에는 신기술 전환, 육류 대신 식물 기반 음식 섭취, 음식물 쓰레기 줄이기 및 퇴비화, 비행기 대신 원격으로 회의 참여, 기존 전구를 LED로 대체, 대중교통 이용 등 다양한 행동 변화가 포함되어 있다. 그들이 찾아낸 이런 행동의 잠재력이 미숙한 기자들이 제시한 내용보다 훨씬 더 중요하다. 그들은 사람들이 이 30가지 행동 변화를 대대적으로 실천한다면 온실가스를 20퍼센트에서 37퍼센트까지 줄일 수 있다고 주장한다. 인상적이고 의미심장한 결과다.

우리 모두가 선순환 과정의 일부가 될 수 있다. 사람들은 남들이 무언가 하는 것을 보면 자기도 그것을 하고 싶어 한다. 각 개인은 자신이 무엇인가에 이바지하고 있다고 생각하지만, 사실 일정한 수의 사람들이 거기에 동참할 때만 그것이 효과가 있다. 더 많은 사람들이 행동을 바꿀수록 집단의 영향력이 커지며, 영향력이 커질수록 사람들은 그 힘을 더 크게 느끼고, 잘 실망하지 않는다. 이것은 앞서 설명했던 것처럼, 변화를 일으킬 힘이 없다고 생각하기 때문에 행동하지 않는다는 커다란 장애물을 제거해준다. 거대한 글로벌 리스크를 함께 변화시키려면 전 세계의 수많은 사람이 필요하다. 변화는 그들이 스스로에게 그런 힘이 있다는 것을 믿을 때 시작된다.

글로벌 재난 리스크

2017년 글로벌 챌린지 재단Global Challenges Foundation과 여론 조사 기관인 콤레스ComRes는 8개국에서 8,000여 명을 대상으로 글로벌 재난 리스크에 대한 태도와 대처법을 묻는 설문 조사를 실시했다. 조사 결과 성인의 4분의 3이 자신을 세계시민으로 여겼으며, 62퍼센트가 개인이 글로벌 문제에 변화를 가져올 수 있다는 데 동의했다. 그리고 모든 조사 대상 국가에서 대부분의 사람들이 글로벌 리스크를 효과적으로 대응하는 부분에서는 개인보다 조직과 집단을 더 신뢰하는 것으로 나타났다. 나이가 많을수록 그런 현상이 두드러졌다. 그런데 놀랍게도 성인의 거의 58퍼센트가 단 한 사람만으로도 리스크 문제에 대한 국제적 협력이 저해될 수 있다고 생각하는 것으로 드러났다. 이토록 파괴적인 행위 주체성을 믿는 사람들의 비율은 남아프리카공화국(68퍼센트)과 미국(63퍼센트)이 가장 높았다. 또한 노년층(49퍼센트)보다는 젊은 층(66퍼센트)에서 자신에게 국제적 협력을 저해할 수 있는 힘이 있다고 믿는 사람들이 많이 보였다.

이런 부정적인 행위 주체성에 대한 강한 믿음을 보면, 일부 사람들이 인간이 초래한 기후 변화나 심지어 코로나19 팬데믹이 사실이라는 것조차 그렇게 완강하게 부인하는 이유를 이해할 수 있다. 사람들은 문제의 규모가 자기 능력보다 훨씬 크거나 자신과는 거리가 먼 문제라고 판단하면 행동 변화를 거부한다. 그들은 쓰레기 배출량 감소와 같은 개인의 행동 변화를 거부하고 팬데믹 한가운데서도 마스크를 착용하라는 요구에 분노하고 자신과 타인의 안전을 지켜달라고 말하는 의료 종사자들과 상점 직원들을 괴롭힌다.

어떻게 하면 지구상의 더 많은 사람들이 글로벌 재난 리스크를 줄이기 위해 협력하도록 설득할 수 있을까? 어떻게 하면 부정적인 행위 주체성을 긍정적인 행위 주체성으로 바꿀 수 있을까?

건설적인 변화

내가 서울에 있는 한상진 교수를 만나러 갔을 때, 그는 회색 트위드 베레모를 쓴 채 계단을 뛰어내려와 나를 반겨줬다. 나는 그가 컬럼비아대학교 초빙교수 시절에 주최했던 민주화 관련 대학원 세미나에 참석했을 때 그를 처음 알게 됐다. 그로부터 25년 만에 다시 만나는 자리였다. 2010년 서울대 교수직에서 은퇴한 그는 예전보다 머리가 조금 더 희끗희끗하긴 했지만 언제나처럼 젊은 기운의 화신이었다. 한 교수와 그의 아내이자 협력자인 심영희 교수와 밀린 이야기를 하면서, 우리는 그동안 우리가 연구한 내용에 일치하는 부분이 많이 있다는 것을 발견했다.

컬럼비아대학교 세미나가 끝나고 몇 년 후인 1995년, 한국에서는 대구 지하철 가스 폭발 사고로 100명 이상이 목숨을 잃었고, 불과 몇 달 후에는 서울의 한 백화점이 붕괴해 500명 이상이 사망하는 사고가 발생했다. 이외에도 태풍 재니스에 의한 인명 피해와 여러 정치 부패 스캔들이 연달아 터졌다. 이 사건들은 현대화가 가져온 리스크의 사례였다. 많은 현대인들이 일이 잘못되지 않는지 주의를 기울이지 않고 행동함으로써 위험을 초래하고 있다.

이런 일련의 사태를 겪으면서 한 교수는 위험사회 이론에 몰두하기 시작했고, 독일 사회학자 울리히 벡과 영국 사회학자 앤서니 기든스와 글로벌 리스크 문제에 대해 긴밀히 협력하고 연구했다. '위험사회' 이론은 성공적인 현대화가 낳은 결과인 기후 위기, 기술, 불평등, 금융위기, 테러에 초점을 맞추고 있다. 이것은 인류가 직면했던 자연 발생적인 리스크와는 달리 인간이 스스로 만들어낸 리스크다. 인류 초기에 동굴에 살던 사람들은 사자에게 잡아먹히거나 굶주리거나 홍수에 휩쓸려 떠내려가는 위험을 극복해야 했다. 반면 지금은 인간이 사자의 서식지를 파괴했기 때문에 사자가 인간이 사는 곳에 나타나게 됐고, 인간이 초래한 기후 변화 때문에 극단적인 날씨가 지속되자 기아와 폭풍으로 목숨을 잃는 사람들이 늘어나고 있다. 벡은 이렇게 주장했다. "세계는 더 이상 현대화가 만들어낸 위험을 통제할 수 없어요. 정확하게 말하자면, 현대사회가 스스로 만들어내는 위험을 통제할 수 있다는 믿음이 무너지고 있습니다. 그건 현대사회가 패배했기 때문이 아니라 오히려 승리했기 때문입니다."

한 교수의 리스크 연구는 인간 행위 주체성 사회학과 밀접하게 연관되어 있는데, 이는 그의 개인적인 경험에 뿌리를 둔 것이다. 그는 고등학생 때 1960년 4.19혁명과 1961년 5.16군사정변을 경험했다. 1964년 한일회담에 반대하는 학생 시위가 일어날 때에는 미래의 건설적인 길을 모색하기 위해 학회를 조직했지만 군 당국이 학회를 폐쇄하고 그를 군에 징집했다. 1971년에는 군사 정권이 그를 체포해 투옥했으나, 나중에 무죄 판결을 받고 풀려나기도 했다. 이후 서던일리노이대학교에서 박사 과정을 마치고 독일 빌레펠트대학교에서 연구 교수로 활동했다.

1981년 서울로 돌아온 한 교수는 서울대학교에서 교수 생활을 하면서 사회적·세계적 리스크에 대응하는 더 좋은 이론적 틀을 마련하기 위해 '중민中民 이론'을 개발했다. 그는 유교 철학의 위계적 성격과 풀뿌리 운동의 힘을 조화시키면서 국민 개인에게 힘을 실어주는 방법을 찾고자 했다. 다른 말로 하면, 국민과 국가 사이의 적극적이고 건설적인 교류를 통해 개인의 힘과 공동체 복지를 결합한 건강한 균형을 추구한 것이다. 그는 이제 '중민'을 '합리적인 개혁을 선호하는 참여 지향적 집단'으로 정의한다. 한 교수의 연구는 개인과 집단 행위 주체성에 대한 서구와 아시아의 개념뿐만 아니라, 권위주의적 정부와 민주주의적 정부를 연결하고 있다는 점에서 더욱 설득력이 있다. 특히 리스크에 매우 민감한 한국 사회에 잘 맞는 내용이기도 하다.

한 교수는 울리히 벡처럼 리스크를 실패의 결과가 아니라 성공적인 현대화의 신호로 보고 있다. 한국인들은 지난 30년간 놀라운 경제발전을 이루면서 과정보다 속도, 실질보다 규모, 질보다 양을 우선시했다. 그는 "모든 사람들이 경제개발계획의 질적인 측면과 장기적인 결과를 고려하지 않은 채 더 많이 생산하고 투자하며 더 빠르게 작업을 완수하는 데 몰두했습니다. 그 과정에서 리스크와 리스크 관리 문제를 제대로 해결하지 못했어요"라며 이렇게 주장했다. "성장, 속도, 규모에 대한 집착이 너무나 압도적이어서 충분히 예상할 수 있는 리스크를 합리적으로 고려할 수 없었습니다." 그러나 지금은 벡과 공동 연구자들이 '제2의 현대화'라고 부르는 시대가 됐다. 이제는 리스크를 새롭게 인식하고 전 세계적으로 그리고 각 지역별로 리스크를 해결할 수 있는 새로운 사회·정치 구조를 개발할 때다.

한국에서 일어난 강력한 시민운동 중 일부는 정부가 국민을 예방할 수 있는 리스크로부터 보호하지 못해서 촉발됐다. 내가 서울에 방문하기 6개월 전 박근혜 전 대통령은 측근들의 부패로 자리에서 물러났다. 그러나 그중에서도 한국인들이 가장 화나고 용서할 수 없었던 문제는 그들에게 깊은 상처를 남긴 세월호 사건 당시 대통령이 7시간 동안 부재한 사실에 명쾌한 설명을 하지 않은 점이다. 2014년 4월, 세월호가 침몰해 300명 이상의 사람들이 목숨을 잃었다. 안타깝게도 희생자 대부분이 학생이었다. 시민들은 살인 혐의로 기소된 선장과 선원 3명은 물론 승객들에게 하선하라고 안내하지 않고 선박을 먼저 빠져나온 선원 11명에게도 분노했으며, 운영자의 태만, 선박 불법 개조, 감독 당국의 재난 방지 실패, 정부의 은폐와 책임 회피 행동에 격분했다. 2017년 10월 내가 서울의 광화문 광장을 거닐 때는 박근혜 대통령의 탄핵을 불러온 촛불 시위가 끝난 지 수개월이 지난 뒤였지만 세월호 희생자들을 추모하는 노란색 리본들이 아직도 선명하게 눈에 띄었다. 그날 저녁 광장에는 두 가지 다른 시위가 벌어지고 있었다. 하나는 세월호 희생자들을 추모하는 시위였고 다른 하나는 물러난 대통령을 지지하는 시위였다.

이 모든 상황이 벌어진 시점은 트럼프 전 대통령과 북한의 김정은이 핵실험을 두고 서로 욕설을 퍼붓고 난 지 얼마되지 않은 때였다. 당시 미국에서는 핵 분쟁 이슈가 온통 뉴스를 뒤덮고 있었다. 하지만 잠재적인 공격 대상인 서울에서는 세월호의 상처가 그대로 남아 있어 오히려 핵 문제는 뒷전으로 밀려나 있었다.

대체로 한국은 북한의 핵무기 관련 위협에도 비교적 당황하지 않는 것처럼 보였다. 새로 만난 한국 친구들은 내게 한국인들이 핵 위협에 대해 너무 침착해서 놀랍지 않았냐고 물었다. 좋은 질문이었다. 물론 부분적인 이유겠지만 나는 한국인들이 너무 오랫동안 핵 문제에 대해 들어왔기 때문에 이제는 신경을 꺼버렸다고 생각한다. 하지만 더 중요한 사실은 그들이 개인적이고 지역적인 문제들에는 관심을 기울이고 집중했다는 것이다. 북한과 관련된 이슈는 대부분 미국과 중국에 의해 결정됐고, 한국은 생존 자체가 걸린 어마어마한 문제인데도 놀라우리만치 작은 역할을 하고 있었다.

여기서 우리는 어떻게 하면 시민들이 글로벌 리스크에 더 큰 관심을 갖게 할지 그 방법에 대한 중요한 교훈을 얻을 수 있다. 즉, 사람들은 지역적인 문제에 관심이 있으며 자신이 참여할 수 있기를 원한다. 글로벌 리스크를 개인이 참여해서 해결할 수 있는 지역적 문제의 틀에 넣는다면, 개인들이 행동에 나설 것이며 정부도 그렇게 하기를 원할 가능성이 높아진다.

일반적으로 사람들은 글로벌 리스크를 현지에서 경험하기 전까지 별로 관심을 두지 않는다는 점에서 서울에서 일어난 일은 다소 이상한 경우였다. 한국인들은 핵 문제와 같이 세계적이면서도 지역적인 리스크를 대단치 않게 여겼는데, 어쩌면 그들에게는 그것이 하루하루를 살아나가기 위한 유일한 방법이었을지도 모른다. 그들은 통제할 수 없다는 무력감으로 인해 분명하게 존재하는 거대한 리스크보다는 더 쉽게 통제할 수 있는 리스크에 그토록 강하게 집중했던 것일 수 있다.

한 교수의 이야기를 들으면서 나는 벡의 아이디어에 큰 흥미를 느꼈고 시카고로 돌아오자마자 그 주제에 뛰어들었다. 벡은 현대화가 국경을 초월하는 위협 즉, 세계적 대응이 필요한 '글로벌 공동체의 위협'을 어떻게 만들어냈는지에 대해 연구했다. 벡은 2008년에 《위험사회》의 후속작으로 출간한 《글로벌 위험사회World at Risk》에서 "글로벌 리스크를 인식하려면 세계주의적인 관점이 필요하다"라고 주장했다. 세계주의적인 관점이란 기후 또는 금융 문제와 같이 우리가 어떤 행동을 할 때 지구 반대편까지 파괴적인 영향을 미칠 수 있음을 인지하고, 다른 나라 사람들이 처할 리스크까지 고려해서 결정해야 한다는 뜻이다.

이것은 단순한 이타주의가 아니다. 상호 연결된 세계 경제체제 안에서는 한 국가에서 발생한 리스크가 전 세계를 휩쓸고 다시 그 나라로 되돌아갈 수 있기 때문이다. 리스크에 타격을 입은 국가들이

상품과 서비스를 덜 구매하게 되면서 경기에 부정적 영향을 미치는 것이 한 예다. 또한 글로벌 리스크는 이민자들이 그들을 받아줄 만한 경제·사회적 능력이 제한되어 있는 국가로 몰려가게 만들 수도 있다. 벡은 "한편으로는 글로벌 리스크, 위기, 위협 등이 세계화에 대한 인식을 키우는 원동력으로 꼽힌다"라고 주장했다. "그러나 다른 한편으로 그것은 불평등한 사회적 영향과 취약성을 가져와 어떤 글로벌 표준화든 완강히 저항하는 리스크 갈등을 발생시킨다."

글로벌 리스크에 영향을 미치는 결정은 중앙 및 지방 정부에 의해 이뤄지지만, 결국에는 국민들의 인식에 따라 달라진다. 궁극적으로, 벡은 그런 사고방식의 전환이 가능하다고 믿었다. "글로벌 위협이 불러온 도전은 역설적으로 우리에게 세계적 관점의 새로운 도덕성과 행동의 원천을 마련해줬다"라고 그는 썼다. 그는 미래의 사회구조를 마치 다윗이 골리앗과 싸우는 것이 아니라 오히려 골리앗을 받아들이는 것처럼 표현했다.

벡은 새로운 세계주의적 비전을 마련하려면 충격과 카타르시스 둘 다 필요하다고 믿었다. 코로나19가 그런 역할을 할 수 있을까?

'나-여기-지금' vs '우리-어디에나-영원히'

컨설팅 회사인 파이낸셜 인사이츠Financial Insyghts의 창립자이자 윌리엄앤드메리대학교 경제학과 조교수인 피터 애트워터Peter Atwater는 불확실한 상황에서 사회적 분위기와 개인의 자신감이 리스크 인식에 어떤 영향을 미치는지 추적했다. 사회적 분위기는 집단에 대한 자신감과 동의어로 생각할 수 있다. 두 개념 모두 우리의 신념, 생각, 감정에 확실성을 부여하고, 미래를 전망하는 데 영향을 끼친다. 결과적으로 사회적 분위기와 자신감은 무엇이 확실하고 무엇이 불확실한지 인식하게 한다.

애트워터는 사람들이 불확실한 시기에는 자신감을 잃고 시야가 좁아져서 '나-여기-지금'에 집중한다고 주장한다. 즉, 현재 눈앞에 닥친 단기적인 리스크를 주로 생각한다는 것이다. 우리는 가능한 한 모든 것이 구체적이기를 바란다. 무언가를 두려워할수록 우리가 바라보는 세계는 작아진다. 이와는 대조적으로, 번영과 자신감으로 가득 찬 시기에 사람들의 관점은 '우리-어디에나-영원히'로 넓어지고, 추상적인 것을 사고하는 능력이 향상된다. 사회적 분위기가 고조되고 우리의 자신감이 커질수록, 확실성도 더 커진다. 리스크를 방지하고 위기의 시기를 헤쳐나가려면 벡의 비전과도 일치하는 '우리-어디에나-영원히' 접근법이 필요하다. 개인의 이익을 공동체와 세계적 관점에서 장기적 안목으로 생각하는 것은 현재와 미래에 닥칠 리스크에 맞서기 위한 중요한 단계다.

사회적 분위기가 좋을 때 우리는 주변 사람에게 영향을 미치는 리스크를 살펴보고 미래를 대비하게 된다. 하지만 항상 그런 것은 아니다. 오히려 좋은 사회적 분위기가 과신이나 위험한 결정과 같은 역효과를 낼 수도 있다. 애트워터는 저서 《분위기와 시장Moods and

Markets》에서 시대의 정신이나 분위기를 의미하는 '시대정신'이 리스크를 인식하는 방식에 어떤 영향을 미치는지를 설명한다. 애트워터는 "많은 기업 경영자들은 내부의 리스크 관리자를 사업상 장애물로 취급하고 공개적으로 조롱합니다. 심지어 어떤 CEO들은 팀의 결정을 뒤엎어 리스크 방지책을 취소하고, 지속적인 성장을 불러올 거라고 가정하면서 대담한 장기 계약을 체결하기까지 합니다"라고 말했다. 이사회나 감독기관, 채권자, 신용평가기관 등 모두가 여기에 보조를 맞춘다. "최상층부에서 리스크 관리를 집단으로 포기하는 현상이 벌어지고 있어요."

나는 애트워터와 사회적 분위기와 자신감 수준이 리스크 감수성에 어떤 영향을 미치는지 이야기를 나눴다. "세상은 이전 어느 때보다 더 확실하지도 덜 확실하지도 않아요"라고 그는 내게 말했다. "진정으로 변화하고 있는 건 당신이 세상을 인식하는 방식입니다. 911 테러 사건이 일어나기 전날인 2001년 9월 10일, 당신은 세상의 확실성에 대한 낙관적인 시각에 현혹돼 있었을 겁니다. 마찬가지로, 그 다음 날인 9월 12일에는 비관적인 시각에 현혹돼 있었겠죠. 당신이 해야 할 일은 과거를 돌아보고, 변화란 내 주변 세계가 아닌 우리의 인식에 달려 있다는 사실을 떠올리는 거예요."

우리는 먼 장래에 일어날 사건을 임박한 사건보다 훨씬 덜 확실한 것으로 인식한다. 그리고 그렇게 하는 게 옳다. 우리는 단기적인 문제를 훨씬 더 자신 있게 결정한다. "자신감을 느끼려면 두 가지가 필요합니다. 상황이 비교적 예측 가능하며, 내가 어느 정도 그것을 통제할 수 있다고 느껴야 해요"라고 애트워터는 말했다. 이 두 가지 요인이 우리가 특정한 리스크를 받아들일 것인지, 아니면 두려워할 것인지에 영향을 미친다.

애트워터는 사분면을 이용해 특정한 상황에서 우리가 얼마나 자신감이 있는지를 표시한다. x축과 y축인 확실성과 통제력이 모두 높은 환경에서 우리는 자신감이 커지며 '우리-어디에나-영원히' 사고방식으로 리스크를 기꺼이 감수할 수 있다. 확실성과 통제력이 극단적일 때 사람들은 리스크를 너무 많이 감수한다. 반면에, 확실성과 통제력이 모두 낮은 환경에서는 '나-여기-지금' 사고방식이 드러난다. 우리는 자신감이 부족하면 종종 리스크를 너무 적게 감수한다.

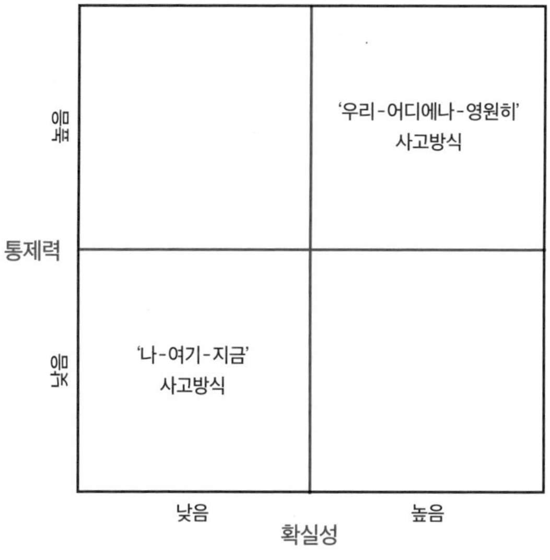

▲ 피터 애트워터의 자신감 사분면

사분면의 오른쪽 윗부분은 통제할 수 있고 예측할 수 있는 세계로서 우리의 안전지대를 의미한다. 사람들은 통제할 수 있고 예측 가능한 것을 좋아하는 편이다. 사분면의 왼쪽 아랫부분은 안전하지 않은 세계다. 우리는 불확실하고 통제할 수 없는 상황이 발생하는 것을 싫어한다. 사분면의 오른쪽 아랫부분은 비행기 타기, 감옥에서 살기 등 우리가 상황을 통제할 수는 없지만 예측은 가능한 영역이다. 그러나 이 영역에서는 비행 중 난기류를 만나 패닉에 빠지는 것처럼 취약한 상황에 놓일 수도 있다. 사분면의 왼쪽 윗부분은 카지노에서 베팅 금액을 선택하듯이 상황을 통제할 수는 있지만 결과를 예측할 수는 없는 영역이다. "하지만 도박꾼들과 이야기해보면 그들은 자신이 결과를 예측할 수 있다고 믿어요. 운이 계속 좋았던 사람은 자기가 이길 거라고 장담합니다"라고 애트워터는 내게 말했다. 카지노의 사촌 격인 금융시장에서도 실제보다 승률을 더 잘 예측할 수 있다고 사람들을 열심히 설득하는 것을 보면 그저 우연은 아닌 듯하다.

이런 집단적 태도는 애트워터가 말한 '사회적 분위기'를 만들어낸다. 결과적으로 사회적 분위기에 따라 리스크를 각자 알아서 관리할 것인지, 아니면 공동의 도전으로 삼아 함께 대처할 것인지 리스크의 범위와 대처 방식이 결정된다. 애트워터의 '나-여기-지금'과 '우리-어디에나-영원히'라는 렌즈로 지금 우리가 사는 세상을 보면 근본적인 문제가 수면 위로 떠오른다. 리스크가 복잡할수록 세상은 더 불확실해지는데, 불확실성이 커지면 그 리스크를 해결하기 위해 필요한

'우리-어디에나-영원히' 태도를 고수하기가 더 어려워진다. 즉, 불확실성을 만들어내는 바로 그 조건들이 해결책을 찾을 수 있다는 자신감을 더 느끼기 어렵게 만든다.

글로벌 리스크를 대비하는 공동 준비 기금

씨족, 부족, 도시국가는 리스크를 한데 모으고 구성원들을 보호하기 위해 생겨났다. 집단 안에서 구성원들은 위험한 세계에서 살아남을 수 있다는 본질적인 자신감을 얻었고 공동체는 국가로 발전했다. 오랜 세월 동안 대부분의 사람들은 시민권이 한 국가에만 해당되는 개념이라고 생각했다. 지금도 여전히 많은 사람이 그렇게 생각하고 있지만 이제 더 이상 그런 사고방식은 소용이 없다. 리스크에 휩싸인 세계를 위해 우리는 한 걸음 더 나가야 한다. 글로벌 리스크를 줄이려면, 스스로를 공동체, 국가, 지구의 구성원이라는 여러 신분을 가진 시민으로 생각해야 한다. 많은 다자간 기구들은 20세기를 거치면서 지구 시민들이 서로 협력해야만 통제할 수 있는 리스크에 직면했다는 인식하에 동일한 목적의식을 가지고 계속 발전해왔다.

인도의 에너지, 환경, 물 협의회Council on Energy, Environment and Water 대표인 아루나바 고쉬Arunabha Ghosh 박사는 유엔의 지속가능발전 목표를 위한 고위급포럼 연설에서 "우리의 자만심은 지구적 리스크를 막을 수 있는 방패가 아닙니다"라며 이렇게 말했다. "우리가 지구의 주인이 되었을지는 모르지만 우리는 여전히 취약합니다." 그는 오늘날 중대하고 심상치 않은 사건에는 코로나19 팬데믹이나 신가한 이상 기후처럼 발생 가능성은 낮지만 치명적인 결과를 가져오는 '꼬리 위험'이 존재한다고 지적했다. "환경 리스크와 건강 스트레스가 증가함에 따라 이런 재난 사건은 더 자주 발생하고 서로 합쳐져서 나타날 것입니다. 이는 개별 국가는 물론 국제적인 대응 역량을 압도할 가능성이 있습니다."

고쉬는 국가 간 공동 협약을 맺을 때 실제로 체결 단계까지 가기가 어렵다는 것을 발견했다. 어떤 국가들은 무임승차하려는 나라에 대해 우려했고, 어떤 나라들은 집단 조치를 이행할 능력이 없었다. 정치학자들은 이 현상을 '공유지의 비극'이라고 부른다. 일부 당사자들이 자기 문제를 남에게 해결하라고 미뤄버리면 그들은 자기 역할을 할 의욕조차 잃게 되며, 이런 현상이 반복되면 마침내 아무도 문제 해결을 위한 그 어떤 노력도 하지 않게 된다. 안타깝게도 한 나라가 글로벌 리스크를 통제하는 조치에서 자국의 역할을 제대로 완수하지 못하면 그것은 전 세계에 영향을 미친다.

국가가 협력함으로써 함께 이익을 얻는 데 초점을 맞추는 기존의 방안과는 대조적으로, 고쉬는 공유지의 비극 문제를 해결하기 위한 방안을 이렇게 제안했다. "우리가 모두 회피하고 싶어 하는 공통 혐오 대상에 초점을 맞추면 모든 사람들이 자동차 사고를 피하기 위해 같은 교통 규칙을 따르는 것처럼 공동으로 협력할 수 있다." 우리는 모두 팬데믹이나 기상이변, 농업생산의 붕괴 같은 위험을 피하는 데 관심이 있다.

이를 위해 고쉬는 기후, 환경, 건강 리스크에 대한 보험 안전망 역할을 할 수 있는 '글로벌 리스크 풀링 준비 기금Global Risk Pooling Reserve Fund'을 제안했다. 보험업은 특정 리스크 피해를 보는 사람을 보호하기 위해 다수가 리스크를 하나로 묶어서 자원을 할당하면 각자가 부담하는 비용이 훨씬 줄어든다는 논리에 바탕을 둔다. 여기서도 같은 원리가 작용한다. 지구상의 모든 사람은 글로벌 리스크에 직면해 있다. 일부 국가는 이런 리스크를 조장하는 데 더 많은 원인 제공을 했으며, 일부 국가는(반드시 원인을 제공한 나라와 같지는 않지만) 이런 리스크로부터 자신을 보호할 수 있는 수단을 더 많이 구비하고 있다. 세계 여러 국가들은 자원을 모아서 단일 국가가 할 수 있는 것보다 훨씬 더 저렴한 비용과 효율적인 방법으로 글로벌 리스크의 영향에서 국민을 보호하고, 실제로 글로벌 리스크가 발생했을 때 재난을 관리할 수 있는 자원을 확보할 수 있다.

그렇다면 글로벌 리스크 풀링 준비 기금은 어떤 식으로 운용될까? 이 기금은 해안이나 하천 범람 지역의 폭우 피해, 내륙의 가뭄, 산불, 농작물 흉작, 대수층 고갈, 도시의 물 기근 등 기후와 관련된 다양한 리스크로부터 사람들을 안전하게 지키기 위한 비용이다. 각국은 준비 기금에 자국의 국제통화기금IMF의 특별인출권Special Drawing Rights, SDR 일부를 배분한다. SDR은 국제 준비 자산으로 1960년에 만들어진 가상 통화이며, 그 가치는 5개 통화 바스켓에서 결정된다.

그런 뒤 이 재원을 담보로 민간 재보험 사업자나 다국적 혹은 국가 개발 은행을 통해 리스크 재보험에 가입한다. 가입국은 3급 허리케인 혹은 사전에 정한 일수 이상 지속되는 가뭄 등 일정 기준을 넘는 날씨 관련 재해가 발생하면 기금을 찾아갈 수 있다. 개발도상국의 경우 이 기금을 통해 기후 변화에 따른 재정적 충격에 일정 수준의 보호 장치를 마련할 수 있으므로 결과적으로 기후 변화 리스크를 줄일 수 있는 청정 에너지, 전기차, 친환경 농업과 같은 지속 가능한 기반 시설의 자금을 더 값싸게 조달할 수 있다.

이에 더해 고쉬는 '개발도상국을 위한 기후 리스크 지도Climate Risk Atlas for Developing Countries'를 고안하기도 했다. 지도를 통해 각국은 자신들이 기후 변화에 얼마나 취약한지와 그들이 실시하는 기후 정책의 진전 사항을 측정할 수 있다. 이 지도는 두 가지 이유에서 중요하다. 첫째, 앞서 본 것처럼 국가 차원에서 리스크를 낮추면 국가와 기업이 자금을 조달하는 비용이 줄어들어 리스크 감소와 경제 성장에 더 많이 투자할 수 있다. 둘째, 이런 추적 도구를 이용하면 전 세계가 각국의 진전 사항을 서로 점검할 수 있다. 이로써 국가와 국민들은 함께 행동하는 것이 문제를 더 좋은 방향으로 변화시킬 수 있음을 알게 되고, 다른 나라가 행동에 나서지 않는다고 비난하면서 자신의 역할을 면피하기가 어려워질 것이다. 기후 위기는 일부 국가와 사람들이 남들의 노력에 무임승차하려고 하는 공유지의 비극 현상으로 더욱 심화되고 있다. 하지만 모든 사람의 기여도를 추적할 수 있다면 무임승차자들도 게으름을 피우기 어려울 것이다.

마지막으로, 추적 도구가 있으면 각국은 기후 문제를 개별 작업 단위로 세분화할 수 있어 문제를 관리하고 성과 달성을 축하하기가 쉬워지며, 목표를 달성했을 때 공로를 인정받을 수 있다. 성과 달성을 축하한다는 것은 성과를 더 많이 내도록 격려한다는 것이다.

지식을 공유하라

모든 국가가 리스크를 균등하게 부담하고 리스크를 줄인 성과를 축하하며, 국민이 개인의 능력을 활용해 공동의 목표를 지원하는 등 시대에 적합한 새로운 글로벌 리스크 생태계가 필요하다. 그런데 역설적으로, 행동주의자들이 그들의 문제를 중요한 글로벌 정상회담의 의제로 만들수록 사람들은 이를 자신과는 무관한 문제라고 생각하거나 스스로에게 해결할 능력이 없다고 생각하기 쉽다. 기후 변화 혹은 대량 살상 무기와 같은 주제는 유엔, G-7, G-20과 같은 세계적으로 이름난 조직이나 단체가 져야 할 책임이 됐다. 글로벌 재난 리스크에 관한 지속적인 의사소통과 지식 공유가 매우 중요한 이유가 여기 있다. 그러나 이를 효과적으로 달성하려면 개인들도 자신의 임무를 수행하고 자신이 속한 지역사회를 훌쩍 뛰어넘어 세계를 변화시킬 수 있다고 느껴야 한다.

세계화를 지향하는 사람들은 외국은커녕 비행기를 타본 적도 없는 사람들에게는 세계화된 세상이 위협적이라는 점을 이해할 필요가 있다. 미국인의 여권 소지 비율은 지난 30년 동안 8배 이상 증가해 약 42퍼센트에 도달했지만 그 수치는 여전히 영국인의 76퍼센트, 캐나다인의 66퍼센트에 훨씬 못 미친다. 두 개 이상의 언어로 대화할 수 있는 인구 비율은 유럽은 56퍼센트지만 미국은 20퍼센트에 불과하다.

우리 가족은 위스콘신 출신인데, 그곳에서 '다르다'라는 말은 칭찬이 아니다. 하지만 벨기에 태생인 어머니가 프랑스어로 번역한 카드를 그림책에 붙여주던 어린 시절부터 나는 다른 나라, 다른 언어, 다른 문화를 경험할 기회가 있었다. 16살 때 처음으로 해외여행을 떠나 독일과 벨기에에서 여름을 보냈고 대학 시절에는 도미니카공화국에서 살았다. 나는 비행기를 타기 전에 얼마나 가슴이 뛰고 긴장했는지 기억한다. 그 이후로 세계 여행을 하면서 세계적인 지도자들을 만났고 온갖 종류의 음식을 먹었으며 경험도 많이 했다. 전 세계에 걸쳐 비즈니스 네트워크를 갖게 된 것은 행운이었다. 나는 이런 경험을 하면서 국제적인 관점과 지극히 미국적인 사고방식 사이의 격차를 줄일 수 있었다. 두 가지 모두 가치 있는 사고방식이었으며 배울 점이 있었다.

우리가 가장 먼저 해야 할 일은 글로벌 리스크에 관해 가능한 한 많은 지식을 배우는 것이다. 지식이 있으면 통제할 수 있다. 또한 당신의 영향력이 미치는 범위 안에서 무언가 할 수 있는 힘이 생길 것이다.

15

A New Risk Vocabulary

리스크 단어 재정립하기

드루 카타오카 스튜디오Drue Kataoka Studios의 설립자인 예술가 드루 카타오카에게 리스크란 단지 생계유지를 위한 예술 활동을 할 때 마주하는 사업 리스크나 창작 리스크만을 의미하지는 않는다. '천상의 도끼 이후'라는 예술 숲 공간을 만들 때는 신체적 리스크를 감수하기도 했다. 그녀와 그녀의 팀은 쓰러진 거대한 떡갈나무를 잘라 27개 면(어떤 것은 지름이 1.8미터)을 만들고 거기에 수천 개의 거울 조각을 붙여 경이로운 조각물을 제작했다. 그녀는 반짝이는 '숲속의 보석'을 만들기 위해 트랙터 두 대를 운전하는 방법을 배웠으며 1.8미터짜리 체인톱을 다룰 줄 아는 건장한 인부 둘을 고용했다. 어느 날 거대한 나무 조각이 인부의 머리를 쳐서 언덕 아래로 굴러 떨어지는 사고가 생기기도 했다. 그녀는 금속 용해물로 거울처럼 반짝이는 스테인리스 스틸 조각 시리즈인 '천상의 레이스'를 만들기도 했다. 그녀는 예술과 기술의 교차점을 탐구하는 작업도 한다. 국제 우주 정거장에서 열린 세계 최초 무중력 예술 전시회에 수묵화의 한 부분을 전시했는데, 이는 커다란 그림의 일부를 잘라낸 것으로 나머지 그림은 지구에 남겨뒀다. 우주에서 전시된 그림이 지구로 돌아왔을 때, 이 그림은 아인슈타인의 특수상대성이론의 시간 지연 효과에 따라 지구에 있던 남은 부분보다 더 만든 지 얼마 안 된 작품이 됐다.

리스크와 불확실성, 미지의 세계로 껑충 뛰어드는 것이 예술과 창의력의 핵심이다. "당신은 어쩌면 예술가로서, 다른 사람이 더 장점이 많다고 생각한 나머지, 자기 모습에서 벗어나 다른 사람의 모습으로 탈바꿈하고 싶을지도 모릅니다"라고 카타오카는 내게 말했다. "처음 시도가 완전한 실패일 수도 있다는 것을 알면서도, 만약 당신이 다른 것, 다른 기술, 다른 과정을 시도하며 실험하고 또 실험하고, 반복을 거듭한다면, 중요한 발견을 하게 될 겁니다. 이 구불구불한 길을 가다보면 다른 길로 갔더라면 찾지 못했을 어떤 것들이 모습을 드러냅니다. 그것이 바로 새로운 목표의 출발점이 되는 귀중한 보석이 될 것입니다."

카타오카는 우주 공간에 전시됐던 예술 작품인 〈업!〉과 더불어, 시간이 흘러도 지속되는 불멸의 작품을 만드는 데 몰두하고 있다. 불멸의 작품을 만들려면 재정적으로나 정서적으로, 창조적으로 그리고 종종 육체적으로도 커다란 리스크를 감수해야 한다. "저는 미켈란젤로나 레오나르도 다빈치와 같은 예술가들이 우리에게 남긴 작품들과, 자금성, 루브르 박물관, 바티칸에 보관된 많은 예술 걸작품들을 돌아봅니다"라며 그녀는 내게 이렇게 질문했다. "이 작품들이 불멸의 작품이 될 수 있었던 이유는 과연 무엇일까요? 오늘날에도 그것이 여전히 우리에게 반향을 불러일으키는 이유는 무엇일까요? 불후의 예술품을 탄생시켰던 르네상스 시대의 환경은 어땠을까요? 그들은 어떻게 그런 일을 했을까요?" 우리는 더 나아가 이런 질문을 던져볼 수 있다. 예술가들은 어떤 리스크를 감수했으며 그렇게 행동한 이유는 무엇이었을까?

시스티나 성당의 천장 벽화를 생각해보라. 그것은 미켈란젤로의 재능과 그가 재능을 꽃피울 수 있도록 도와준 광범위한 생태계의 리스크 지문이 결합해서 나타난 결과물이다. 그에게는 예술적 리스크를 감수할 자유와 르네상스의 창조적이고 지적인 에너지를 제공한 통찰력 있는 후원자들이 있었다. 천장에 있는 거대한 벽화를 완성하는 것은 육체적으로 쉽지 않은 작업일 뿐만 아니라 미켈란젤로와 같이 관록 있는 예술가도 큰 창조적 리스크를 감수해야 하는 일이었다. 미켈란젤로는 대리석 작품으로 유명했지만 프레스코화를 그린 경험은 없었는데, 이는 바티칸 후원자들에게 엄청난 재정적 리스크를 안겨준 요소다.

카타오카는 도쿄에서 미국인 어머니와 사무라이 혈통의 일본인 아버지 사이에서 태어나 동양과 서양의 전통을 물려받았다. 어릴 때부터 화가가 되고 싶었던 그녀는 훗날 샌프란시스코베이 지역의 고등학교에 다닐 때 그녀의 멘토와 친구들이 정신 나간 짓이라고 생각했던 두 가지 결정을 내렸다. 하나는 전통적인 예술 학교에 진학하지 않고 스탠퍼드대학교를 선택한 것이고 또 다른 하나는 다른 신진 예술가들이 꿈꾸던 뉴욕이나 파리에 가지 않겠다고 결정한 것이다. “저는 항상 예술과 창의성을 대할 때 여러 학문을 접목하는 접근법을 따랐어요. 예술 학교가 빠르게 변화하는 세상에 대비하도록 교육하지 못할 거라는 사실을 알고 있었죠”라고 그녀는 말했다. 그녀는 예술가가 기술에 의해 변화하는 새로운 사회적, 경제적 흐름을 익히고 그에 대응할 수 있는 장소가 실리콘밸리라는 것을 직감적으로 알아차렸다. “그 당시만 해도 제가 실리콘밸리가 세계의 창조적 문화의 근원지가 될 거라고 말하면 사람들은 비웃었답니다. 하지만 오늘날 이곳에서 발산하는 창조적 문화의 충격파가 거대하고 변화무쌍한 방식으로 전 세계에 영향을 미치고 있음은 분명합니다.” 그녀는 사람들의 직관에 어긋나는 중요한 직업상의 리스크를 감수했지만, 그녀의 직감은 정확했다.

카타오카는 고등학교 3학년 때 일본 수묵화의 기술을 익혔다. 그녀는 벚꽃, 대나무 잎, 안개 낀 풍경과 같은 전통적인 소재를 많이 다뤄본 뒤 미국의 재즈 음악가, 운동선수, 정치인 등 완전히 다른 대상을 그리는 데 전통적인 기술을 적용하기 시작했다. 그녀는 이 그림들은 1,000년 전에 선禪 스님들이 목격한 것 같은 풍경을 담고 있지는 않지만, 지금 현재 순간의 본질을 포착하는 고대 선의 원리에

충실한 것이라 생각했다. 스탠퍼드대학교의 체육 감독은 작품의 진가를 알아보고 그림 50점을 전시해달라고 부탁했다. 전시회의 인기가 너무 좋아 원래 6개월이었던 전시 기간이 4년으로 연장됐다. 그녀는 그림 판매 대금으로 대학 학비를 전액 충당했으며 졸업하자마자 일반적인 다른 예술가들처럼 갤러리와 계약을 체결했다.

그러나 카타오카는 갤러리에 소속된 후 돈과 창의성에 대한 통제력을 모두 잃어버렸다. 그녀는 자신이 크게 퇴보한 결정을 내렸다는 사실을 곧바로 알아차렸다. "사람들은 갤러리가 작품을 판매할 때마다 수수료를 50퍼센트씩 가져간다는 사실을 알고 깜짝 놀라는 경우가 많아요. 게다가 갤러리는 작품을 위탁 판매하기 때문에 결국 예술가들이 그 리스크를 짊어지게 됩니다." 그녀는 이런 거래 조건은 다른 업계의 관행보다 더 나쁜 조건이라고 강조했다. "갤러리 사람들은 작가의 창의성을 가로막는 발언도 서슴지 않아요. '이봐요, 팔리지 않을 위험한 작품보다는 잘 팔릴 만한 안전한 작품을 더 만들어야죠.' 사실 결과적으로 보면 위험한 작품이 훨씬 더 중요한 작품이 될 때가 많아요. 그들은 단지 소매상에 불과해요. 소매 판매 규격에 맞춘 작품은 고도로 차별화되고, 독창적이며 야심적인 작품, 그러니까 '위험한' 작품에 비해 판매하기가 훨씬 더 수월하지요. 만약 미켈란젤로가 시스티나 성당 벽화를 요청받았을 때 그가 갤러리 소속으로 있었다면 그들은 이렇게 말했을 겁니다. '대리석 작품에 집중하세요. 우리는 잘 팔리는 게 뭔지, 당신이 가장 잘하는 게 뭔지 알아요. 그러니 그걸로 계속합시다.'" 정확히 1년 후, 카타오카는 갤러리를 떠나 스튜디오를 직접 운영하기 시작했다. 그녀는 스튜디오를 통해 소비자들에게 자신의 작품을 직접 팔고 수집가들과 교류할 수 있게 됐다. "처음부터 저는 이 스튜디오를 실리콘밸리의 스타트업처럼 최소 경비로 민첩하고 파격적으로 운영했습니다. 중간상들이 없어지자 비싼 재료와 연구 개발에 자원을 더 투자할 수 있었어요."

그녀의 창의성과 사업 리스크 감수 성향은 맞물려 있다. "저희 스튜디오는 리스크에 베팅합니다. 저희는 첫날부터 변화에 베팅했어요"라고 카타오카는 말했다. "만약 기득권층의 관점에서 생각하면, 리스크란 변화가 일어나는 걸 의미합니다. 하지만 저와 스튜디오 동료들에게 리스크란 변화가 일어나지 않는 거예요."

카타오카는 오늘날 세계에서 진행되는 구조적 변화를 불확실성이 아니라 르네상스 시대처럼 창조적 기회를 탐구할 수 있는 가능성으로 본다. "저는 우리가 실제로 르네상스 시대처럼 창조성이 역동적으로 솟아나는 시대로 돌아가고 있다고 생각합니다. 그 시대에는 레오나르도 다빈치와 미켈란젤로처럼 위대한 인물들이 활동했어요. 사람들은 다양한 학문 분야에서 서로 다른 지식과 견해를 활발히 교류했죠"라며 그녀는 말을 이었다. "그것이 바로 새로운 사고방식과 혁신으로 획기적인 도약을 이룩하는 계기가 됩니다."

르네상스는 엄청난 불확실성이 존재하고 다양한 사상이 복잡하게 상호작용하는 시대이자 커다란 야망과 리스크가 어우러진 시기였다. 어떤 면에서는 애니 에드슨 테일러가 살았던 시대나 또 다른 혼란기와 다르지 않지만 이때는 위대한 발전이 이루어졌다. 애널리스트인 에릭 와이너는 저서 《천재의 발상지를 찾아서The Geography of Genius》에서 "그리스 창조 신화에는 무질서가 내재해 있다. 창조 시점에는 빛이 아니라 혼돈이 있었는데, 그것이 반드시 나쁜 것만은 아니다"라고 주장했다. 그는 창조적인 천재들이 왜 특정한 시대와 장소에서 능력을 발휘할 수 있었는지 그 이유와 방식을 탐구하며 이렇게 썼다. "그리스인 그리고 나중에 안 사실이지만 힌두교도들에게도 혼란은 창조의 원천이다."

만약 그렇다면, 코로나19로 우리에게는 창조의 원료가 풍부해졌다. 오늘날 우리의 문제는 이 재료들을 커다란 발전을 위해 사용할 수 있느냐 없느냐 하는 것이다. 불확실한 시대가 미켈란젤로에게 다양한 분야의 업적을 남길 수 있는 여건을 제공했던 것처럼, 우리가 혼돈 속에서 문화적, 경제적, 사회적 생태계를 다시 만들 수 있는지가 중요하다.

만약 우리가 르네상스 시대만큼 강력한 리스크 생태계를 구축한다면 우리 시대에 적합한 새로운 생태계는 어떤 모습일까? 미켈란젤로의 후원자들은 그가 큰 리스크를 감수할 수 있도록 재정적인 지원은 물론 안전망도 제공했다. 하지만 그것은 위대한 재능이 검증된 사람만을 위한 리스크 우산이었다. 만약 우리가 누구나 자신의 잠재력을 자유롭게 발휘하는 시스템을 만들 수 있다면 어떻게 될까? 우리에게 영감을 주는 위대한 작업도 필요하지만, 누구나 살면서 감수하는 크고 작은 리스크로부터 혜택을 받을 수도 있어야 한다. 우리는 모두 자신을 위해 리스크를 감수해줄 누군가가 필요하다. 이런 상상 속의 생태계에서는 특권을 가진 사람들뿐만 아니라 가치 있는 노력을 하는 모든 사람이 실패할 수도 있다는 사실을 흔쾌히 받아들이게 되고, 그것을 단점이 아닌 필요한 과정의 하나로 간주하게 될 것이다. 그렇게 되면 많은 사람들이 리스크를 이해하고, 위험 가능성을 판단할 수 있으며, 감정적 반응을 측정하고 적절한 정도의 리스크를 감수할 수 있을 것이다. 또한 우리는 사람들이 공동의 이익을 위해 감수하는 리스크에 공정하게 보상하고 리스크 비용을 공평하게 부담할 것이다. 자신과 다른 사람의 리스크 지문에 관심을 기울이고 서로 공감할 것이다. 그렇다면 창의성과 혁신이 넘쳐나고 모두가 번창하는 이런 생태계는 어떻게 만들 수 있을까?

먼저 리스크를 성격, 인식, 행동의 결정적 요소로 새롭게 인식하는 것부터 시작해야 한다. 대화의 기반을 마련하려면, 기회와 위험을 모두 포함한 용어 그리고 리스크 결정에서 감정과 이성의 역할을 인정하고 윤리적인 판단을 고려한 새로운 단어가 필요하다.

새로운 리스크 대화

리스크란 무엇인가? 관점에 따라 리스크의 모습은 변화한다. 리스크란 위험이나 기회 혹은 두 가지 모두를 의미할 수 있다. 리스크란 확률 혹은 추정된 확률로 표시된 기회를 선택하는 것이다. 리스크는 근육이다. 리스크는 특권이다. 리스크란 당신이 사랑하거나 두려워하는 것이다. 기꺼이 리스크를 무릅쓰려는 행동은 당신의 목적의식을 보여준다. 모든 리스크는 선택이고, 모든 선택은 리스크다.

의사 결정 과정을 리스크 렌즈를 통해 살펴보면 당신이 가진 논리가 바뀔 수도 있다. 당신은 건강상 리스크 혹은 재정적 리스크를 무릅쓰고 있는가? 당신의 현재나 미래를 위험에 빠뜨리고 있는가? 그 위험은 무언가 성취하기 위해 모든 것을 희생할 만한 가치가 있는 것인가? 당신 앞에 어떤 선택이 놓여 있는가? 리스크를 평가할 때 이렇게 질문하라. "이것은 무엇과 비교해 위험한가?" 어떤 행동을 하는 것뿐만 아니라 행동을 하지 않을 때도 이렇게 질문하라. "이것을 하지 않는다면 어떤 리스크가 발생할 것인가?"

이런 질문들이 우리에게 필요한 새로운 리스크 대화의 일부분이다. 나는 여러분이 이 책을 읽으면서 선택과 기회에 관한 몇 가지 단어를 이해하기를 바란다. 리스크 생태계는 리스크 지문에서 시작한다. 리스크 생태계는 리스크 공감, 리스크 회피와 리스크 분별력의 차이, 리스크 행위 주체성, 리스크 독해력, 리스크 근육, 리스크 포트폴리오, 리스크 우산, 리스크 문화 등으로 구성된다.

리스크 지문

성격, 성장과정, 경험, 환경, 공동체 등 모든 것이 리스크 지문을 형성하며 리스크 지문에는 목적이 포함된다. 온갖 종류의 리스크를 무릅쓴 사람들과 많은 대화를 나눠본 결과, 개인이나 조직이 추구하는 가치와 목적을 빼놓고는 리스크를 제대로 이해할 수 없다. 당신은 어떤 리스크를 왜 감수하는가? 이것을 알 때 불확실성으로부터 보호해줄 강력한 기반을 얻을 수 있다. 어려운 의사 결정을 할 때도 이 기반이 힘을 실어준다. 선택의 목적을 안다면 의사 결정은 분명해진다. 2장부터 9장까지는 개인, 집단, 사회의 리스크 지문을 구성하는 요소들을 살펴봤다. 이런 요소를 이해하고, 이를 제대로 관리하지 못했을 때 부담해야 할 비용을 파악해야 한다. 더 좋은 결정을 내리기 위해서는 자신과 주변 사람들의 리스크 태도와 행동을 결정하는 요소를 알고 지식을 활용해야 한다.

리스크 공감

주변 사람들의 리스크 지문에 주의를 기울이면 세상을 그들의 관점으로 볼 수 있고 더 나아가 가족, 공동체, 정치, 세대 등 여러 문화의 사람들과 더 좋은 관계를 유지할 수 있다. '이상적'인 리스크 유형이란 존재하지 않지만, 리스크 공감을 통해 당신의 약점을 보완해줄 리스크 유형을 가진 협력자와 조언자를 찾을 수는 있다. 당신과 다른 점을 인정하고 공감하면 논쟁을 줄일 수 있다. 다른 사람을 판단할 때 선입견을 가지지 않도록 주의하라. 다른 사람이 리스크에 대해 어떻게 생각하는지 의심이 들면 직접 물어보고 절대 추측하지 마라. 공개적이고 솔직한 대화의 가치를 과소평가하지 마라. 리스크 회피와 리스크 분별력의 차이점과 그것이 중요한 이유를 파악하라.

리스크 행위 주체성

행위 주체성이란 당신에게 어떤 상황을 통제할 수 있는 능력이 있다는 자각이다. 통제력을 갖고 있다고 확신하면 불확실성을 관리할 힘이 생긴다. 만일의 사태에 시나리오와 대비책을 더 많이 생각할수록 원하지 않는 결과로 타격을 입을 리스크는 줄어든다. 행위 주체성에 대한 현실 감각을 유지하는 것은 리스크를 직면했을 때 가장 큰 자산이 된다. 당신이 통제할 수 없는 것들을 알고 있는 것도 중요하다. 개인은 하찮은 존재라고 생각할 수 있다. 하지만, 작은 모래 알갱이가 모여 해변의 백사장이 되듯이 지구의 문제를 해결할 수 있다고 생각하는 사람이 많이 모이면 그 문제를 해결할 수 있다. 오늘날 글로벌 리스크 문제는 수십억 명의 개인이 자발적으로 행동해야 해결할 수 있는 문제로 변화하고 있다. 12장부터 14장까지, 당신이 삶에서 나타나는 리스크에 대해 통제력을 느끼려면 어떤 행동과 습관이 필요한지 살펴봤다.

리스크 독해력

대부분 사람들이 리스크 독해력이라고 말할 때, 그들이 실제 의미하는 것은 우리에게 해를 끼칠 수 있는 사건의 발생 가능성인 '위험'에 대한 독해력이다. 하지만 우리에게 진정으로 필요한 것은 리스크의 본질과 리스크와 우리의 관계를 이해하는 리스크 독해력이다. 우리는 세계가 직면한 여러 가지 리스크를 훨씬 더 심각하게 받아들일 필요가 있지만, 그렇게 하려면 우선 리스크 관계의 기반을 더 튼튼하게 해야 한다. 이제는 리스크 인식을 성공을 위한 강력한 도구로 인정해야 한다. 여기에는 실패와 불확실성을 편하게 받아들이는 자세도 포함된다.

리스크 포트폴리오

재무 상담사가 저축과 투자의 포트폴리오를 설정해주는 것처럼 생활 및 비즈니스 전반에 걸쳐 리스크를 인식하고 조정한다면 다양한 리스크 포트폴리오를 만들 수 있다. 당신이 편안하다고 생각하는 곳에서 더 큰 리스크를 감수하라. 동시에, 커다란 도약을 할 가능성이 높지만 너무 위험할 수도 있는 일에 대해서는 견제하고 균형을 맞추며 속도를 늦춰라. 안전장치가 없어 망설여지는 일이라면 상당한 리스크를 감수할 수 있는 안전망을 미리 준비하라. 개인, 경력, 건강, 재무, 안전 등 여러 부문의 리스크 태도와 행동의 조합을 최적화하라. 그렇게 하면 당신은 소중한 것들을 추구하는 과정에서 더 큰 리스크를 감수할 수 있는 여유를 찾을 수 있다.

리스크 생태계

당신은 광범위한 리스크 생태계에서 독특한 존재다. 당신의 리스크 관계를 당신이 생활하는 문화, 공동체, 국가, 지구에서 분리하는 것은 불가능하다. 정부, 기업, 시민들은 순환 고리를 통해 리스크 가치와 믿음을 공유한다. 교육, 현명한 규칙, 정보, 안전망을 적절히 결합하면 건전한 리스크 요소를 감수하고 무책임한 행동에 불이익을 주면서 창의성, 유연성, 혁신성, 생산성을 최대한 지원하는 리스크 환경을 조성할 수 있다.

리스크 우산

리스크 생태계의 중요한 부분인 리스크 우산은 운명의 바람이 역풍이 되어 돌아올 때 우리를 보호해주는 역할을 한다. 정부와 기업은 건강, 실업, 재해 복구, 기타 유형의 보험을 제공함으로써 리스크 우산의 우산살을 마련한다. 개인들은 개인 보험에 가입함으로써 그것을 보강한다. 하지만 그것과 함께, 리스크 우산의 천 부분은 우리를 전진하게 하는 목적, 우리를 지원하는 공동체, 우리가 의지하는 기술로 이루어진다.

이 개념들을 확실히 이해하려면 실질적인 행동 사례가 필요하다. 그래서 나는 리스크 선택의 모범을 보여주는 두 사람의 경이로운 이야기로 우리의 여정을 마무리하려고 한다.

삶의 이유

2009년 마크 폴록은 시각 장애인으로서는 최초로 남극 트레킹에 성공했다. 그는 5살 때 망막에 문제가 생겨 오른쪽 눈을 실명했고 22살 때 왼쪽 눈의 수술이 실패하는 바람에 나머지 시력마저 잃었다. 북아일랜드인인 그는 독립적으로 사는 법을 배웠다. 대학 시절에 소질이 있었던 조정 경기를 다시 시작하면서 자존감도 회복할 수 있었다. 2002년 커먼웰스 게임즈이 조정 경기 부문에서 메달도 땄고, 곧바로 달리기 경주도 시작했다. 중국의 고비사막을 7일 동안 여섯 차례 마라톤으로 횡단했으며 북극과 에베레스트산에서도 달리기 경주를 했다.

그는 시력을 잃은 지 10년이 됐을 때 이를 기념하기 위해 남극 트레킹 대회에 도전했다. 43일간의 원정 경주를 완주하기 위해 10만 유로를 모금했고, 자신을 안내해줄 2명의 파트너와 함께 영하 50도 이하의 조건에서 집중적으로 훈련했다. 그 경주는 사실 시각 장애인들을 염두에 두고 설계된 것은 아니었지만 그럼에도 그는 도전했다.

폴록은 니체의 말을 즐겨 인용한다. "삶의 '이유'를 가진 사람은 어떤 '방법'도 견딜 수 있다." 폴록이 간직하고 있는 삶의 '이유'는 경쟁과 인내와 극복은 물론 무엇보다도 실패하는 리스크에 맞서려는 의지였다. 폴록은 어렸을 때 시각 장애에 간신히 적응한 뒤 나머지 시력마저 잃었지만 자신의 힘으로 해결할 수 없는 충격에 적응해갔다. 그는 대부분 사람들의 머리털이 곤두서는 상황에서도 리스크를 체계적으로 최소화하는 방법을 배웠다. 폴록의 말을 들어보자. "익스트림 스포츠를 즐기는 사람들이 많아요. 그들은 '오, 당신은 죽으려고 작정한 게 틀림없어요'라는 말을 자주 들어요. 이런 모험을 하는 사람들은 대부분 리스크를 감수하는 것이 확실합니다. 하지만 그것은 모두 미리 계산된 리스크랍니다. 우리는 진정한 의미에서 보면 리스크를 철두철미하게 회피하는 사람들입니다. 예를 들어 저는 남극 대륙 탐험을 준비할 때 시나리오 계획을 세우고 훈련하고 연습했습니다. 저희는 갈라진 빙하 틈을 안전하게 건너는 방법도 배웠어요. 다치게 할 만한 모든 가능성을 없애느라 안 해본 일이 없어요. 그래서 제가 리스크라고 말하는 것은 죽거나 부상을 입을 리스크가 아니라 실패할 수 있는 리스크를 의미합니다." 그는 자신의 선택에 의미를 부여하고 성취감을 더하기 위해 실패할 수 있는 리스크가 필요했다며 이렇게 말했다. "실패할 수 있는 리스크가 없으면 마지막에 느끼는 감정은 밋밋해요."

폴록은 열의, 기술, 습관으로 무장한 덕분에 잔인한 사고로 입은 충격을 극복하고 제3의 삶을 살게 됐다. 폴록이 남극 대륙 탐험을 마친 지 1년이 조금 지난 시점이었다. 그는 결혼을 4주 앞두고, 어느 날 침실 밖으로 나와 잘 모르는 주변을 더듬으며 조심스레 발길을 옮겼다. 그런데 무슨 일인지 평소에는 닫혀 있었던 문이 그날따라 열려 있었다. 그는 3층 창문에서 아래 콘크리트 바닥으로 떨어져 두개골이 골절되고 척수가 두 군데 파손돼 허리 아래가 마비됐다. 이 사건으로 폴록뿐만 아니라 그의 약혼자인 시몬 조지에게도 완전히 새로운 차원의 불확실성이 발생했다. 이는 그들이 리스크 공감을 연습하는 계기가 됐다.

그들은 2018년 TED 강연에서 사고 후 본격적인 마비 치료를 하기 전에, 현실을 인정하는 것과 희망 사이에서 적절한 균형을 찾아야 했다고 얘기했다. 나는 그 강연이 있기 전에 그들을 만났고 그들의 이야기에 감동했다. 그래서 그들의 리스크 관계가 어떻게 절망에서 벗어나 희망의 목표를 세우게 했는지를 이해하기 위해 부부를 다시 찾았다.

폴록과 조지는 극복할 수 없을 것처럼 보이는 역경을 극복하고 성공했다. 그런 점에서, 그들의 리스크 성향은 비슷하다고 할 수 있다. 하지만 그들은 매우 다른 방식으로 리스크를 감수한다. 폴록은 체계적으로 미리 계획하는 사람이고, 조지는 늘 불가능한 것에서 동기를 얻고 본능적이고 충동적으로 행동하는 사람이다. 그녀는 "변호사로서 제가 가장 좋아하는 일은 정의를 위한 사건을 처리하는 것입니다. 하지만 다른 사람들은 모두 그 일이 너무 힘들다고 하더군요"라고 말했다.

폴록은 병원에서 회복하는 동안 자신의 상태가 조지에게 어떤 의미일지 생각하고 있었다. "저는 어쨌든 병원에 있을 수밖에 없었어요. 하지만 그녀는 꼭 그럴 필요가 없었어요. 가능하면 그곳에서 벗어나야 했죠"라고 폴록은 회상했다. 그의 어머니와 그녀의 아버지 역시 그들을 걱정했다.

폴록은 그녀가 떠나는 것을 원치 않았지만, 그녀의 미래에 대한 걱정이 그를 무겁게 짓눌렀다. 그는 조지에게 임박한 결혼 문제를 꺼내면서 "당신은 이 문제에서 가능한 한 멀리 벗어나야 해"라며 그녀가 떠날 명분을 주려고 노력했다. "지금 나와 헤어지자고 말하는 거예요?" 그녀가 그에게 따져 물었다. 그들은 마침내 타협점을 찾았다. 그녀는 그가 척추 치료를 받는 동안 함께 있겠다고 제안했고 그는 결국 동의했다. 만약 언제라도 상황이 바뀌면, 그들은 다시 생각해보기로 합의했다.

그들의 이야기를 들으면서 모두 눈물을 흘리기 일보 직전이었다. 조지는 폴록에게 "뒤통수를 실밥으로 꿰매고 진통제를 맞으며 허리 아래는 아무런 감각이 없는 위급한 상황에서도 당신은 우리를 위해 내가 전혀 알지 못하는 방식으로 계획을 세우고 있었어요"라고 말했다. "나는 당신 때문에 짜증이 났었지요." 그녀는 이제 그가 상대의 행복을 지켜주기 위해 기꺼이 자신의 행복을 희생하려고 노력했다는 사실을 깨달았다. 그리고 그는 이제 그녀가 자신과 함께 지내는 리스크를 가치 있게 생각했다는 사실을 깨달았다. "만약 당신이 누군가를 사랑한다면, 그 사람이 당신에게 상처를 줄 수 있는 리스크도 있답니다"라고 조지는 말했다. "알다시피 사랑하는 사람이 죽을지도 모르는 리스크까지 무릅써야 해요. 죽어가면서 겪는 고통도 엄청나게 크지만 이별의 고통 역시 엄청나게 커요."

폴록과 조지는 다음 세 가지 리스크 생태계의 특징을 갖추고 있었다. 리스크 지문에 숨어 있는 강한 목적의식, 리스크 근육을 강화하는 기술과 경험, 협력 관계를 맺는 데 필요한 리스크 공감이다. 어떤 면에서, 이 부부의 가장 큰 리스크는 그들의 관계에 있었다. 그들은 단지 상대방을 잃어버릴 가능성뿐만 아니라 둘 중 한쪽이 자신의 정체성을 상실할까 봐 두려워했다.

두 사람은 현실을 수용하는 것과 희망을 가지는 것 사이에서 균형을 유지하기 위해 고군분투했다. 그녀는 자신의 본래 성격대로 치료법을 모색하고 답을 찾기 위해 이것저것 따지지 않고 뛰어들었다. "제가 생각하는 리스크는 현실을 수용하기보다 막연한 희망을 키우는 겁니다. 그럴 경우 치료 중독자가 되어, 효과가 있을지도 모를 또 다른 치료 방법을 끊임없이 추구하게 되겠죠"라고 그녀는 내게 이렇게 말했다. "우리는 모든 열정, 에너지, 시간을 치료에 전부 쏟아부으려고 하지만 당면 문제에 대해서 아무런 답을 찾지 못할 수도 있어요. 그러면 정신적으로 무너지게 되는 리스크에 빠질 거예요. '이 모든 게 무슨 소용이 있어?'라는 허탈감에 휩싸일지도 모르죠. 우리가 그렇게 열심히 추구했던 모든 일이 결국 헛수고가 되어버린다면 어떻게 될까요?"

폴록은 병원에서 16개월을 보냈다. 결국, 부부는 현실에 집중함으로써 앞으로 나아갈 길을 찾았다. 그들은 현실 수용과 희망 사이의 균형점을 찾을 수 없는 이유를 그 두 가지를 동시에 추구해야 하기 때문이라고 말했다. 균형을 이루기 위해서는 건전한 리스크 관계를 맺어야 한다. 폴록은 그의 성격대로 계획을 수립하는 것으로 대응했다. 조지는 그녀의 본능적인 충동으로 대응했다. 개인으로서 혹은 부부로서 그들이 감수한 리스크는 길을 열어가는 데 도움이 됐다. 두 사람은 자신뿐 아니라 다른 사람들의 신체 마비까지 치료하겠다는 야심 찬 계획을 세웠다. 그리고 의사, 과학자부터 엔지니어에 이르기까지 전 세계의 유명한 척추 전문가들을 만났다. 그들은 연구 개발과 제품의 상업화를 돕기 위해 수백만 달러를 모금하고 척추질환 환자들을 지원했다. 폴록은 엑소 바이오닉스 외골격 로봇의 도움으로 150만 보 이상을 걸었다. 척수에 전기 자극 요법을 적용한 UCLA 과학자 레지 에저톤 박사와 함께 일하면서 폴록은 사고 이후 처음으로 다리에 감각을 느낄 수 있게 됐다. 폴록과 조지는 로봇과 함께 3개월 동안 연구실에 거주했고, 마지막에는 척추에 자극을 줄 때 무릎을 가슴까지 당길 수 있었다.

"저는 마크가 이룩한 가치를 볼 수 있었어요. 그는 이미 대중적인 기반을 갖췄답니다. 그는 말하고 듣고 자신의 경험을 전달할 수 있는 능력이 있어요. 우리가 척추 병동에서 만났던 사람들에게는 없는 특성이었죠. 어떤 의미에서는 다른 사람들도 치료를 받아야 한다는 필요성 때문에 우리 부부는 행동해야만 했어요"라며 조지는 다음과 같이 말했다. "그리고 다른 측면에서는 리스크가 완화됐어요. 우리는 이 일을 위해 모금을 했고, 하버드대학교 신경과학자의 연구실을 두드리며 '당신이 무슨 일을 하는지 알고 싶군요. 저희가 어떻게 도와드릴 수 있을까요?'라고 물어볼 정도로 당돌하게 행동할 수도 있었답니다. 저희는 모두 특권을 누린 셈이에요. 교육과 기술 덕분에 그렇게 할 수 있었습니다." 그들은 특권을 누렸지만, 또한 냉혹한 현실의 벽에 가로막혀 있었다. 그들은 다른 대안이 없어서 목숨 걸고 위험한 바다를 건너려는 난민과 유사한 입장에 처해 있었다. 다른 선택을 할 여지가 없다면 그것은 엄밀히 말하면 리스크가 아니다. 아이러니하게도 그들이 마주한 제약과 한계는 도전에 맞서지 못하는 리스크를 계산하자 마법 같은 무언가를 만들어냈다.

"아마도 극기 스포츠 덕분에 저는 마비 치료법을 더 적극적으로 찾아나설 수 있었을 겁니다. 지구력 경주를 하려면 임무를 정하고, 적절한 기술을 가진 팀을 모으고, 과거 어떤 일들이 있었는지 이야기를 나누고, 자금을 확보해야 합니다. 마비 치료법을 찾는 데도 놀랄 만큼 비슷한 접근법이 필요했어요. 주된 차이점은 치료 부문은 실패할 리스크가 더 크다는 것입니다"라고 폴록은 말했다. "하지만 실패할 리스크는 가치 있는 일입니다. 단지 편안하게 지낸다는 것은 아마도 당신이 중요한 일을 하고 있지 않다는 의미일 겁니다. 문제는 우리가 성공과 실패라는 두 가지 가능성과 어떻게 함께 살아가느냐 하는 거죠. 그것을 위해 기꺼이 노력하는 자신을 소중하게 여겨야 합니다. 그렇게 하면 실패에 따르는 평판 리스크는 사라지고 도전의 실패 가능성을 인정함으로써 자유로워지며, 결코 장담할 수 없었던 성공으로 이어질 수 있답니다."

다시 말해, 당신이 가치관과 목적의식으로 무장한다면 리스크에 대한 두려움이 사라진다. 당신이 감수하는 리스크에 따라 당신이 누구인지가 결정된다. 당신의 정체성을 규정하는 핵심은 당신이 리스크로부터 움츠러드는가 아니면 리스크를 기꺼이 감수하는가에 달려 있다.

감사의 글

누군가를 빠뜨릴지도 모르지만 이 책을 만드는 데 도움을 주신 모든 분들께 감사한다. '개인적인 회색 코뿔소'와 리스크 성격을 탐구하도록 나를 격려해준 전 세계의 모든 독자에게 감사한다.

애니 에드슨 테일러의 이야기를 알려준 파우스토 페르노스와 마크 펠리온에게 그리고 나를 그들에게 소개해준 리자 프롤키스에게 감사한다. 어원 찾기를 도와준 제럴드 레너드 코헨 교수께 감사한다. 아일리시 캠벨, 브라이언 바니어, 크리스티 다에다, 존 드블라시오, 짐 드로치, 디에고 드 솔라, 마이클 드렉슬러, 앨리사 드버, 소울라이마 구라니, 크누트 함마슐드, 데이브 핸리, 저스틴 하로우, 드와이트 홉킨스, 칼린 아네브 얀스, 소니 카푸어, 데이브 란시텔, 바바라 마울, 메그 맥킨, 레슬리 밀렌슨, 올리버 울리에, 로드리고 페르자론소, 자크 필립 피버거, 프라사드 라마니, 마우리시오 라미레즈, 에이프릴 린, 무라트 사라일리, 캐리 셰르펠즈, 프랭크 센센브렌너, 빌 슐츠, 루트피 시디치, 데이비드 테텐, 실예 바예스타드, 다니엘 위샤트에게 감사한다. 이들은 모두 리스크, 인간 행위 주체성, 기타 주제에 관해 사려 깊은 통찰력을 제시하고 자신의 시간을 아낌없이 베풀어준 분들이다. 제롬 태거, 라즈 태머더담, 프리벤터블 서프라이즈 네트워크에 특별히 감사한다. 회색 코뿔소의 개인적인 요소를 개발하는 데 도움을 준 TED의 브린 프리드먼과 아만다 밀러에게도 특별한 감사를 드린다.

표지 디자인에 대한 탁월한 의견을 항상 공유했던 나의 모든 친구, 특히 힐러리 클래것과 캐런 고든에게 감사하다. 훌륭한 피드백으로 도움을 준 다양하고, 매우 활기찬 페이스북 커뮤니티에 감사한다. 나를 응원하고 진전을 축하해준 마게이트 파크의 이웃분들께도 감사한다. 토니 멘디올라와 휴먼 시티즌 워크스페이스의 모든 분께 감사드린다. 특히 조나단 퍼머, 존 코왈코프스키, 비탈리 노보크의 동지애에 감사한다.

나의 리스크 탐구를 옹호해주고, 내가 이 책을 집필하는 동안 인내심을 갖고 내용을 칼럼에 게재해준 진정한 편집자인《스트래티지+비즈니스》잡지의 댄 그로스에게 감사한다. 이 책의 일부분은 그 잡지에 매우 다른 형태로 실렸다. 자료 조사를 도와준 위엔 팅과 웬

디 니우, 디자인을 도와준 비트리스 와이너와 웬디 슈미트에게 감사한다.

말할 수 없이 훌륭한 나의 강연 에이전트 프리실라 찬, 중신그룹의 루 루이팅과 애나 다이, 비즈니스북앤코의 지니 박에게 감사한다. 그들은 나의 시차 적응을 도와주고 아시아 전역에 대한 새로운 시각과 통찰력을 얻는 기회를 제공해주었다. '여류 작가' 동료 회원들의 충고와 격려, 지지와 응원은 내가 치우치지 않고 글을 쓰는 데 너무나 많은 면에서 큰 도움이 됐다.

세계경제포럼, 영 글로벌 리더스, 특히 글로벌 쉐이퍼스의 시카고 지부에 감사한다. 여러분들은 나의 영감이자 지원 시스템이며 이 책에 소개한 가장 재미있는 이야기들의 원천이었다.

공식적으로 인터뷰에 시간을 할애해 자신들의 이야기와 통찰력을 아낌없이 공유한 60명 이상의 사람들과 비공식적으로 리스크에 대해 나와 이야기를 나눈 많은 분께 감사한다. 여러분들은 단순히 기초적인 내용을 소개하고 대화를 나눈 그 이상의 역할을 담당했다.

시 알허, 브렌단 푸, 줄리아 그라함, 댄 그레이슨, 데이비드 퀘니히, 로리 미셀 레빗, 큐 맥컬럼, 박유현, 빌 파워스, 조이 레인스, 아미 월드만에게 감사한다. 그들은 원고를 세련되게 다듬어주었고 광범위하고 사려 깊고 솔직한 피드백으로 책 내용을 한층 탄탄하게 만들도록 도와줬다.

저자 사진을 멋지게 찍어준 할 쉽만의 수십 년에 걸친 우정에 감사한다. 원고를 더 훌륭하게 만들어 준 재능 있고 통찰력 있는 편집자 제시카 케이스에게 감사한다. 출판사 페가수스의 모든 지원 팀에게도 감사한다. 《회색 코뿔소가 온다》와 이 책의 구상을 처음부터 응원해준 나의 출판 에이전트 앤드류 스튜어트에게 감사한다.

언제나 그렇듯이, 오랜 세월 동안 우정과 사랑을 나누고 저서들에 애정을 쏟아준 '유주얼 서스펙트'에게 감사한다. 당신은 당신이 누군지를 알고 있다.

마지막으로, 너무 빨리 세상을 떠난 제프 레너드에게 깊은 감사의 마음을 전하고 싶다. 당신의 우정과 멘토링, 격려와 통찰력은 회색 코뿔소 이론의 발전에 중요한 역할을 했으며 이 책이 세상의 빛을 보는 데 중요한 초석을 쌓았다. 당신이 이 땅에서 보낸 시간 때문에 세상은 더 좋은 곳이 됐다고 말하고 싶다.

참고 문헌

01_ 내가 선택한 리스크가 나를 만든다

David Whalen, "The Lady Who Conquered Niagara," http://web.archive.org/web/20191026141437

Marvin Kusmierz, "Anna Edson Taylor (1839–1921) Bay City teacher was first person to go over Niagara Falls," *Bay Journal*, (Added Feb. 2003; Updated March 2010).

Stateside Staff, "Annie Taylor's trip over Niagara Falls," Michigan Public Radio, Oct. 27, 2014, "10 Surprising Facts About the First Person To Survive Going Over Niagara Falls In A Barrel." *Little Things*, undated, accessed October 25, 2020; Patrick Sirianni, "Annie the Brave," Oakwood Niagara Cemetery website, October 23, 2015; Kate Kelly. "Annie Edson Taylor (1838–1921): American Daredevil," March 2, 2014; Stephen W. Bell, "Going Over Niagara Falls in a Barrel: Quaint Stunt Still a Challenge to Daredevils," *Los Angeles Times*/Associated Press, April 13, 1986.

Peter Fischer, Tobias Greitemeyer, Andreas Kastenmuller, Claudia Vogrincic, Anne Sauer, "The effects of risk-glorifying media exposure on risk-positive cognitions, emotions, and behaviors: a meta-analytic review," *Psychological Bulletin*. May 2011, 137(3): 367–90; Peter Fischer, Evelyn Vingilis, Tobias Greitemeyer, Claudia Vogrincic, "Risk-taking and the media," *Risk Analysis*, May 2011, 31(5): 699–705; Peter Fischer, Jorg Kubitzki, Stephanie Guter, and Dieter Frey, "Virtual driving and risk taking: do racing games increase risk-taking cognitions, affect, and behaviors?" *Journal of Experimental Psychology: Applied*, March 2007, 13(1): 22–31.

Chris Michael, "'Lagos shows how a city can recover from a deep, deep pit': Rem Koolhaas talks to Kunle Adeyemi," *The Guardian*, Feb. 26, 2016; Pooja Bhatia, "Koolhaas Takes Silicon Valley, *Ozy*, Dec. 8, 2014; Oliver Wainwright, "Rem Koolhaas's Venice Biennale will 'Be about architecture, not architects,'" *The Guardian*, March 12, 2014.

02_ 리스크란 무엇인가

Henry and Renee Kahane, "Byzantium's Impact on the West: The Linguistic Evidence," *Illinois Classical Studies*, 6(2, fall 1981): 389–415.

Peter L. Bernstein, *Against the Gods: The Remarkable Story of Risk* (New York: Wiley, 1996).

Abraham de Moivre, (1711) De mensura sortis, ("On the Measurement of Chance"), *Philosophical Transactions* 27: 213–264 cited in Terje Aven, "A Conceptual Foundation for Assessing and Managing Risk, Surprises and Black Swans," in G. Motet and C. Bieder (eds.), *The Illusion of Risk Control*, Safety Management.

Jonathan Levy, *Freaks of Fortune: The Emerging World of Capitalism and Risk in America* (Cambridge, MA: Harvard University Press: 2012).

Paul Slovic, *The Perception of Risk* (Sterling, VA, and London: Earthscan Publications, 2000), xxxvi.

Iain Wilkinson, *Risk, Vulnerability and Everyday Life* (London: Routledge, 2010), 61.

Jens O. Zinn, "The meaning of risk-taking—key concepts and dimensions," *Journal of Risk Research*, 22: 1, 1–15, doi: 10.1080/13669877.2017.1351465.

Frank Knight, *Risk, Uncertainty and Profit*, (Boston, MA: Hart, Schaffner and Marx; Houghton Mifflin Company, 1921).

Michael Emmett Brady, "Adam Smith, Not J. M. Keynes or Frank Knight, Was the First Scholar to Make the Uncertainty—Risk Distinction Explicitly and Apply it Rigorously," (September 5, 2015). *Scholedge International Journal of Management & Development*, 2(9): 24–36. https://ssrn.com/abstract=2656667.

The eminent British economist: John Maynard Keynes, A *Treatise on Probability* (London: Macmillan & Co., 1921).

Yasuhiro Sakai, "J.M. Keynes and F.H. Knght: How to Deal with Risk, Probability, and Uncertainty." Center for Risk Research, Chiga University, CRR Discussion Paper A-15, March 2016.

John Maynard Keynes, *The General Theory of Employment, Interest and Money* (New York: Macmillan, 1936).

Ulrich Beck, *World at Risk* (Cambridge, UK: Polity Press, 2009), 12. Originally published as *Weltrisikogesellschaft*, (Suhrkamp, 2007).

Robert B. Pojasek, *How New Risk Management Helps Leaders Master Uncertainty* (New York: Business Expert Press, LLC, 2019).

Benjamin Zimmer, *Language Log* (blog), March 27, 2007, http://itre.cis.upenn.edu/~myl/languagelog/archives/004343.html; Victor Mair, "Danger + opportunity ≠ crisis: How a misunderstanding about Chinese characters has led many astray," http://www.pinyin.info/chinese/crisis.html; "As Usual, American 'Linguists' Like Robert Lane Green and Geoffrey Nunberg Have No Idea What They Are Talking About".

Benjamin Zimmer. "CRISIS = DANGER + OPPORTUNITY: THE PLOT THICKENS," *Language Log*, March 27, 2007, http://itre.cis.upenn.edu/~myl/languagelog/archives/004343.html.

Roger T. Ames 安樂哲, The *Great Commentary* (*Dazhuan* 大傳) and Chinese natural cosmology, *International Communication of Chinese Culture* 2, 1–18 (2015).

03_ '리스크와 성격'이라는 새로운 과학

US Parachute Association, "Skydiving Safety," accessed October 25, 2020, https://uspa.org/Find/FAQs/Safety.

Brendan Cole, "Half of All Skydiving Deaths in the U.S. This Year Have Happened at the Same Airport," *Newsweek*, July 2, 2019.

National Safety Council, "What Are the Odds of Dying From . . ." accessed July 2019, https://www.nsc.org/work-safety/tools-resources/injury-facts/chart.

Eben Harrell, "A Brief History of Personality Tests," *Harvard Business Review*, March–April 2017.

R. B. Cattell, "The description of personality: basic traits resolved into clusters," *Journal of Abnormal and Social Psychology*, 38(4): 476–506, http://dx.doi.org/10.1037/h0054116.

Anja Alide Jolijn Hendriks, "The construction of the five-factor personality inventory (FFPI)," Groningen: s.n., 2009, https://www.rug.nl/research/portal/files/14667781/A.A.J.Hendriks.PDF.

Ronnie L. McGhee, David J. Ehrler, Joseph A. Buckhalt, and Carol Phillips, "The Relation between Five-Factor Personality Traits and Risk-Taking Behavior in Preadolescents," *Psychology* 3(8, 2012): 558–561,

Richard E. Vestewig, "Extraversion and risk preference in portfolio theory," *Journal of Psychology*, 97(2d Half): 237–245.

Andreas Oehler and Florian Wedlich, "Influence of Extraversion and Neuroticism on Risk Attitude, Risk Perception and Return Expectations," Conference Proceedings, *Semantic Scholar*, 2017.

James M. Honeycutt. "Personality traits explain whether you follow or flout coronavirus mask-wearing and social-distancing guidelines." Marketwatch, July 15, 2020.

The Standard Chartered Investor Personality Study 2020.

Greg B. Davies, "New Vistas in Risk Profiling," CFA Institute Research Foundation Brief, 2017, http://www.cfapubs.org/doi/pdf/10.2470/rfbr.v3.n5.1.

04_ 한 사람의 인생을 바꾸는 리스크 지문

The New York Times, "AFTER THE WAR; 3 Journalists Missing in Iraq." April 11, 1991. "AFTER THE WAR; 2 Missing Journalists Are Released by Iraq," Reuters, April 17, 1991; Frank Smyth, "Remembering a Friend Lost to Saddam's Terror," *International Herald Tribune*, June 3, 2004.

Hongwei Xu, Martin Ruef, "The myth of the risktolerant entrepreneur," *Strategic Organization* 2(4, 2004): 331–355.

J. Sorensen and O. Sorenson, "From Conception to Birth: Opportunity Perception and Resource Mobilization in Entrepreneurship," *Advances in Strategic Management* 20: 8. Cited in Xu and Ruef.

M. H. Bazerman, *Judgement in Managerial Decision- Making*, 2nd edition (New York: Wiley, 1990); D. Kahneman and A. Tversky, "Subjective Probability: A Judgment of Representativeness," *Cognitive Psychology* 3: 430–435.

John Pinfold, "The Expectations of New Business Founders," *Journal of Small Business Management*, 39: 279–285.

Arnold C. Cooper, Carolyn Y. Woo, and William C. Dunkelberg, "Entrepreneurs' perceived chances for success," *Journal of Business Venturing*, 3(2, 1988): 97–108.

Robert H. Brockhaus, "The Psychology of the Entrepreneur," *Encyclopedia of Entrepreneurship* 1982, 39–57.

05_ 리스크를 어떻게 인식하는가

James A. F. Stoner, "Risky and cautious shifts in group decisions: The influence of widely held values," *Journal of Experimental Social Psychology*, 4(4, 1968): 442–459.

Richard Zeckhauser, "Horizon Length and Portfolio Risk," *Journal of Risk and Uncertainty*, 2002.

Mrinalini Krishna, "Millennials Are Risk Averse and Hoarding Cash," *Investopedia*, June 25, 2019; Neil Howe, "Yes, Millennials Are A 'Risk Averse Generation.'" *Hedgeye*, July 18, 2018; T. Rowe Price Investment Services, "Overcome Risk Aversion to Optimize Millennial Investment Behavior," December 2017.

Steven Albert and John Duffy, "Differences in risk aversion between young and older adults," *Neuroscience and Neuroeconomics*, 2012.

Steven Albert and John Duffy, "Differences in risk aversion between young and older adults," *Neuroscience and Neuroeconomics*, 2012, citing L. L. Carstensen, J. A. Mikels, and M. Mather, "Aging and the intersection of cognition, motivation, and emotion," in J. Birren and K. W. Schaie (eds), *Handbook of the Psychology of Aging*, 6th ed., 342–362 (San Diego: Academic Press, 2005); B. De Martino, O. Kumaran, B. Seymour, and R. J. Dolan. "Frames, biases, and rational decision-making in the human brain," *Science* 313, 684–687; G. R. Samanez-Larkin, A. D. Wagner, and B. Knutson, "Expected value information improves financial risk taking across the adult life span," *Social Cognitive and Affective Neuroscience*, doi: 10.1093/scan/nsq043.

Sumitava Mukherjee, "Revise the Belief in Loss Aversion," *Frontiers in Psychology*, December 3, 2019; D. Gal and D. D. Rucker, "The loss of loss aversion: will it loom larger than its gain?" *Journal of Consumer Psychology*, 28:497–516.

Ulrike Malmendier and Stefan Nagel, "Depression Babies: Do Macroeconomic Experiences Affect Risk-Taking?" National Bureau of Economic Research, March 2008.

"Weighing Down Workplace Engagement," Padilla Infographic, January 10, 2017.

Jean Twenge, *iGen: Why Today's Super Connected Kids Are Growing Up Less Rebellious, More Tolerant, Less Happy—And Completely Unprepared for Adulthood (and What that Means for the Rest of Us)* (New York: Atria Books, 2018).

William H. Frey, “The millennial generation: A demographic bridge to America’s diverse future” (Washington, DC: Brookings Institution, 2018).

United States Census Bureau, https://www.census.gov/data/tables/time-series/demo/families/marital.html; accessed October 31, 2020.

Motoko Rich, “Craving Freedom, Japan’s Women Opt Out of Marriage,” *The New York Times*, August 3, 2019.

Victor Kiprop, “Countries With the Oldest Average Marrying Age,” WorldAtlas, Sept. 10, 2018.

Johnny Wood, “The United States divorce rate is dropping, thanks to millennials,” World Economic Forum Agenda, October 5, 2018.

Philip N. Cohen, “The Coming Divorce Decline,” *SocArXiv*, September 14; Marisa Lascala, “The U.S. Divorce Rate Is Going Down, and We Have Millennials to Thank,” *Good Housekeeping*, Feb. 27, 2019.

Ned Sublette, “Something to Lose,” *Cowboy Rumba*, Palm Pictures, 2006. p. 74 How much you have: Ruth Hill, “Using Stated Preferences and Beliefs to Identify the Impact of Risk on Poor Households,” *Journal of Development Studies*, 45(2):151–171, January 2009.

M. L. Finucane, P. Slovic, C. K. Mertz, J. Flynn and T. A. Satterfield, “Gender, race, and perceived risk: The ‘white male’ effect,” *Health, Risk & Society*, 2, 159–172.

Paul Slovic, “Trust, Emotion, Sex, Politics and Science: Surveying the Risk Assessment Battlefield,” *The Perception of Risk*, 390–412, citing Flynn, et al., 1994.

Sheryl Ball, Catherine C. Eckel, and Marcia Heracleous, “Risk Aversion and Physical Prowess: Prediction, Choice and Bias,” *Journal of Risk and Uncertainty*, 41(3, 2010): 167–93, referenced in Huston, 2016.

06_ 여성은 리스크 회피형, 남성은 리스크 감수형이라는 고정관념

Malin Malmstrom, Aija Voitkane, Jeaneth Johansson, Joakim Wincent, “VC Stereotypes About Men and Women Aren’t Supported by Performance Data,”

Harvard Business Review, March 15, 2018.

Andrea Weber and Christine Zulehner, "Female hires and the success of start-up firms," *American Economic Review* 100, 358–361.

Johnnie E. V. Johnson and P. L. Powell, "Decision Making, Risk and Gender: Are Managers Different?" *British Journal of Management* 1994, 5, 123–138.

Ingrid Waldron, Christopher McCloskey, and Inga Earle, "Trends in gender differences in accident mortality: Relationships to changing gender roles and other societal trends," *Demographic Research*, 13, 415–454.

Elke U. Weber, Anne-Renee Blais, and E. Nancy Betz, "A domain-specific risk-attitude scale: Measuring risk perceptions and risk behaviors," *Journal of Behavioral Decision Making*, 15, 263–90.

James P. Byrnes, David C. Miller, and William D. Schafer, "Gender Differences in Risk Taking: A Meta-Analysis," *Psychological Bulletin* 125(3, 1999): 367.

Julie A. Nelson, *Gender and Risk-Taking: Economics, Evidence, and Why the Answer Matters* (New York: Routledge, 2018).

Julie A. Nelson, "Are Women Really More Risk-Averse than Men?" GDAE Working Paper, No. 12–05: September 2012.

Gerald A. Hudgens and Linda Torsani Fatkin, "Sex differences in risk taking: repeated sessions on a computer simulated task," *Journal of Psychology* 119 (3): 197–206.

Therese Huston, *How Women Decide: What's True, What's Not, and What Strategies Spark the Best Choices* (New York: Houghton Mifflin Harcourt, 2016), 146.

Victoria L. Brescoll, Erica Dawson, and Eric Luis Uhlmann, "Hard Won and Easily Lost: The Fragile Status of Leaders in Gender-Stereotype-Incongruent Occupations," *Psychological Science*, 21(11, 2010): 1640–1642.

Linda S. Austin, *What's Holding You Back?: Eight Critical Choices For Women's Success* (New York: Basic Books, 2000).

Renate Schubert, Matthias Gysler, Martin Brown, Hans- Wolfgang Brachinger, "Financial Decision-Making: Are Women Really More Risk-Averse?" *American Economic Review*, 89: 381–385.

Marco Castillo, Ragan Petrie, Maximo Torero, "Gender differences in risk preferences of entrepreneurs," World Bank draft working paper, December 2017.

Sallie Krawcheck, *Own It: The Power of Women at Work* (New York: Currency, 2017).

Penelope Wang, "Brokers still treat men better than women," *Money*, 23(6, 1994): 108–110.

Stanley Atkinson, Samantha Boyce Baird, and Melissa Frye, "Do female mutual fund managers manage differently?" *Journal of Financial Research*, 26(1): 1–18.

Peggy Dwyer, James Gilkenson, and John List, "Gender differences in revealed risk taking: Evidence from mutual fund investors," *Economic Letters*, 76(2002): 151–158.

Ajay Palvia, Emilia Vahamaa, Sami Vahamaa, "Are Female CEOs and Chairwomen More Conservative and Risk Averse? Evidence from the Banking Industry During the Financial Crisis," *Journal of Business Ethics*, 131(3, 2015): 577–594.

Christopher Caldwell, "The Pink Recovery: Why Women Are Doing Better," *Time*, August 24, 2009, Vol. 174, No. 7, 13.

Mara Mather and Nichole Lighthall, "Risk and Reward Are Processed Differently in Decisions Made Under Stress." *Current Directions in Psychological Science*, 21(2, 2012): 36–41.

K. C. Mishra, Mary J. Metilda, "A study on the impact of investment experience, gender, and level of education on overconfidence and self-attribution bias," *IIMB Management Review*, 2015, 27, 228–239.

Deborah Tannen, "The Power of Talk: Who Gets Heard and Why," *Harvard Business Review*, September–October 1995.

Mary A. Lundeberg, Paul W. Fox, and Judith Punčochař, "Highly Confident but Wrong: Gender Differences and Similarities in Confidence Judgments," *Journal of Educational Psychology*, LXXXVI, 1994: 114–121.

Brad Barber and Terrance Odean, "Boys will be boys: gender, overconfidence, and common stock investment," *The Quarterly Journal of Economics* 116: 261–292.

Barber and Odean citing Fischhoff, Slovic, and Lichtenstein 1977; Lichtenstein,

Fischhoff, and Phillips, 1982; Yates, 1990; Griffin and Tversky, 1992.

Ellen Lenney, "Women's Self-Confidence in Achievement Settings," *Psychological Bulletin*, LXXXIV (1977): 1–13.

Ingrid Waldron, Christopher McCloskey, and Inga Earle, "Trends in gender differences in accident mortality: Relationships to changing gender roles and other societal trends," *Demographic Research*, 13, 2005: 415–454.

Catherine C. Eckel and Philip Grossman, "Sex Differences and Statistical Stereotyping in Attitudes Toward Financial Risk," *Evolution and Human Behavior*, 23(4): 281–295, 2002.

Catherine C. Eckel and Philip J. Grossman, "Men, Women and Risk Aversion: Experimental Evidence," *Handbook of Experimental Economics*, January 2008.

Cited by Eckel and Grossman: K. A. Schulman, J. A. Berlin, et al., "The effects of race and sex on physicians' recommendations for cardiac catheterization," *New England Journal of Medicine*, 340: 618–626; S. Saha, G. D. Stettin, and R. F. Redberg, "Gender and willingness to undergo invasive cardiac procedures," *Journal of General Internal Medicine*, 14(1999): 122–125.

Priyanka B. Carr and Claude M. Steele, "Stereotype Threat Affects Financial Decision Making," *Psychological Science*, 21(10, 2010): 1411–1416.

Joseph A. Vandello, Jennifer K. Bosson, Rochelle M. Burnaford, and Jonathan R. Weaver, "Intrepid, Imprudent, or Impetuous?: The Effects of Gender Threats on Men's Financial Decisions," *Psychology of Men & Masculinity*, 14(2, 2013): 184–191; Joseph A. Vandello, Jennifer K. Bosson, Dov Cohen, Rochelle M. Burnaford, and Jonathan R. Weaver, "Precarious manhood," *Journal of Personality and Social Psychology*, 95(6).

A. P. McKenna, A. E. Waylen, and M. E. Burkes, "Male and female drivers: How different are they?" Reading (UK): The University of Reading, Foundation for Road Safety Research, 1998.

Do-Yeong Kim and Junsu Park, "Cultural differences in risk: The group facilitation effect," *Judgment and Decision Making*, 5(5, 2010).

R. Ronay and D-Y Kim, "Gender differences in explicit and implicit risk attitudes: A socially facilitated phenomenon," *British Journal of Social Psychology*, 45(2006): 397–419.

Michelle K. Ryan and S. Alexander Haslam, "The Glass Cliff: Evidence that Women are Over-Represented in Precarious Leadership Positions." *British Journal of Management*, 16(2, 2005): 81–90.

07_ 지역·문화별로 다른 리스크 지형

Amanda Taub, "Why Are Women-Led Nations Doing Better With Covid-19?" *New York Times*, May 15, 2020; Supriya Garikipati, Uma Kambhampati, "Women leaders are better at fighting the pandemic," *Vox EU*, June 21, 2020.

Louise Champoux-Paille and Anne-Marie Croteau, "Why women leaders are excelling during the coronavirus pandemic," May 13, 2020.

Catherine Mei Ling Wong and Olivia Jensen (2020) "The paradox of trust: perceived risk and public compliance during the COVID-19 pandemic in Singapore," *Journal of Risk Research*, 2020.

Noah Smith, "'A Team of Five Million' How New Zealand Beat Coronavirus," DirectRelief, August 3, 2020.

Ipsos MORI. "The Perils of Perception 2018," https://www.perilsofperception.com/.

Ipsos MORI. "The Perils of Perception 2017," https://www.perilsofperception.com/.

Pew Global Attitudes Survey 2017, https://www.pewresearch.org/global/dataset/spring-2017-survey-data/.

"22nd Annual Global CEO Survey: CEOs' curbed confidence spells caution," PWC 2019.

Future of Humanity Institute, "When Will AI Exceed Human Performance? Evidence from AI Experts," May 2017.

Han, Sang-jin. "The Historical Context of Social Governance Experiments in

East Asia: The Challenges of Risk Society," *Korea Journal*, 58(1, 2018): 12–40.

Paul B. Thompson, "How we got to now: why the US and Europe went different ways on GMOs," *The Conversation*, November 5, 2015.

C. Ford Runge, Gian-Luca Bagnara, and Lee Ann Jackson, "Differing U.S. and European Perspectives on GMOs: Political, Economic and Cultural Issues," *Estey Centre Journal of International Law and Trade Policy*, 2(2, 2001).

Joan Conrow, "EU opposition to GMOs is overstated, new survey reveals," Alliance for Science, August 3, 2019.

Cary Funk, Brian Kennedy, and Meg Hefferon, "Public Perspectives on Food Risks," *Pew Research* (blog) November 19, 2018.

Robert N. Bontempo, William P. Bottom, and Elke U. Weber, "Cross-cultural differences in risk perception: A model-based approach," *Risk Analysis*, 17(4), 1997: 479–88.

World Bank, 2016, "World Development Report 2016: Digital Dividends," Washington, DC: World Bank.

Global Challenges Foundation and ComRes, "Attitudes to Global Risk and Governance Survey 2018," https://globalchallenges.org/initiatives/analysis-research/surveys/.

Gallup and Lloyd's Register Foundation. *Lloyd's Register Foundation World Risk Report 2019*, London: 2020, https://wrp.lrfoundation.org.uk/.

Geert Hofstede (2011). "Dimensionalizing Cultures: The Hofstede Model in Context." *Online Readings in Psychology and Culture*, 2(1, 2011).

Harry C. Triandis, "The self and social behavior in differing cultural contexts," *Psychological Review*, 96(3, 1989): 506–520.

Junsu Park, Do-Yeong Kim, and Chong Zhang, "Understanding Cross-National Differences in Risk Through a Localized Cultural Perspective," *Cross-Cultural Research*, 50(1, 2016): 34–62.

Christopher Hsee, "Researching risk preference," *Chicago Booth Review*, June 1, 2008.

Elke U. Weber and Christopher Hsee, "Cross-cultural Differences in Risk

Perception, but Cross-cultural Similarities in Attitudes Towards Perceived Risk," *Management Science*, 44(9, 1998).

S. Yamaguchi, M. Gelfand, M. Mizuno, and Y. Zemba, "Illusion of Collective Control or Illusion of Personal Control: Biased Judgment about a Chance Even in Japan and the U.S.," paper presented at the second conference of the Asian Association of Social Psychology, Kyoto, Japan (1997); cited in Nisbett 2003.

Nisbett 2003, 104–106.

M. Keith Chen, "The Effect of Language on Economic Behavior: Evidence from Savings Rates, Health Behaviors, and Retirement Assets," *American Economic Review*, 103(2, 2013): 690–731.

"Support in Principle for US-EU Trade Pact," Pew Research Center, Washington, DC, April 2014.

08_ 신념, 가치, 목적에 따라 위험의 수준이 달라진다

Hans-Werner Sinn, "A Theory of the Welfare State," National Bureau of Economic Research, Working Paper No. 4856, 1994.

"The Social Responsibility of Business Is to Increase Its Profits," Milton Friedman, *New York Times*, September 13, 1970; Milton Friedman, *Capitalism and Freedom* (Chicago, IL: University of Chicago Press, 1962).

Business Roundtable, "Statement on the Purpose of a Corporation,"; August 19, 2019, Signatures updated September 2020.

"Council of Institutional Investors Responds to Business Roundtable Statement on Corporate *Purpose*," August 19, 2019, https://www.cii.org/aug19_brt_response.

Colin Mayer, Leo E. Strine Jr, and Jaap Winter, "50 years later, Milton Friedman's shareholder doctrine is dead," Fortune, September 13, 2020.

Joe Nocera, "Old habits die hard," Bloomberg, September 18, 2020.

Lisa MacCallum and Emily Brew, *Inspired INC: Become a Company the World Will Get Behind*. (Crowd Press, 2019).

Leaders on Purpose 2019 CEO Report, https://www.leadersonpurpose.com/ceo-research.

Marina Krakovsky, *The Middleman Economy: How Brokers, Agents, Dealers, and Everyday Matchmakers Create Value and Profit* (New York: Palgrave Macmillan, 2015).

JP Morgan Institute Small Business Dashboard; accessed October 25, 2020.

Robert Cull, Tilman Ehrbeck, and Nina Holle, "Financial Inclusion and Development: Recent Impact Evidence," World Bank and CGAP (Consultative Group to Assist the Poor), April 2014; Cyn-Young Park and Rogelio V. Mercado Jr., "Financial Inclusion, Poverty, and Income Inequality In Developing Asia," ADB Economics Working Paper Series Number 426. Asian Development Bank, 2015.

Bridgett Davis, *The World According to Fannie Davis* (New York: Little, Brown and Company, 2019).

Sophie Quinton, "The Immigrant Lending Circles That Pave the Way to Citizenship," *Atlantic*, July 8, 2013.

The Denver, Colorado based nonprofit lender: Oscar Perry Abello, "Small Loan Funds for Underserved Businesses Join Forces," *Next City*, November 26, 2019.

Devin Thorpe, "Using Biomimicry This Activist Is Turning Impact Investing Upside Down to Erase Racial Wealth Gaps," *Forbes*, July 5, 2019.

Vali Nasr, *The Rise of Islamic Capitalism: Why the New Muslim Middle Class Is the Key to Defeating Extremism* (New York: Council on Foreign Relations Books/Free Press, 2010).

Bernardo Vizcaino, "Islamic finance sees mixed growth, buoyed by capital market—study," Reuters, November 27, 2018.

Mahmoud El-Gamal, "An Economic Explication of the Prohibition of Gharar in Classical Islamic Jurisprudence," May 2, 2001. Paper prepared for the 4th International Conference on Islamic Economics held in Leicester, UK, August 13–15, 2000.

David Welch. "Hertz Killing Share Sale Ends Unusual Bid to Fund Bankruptcy," Bloomberg, June 18, 2020.

Yasmin Khorram and Kate Rooney, "Young trader dies by suicide after thinking he racked up big losses on Robinhood," CBNC, June 18, 2020.

09_ 감정과 이성, 수용 가능한 리스크

Sven Ove Hansson, "Risk: Objective or Subjective, Facts or Values," *Journal of Risk Research* 13(2, 2010): 231–238.

Kristin Hugo, "Cancer Risk Claims: 'Take No Notice' Unless Something Is Proven to Be 'Dangerous Rather Than Simply Frightening,' Says Cambridge Professor," *Newsweek*, July 19, 2018.

Ron Howard, "Risky Decisions" (Slide show), Stanford University.

Cambridge Ideas video, https://www.youtube.com/watch?v=a1PtQ67urG4, www.understandinguncertainty.org.

Visualcapitalist.com; TitleMax; https://understandinguncertainty.org/microcmorts; Ronald A. Howard, 〈On making life and death decisions〉 in J. Richard; C. Schwing, and Walter A. Albers (eds.), 《Societal Risk Assessment: How Safe Is Safe Enough?》, General Motors Research Laboratories. New York: Plenum Press, 1980.

Paul Slovic, *The Perception of Risk* (London and Sterling, VA: Earthscan Publications, 2000), 392.

Taylor Romine, "An ER doctor who continued to treat patients after she recovered from Covid-19 has died by suicide," CNN, April 28, 2020.

Chauncey Starr, "Social Benefit versus Technological Risk," *Science*, New Series, 165(3899, 1969): 1232–1238.

Lennart Sjoberg, Bjorg-Elin Moen, Torbjorn Rundmo, "Explaining Risk Perception: An evaluation of the psychometric paradigm in risk perception research," *Rotunde* 84 (Trondheim: Torbjorn Rundmo, 2004), citing Langer, 1975 and McKenna 1993.

Justin Kruger and David Dunning, "Unskilled and unaware of it: How difficulties in recognizing one's own incompetence lead to inflated self-assessments," *Journal of Personality and Social Psychology*, 77(6, 1999): 1121–1134.

Sjoberg, et al., 2004. p. 146 Scholars have identified: B. Barber, T. Odean, "Boys will be boys: gender, overconfidence, and common stock investment," *Quarterly Journal of Economics*, 116(2001): 261–292.

Joop Hartog, Ada Ferrer-i-Carbonell, Nicole Jonker, "On a Simple Measure of Individual Risk Aversion," TI 2000-074/3 Tinbergen Institute Discussion Paper, 2000.

Ben "Lucky" Schlappig, "Am I Rebooking My American 737 MAX Flight?" *One Mile at a Time*, March 13, 2019.

Lennart Sjoberg, Bjorg-Elin Moen, Torbjorn Rundmo, "Explaining Risk Perception: An evaluation of the psychometric paradigm in risk perception research," *Rotunde* 84 (Trondheim: Torbjorn Rundmo, 2004); R. Poulton, S. Davies, R. G. Menzies, J. D. Langley, and P. A. Silva, "Evidence for a non-associative model of the acquisition of a fear of heights," *Behaviour Research and Therapy*, 36(1998): 537–544.

R. Poulton, S. Davies, R. G. Menzies, J. D. Langley, and P. A. Silva, "Evidence for a Non-associative Model of the Acquisition of a Fear of Heights," *Behaviour Research and Therapy*, 36(1998): 537–544.

Slovic, 2000, 37.

National Safety Council estimates based on data from National Center for Health Statistics-Mortality Data for 2018. https://injuryfacts.nsc.org/all-injuries/preventable-death-overview/odds-of-dying/data-details/.

Slovic, 2000, xxxiii. p. 150 You might think of these: Daniel Kahneman, *Thinking, Fast and Slow* (New York: Farrar, Straus, and Giroux, 2011).

J. Metcalfe and W. Mischel, "A hot/coolsystem analysis of delay of gratification: Dynamics of willpower," *Psychological Review*, 106(1999): 3–19; Bernd Figner and Elke U. Weber, "Who Takes Risks When and Why? Determinants of Risk Taking," *Current Directions in Psychological Science*, 20(4, 2011): 211–216.

Colin Camerer, "Three Cheers—Psychological, Theoretical, Empirical—For Loss

Aversion," *Journal of Marketing Research* 42(2, 2005): 129–133.

Bernstein 1996, 99–111. Bernoulli introduced the utility concept in a 1738 paper published by the Imperial Academy of Sciences in St. Petersburg, based on a talk he gave in 1731.

Bernd Figner and Elke U. Weber, "Who Takes Risks When and Why? Determinants of Risk Taking," *Current Directions in Psychological Science*, 20(4, 2011): 211–216.

Raquel Laneri, "I went to jail for leaving my baby outside a restaurant," *New York Post*, November 25, 2017; Tony Marcano, "Toddler, Left Outside Restaurant, Is Returned to Her Mother," *New York Times*, May 14, 1997.

Kim Brooks, *Small Animals: Parenthood in the Age of Fear* (New York: Flatiron Books, 2018), 103, 106–109.

Ellen Barry, "In Britain's Playgrounds, 'Bringing in Risk' to Build Resilience," *New York Times*, March 10, 2018.

Hanna Rosin, "The Overprotected Kid," *Atlantic*, April 2014.

"COVID-19 Technical Report: Wave I," Risk and Social Policy Working Group, June 22, 2020.

World Health Organization, "Estimating mortality from COVID-19," August 4, 2020.

"Mortality Risk of COVID-19," Our World in Data.

10_ 위기에 반응하는 뇌와 호르몬

Xue Wang, Liuna Geng, Jiawen Qin, and Sixie Yao, "The potential relationship between spicy taste and risk seeking," *Judgment and Decision Making* 11(6, 2016): 547–553.

Wang et al., (2016) citing (Ji et al., 2013) on Chinese preferences; Rozin and Schiller, 1980 on Mexico; and Byrnes and Hayes, 2013 on US stereotyping; T. T. Ji, Y. Ding, H. Deng, J. Ma, and Q. Jiang, "Does 'spicy girl' have a peppery temper? The metaphorical link between spicy tastes and anger." *Social Behavior and Personality*, 41(8, 2013): 1379–1385; N. K. Byrnes and J. E. Hayes, "Personality factors predict spicy food liking and intake," *Food Quality and Preference*, 28 (2013): 213–221; P. Rozin and D. Schiller, "The nature and acquisition of a preference for chili pepper by humans," *Motivation and Emotion*, 4(1, 1980): 77–101.

Otto Muzik, "Cold comfort: exposure to chilly temperatures may help fight anxiety," World Economic Forum Agenda, May 7, 2019.

Max Planck Society, "Risk-taking behavior depends on metabolic rate and temperature in great tits," *Phys.org*, September 30, 2014.

Mariano Sigman, *The Secret Life of the Mind; How Your Brain Thinks, Feels, and Decides* (New York: Little, Brown, 2017).

Edriving.com, September 18, 2019, https://www.edriving.com/three60/study-identifies-new-driving-risk-factor-beats-per-minute/; Elizabeth Walshe, "Can Loud Music Affect Driving Performance?" Children's Hospital of Philadelphia Research Institute, April 16, 2018.

Kandhasamy Sowndhararajan and Songmun Kim, "Influence of Fragrances on Human Psychophysiological Activity: With Special Reference to Human Electroencephalographic Response," *Scientific Pharmaceutica* 84(2016): 724–751.

W. Kip Viscusi and Joni Hersch, "Cigarette Smokers as Job Risk Takers," *Review of Economics and Statistics* 83(2, 2001): 269–280.

Glenn W. Harrison, Andre Hofmeyr, Don Ross, and J. Todd Swarthout, "Risk Preferences, Time Preferences and Smoking Behavior," *Southern Economic Journal* 85(2018): 313–348.

Glenn W. Harrison, Andre Hofmeyr, Harold Kincaid, Don Ross, and J. Todd Swarthout, "Addiction and Intertemporal Risk Attitudes," Online working paper, March 2019.

Eyal Ert1, Eldad Yechiam, Olga Arshavsky, "Smokers' Decision Making: More than Mere Risk Taking," PLOS ONE 1 July 2013, Volume 8, Issue 7, e68064.

John Coates, *The Hour Between Dog and Wolf: How Risk Taking Transforms Us, Body and Mind* (New York: Penguin, 2012), 121.

Julia Spaniol, Francesco Di Muro, Elisa Ciaramelli, "Differential Impact of Ventromedial Prefrontal Cortex Damage on 'Hot' and 'Cold' Decisions Under Risk,".

Arwen B. Long, Cynthia M. Kuhn, and Michael L. Platt, "Serotonin shapes risky decision making in monkeys," *SCAN* 4(2009): 346–356.

Coates, 2012, 120–125.

Yan Lu and Melvyn Teo, "Do Alpha Males Deliver Alpha? Testosterone and Hedge Funds," January 12, 2018.

Economist Data Team, "Are alpha males worse investors?" *The Economist*, February 20, 2018.

Richard Karlsson Linner, Pietro Biroli, [...] Jonathan P. Beauchamp. "Genome-wide association analyses of risk tolerance and risky behaviors in over 1 million individuals identify hundreds of loci and shared genetic influences," *Nature Genetics*, Vol. 51, 245–257 (2019); "Study Identified Numerous Genes Associated with Risk Tolerance and Risky Behaviors," *Neuroscience News* January 14, 2019.

"The Genetics of Taking Risks," 23andMe company blog, January 14, 2019; https://blog.23andme.com/23andme-research/the-genetics-of-taking-risks/.

Anna Dreber, David G. Rand, Nils Wernerfelt, Justin R. Garcia, J. Koji Lum, Richard Zeckhauser, "The Dopamine Receptor D4 Gene (DRD4) and Self-Reported Risk: Taking in the Economic Domain," Cambridge: Harvard Kennedy School Faculty Research Working Paper Series RWP11-042, November 2011.

The Canadian high-risk sports specialist Kelley McMillan Manley, "What Makes Risk Takers Tempt Fate?" *National Geographic*, August 15, 2016; Cynthia J. Thomson, Rebecca J. Power, Scott R. Carlson, Jim L. Rupert, and Gregory Michel, "A comparison of genetic variants between proficient low- and high-risk sport participants," *Journal of Sports Sciences* 33(18, 2015): 1861–1870.

Richard J. Haier, Benjamin V. Siegel Jr., Andrew MacLachlan, Eric Soderling, Stephen Lottenberg, and Monte S. Buchsbaum, "Regional Glucose Metabolic Changes After Learning a Complex Visuospatial /Motor Task: a PET Study," *Brain Research*, 570(1–2, 1992): 134–43.

Coates, 94–96.

Andrew W. Lo and Dmitry V. Repin, "The Psychophysiology of Real-Time Financial Risk Processing," *Journal of Cognitive Neuroscience* 14(3, 2022): 323–339.

Brett Steenbarger, "Best Practices in Trading: Using Biofeedback to Manage Trading Stress," *Traderfeed*, January 24, 2015

11_ 미래의 일자리, 위기인가 기회인가

American Express, *Redefining the C-Suite: Business the Millennial Way*, 2017.

VirtuAli and Workplace Trends, *The Millennial Leadership Survey*, 2015, http://web.archive.org/web/20200308073536/https://workplacetrends.com/the-millennial-leadership-survey/.

World Development Report 2019: The Changing Nature of Work, Washington, DC: The World Bank, 2018; Rong Chen and Simeon Djankov, "Gig economy growth pains," December 20, 2018, https://blogs.worldbank.org/developmenttalk/gig-economy-growth-pains.

Edelman Intelligence, "Freelancing in America," Upwork and Freelancers Union, September 2017.

Edelman Intelligence. "Freelancing in America." Upwork and Freelancers Union, September 2017.

MBO Partners, 2019 State of Independence in America, https://www.mbopartners.com/state-of-independence/.

Coworking Resources, "Global Coworking Growth Study 2020," July 2020.

Juliet B. Schor, *After the Gig: How the Sharing Economy Got Hijacked and How to Win It Back* (Oakland: University of California Press, 2020).

International Labour Office, *Women and men in the informal economy: a statistical picture (third edition)* (Geneva: ILO, 2018).

Bureau of Labor Statistics, September 2018, https://www.bls.gov/news.release/tenure.nr0.htm.

Aaron E. Carroll, "The Real Reason the U.S. Has Employer-Sponsored Health

Insurance," *New York Times*, September 5, 2017.

Ari Levy and Alex Sherman, "Vox Media to cut hundreds of freelance jobs ahead of changes in California gig economy laws," CNBC, December 16, 2019.

Dara Khosrowshahi, "I Am the C.E.O. of Uber. Gig Workers Deserve Better," *The New York Times*, Aug. 10, 2020.

Deloitte Insights, "Leading the Social Enterprise: Reinvent with a Human Focus: 2019 Deloitte Global Human Capital Trends," Deloitte Development LLC, 2019, 6.

Jeanna Smialek, Ben Casselman, and Gillian Friedman, "Workers Face Permanent Job Losses as the Virus Persists," *The New York Times*, October 3, 2020.

The Economist, "Special Report: Competition: Trustbusting in the 21st Century," November 15, 2018.

Kai-Fu Lee, *AI Superpowers: China, Silicon Valley, and the New World Order* (Boston: Houghton Mifflin Harcourt, 2018).

Ashlee Vance, "This Tech Bubble Is Different," Bloomberg, April 14, 2011.

Robert Dur and Max van Lent, "Socially Useless Jobs," Tinbergen Institute Discussion Paper TI 2018–034/VII, March 31, 2018.

12_ 리스크 공감으로 조직문화를 바꿔라

Susan Ward, "Why Business Partnerships Fail and How to Succeed," *The Balance Small Business*, November 20, 2019.

Gary Bornstein, Uri Gneezy, and Rosmarie Nagel, "The effect of intergroup competition on group coordination: an experimental study," *Games & Economic Behavior*, 41 (2002): 1-25.

Maria Ross, *The Empathy Edge: Harnessing the Value of Compassion as an Engine for Success* (Vancouver: Page Two Books, 2019).

Amy C. Edmondson and Zhike Lei, "Psychological Safety: The History, Renaissance, and Future of an Interpersonal Construct," *Annual Review of Organizational Psychology and Organizational Behavior* 1 (March 2014): 23–43.

Deloitte Insights, "Leading the Social Enterprise: Reinvent with a Human Focus: 2019 Deloitte Global Human Capital Trends," Deloitte Development LLC, 2019, 6.

Michele Wucker, "How to Make Your Zoom Meetings More Inclusive," *LinkedIn Pulse*, April 20, 2020.

"Purpose-Driven Leadership for the 21st Century: How Corporate Purpose is Fundamental to Reimagining Capitalism," Leaders on Purpose, 2019.

Dean T. Stamoulis, Melissa Swift, Erin Marie Conklin, Molly Forgang, "Inside the Mind of the Chief Executive Officer," Russell Reynolds Associates, April 20, 2016.

Jens Hagendorff, Anthony Saunders, Sascha Steffen, and Francesco Vallascas, "The Wolves of Wall Street: Managerial Attributes and Bank Business Models," August 17, 2018; Laura Noonan. "Personalities key in shaping banks' risk taking, study says," *Financial Times*, June 9, 2016.

Robert H. Davidson, Aiyesha Dey, and Abbie J. Smith, "Executives' 'Off-the-Job' Behavior, Corporate Culture, and Financial Reporting Risk," Chicago Booth Research Paper No. 12–24, Feb. 27, 2013; Fama-Miller Working Paper.

Matt Robinson, "CEOs Who Cheat in the Bedroom Will Cheat in Boardroom, Study Shows," Bloomberg, August 9, 2019; John M. Griffin, Samuel Kruger, and Gonzalo Maturana, "Personal infidelity and professional conduct in 4 settings," PNAS 116(33, 2019), 16268–16273; first published July 30, 2019.

Ginia Bellafante, "Was WeWork Ever Going to Work?" *The New York Times*, October 4, 2019.

Abha Bhattarai, "Inside Overstock.com, where a firebrand CEO and 'Deep State' intrigue took center stage," *The Washington Post*, September 27, 2019.

Challenger Gray, "2019 Year-End CEO Report: 160 CEOs Out in December, Highest Annual, Quarterly Totals On Record," press release, January 6, 2020.

Elizabeth A. Sheedy, Patrick Garcia, and Denise Jepsen, "The Role of Risk Climate and Ethical Self-interest Climate in Predicting Unethical Pro-Organisational Behaviour," July 22, 2019, Macquarie Business School Research Paper.

"Survey: Cyberrisk Is Financial Professionals' Top Concern," PRNewswire.

February 4, 2020.

13_ 안전망이 되어줄 '관계'를 재구축하라

"Golf has become the darling of the Chinese media," *Chinessima*, December 19, 2016.

"China swings back at golf, shutting down 111 courses," *ESPN*, January 23, 2017.

Bill George, *True North: Discover Your Authentic Leadership* (San Francisco: Jossey-Bass, 2007).

Robert Glazer, "Adam Grant & Tim Ferriss Have a 'Challenge Network' for Feedback. Here's Why You Need One Too," *LinkedIn Pulse*, December 24, 2019.

Napoleon Hill, *The Law of Success*, revised and expanded by Arthur R. Pell (New York, Tarcher Perigee, 2005) (1925); *Think and Grow Rich* (Shippensburg, PA: Sound Wisdom, 2016) (1937).

Sophie Elmhirst, "Take me to the death cafe," *Prospect*, January 22, 2015;Brandy Schillace. *Death's Summer Coat*, (New York: Pegasus Books, 2016); Brendan O'Connor, "An Afternoon at the Death Cafe," January 25, 2016, *The Awl*.

14_ 세계적 리스크와 지역적 리스크

Klaus Schwab and Thierry Malleret, *COVID-19: The Great Reset* (Geneva: Forum Publishing, 2020).

Taffy Brodesser-Akner, "How Goop's Haters Made Gwyneth Paltrow's Company Worth $250 Million," *New York Times Magazine*, July 25, 2018.

Katie Williamson, Aven Satre-Meloy, Katie Velasco, Kevin Green, "Climate Change Needs Behavior Change: Making the Case for Behavioral Solutions to Reduce Global Warming," (Arlington, VA: Rare, 2018), available online at https://rare.

org/wp-content/uploads/2019/02/2018-CCNBC-Report.pdf.

ComRes, "Attitudes to global risks and governance," Stockholm: Global Challenges Foundation, 2017.

Beck, *World at Risk*, 8, 161.

Peter Atwater, *Moods and Markets: A New Way to Invest in Good Times and Bad* (Upper Saddle River, NJ: FT Press, 2012).

Arunabha Ghosh, "Multilateralism for Chronic Risks," UN75 Global Governance Innovation Perspectives, June 2020, Washington, DC; Stimson Center; Doha Forum; Council on Energy, Environment and Water, https://www.stimson.org/2020/multilateralism-for-chronic-risks/.

Jessica Kutz, "Meet the 12-year-old activist taking politicians to task over climate change," *Grist*, February 23, 2019.

Rebecca Leber, "Badass Little Girl Confronts Climate- Denying Congressman With Brilliant Question," *Mother Jones*, April 14, 2017; Amy Thomson, "Young Girls Keep Going to Town Halls and Owning Republicans—It's Amazing," *Mother Jones*, August 19, 2017.

Daniel Avery, "A Record Number of Americans Are Traveling Abroad," *Newsweek*, March 28, 2019.

Jay Mathews, "Half of the world is bilingual. What's our problem?" *Washington Post*, April 25, 2019.

15_ 리스크 단어 재정립하기

Tim Weiner, *The Geography of Genius: Lessons from the World's Most Creative Places* (New York: Simon & Schuster, 2016).

기타 문헌

Adams, John. Risk. Philadelphia, PA: Routledge, 1995.

Aven, Terje. Foundations of Risk Analysis: A Knowledge and Decision-Oriented Perspective. New York: Wiley, 2003.

Bauman, Zygmunt. Notes from Liquid Times: Living in an Age of Uncertainty. London: Polity, 2006.

Beck, Ulrich. Risk Society: Towards a New Modernity. Los Angeles: SAGE Publications Ltd, 1992. Originally published as Risikogesellschaft: Auf dem Weg in eine andere Moderne. Frankfurt: Suhrkamp, 1986.

Beck, Ulrich. World at Risk. Cambridge, UK: Polity Press, 2009. Originally published as Weltrisikogesellschaft. Frankfurt: Suhrkamp, 2007.

Boholm, Åsa. Anthropology and Risk. New York: Earthscan/Routledge, 2015.

Cohen, Michael, and Micah Zenko. Clear and Present Safety: The World Has Never Been Better and Why That Matters to Americans. New Haven, CT: Yale University Press, 2019.

Croston, Glenn. The Real Story of Risk: Adventures in a Hazardous World, Amherst, NY: Prometheus, 2012. www.realstoryofrisk.com

Damasio, Antonio R. Descartes' Error: Emotion, Reason, and the Human Brain. New York: Putnam Publishing, 1994.

DeLoach, James W. Enterprise-wide Risk Management: Strategies for Linking Risk and Opportunity. London: Financial Times, 2000.

Douglas, Mary and Aaron Wildavsky. Risk and Culture. Berkeley, CA: University of California Press, 1982.

Fabiansson, Charlotte, and Stefan. Food and the Risk Society: The Power of Risk Perception. London: Routledge, 2016.

Fischhoff, Baruch. Judgment and Decision Making. New York: Routledge, 2012.

Fischhoff, Baruch. Risk Analysis and Human Behavior. New York: Routledge, 2012.

Galbraith, J. K. The Age of Uncertainty, New York: Houghton Mifflin, 1977.

Gardner, Dan. Risk: Why We Fear the Things We Shouldn't—and Put Ourselves in Greater Danger. New York: Dutton Adult, 2008.

Gelfand, Michele. Rule Makers, Rule Breakers: How Tight and Loose Cultures Wire Our World. New York: Scribner, 2018.

Gray, George, and David Ropeik. Risk: A Practical Guide for Deciding What's Really Safe and What's Really Dangerous in the World Around You. Boston: Houghton Mifflin Harcourt, 2002.

Halstead, Paul, and John O'Shea (eds.) Bad Year Economics: Cultural Responses to Risk and Uncertainty. Cambridge, United Kingdom: Cambridge University Press, 2009.

Han, Sang-jin. Beyond Risk Society: Ulrich Beck and the Korean Debate. Seoul: SNU Press, 2017.

Heffernan, Margaret. Uncharted: How to Navigate the Future. New York: Avid Reader Press/Simon & Schuster, 2020.

Heffernan, Margaret. Willful Blindness: Why We Ignore the Obvious at Our Peril. New York: Bloomsbury USA, 2011.

Hofstede, Geert. Culture's Consequences: International Differences in Work-Related

Values. Beverly Hills, CA: Sage, 1984.

Hofstede, Geert, Gert Jan Hofstede, and Michael Minkov. Cultures and Organizations: Software of the Mind, 3rd edition. New York: McGraw-Hill Education, 2010 (2003).

Huntington, Samuel P., and Lawrence E. Harrison. Culture Matters: How Values Shape Human Progress. New York: Basic Books, 2001.

Knight, Frank H. Risk, Uncertainty, & Profit. Boston and New York: Houghton Mifflin, The Riverside Press, 1921.

Koenig, David. The Board Member's Guide to Risk. Minneapolis, Bright Governance Publications, 2020.

Marti Konstant. Activate Your Agile Career: How Responding to Change Will Inspire Your Life's Work. Chicago: Konstant Change Publishing, 2018.

Lewis, Michael. Flash Boys: A Wall Street Revolt. New York: W.W. Norton & Company, 2015.

Lightfoot, Cynthia. The Culture of Adolescent Risk-Taking. New York: Guilford Press, 1997.

Liu, Yang. East Meets West. Berlin: Taschen, 2016.

Mercier, Hugo and Dan Sperber. The Enigma of Reason. Cambridge, MA: Harvard University Press, 2017.

Meyer, Erin. The Culture Map: Breaking Through the Invisible Boundaries of Global Business. New York: PublicAffairs, 2014.

Motet, Gilles and Corinne Bieder, editors. The Illusion of Risk Control: What Does It Take to Live with Uncertainty? Basel: SpringerOpen, 2017.

Nelson, Julie. Gender and Risk Taking: Economics, Evidence, and Why the Answer Matters. New York: Routledge, 2018.

Nisbett, Richard E. The Geography of Thought: How Asians and Westerners Think Differently . . . and Why. New York: Simon & Schuster, 2003.

Piscione, Deborah Perry. The Risk Factor: Why Every Organization Needs Big Bets, Bold Characters, and the Occasional Spectacular Failure. New York: St. Martin's Press, 2014.

Ropeik, David. How Risky Is It, Really? Why Our Fears Don't Always Match the Facts. New York: McGraw-Hill Education, 2010.

Ross, Lee, and Richard E. Nisbett. The Person and the Situation: Perspectives of Social Psychology. London: Pinter & Martin, 2011 (McGraw Hill, 1991).

Tulloch, John, and Deborah Lupton. Risk and Everyday Life. Los Angeles: SAGE, 2003.

Edwin Wong. The Risk Theatre Model of Tragedy: Gambling, Drama, and the Unexpected. Victoria, British Columbia: Friesen Press, 2019.

리스크 프레임: 위기를 보는 관점을 바꿔라

초판 1쇄 발행 2022년 7월 13일

지은이 미셸 부커
옮긴이 신현승
펴낸이 성의현
펴낸곳 (주)미래의창

편집주간 김성옥
편집진행 최소혜
홍보 및 마케팅 연상희 · 김지훈 · 이보경

출판 신고 2019년 10월 28일 제2019-000291호
주소 서울시 마포구 잔다리로 62-1 미래의창빌딩(서교동 376-15, 5층)
전화 070-8693-1719 **팩스** 0507-1301-1585
홈페이지 www.miraebook.co.kr
ISBN 979-11-92519-00-5 03320

※ 책값은 뒤표지에 있습니다. 잘못된 책은 바꿔 드립니다.